博物館人旅行劄記之二

呂理政／著・攝影

神州腳印

世界宗教博物館
發展基金會附設出版社

心 · 靈 · 修 · 練 —釋心道序

　　旅行是一種生活的體驗，劄記是一種心靈的記錄；對於「博物館人」呂理政先生而言，這些都是田野調查、學術研究的廣大天地。而我們有幸邀得呂先生為籌建「世界宗教博物館」的顧問，呂先生更不吝提供自己體驗與調查的結果，讓同樣需要常到世界各博物館參訪、吸取經驗的我們，打開眼界、充實知識，對籌建「宗博」的思考，真是頗多助益。

　　這系列「博物館人旅行劄記」，就是一趟趟知性之旅的集結，是呂先生以博物館專業眼光所看過、走過的獨到經驗，以不時閃現智慧靈光的生活化筆調、豐富的攝影記錄，娓娓道來。不管對生活或學術研究，他都是個極認真與踏實的人，彷彿在修練自身一樣；但在呈現他的研究調查結果時，又時時考慮到一般人的需要。這絕對是一本有深度、有價值的旅行生活書，可以與生命的行旅相伴，可以開拓我們的心靈視野。

　　智慧高的人，生活範圍大而無限，因為他沒有任何的執著與妄想，所見的一切都是智慧的表現。心清靜故，自能明辨、察覺、圓融與超越。

世界宗教博物館創辦人

釋心道

一九九七年春

目錄 《神州腳印》
CONTENTS

博物館人旅行箚記之二《神州腳印》

著者／呂理政
創辦人／釋心道
發行人／楊麗芬（釋了意）
文字編輯／徐藍萍、張絲玲
美術編輯／林翠枝
發行所／財團法人世界宗教博物館發展基金會附設出版社
地址／台北市南京東路五段92號11樓
電話／(02)7564005
劃撥帳號／18871894
戶名／財團法人世界宗教博物館發展基金會附設出版社
印刷／沈氏藝術印刷股份有限公司
初版／中國民國八十六年九月
版權所有　請勿翻印

ISBN 957-99095-3-9（平裝）NT$330

釋心道序 ——

心靈修練 3

江韶瑩序 ——

解讀用心 6

自序 ——

行萬里路 10

第1章......探訪唐山故鄉
　　　　　　— 福建紀行 13

第2章......羊城瑣記
　　　　　　— 廣州的勝蹟與博物館 55

第3章......漢唐遺風帝王都
　　　　　　— 安西懷古 71

第4章......北京城鱗爪
　　　　　　— 天壇與紫禁城 93

第5章......依山臨水苗家寨
　　　　　　— 貴州苗嶺采風 109

第6章......石頭寨、屯堡人
　　　　　　— 安順九溪寨 135

博物館不僅以具體標本文物的立體呈現、詮釋、傳遞資訊，將內容脈絡化，供人閱覽觀賞，更為大地的歷史、人類的文化藝術資產，善盡保存管理的責任，同時將教育和研究工作納入博物館運作的體系之內。所以，願以「博物館人」自我期許，終生以博物館事業為職志，能悠遊於博物館學的理論研究、經營理念、文物採集、展示規劃設計，或與專家辯證、和觀眾以及社區對話等等，並且全神投入，以創意、想像和專業學域的涵養加上一技之長，創造一座博物館的生命與情境的「博物館人」，在台灣博物館界仍屬鳳毛麟角。

在我深入涉獵博物館學領域的十五年來，很慶幸的總有一位亦友亦師、可以討論、傾聽、請益和督促的摯友，共同走上博物館的道路——儘管我們之間的個性和處事方法簡直可說是南轅北轍，但我們卻從無爭執、合作無間的完成十一件「博物館」或「類博物館」的研究規劃、設計執行案。其中有七座已開館；並且在我堅持請託之下，繼續共同為世界宗教博物館貢獻我們的博物館專業知識與籌建經驗。

這位可尊敬的朋友即本書作者，現任國立台灣史前文化博物館籌備處研究員的呂理政先生。在本書的副標題《博物館人旅行劄記》及上一本博物館學研究文集《地球是個博物館》的自序文＜一個博物館人的心路歷程＞，隱現呂先生身為專業博物館人頂戴的光環和心中的自珍自重，在這個世代，這種專業的敬業精神是一種值得信賴的美德。雖然他律己、治學、作工均甚嚴，但心裡藏著一份溫柔，不僅是對家人親友如此，且因為人類學的訓練，而更尊重、關懷世界各民族與文化，繫念於營造建立屬於人間的大地博物館。他曾自剖對明日博物館的思考，並鼓吹「將博物館的觀念推廣到生活中，把家庭、社區、都市、民族居地、國家，乃至將地球全體視為一個博物館來思考，集眾人之力，共同來創造自己美好的生活環境和生活體驗」，這些都可透過博物館的功能來實踐，其途徑是：「以博物館珍愛藏品的觀念來珍愛地球的自然與文化資產，以博物館展示真善美的觀念來展現地球美好的一面，以博物館溝通的觀念來溝通世界各民族，增進瞭解，共創福祉世界。」字裡行間，充滿對自然、各

民族的歷史、文化以及包容蘊育一切生命的大地以深情的銘感和敬意；細心的讀者，你一樣可以從本書讀到、體驗到他心中「大地之愛」的符碼和意象。

　　從本書，我同樣的感受到他行萬里路、讀萬卷書的嚴謹治學態度，一如以往。早在1970年底和他初識於蘭嶼，一起進行雅美族的民族學田野調查，此後的交往是一連串的驚訝甚至是羨慕的過程。他精於管笛音律，能畫善雕，擅於攝影，透過鏡頭的取景和詮釋的角度，我發現：信仰、儀式、生命歷程和「人」，是他刻意捕捉的題材，但也不放過兒童純真的表情和物質文化的精彩表現。

　　雖然在不同的機構裡工作，但對台灣文化重建與對博物館的熱愛卻一樣的執著。不過開啓博物館的路頗艱辛，他曾感慨的說：「專職從事於博物館工作時，台灣的博物館學研究幾乎尚未起步，國內不僅缺乏專門的訓練機構，也很少可資參考的專業書籍文獻。對於一個半路出家的博物館人而言，其中遭遇的許多求助無門的困難和邊做邊想的學習都是難以忘懷的體驗。在走上博物館專業的路程中，大半都是一面收集國外參考資料，一面自行摸索思考的過程，其中苦樂均銘刻在心。」1983年呂先生任職於中央研究院民族學研究所，除整理人類學收藏品，並全責規劃設計該所人類學博物館新館的展示，而兼代博物館主任；該館雖為小型的研究取向之民族學專題博物館，但卻是當時博物館專業人員研習時的重要觀摩對象。

　　呂先生是極少數台灣博物館運動啓蒙期曾獨立作業的拓荒者之一；而且能像他這樣，從規劃構想、目標、功能、展示策略的擬定，到標本文物的選擇、展示架構理論設計，撰寫腳本、說明文案、實施計畫，繪施工圖到執行製作等所有過程全責獨立完成者，必須能兼跨許多學科和技術的，更屬少之又少。

　　因為中研院民族所的環境，也帶動他重拾台灣民間信仰、民間藝術的研究調查工作；陸續著書出版探討傳統社會宇宙認知的《天、人、社會》、研究民間信仰的《傳統信仰與現代社會》、民間戲曲的《布袋戲筆記》。因緣際會，再啣師命到國立台灣史前文化博物館籌

備處，為了規劃及推動建館工作，開始十數次豐碩的國外博物館及深入中國大陸西南、歷史古都的考察旅行，並完成極具專業的《東亞的遺址博物館》和《考古遺址現地保存與展示之研究》兩書，均為國內僅見的專書；此期間還陸續發表十數篇學術論文、記錄，範圍包括博物館學理論、博物館文物與展示、儺戲、民間木雕藝術及探討宗教與博物館的專論。

四年前，我力邀、推薦他為世界宗教博物館建館理念的具體實踐擔任長期諮詢顧問的工作，也獲創辦人心道師父的欣然禮聘；我知道他一但承諾的事必全力以赴，是一位堅持原則與信守倫理的人，是一位真有實力的專家。雖然在百忙之中，他必須以史前館的開館為主軸，但已為「宗博」立下許多奠基的架構、文件，每趟從台東飛回台北，只要時間上許可，第一件事就是到「宗博」；所以，他願將本書獻給「宗博」出版的意義，不僅是「一本書」而已，更是一份真摯溫柔的情意。一朵花是一個世界，一本書也是作者內面世界與外在世界的感通、觀照；我們感念這份情緣。

期間，我們曾結伴到貴州黔東南深入苗境作民族學考察，到廣州、西安、咸陽、北京，拜訪博物館、參觀古蹟遺址，只要有機會就拜訪民家，體驗他們的生活生業、工藝製作、信仰儀式；也隨「宗博」去德國馬堡、柏林，到英國格拉斯哥、倫敦、牛津、威爾斯等地拜訪專家學者，參觀宗教研究機構、大教堂、民族學和藝術博物館、史前文化遺蹟。從出門前他已備妥所能找得到的旅遊資料和參考文獻，對計畫中的任何目的地幾乎是如故地重遊般的熟稔；從抵達機場開始，他即不停的記筆記，到達的每一個點總是能找到最有用的資料，每天晚上必作記錄的整理與「田野日誌」，理好第二天行程的裝備，然後打電話回家報平安。這樣的習慣固然是「職業之使然」，也是責任與感恩的反射。

本書又是一位「無可救藥」的專業「博物館人」考察旅遊的記錄；基本上闡述的中心理念是朝著大地博物館、生態博物館、遺址公園和主題公園的戶外博物館方向思考。他以人類學家的廣域視野、對大地之愛、對人間的關懷，透過博物館的專業經驗與知識，以清晰通

達的文字和圖像，表達他對歷史古蹟、社會民俗、宗教信仰、藝術文化的珍惜，集結成冊，以完整交待數年來的所思所得，也分享給有緣的讀者。

之所以如此瑣絮描述作者的用意，是希望讀者在閱讀本書時，也能有與作者一樣的心境體驗大地風姿與文化生態的情境；博物館觀點加上人類學、民族學觀點，是下一個世紀愈趨國際化所需的人文認知之基本素養，在「另類觀光」以欣賞了解異國歷史文化為主流的出國求知旅行益為興盛之際，善用信實深刻的資訊深有必要，讓每次出國都是可預期的豐盛的深度旅遊。

不管是熱門且方便可及的地方，或是百年難得一見的景緻，在呂先生的描述之中，古蹟不僅是過去的歷史遺存而已，各地的民俗風情也不是僅止於旁觀者的驚奇而已；大地有情，足跡所至之地在作者的眼中「都是一座座各具風姿、而且活生生的博物館（living museum）」。文中所導覽的博物館讓我們更接近，博物館觀點進一步帶領讀者如臨現場目睹展示，邂逅歷史過程所遺留的文物、土地上發生過的建築遺構，以及安身立命的在地人，共同構成鮮活的圖像，提供給我們一種延續的、傳承的、甚至可以觸摸感覺得到的歷史親切感，一種可面對的真實與似曾相識的感覺，正是作者文筆用心的所在。

希望讀者有機會前往這些地方時，請帶著這本書。也藉本序文向作者致敬與致謝。

世界宗教博物館執行顧問

江韶瑩

歲次丁丑年正月

行 · 萬 · 里 · 路 ——自序

　　從年輕的時候開始，就喜歡到處旅行，常以「行萬里路」自期。大學時代所學的是考古學與民族學，因而有機會在田野調查工作中走訪台灣各地。二十多年來，斷續的從事台灣民間戲曲及民間信仰的田野調查研究，免不了在城鎮、鄉村、山地各處跑。最近十幾年，成為專職的博物館人，又因為工作上的需要，到處收集資料，可以說是一個經常旅行的人。雖然如此，卻因為機緣不巧，屢失交臂，一直延宕到年過四十才首次踏出國門。

　　平常沒有寫日記的習慣，但是因為田野調查工作的需要，通常會留下簡要的「田野日記」作為備忘。歷次的出國旅行，我也以寫田野日記的形式留下一點記錄。同時在旅途之中，凡至一處，也多少收集相關資料，備為工作參考。然所至之地，或因公務所羈或因時間及行程所限，均未能暢所欲遊，得以聞見者，自難免有管中窺豹之嘆。又因所學之限，是以記錄之事及收集之資料大抵限於古蹟、民俗及博物館之見聞為主，此亦職業之使然。

　　在目前經濟富裕的台灣，出國旅行已經是許多人習以為常的事；但是對我而言，出國旅行是舒展心靈與工作歷鍊兼而有之的重要大事。因此，我習慣在行前閱讀相關資料，在旅程中書寫記錄和感想，以免辜負了難得的機會。為了珍惜這遲來的機緣，我把歷次旅行的日記和備忘，輔以收集的資料，在工作之餘，陸續整理成文，不拘體例，撰成篇章，匯為「博物館人旅行劄記」。自來在旅行中喜歡攝影，所至之地常隨興獵影，便為記錄。書中圖片大都為筆者旅行期間所攝，一則以輔文字之不足，再則為旅行之紀念。

　　對於一個學人類學的人來說，多彩多姿的異文化(other cultures)，其實就如同各具風格的博物館，筆者的國外旅行，大都是以拜訪博物館為主要目的。然而，足跡所至之地，像印尼的巴厘島，日本的京都、奈良，美國的波士頓，德國的馬堡，英國的牛津、愛丁堡、格拉斯哥、約克城，紐西蘭的但尼丁，貴州的苗家村寨和漢人石頭寨，甚至尼泊爾全境，在我的眼中都是一座座各具風姿、而且活生生的博物館(living museum)。

　　行路萬里，為的是開拓眼光，舒展胸襟，豐潤自己的心靈。蟄居台灣四十年，一出國

門，才覺得天下之大，無所不有。越有機會旅行，越覺得所到的地方太少；而所到之處，得以聞見者也不過全貌的千百分之一而已。即使是如此，每一次旅行都會帶給我意想不到的驚奇和喜悅。旅行可以不斷的開展心靈的世界，所以，我的心願是還要走更多地方，看更多風光，瞭解更多民族，體驗更多文化。

　　本書付梓之際，要感謝國立台灣史前文化博物館籌備處的前主任連照美教授及現任的陳義一主任，他們慨然提供我多次公務出國考察研習的機會，使我得以眼界大開。我的工作同仁在我出國期間，代理我的職務，分擔繁忙公務，使我得以無憂的旅行，十分感謝他們的幫忙。靈鷲山無生道場的心道法師以及國立藝術學院的江韶瑩教授為本書賜序，覺得十分榮幸，謹誌謝忱。世界宗教博物館發展基金會曾經提供歐洲博物館考察的機會，基金會的秘書長了意師鼎力支持本書由基金會出版，負責文編的徐藍萍小姐、美編的林翠枝小姐費了許多時間和精神來編輯，法安師用心讀稿、協助編輯，都盛情可感，敬申謝意。我的同事徐明芳、林娜鈴兩位小姐，還有內人素珍和小女怡安都曾經校讀文稿，幫了我很大的忙，十分感謝。特別是文稿初成時，當時就讀國小六年級的小女怡安很細心的看了文稿，並提出她的一些小意見，讓我體會「有女初長成」的喜悅。

　　從一九九一年開始，每年都安排了我和內人的「再蜜月旅行」，她對我興趣的尊重，使我可以隨意安排旅行的地點，要謝謝她體貼的心意。感謝曾經與我一同旅行的同伴以及旅行中協助過我的所有人，我十分珍惜能與他們相識相伴的緣分。

呂理政

一九九六年十二月二十日

於國立台灣史前文化博物館籌備處

神州脚印

第 *1* 章

探訪唐山故鄉
福建紀行

唐山故鄉

　　呂姓一向以周朝的姜太公呂望爲始祖，根據家傳的族譜記載，宋、元之際南遷到浙江金華，然後再轉到潮、漳一帶。我們這一宗族的福建祖籍地是漳州府詔安縣，從先祖渡海來台的歷史過程來說，福建、漳州、詔安是我的唐山故鄉。

　　1993 年 1 月，應邀前往香港中文大學參加爲期三天的「中國儺戲‧儺文化國際研討會」。農曆春節大年初五的凌晨兩點半，束裝從家裡出發，搭上清晨五點三十分的華航班機前往香港。行前就安排了會後前往福建的旅程，預定同行的是中央研究院文哲研究所的李豐楙教授，事先我們也徵得福建省壽寧縣文化局的葉明生先生作我們這趟旅行的嚮導。開完三天的研討會之後，我們一行三人從中文大學搭計程車至火炭車站，轉電車到羅湖出境，直接由深圳入境中國大陸，開始了這一趟探訪唐山故鄉的旅行。

從深圳到漳州

羅湖→深圳→穩山→海豐→惠來→池尾→揭揚→潮州→韓江大橋→饒平→詔安→藏山→漳州

　　從羅湖經深圳入境中國大陸的人雖然很多，過關的程序相當緩慢，但尚稱順利。走出深圳出入境廳的時候，大約是上午九點三十分。廳前廣場來往的人很多，停車場上有大大小小的車子，掛著開車時間和目的地，司機和助手忙著在招攬客人。第一個目的地是漳州，我們便在車場四處找車子，我一時之間還搞不懂此地搭車的規矩，還

是明生兄先找到一部十點鐘開往永春（經漳州）的大型巴士（簡稱大巴，中型的稱中巴，小型的稱小巴），經過討價還價的結果，包吃中、晚兩餐，每個人的車資是人民幣一百四十元，預定到漳州的車行時間大約是十二個小時。

我們上了車，等到十點半，還沒有發車，只見司機、助手還忙著在車外招攬客人。我趁空問了一下此地行車交通的狀況，原來車站、車場由公家管理，車子則是個體戶經營，自行攬客、議價、賣票，等車子出停車場時，按車上人頭繳管理費。既然沒人管理，開車時間表只是參考而已，客人不夠，是絕對不會開車的，我們也就入境隨俗，耐著性子等。總算等到司機宣布即將開車，不過他卻提出要求，希望有同行的小隊僅留一人在車上，另外的人到車場外去等，車子出去後再接他們上車，這樣可以減少幾個人頭稅。我們三人堅持要留兩人在車上，豐楙兄自願到站外等車。好不容易到了十點五十分發車，在站外也接上豐楙兄，才開始這一趟福建三人行。

車行沿途只見丘陵起伏，狹小的耕地和一簇簇的村莊錯落在山麓水緣。時序尚未到春耕時節，田園中缺乏綠意，沒有南國豐饒的氣息。一路上的村落中，可以看到廣東民居特有的各式各樣山牆馬背，造型多變，蔚為大觀。道路沿線，可以發現許多「風爆補胎、修理汽車」的招牌和公路飯店，一方面可見交通流量不小，同時也可以想像得知有許多車況不良的車子在路上跑。

▲福建是台灣先民渡海來台的母地之一。

午後一點三十分左右，車抵稔山，大夥兒吃了一頓簡單的中餐。半個小時之後繼續上路，行到海豐附近，車子底盤卡卡作響，不用說當然是車子出了毛病，還好只是小故障，修理過後還能跑，但是

此後車速減緩，不能在路上快意呼嘯（這是此地開車的風俗）。我們對車速倒覺得無所謂，反正在車上可以慢慢欣賞一路景色。車經海豐、惠來，天色逐漸轉黑。在夕色中過了池尾、揭陽，抵達潮州韓江大橋，晚上九點鐘左右到達饒平，穿過閩粵邊界。九點四十分經過詔安，這裡是我家傳族譜中記載的故鄉，在暗夜中，幾乎完全看不到窗外景色；對於生在台灣、長在台灣的我來說，暗夜過故鄉，一點也無法體會近鄉情怯的感受。

在車上問了好多次何時何地吃晚餐的問題，也得到好多次「快了，快了」的答案，終於在夜裡十點，車子停在藏山，司機宣布在此晚餐。這一家設備簡陋的公路餐廳，是長途巴士的預約飯店，此時已經有一大堆饑腸轆轆（我相信）的旅客在等飯吃。一等到大鍋白飯抬上來，立刻有三、四十個人一擁而上，明生兄怕我們沒飯吃，趕緊湊入人群中盛出三碗白飯來；要不是如此，我們兩個台灣來的「紳士客」，只能見朝天之鍋底而興嘆了。我可以了解這些人跟我們一樣，都被長途旅行車陷害成一群餓壞的人，真是難為明生兄，為我們爭到一碗飯吃！

夜裡十一點，上車續程。逐漸感到夜深天寒，因為窩在車上不能動彈，只覺得膝蓋及雙腳冰冷，體貼的明生兄適時遞來毛衣，我蓋在腿上之後，總算略驅寒意，也不知不覺地進入夢鄉。矇矓之中，忽然聽到司機喊了一聲：漳州到了！我們三人趕緊收拾行李，睡眼矇矓地下了車。

子夜的冷風一下子把我們三個人的頭腦吹得很清醒，環目四望，周圍一片漆黑，沒有一戶人家，而我們正在冷冷清清的快速道路旁，時間是凌晨兩點半。我認為此地當然是漳州，問題是離市區有旅

▲南山寺位於漳州南郊的丹霞山下，是尚存唐代風格的著名古剎。

館的地方不知道多遠。實際上也可以說，我們是被「放鴿子」了，而且在寒冬的半夜。不過，我們三人也都還算是經常在外的旅行人，只要到了地頭，也沒什麼好擔心。於是提起精神，拖著行李箱，一路笑談，慢慢往我們認爲是城內的方向走。

老天有眼，同情我們遠來的台灣客，在走了二十分鐘的路之後，視線內出現一部年輕人拉的腳踏三輪車。他主動地上前來，要十塊錢人民幣的車資，說好包載入城、包找旅社，載著我們三個人和一堆行李入城。

我們首先來到台灣賓館，然而賓館已經客滿，再轉到凌波酒店，但是深夜中叫不開門。車伕很盡責地載我們到「體育招待所」，這裡雖是一家簡陋的旅館，不過比寒冬中露宿街頭可要強千百倍。謝了車伕，住進招待所，理好被鋪上床，已經凌晨三點半了。沒有精神回想怎麼從廣東來到福建，就在疲累中入睡。

漳州一日
南山寺→木棉亭→木棉庵→百花村→地藏王廟

早上七點三十分起床，我們就在招待所前的小店以清粥小菜作早餐。然後順路逛街到凌波酒店訂房。十點鐘，我們換入凌波酒店，明生兄約了他的同學陳松民先生來見面。松民兄任職漳州文化局藝術學校，是研究福建戲曲的專家，我們一同在旅館對面的東湖酒家用中餐，吃了特有風味的蚵仔煎，席中決定了下午包租計程車旅遊的行程。

▲南山寺寺外常見算命攤子替人看相、卜卦。

◀ ▲喜見木棉村的瓦舍犂牛、天真村童、鑼鼓喧天的野台戲演出「扮仙送子」，彷彿讓人置身於早期的台灣鄉間風情中。

行程的第一站，我們來到九龍江畔的南山寺，寺前來往的遊人不少，香火相當盛。山門之前有一個算命攤子，我好奇地拍了照片；後來幾天，我才知道算命在此地是相當流行的復古行業，似乎許多人急於知道「開放」這個變局會給他們帶來怎麼樣的新機運。

初次到中國大陸旅遊的台灣客，在一路上多多少少會有一些「奇遇」，其中之一是參觀寺廟要花錢買票。這些通常是近年斥資重修的寺廟，被當作旅遊觀光點，入門得買票，有時還得要買比本地票要貴好多倍的「外賓票」（外國人及港、澳、台胞）。當然，我們到南山寺也「入境隨俗」地買票進廟。

南山寺位在漳州南郊的丹霞山下，為閩南著名的古刹之一，原名「延福禪寺」，始建於唐開元年間（西元713至741年），現存建築為清末重修，尚存唐代風格，寺宇寬廣，規模宏偉。南山寺的主要建築有天王殿、大雄寶殿、淨業堂、藏經殿等。淨業堂又稱石佛閣，內有一尊六公尺高的唐代石雕彌陀佛。藏經殿供奉一尊二公尺高的純白大理石雕「玉佛」，由清光緒三十年本寺之寺僧向緬甸華僑化募而來，是當年海運到中國的三尊玉佛之一，可稱為本寺珍寶。

接著我們來到龍海縣九湖鎮的木棉村，此村以「木棉亭」而知名。木棉亭是一座八柱方形石亭，亭中立一石碑，上書「宋鄭虎臣誅賈似道於此」，碑為明代抗倭名將俞大猷所立，亭以此碑而名揚天下。賈似道是南宋末年的大奸臣，官至右丞相、太師，因其姐為貴妃，仗勢弄權，殘害忠良。宋德佑元年（1275年），元兵大舉南侵，賈似道領兵出征，兵敗後棄軍逃命。朝野紛紛彈劾，罪應論斬，但因謝太后的包庇，僅降職貶循州（今廣州龍川）。鄭虎臣是個武舉人，其父遭賈似道殺害，自己也被流放充軍，獲赦後在會稽當縣尉。賈似

道貶循州時，鄭虎臣奉命為監押官，行至木棉庵前，鄭虎臣出於國仇家恨，毅然將賈似道推落糞坑處死。後人在此立碑建亭，以紀念這一段除奸的快舉（虎臣事後亦被拘殺於獄中）。歲時悠替，而今亭前古榕迎風動葉，蔥翠蓊鬱，遊人至此，朗讀亭柱鑴刻之「為天下除奸，明春秋大義」，相信都會有「亂臣賊子，人人得而誅之」的感受。虎臣之舉，木棉之碑，千古流傳，不亦快哉！

▲七百多年前鄭虎臣除奸的快舉，便是在這木棉庵前慨然上演！。

　　木棉亭之側有木棉庵，庵門深鎖，我們找到庵旁的一戶人家，從側門入庵。此庵年久失修，略顯破敗，中堂祀佛祖，仍有居民膜拜。出了木棉庵，找路走進木棉村，進了村子以後，遠遠聽到鑼鼓之聲，於是我們穿過村中小徑，循聲來到一座廣場上，適逢村中演戲扮仙。正好演到張仙、送子娘娘送子一段，演員由戲台上走下來，送子娘娘抱著木偶娃娃，到民家的神壇前行禮，為請戲祈子的村民送來娃娃。對我來說，這是一幅十分親切的畫面，回想二十年前，我開始在台灣的田野做民間戲劇的調查，在許多小城鄉村看過不少歌仔戲、北

管戲（子弟戲）、布袋戲、傀儡戲的野台演出，與眼前的畫面何其相似，不由得勾起年輕時代的記憶。

村裡的小孩，很快地知道我們是遠來的台灣客，群圍而至，在照相機前推擠扮鬼臉，一片笑鬧之聲，使得原本就已經很熱鬧的演戲場，更加沸騰起來。如果不是行程緊迫，還真想好好地在村裡看這一齣野台戲，緬懷一下逝去的舊日時光。

揮別送到村口的小孩，我們驅車來到百花村。這個小村原名長福村，自明代中葉，朱熹後裔朱茂林在此創拓花園後，世代以種花賣花為業，全村八百多戶人家，家家戶戶都在前庭後院、屋頂涼台種花。這裡的花卉遠銷亞、非、歐十數國，可謂「人在長福中，花香萬里外」。

車子停在村中的地藏王廟埕，我們順著廟邊的路走入百花村的花圃。佔地八十畝的花圃是百花村花卉的展示場，園徑遍植松柏和玉蘭樹，樹下栽培茶花、菊花、海棠、臘梅、茉莉等盆花；蘭花圃裡有君子蘭、報歲蘭、四季蘭等四十多個品種。園內有兩棵樹齡三百多年的老榆樹，枝幹盤結，形態古雅。此外，還有仙人球、麒麟掌、霸王鞭、觀音竹、綠帝竹等奇花異草。

回到廟前，看到廟門兩側的長椅條上坐著幾個抽長煙管的老漢，正在享受和煦的冬陽。我們進了廟門，看到中龕主祀的是地藏王，側龕副祀的是開漳聖王，廟中陳設與台灣所見者略同。引起我注意的是廟中第一進橫樑上奉祀著三界公神像及香爐，在台灣懸爐拜三界公是常見的現象，但樑上祀三界公神像者，我不曾見過。

出廟離村，花香漸遠，下午四點鐘左右，我們回到漳州街上。在冷飲店小憩之後，我們走進人潮擁擠的鬧市，隨意地在路邊買了幾

本有關漳州風土的書和小陶藝品。松民兄帶我們進入一家小店吃鹹粥、肉粽充當晚餐，店雖小，口味卻不差。飯後，松民兄帶我們拜訪了漳州布袋戲名演師莊陳華先生。

　　初次見面的莊先生很堅定地告訴我，似乎曾在那兒見過我，可是莊先生沒到過台灣，而我又是第一次到漳州，斷不可能有機會見過面。他左思右想之後，若有所悟地說：「我在一本書上看過你的照片。」經他這樣一說，我更是如墜五里霧中，我還真不知道到底是什麼書會有我的照片，更何況是流傳到大陸的書？

　　莊先生為了證明他的話，從房間裡拿出一本用白紙包著（保護）封面的書出來，我接過來一看，竟然是我所撰著的《布袋戲筆記》一書。書中確實有我和台灣布袋戲名師李天祿老前輩在十八年前（1975年）的合照。莊先生也吃一驚地看著我這個書的作者說：「這是從台灣來的朋友送的書，他還說這是一本介紹台灣布袋戲最好的書。」他很高興地要我和他合照紀念，並且要我在書的扉頁上題字留念。承他盛意贈我一個布袋戲偶頭，我又向他買了一個布袋戲偶，作為此行的紀念。這是福建故鄉之行中，最滿足我自己「虛榮心」的一件事了。

周折到泉州

漳州→龍海→步文奇石→灌口鎮→廈門市集美區→水頭鎮→南安官橋→晉江→泉州大橋→泉州

　　在漳州只停留了一天，接著就整裝前往泉州。一早，松民兄來會，早餐後殷殷辭去。我們從旅館走到東湖車站，找到一部掛牌十點往泉州的中巴，車資是每張票人民幣二十五元，司機看我們行李多，

▲「咦？你甘是阮家鄉人？」

要我們加買一張票。十點二十分發車，經龍海、步文奇石、灌口鎮、廈門市集美區，進入泉州市境。下午一點，車抵水頭鎮，司機告訴我們說，這部車要往石獅，不到泉州城裡，要我們三人下車換另一輛車子。結果原車走了，在路對面說好要載我們的車，卻不等我們上車，也呼嘯而去；簡單地說，我們又一次被「放鴿子」。三個人生氣了三分鐘之後，很快地就冷靜下來，畢竟這不是第一次被「放鴿子」，而且陽光普照的大白天總比寒冷的半夜，情況要好的多。

這附近有不少石頭屋，屋柱、屋牆皆用石材，相當具有特色。我們三個人在路邊找到一家小店，點了一堆大盤小盤的菜，狠狠地吃了一頓豐盛的午餐（不過只花了人民幣三十元）。兩點鐘左右，在路邊攔了一輛往泉州（真的往泉州）的中巴，付了一票八元的車資，經南安官橋、晉江，過泉州大橋，在三點十分抵達泉州汽車站（新站）。一下車就被兩部由女士拉的腳踏三輪車跟著，我們沒有選擇餘地的上了她們的車（每部車資五元），請她們拉到塗門街的通淮關岳廟。

關岳廟原稱關王廟，始建於宋代，主祀漢壽亭侯關雲長，於明神宗時敕封為「三界伏魔大帝神威遠震天尊關聖帝君」，因而改稱關帝廟；廟在郡城通淮門邊，故稱「通淮關帝廟」；民國三年增祀岳武穆王，又改稱「通淮關岳廟」。1986年重修後的關岳廟，三殿並排成為廟貌壯觀的三開建築。中央為主殿；右為三義廟，祀劉、關、張，有諸葛亮、趙雲配祀；左為

保佑孩童平安長大 -- 七娘媽

七娘媽有七位，分司：送子、痘疹、痲疹、奶母、啓蒙等。依照傳統風俗，初生嬰兒之家於農曆七月七日，於屋前設七娘媽壇祭拜，為嬰兒作「生契」，至十六歲時，於是年七月七再於屋前祀七娘媽壇，謂之「洗契」。祭拜七娘媽的祭品，通常是鹹飯、胭脂花粉、生花、熟花（紅、白紙花）等。民間另有一風俗，五月五，小兒在手腳繫五色線，至七月七，拜七娘媽之後，解線丟上屋頂。

崇先殿，祀關帝三代祖先。

我們來此的目的，是拜訪設在廟後的泉州道教會。豐楙兄與道教會的人是舊識，我們在這裡和道教會的人茶敘之後，決定先帶行李到華僑大廈投宿，再轉回關岳廟和道教會的成員座談。

當日一起座談的有泉州道教會副會長鄭國棟先生、泉州道教會秘書林勝利先生、泉州道教會顧問陳垂成先生、泉州鯉城區宗教科科長柯少煒先生。座談會並沒有預定的主題，不過卻無意中專注在陳靖姑（夫人媽）與七娘媽這兩位女神的典故和傳說上。

泉州開元寺附近的台魁巷奇仕宮祀夫人媽，人稱「奇仕媽」，廟中奉三奶夫人（陳大夫人、李三夫人、林九夫人）；不過，泉州人雖然普遍奉祀七娘媽，卻沒有專廟。

這一晚，由道教會作東，在后城興源酒家晚餐。入夜刮起一陣強風，豐楙兄和我跑到街上洗頭。原本還想逛街，不過天寒風大，街上的店都早歇息了，我們兩人也抵不過徹骨寒風，便快步轉了一圈，趕緊躲回旅館談天。

安海懷古

安海龍山寺→型厝聚落→高厝圍→安平橋

今天決定到泉州城南約三十公里的安海鎮作一日之遊，早上七點起床，在路邊吃過牛肉麵，問路走到汽車站。八點四十分搭上一

孕婦及胎兒的守護神 -- 夫人媽

夫人媽也就是臨水夫人陳靖姑。民間傳說，她精通法術，寄胎除蛇妖，妖雖除，但其胎亦為蛇妖吞食，乃仙去，成道後為孕婦及胎兒之守護神。泉州開元寺附近的台魁巷奇仕宮祀夫人媽，人稱「奇仕媽」，廟中奉三奶夫人（陳大夫人、李三夫人、林九夫人）。

泉州古來相傳的求子習俗，婆媳相偕至奇仕宮拜夫人媽，廟中神案上有紙製紅花（喻女子）及白花（喻男子）。在虔誠祭拜後求筊，若得聖杯，即可取紙花及夫人媽香火（灰），用上衣下擺兜著，帶回家中，奉祀在媳婦房中。如求子女得償，要到奇仕宮謝神、還花，或謝戲酬神，並祈求夫人媽收嬰兒為「契子」。

▲型厝村中的民居仍保存舊貌，是閩南聚落的典型。

◀ 安海龍山寺為分香至台灣四百多座龍山寺的祖廟，除了仍大致保有清代修葺的廟貌外，更以「天竺鐘梵」名列安海八景之一 。

▶雖然是出殯行列，鼓樂聲的聲勢振耳，熱鬧的情景也頗能引人注目。

▼型厝聚落的大祠堂正在舉行「開閩始祖張公祭典」，鞭炮聲平添幾許熱鬧氣氛。

鄭成功的故鄉 -- 安海

安海古稱灣海，唐、宋年間由小漁村崛起，北宋初年易名安海，南宋建制爲石井津，逐漸發展成濱海大港，商旅往來，絡繹不絕。至明代改稱安平鎮，清代又稱安海。明朝末年，鄭芝龍擁有部眾三萬餘、帆船千餘艘，以「石井鄭記」爲名，縱橫台灣海峽，壟斷海上貿易，即以安平爲基地。鄭芝龍之子鄭成功幼居日本，七歲回國，就居住在安平鎮的鄭氏宅第。當鄭成功克復台灣之際，即以台南之地設安平鎮，以紀念故鄉。

部擠得不像話的中巴，經過青陽，在十點鐘抵達安海汽車站。早先約好的明生兄的同學伍經緯先生，已經在車站相候。我們叫了兩部三輪車往伍家小坐喝茶，並商量今日在安海的行程。

曾歷經繁華歲月的安海，今日雖爲小鎮，卻留下許多古蹟。經緯兄先帶我們徒步來到安海龍山寺，此寺爲分香台灣四百多座龍山寺的祖廟，在台灣馳名的鹿港龍山寺和萬華龍山寺，都是安海的分香廟。廟前有許多販賣香燭、祭品和飲食的小攤，人潮洶湧，來往香客摩肩擦踵，是此行中所見香火最盛的廟宇。本寺一名天竺寺，始建於東漢，重興於隋唐，目前建築物則大致保存了清康熙二十三年由靖海侯施琅等捐資修葺的廟貌，古風猶存。寺前有半月形池，山門牌坊前後橫額分鐫「龍山古寺」和「天竺鐘梵」，山門兩側有高聳的華表柱。

主建築分前殿、正殿和後殿，左邊有鐘樓，懸一口千斤古鐘，舊例每日晨昏敲鐘一百零八響，鐘聲朗朗，因此以「天竺鐘梵」爲安海八景之一。正殿前兩支八角形蟠龍柱，二龍前爪各抓一鼓一磬，十分特異。殿中雕樑畫棟，錯彩鏤金，花鳥人物，生動逼真。內殿有一尊高二點四公尺的千手千眼觀音木雕像，係以巨樟的樹幹雕成，法相端莊慈祥，兩手合掌胸前，身側環列一千零八隻手，掌心各雕一眼，誠爲佛雕中之精品。

出了廟門，我們走入名爲「型厝」的聚落。村中民居仍存舊貌，頗能代表閩南聚落之典型。聚落中有七王府宮，主祀七王府張文

照，神誕日爲舊曆十一月十一日。廟中龕聯云：

神難飄洋不歸家

明春乾草再發芽

上聯中「難」字應爲「儺」之俗字；再看廟的左右壁，祀七爺、八爺、八將、白馬紙像，可見此廟應係瘟神信仰之類的廟宇。

前行不遠，聞人聲沸騰、炮聲不絕，循聲來到聚落大祠堂，他們正在舉行「開閩始祖張公祭典」。鞭炮聲中，大轎在祠前橫衝直撞，益增熱鬧氣氛。看過熱鬧，回到伍家已經下午一點。伍家嫂子早已準備了一桌十分豐盛的午餐，等我們回來。剛吃過中餐，聽到街上傳來鼓樂聲，與豐楙兄跑到街上，看到出殯回程的行列，我們拍了一些照片，備爲記錄。

下午兩點半，經緯兄帶我們一同下街，漫步到高厝圍，觀遊此地的民宅和巷中的各境小廟。然後沿著安海的舊街走下來，經過橋頭的瑞光塔（白塔）和海潮庵，來到了名聞遠近的安平橋。安平橋是一座橫跨晉江、南安兩縣的石橋，東起安海鎮，西接水頭鎮，全長約五華里，故又名「五里橋」，號稱「天下無橋長此橋」。此橋始建於南宋紹興八年，歷時十三年才完成（1138至1152年），是一座花崗岩和砂岩構築的梁式長橋。近年經實測，橋長二千二百五十一公尺，寬三公尺至三點六公尺，現存橋墩三百三十一座。橋面使用五至六條石板並排架設，石條長八至十一公尺，寬厚均約五十公分，最重的石條可達二十五噸。當初橋兩邊有護欄，並有憩亭五座，現僅存其一。

我們一直走到橋中央的「水心古地」。此地建水心亭祀觀音菩薩，廟前尚存古代所遺的五層石塔和一對石將軍，廟側有石碑記安平橋事略；碑文中記載此橋「長達八百一十丈，其直如繩，其平如砥，

▲薄暮時分，遺立在水心亭旁的石將軍側著頭，像是惦思昔日熙攘的繁華。

▶▲古色古香的閩南聚落 -- 施厝。

◀▲五里橋（安平橋）橫跨晉江、南安兩縣，全長約五華里，有「天下無橋長此橋」之稱。

隱若長虹臥波，行旅往來，民間負載，熙熙攘攘」，可見昔日繁華景況。安平橋原來是橫跨海上的長橋，如今除了橋南水頭深水可以航船，橋中亭尚有潮汐可及之外，橋下碧波已成爲一片無垠的海灘沖積地。在夕陽餘暉中，我們躑躅橋上，踏著夕陽緩步走回安海汽車站，揮別經緯兄，回到泉州。

鯉城・泉州
泉州海外交通史博物館→泉州灣宋代古船陳列館→泉州開元寺→泉郡天后宮

　　泉州位於晉江下游，枕山面海，雄峙海疆，爲一天然良港。宋元時期海上交通頻繁，港內風檣林立，帆影重疊，爲「海上絲路」的起點，握海外交通之樞紐。五代時環城遍植刺桐，有「刺桐城」之稱；又因街鎮形似鯉魚，別名「鯉城」；本城地處南國，氣候溫潤，故又有「溫陵」之雅稱。

　　早上八點，泉州道教會的林勝利先生來旅館相會，共進早餐。旋至汽車站搭乘開往洛陽（泉州附近地名）的公車，來到新近建成的泉州海外交通史博物館。本館創建於1959年，主要從事泉州海外交通史相關的考古調查、文物徵集、陳列展覽和學術研究工作。1979年在開元寺東側建成泉州灣古船陳列館，1990年於東湖之畔興建新館。新館主要展示泉州古代海外交通史、泉州宗教石刻和泉州外銷陶瓷三大主題。交通史展示泉州港古代航海貿易、對外關係及相關歷史，資料相當豐富。泉州宗教石刻展示包括二百多件宋元時期僑居泉州的外國人遺留下來的宗教石刻，大約分爲四部份：其一爲伊斯蘭教石刻，主

要是阿拉伯文和波斯文的墓碑，以及若干構件及石雕藝術品；其二為景教石刻，主要是晶斯晚里文、拉丁文、八恩巴文墓碑，其上有十字架、雲片、火燄、飛天等雕飾；其三為摩尼教石刻，主要陳列草庵摩尼教遺址所發現的佛像、浮雕的複製品；其四為婆羅門教石刻，其中一件毘濕奴（Vishnu，保護神）石雕像特具藝術價值。

離開博物館，我們搭三輪車回到泉州西街的開元寺。首先參觀了寺東北角的「泉州灣宋代古船陳列館」。此船於1974年在泉州後渚港出土，據考證為十三世紀的宋代古船，可能是世界上現存最古老的木造古船。古船的底部龍骨兩端接合處鑿有「保壽孔」，中置銅鏡、銅鐵錢，按「七星伴月」形排列，象徵引導海船平安航行。古船殘長二十四點二公尺、寬九點一五公尺，尖底，平面橢圓，船身三重木板，十三個船艙，約可載重二百噸。與古船一起出土的文物，有降真香、檀香、沉香、乳香，唐宋時期的銅、鐵錢幣，宋代陶瓷器、木牌、木籤、象棋子，海產貝殼、椰子殼，及桃、李、荔枝、橄欖等果核。正如古詩所云：「州南有海浩無窮，每歲造舟通異域」，印證了宋代造船技術的成就和泉州當年繁盛的海外交通。

泉州市內的開元寺、承天寺、崇福寺並稱為泉州「三大叢林」。開元寺始建於唐垂拱二年（西元686年），初名蓮花寺，後改稱興教寺、龍興寺，至開元二十六年（西元738年），玄宗皇帝詔天下諸州各建一寺，以紀年為名，遂改稱開元寺。山門所懸復原之「大開元萬壽禪寺」木匾，係元代朝廷所頒，為珍貴之歷史文物。本寺佔地七萬平方公尺，殿閣壇塔，布局嚴整，規模宏大，寺宇雄偉。中軸線上的建築，依序為紫雲屏、天王殿、拜庭、大雄寶殿、甘露戒壇

▲ 濃蔭蔽天的老樹和典雅的石塔，開元寺的美就在這分自然的幽靜中。

▲始建於唐朝的開元寺，殿閣壇塔，布局嚴整；
　其內大雄寶殿的青石浮雕和青石柱，更是泉州
　中世紀海外交通史的珍貴證物。

（出家受戒之壇）、藏經閣。前殿後壇，左右以長廊相連。中軸線外還有準提禪寺、功德堂、善積院、水陸寺、桑蓮古蹟、麒麟壁等。

　　進了山門，穿過天王殿（祀四大天王及護法韋馱），來到大雄寶殿前的寬廣石庭，石庭兩側各有一排蒼勁老榕，樹旁有成列的小石塔、石經幢，和兩座婆羅門式的方塔點綴其中。濃蔭蔽天的老樹和典

雅的石塔，令人首先感受寺院的幽靜和崇慕之情。

　　大雄寶殿又稱紫雲大殿，面寬九開間，進深六開間，通高二十公尺，重檐歇山式屋頂，現存建築爲明崇禎年間（1628至1644年）鄭芝龍（鄭成功之父）主持修建。殿中供奉五方佛，正中橫額「桑蓮法界」，取當年建寺之時「桑開蓮花」的典故；棟宇巍峨，有百根石柱擎架，故又稱「百柱殿」。殿內斗拱雕飾二十四尊「飛天樂伎」，殿前月台之台座壁面嵌著七十二幅獅身人面的青石浮雕，殿後廊有兩根十六角形的青石柱，上面雕刻古代印度婆羅門教的神話故事，都是本寺雕飾上的特色。這些青石浮雕和青石柱均係鄭氏重修開元寺時，從泉州西校場移來的宋元古物，是泉州中世紀海外交通史的珍貴證物。

　　出了紫雲大殿，可以看到象徵泉州地標的東西雙塔，兩塔相距約二百公尺，東塔名「鎭國塔」，始建於唐咸通二年（西元856年），原爲木塔，後改築爲磚塔，南宋嘉熙二年至淳祐十年間（1238至1250年）又改成現存的八角五層仿木結構的花崗石塔。塔高約四十八公尺，每層開四門設四龕，門龕逐層互換，每一門龕皆有浮雕佛像、力士、天王、金剛、羅漢，共八十尊。塔基砌有青石浮雕的釋迦牟尼故事圖像，雕工相當細緻。西塔名「仁壽塔」，高約四十四公尺，始建於五代梁貞明二年（西元916年），原來也是木塔，北宋時改建爲磚塔，南宋紹定二年至淳祐十年間（1229至1250年）改築爲八角五層仿木結構的花崗石塔。兩塔檐角高翹，具閩南特色，角脊之下各繫一只小銅鈴，風吹鈴動，如鳴環珮。

　　離開泉州開元寺，我們搭三輪車來到南門天后路的泉郡天后宮。天后宮祀莆田湄州林默娘，也就是台灣民間暱稱的媽祖婆。本廟

▲開元寺大雄寶殿內有百根石柱擎架，所以又稱「百柱殿」。

▲泉州文廟。

始建於宋代,稱順濟宮。明永樂五年(1407年)三保太監下西洋歸來,稱頌媽祖海上祐助之功,奏請在泉州建天妃廟。永樂十三年,少監張謙奉使至南洋諸國,從泉州放洋出海,以天妃護航有功,奏請朝廷增修廟宇。此後,天妃廟聲名遠播,明代官員出使琉球、暹羅、爪哇等國,無不先在天妃廟祈禱順風平安。明嘉靖年間重修廟宇,完成正殿、寢殿、涼台四座、東西廊各三十間、東西軒和齋館二十八間,規模十分宏大。

清初,福建水師提督施琅出師台灣,以天妃顯靈相助之故,奏請朝廷加封為「護國庇民妙靈昭應宏人普濟天后」,並由康熙皇帝御賜「撫我則后」匾,另特賜春秋二祭,自後稱天后宮,香火更盛。然而,民國以來殿宇失修,至民國二十年,廟宇被徵為晦鳴中學校舍,梳妝樓被改建為教室樓房,東齋館一列也被占用為民房,其後又經1960年代文化大革命之破壞,殿宇已經相當破敗。至1984年開始重修,1990年由台胞捐資修葺,始復廟門、戲台、露庭、鐘鼓樓及正殿之新貌。大殿後之寢殿,木架結構宏偉,舊貌仍存,一度作為學校使用,近年收回闢建為閩台關係史博物館。我們拜訪的時候,該館的副館長陳健鷹先生特別前來接待,並為我們作了相當詳細的說明。

中午時分,我們來到中山路的舊大街,此街保存許多糊紙、竹燈、佛雕等傳統店鋪。我們一路漫步瀏覽,和店裡的鄉親閒話家常,當時花了人民幣一元買了一尊泥塑土地公神像和五十元買一尊太子爺(哪吒)素雕小木像作紀念。在街邊小吃店吃中餐的時候,我覺得食慾不振,似有感冒徵兆。此後幾天就一直困於感冒,雖然不減遊興,但是精神一直不能振作。

午後三點五十分,我們搭上泉州開往福州的大巴,經仙遊、莆

田、函江，天色轉黑，我也在車上睡著了。八點十分，「順利」地抵達福州汽車站（南站），叫了一部計程車，直開預約的台灣飯店。抵達飯店的時候，明生兄的同學福建省藝術研究所的林瑞武先生已經在旅館等候。此後三天的福州行程，都是由瑞武兄作導遊。

榕城・福州

鼓山湧泉寺→九仙觀→報恩定光寺（萬歲寺）→定光塔（報恩定光多寶塔、白塔）→戚公祠→萬象亭→平遠台→蓬萊亭→醉石閣→福州市博物館

　　清晨起床，從旅店的窗戶外望，福州沉浸在昏濛濛的晨霧中。福州位於閩江下游，自秦代設郡以來，建城已有二千一百年的歷史，至唐開元年間設「福州都督府」，始有福州之稱；元代設「福建行中書省」，自是為福建之省城，今日為全省政治、經濟、文化和交通中心。「福州」之名始於唐開元年間，北宋時全城遍植榕樹，因此古稱「榕城」。

　　上午八點鐘，瑞武兄來旅館會合，我們在旅館邊的小攤吃鍋邊糊、馬耳朵等福州早點。在小攤上聽到福州人講話，真是「聽攏嘸」，彷彿是聽到外國話一般，真是難以想像泉、福不遠，言語差異竟如此。餐後叫了一部計程車，在晨霧中前往鼓山。

　　鼓山海拔969公尺，在福州城東南約十七公里，據傳山頂有石如鼓，每當風雨大作，聲如擂鼓，故名。湧泉寺建在蒼松翠柏環繞的山腰，始建於五代梁開平二年（西元908年），為千年古剎，依山布局，氣派雄偉，為福州第一勝景。來到寺前，首先吸引我視線的是矗立寺前的一對千佛陶塔，這一對陶塔係北宋元豐五年（1082年）燒

▲鼓山「靈源深處」附近有許多宋代以來的名人題刻，是書法藝術的寶庫。

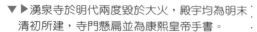

▼▶湧泉寺於明代兩度毀於大火，殿宇均為明末
清初所建，寺門懸扁並為康熙皇帝手書。

◀湧泉寺建於蒼松翠柏環繞的山腰,依山布局,
氣派雄偉,為閩剎之冠。寺內藏經閣據稱保存
了兩萬多部古版印刷的佛經,曾是明清兩代全
國出版佛經的重地。

製，原在福州郊外龍瑞寺，1972年移置於此。塔高約七公尺，八角九層，施釉作紫銅色，每座塔身塑有一千零七十八尊佛像，塔檐塑有僧人、武士七十二尊，懸掛陶鈴鐸七十二只，塔頂壓寶葫蘆，塔座還塑有蓮瓣、舞獅等圖案，塔形典雅，雕塑精美。

寺門高懸一方扁額「湧泉寺」，爲康熙皇帝手書。全寺有大小殿堂二十五座，大殿兩廂配鐘樓、鼓樓各一，以大雄寶殿爲中心，構成完整的建築群。本寺於明代兩度毀於大火，殿宇均爲明末清初所重建。宏偉的殿宇，沿白雲峰山坡層層疊高，格局完整，佛像莊嚴，不愧「閩刹之冠」的美名。

走入寺門就是天王殿，正中供奉彌勒佛，後龕奉祀護法韋馱，兩側分列四大天王巨像。進入內庭，鐘鼓樓分峙兩側，在這裡巧遇一群穿著解放軍軍服的俊男美女，三三兩兩地在庭中殿前各處擺姿態拍照留念。令我驚訝的是，這一群軍人是我三次來大陸所碰見最體面、也最摩登的解放軍人。後來才知道，原來他們是從北京應邀前來福州演出的總政（解放軍總政治部）歌舞團團員。

沿鐘鼓樓兩側廊階而上，就來到大雄寶殿。殿正中祀釋迦牟尼三世佛，端坐蓮花台，阿難、迦葉二尊者侍立兩旁，兩廂分列十八羅漢。殿後爲法堂，是講演佛法的重地；法堂西面爲聖箭堂，是住持和尚起居之處，有千年樹齡的兩株鐵樹。大雄寶殿的西邊是齋堂，有四口合金鑄的巨鍋，其中最大的一口，直徑一百七十六公分、深八十公分，可一次煮五百斤大米，供一千人食

▶ 矗立湧泉寺前的千佛塔，塔形典雅，雕刻精美。

用，可見本寺當年僧眾如雲的盛況。

　　湧泉寺的藏經閣據稱保存了兩萬多部古版印刷的佛經，其中有康熙、乾隆兩朝御頒藏經幾千部，還有印度、緬甸的貝葉經七冊。湧泉寺從宋代開始刻印經書，至明清兩代成為全國出版佛經的重地，至今仍存木雕印版近萬塊。我大約在十年前曾經有機會進行台灣版印圖書的調查，確實發現清代台灣所流傳的許多經書扉頁上有「鼓山湧泉寺藏版」印記。

　　從湧泉寺出來，我們沿路欣賞摩岩石刻，來到「靈源深處」，這附近有許多宋代以來的名人題刻，為書法藝術之寶庫，其中以宋代蔡襄題刻的「忘歸石」最引人注目。一路緩行，來到觀音閣的喝茶亭，品嚐以龍頭泉水所沏的「半岩茶」，小憩後從山麓沿著「七里七座亭」的石徑走下來，直至山門。

　　時近中午，我們在湧泉寺山門之前搭乘往福州的小巴（當然也是攬客的野雞車）。車行二十分鐘之後，忽然停在路邊，司機宣布車子故障，車資不退，能等的等，不能等的請自便。我們對修車不抱希望，馬上就下車往主要道路的方向走，倒也悠閒地欣賞了一陣郊外的田園風光。走了大約二十分鐘，恰好碰上一部計程車，我們攔車回到福州鬧市的五一廣場邊，在路邊小店吃了中餐，穿過五一廣場前往于山。

　　福州城裡有于山、烏山和屏山三山鼎立，烏、白兩塔對峙，三山兩塔自古就是本城的主要標誌，也是有名的勝蹟。于山高約五十八公尺，形如巨鰲，因山上有九仙觀，故又名九仙山；西麓有報恩定光寺（後改名萬歲寺），現有建築係道光、光緒年間重建，已無香火。

▲于山之上亭閣、祠觀散立，特色各具。

寺後有定光塔，在開基時，發現一顆光芒四射的寶珠，取名報恩定光多寶塔，始建於唐天祐元年（西元904年），原塔於明嘉靖十三年（1534年）遭雷火擊毀，今所存者為嘉靖二十七年（1548年）重建。塔為外磚內木構造，七層八角，高四十一公尺，塔內有木構旋梯，可登塔頂；塔身塗白，故俗稱白塔。我們登上塔頂，觀賞榕城景色，但

見新舊建築雜陳，可以感受蛻變中的福州。于山之上有抗倭名將戚繼光祠，還有萬象亭、平遠台、蓬萊亭、醉石閣等亭閣，各具特色。

　　從戚公祠走下來，路旁有「丹井」，傳說是漢代何氏兄弟九人（九仙）煉丹之處。閩中傳說，九仙曾在仙遊東北山中修道，成道之日騎赤鯉升天，故仙遊有九仙山、九鯉湖之名。我們在丹井邊流連，聽到坡上傳來絲竹管絃之聲，原來不遠處有一場熱鬧的閩劇清唱會，許多老人家正興高采烈地唱曲自娛，圍觀的人也不時報以熱烈的掌聲，呈現一片歡樂的景象。

　　走過清唱會場，眼前出現一座高牆大院的建築，門首懸匾「福州市博物館」。這座巍峨的殿宇建築原來是于山的大士殿（又稱觀音閣），居全山中心，清康熙五十二年（1713 年）始建萬壽亭，至乾隆年間改祀觀音，故稱大士殿；近年由政府規劃為博物館使用，展出福州歷史風土、古代文物、書畫和工藝品。博物館左近的樹下，有許多四人一組圍在一起玩四色牌。聽說在大陸賭風甚熾，且近年也十分流行跳交際舞，因此街坊流傳「十億人民九億賭，還有一億在跳舞」之俚語（順口溜）。

　　午後四點，我們準備下山，遠遠聽到鑼鼓聲，循聲來到一處道壇。壇設在一處小平地上，壇上供牲獻祭，一班福州道士正在「拜斗」

▼看似清幽的南后街「三坊七巷」，曾是明清不少官吏豪紳之府第所在。

祈安。我走上坡去看，在坡上巖下設了三座神龕；中龕祀九仙君（九尊少年神像），右龕柳將軍，左龕臨水宮（祀臨水夫人陳靖姑）。九仙觀始建於北宋崇寧三年（1104年），俗稱天君殿，內有三清殿、玉皇閣、鐘鼓樓、斗姥宮、碧霞宮、東軒等建築，殿宇現已成為福州市圖書館。信眾只將神仙請出來，暫時在寒酸的巖下奉祀。我們看了一陣子法事，攝影記錄後離去，此時天色已近黃昏。

福州坊巷

三坊七巷→沈葆楨故居→林則徐祠堂→福建省博物館
→華林寺大殿

　　福州為明、清兩朝府治之所在，不少官吏豪紳之府第建在城內各坊里巷，其中最著名的是現在鼓樓區南后街的「三坊七巷」。三坊指衣錦坊、文儒坊、光祿坊；七巷為楊橋巷、郎官巷、塔巷、黃巷、安民巷、宮巷和吉庇巷。南后街的街邊多糊紙店，懸掛各式燈籠及許多元宵應景物。三坊七巷以前都是豪門大宅，我們特別到宮巷找尋沈葆楨故居。

沈氏故居所在的宮巷以唐宋間爲道教紫極宮所在地而得名。此巷於明清兩代爲官宦世家聚居的地方，沈氏先輩寒微，當他位居朝廷要津時購置了這座始建於明天啓年間的豪宅大院，加以修葺定居。

沈宅坐北朝南，四面封火牆，中軸建築物有四進，隔牆外有民房頭，正中設六扇門，左右爲花格門窗隔成的房間，舊爲守門人居處。入門第一進爲扛梁廳，也稱外大廳，不住人，專爲婚喪喜慶之用。第二、三進均爲七柱五間，中爲廳堂，兩邊隔爲廂房，爲家人居所。第四進爲兩層樓閣，爲藏書樓。每進均有高牆相隔，自成院落，中軸左右還有花廳、書齋、小庭院等，整體格局可以稱爲是明清福州豪門住宅之典型。現存舊宅格局尚稱完整，住在宅院中的沈氏後裔有一百多人，由於眾家雜居，宅院顯得相當侷促，而多年失修的屋宇，如今已顯殘破，見之令人觸景傷情，不勝感慨。

近午，在街邊小店午餐，感覺食慾不振，難以下嚥，心裡知道風寒已加重。 飯後，順著南后街澳門路走到林則徐祠堂。祠堂建於清光緒三十一年（1905年），本已荒蕪破敗，於1982年修繕一新。祠堂門朝東，臨街爲一道棗紅色屏牆，屏牆內面是「虎門銷煙」的巨幅浮雕，紀念林公當年在虎門銷毀鴉片的壯舉。第二道爲正門，橫額「林文忠公祠」，入門有小庭，兩側分列八只石人石獸，庭接三楹儀廳，穿過此廳，前方有方形重簷九脊頂的御碑亭，亭內立三座青石碑，成品字形，分別爲恤諭（聖旨）、御賜祭文及御賜碑文。碑庭北側爲樹德堂，廳正中供龕祀林則徐端坐塑像。祠內有陳列館，展示林則徐的

沈葆楨與台灣

沈葆楨曾任兩江總督、船政大臣，並創建馬尾船政局。清同治十三年（1874年）日本以牡丹社事件爲藉口進犯台灣，清廷以沈葆楨爲欽差大臣到台灣籌辦海防事宜。沈氏爲鞏固安平海防，拱衛府城，奏請在台南二鯤身建大型西式砲台鎮守台疆，並於光緒二年建成，名爲「億載金城」，今列爲台閩地區一級古蹟。沈氏在台時間雖短，但政績卓著，開山撫番鼓勵拓墾，更制圖治整頓兵防，尤其是奏建延平郡王祠及興建億載金城，永爲台民感念。

◀ 沈葆楨故宅一隅如今成了百人大雜院，屋宇失修破敗，令人唏噓！

▶ ▲道士們在坡上巖下設神龕,「拜斗」祈安。

◀時近元宵,南后街上販賣的應景小紙籠。

▶▼為了紀念當年「虎門銷煙」之舉而建的林則徐祠堂，臨街為一道棗紅色屏牆，入門的小庭中有石人石獸。

▲林則徐祠堂。

手稿、信札、書法等遺物及後人紀念他的詩文書畫。庭中尚有曲尺樓、竹柏軒、魚池假山、迴廊曲徑，頗富園林之勝。

從祠堂出來，我們沿著南后街逛過來，街上有許多元宵應景的物品，我發現一擔賣小紙龍的地攤，興之所至，就買了二十隻小紙龍（每件一元），準備帶回台北分送給小孩子玩。

回旅店小歇之後，瑞武兄特別邀了福州老輩文人沈繼生先生帶我們到福建省博物館參觀。博物館創建於1935年，於1960年移至西湖公園現址，全館四座展覽廳，佔地面積約六千平方公尺。1985年在館前立一座林則徐銅像，高五公尺，巍然挺立，風範足傳千古。博物館中展出福建通史展、佘族展，以及秦兵馬俑巡迴展。我因為到過西安的秦始皇兵馬俑博物館，所以對兵馬俑巡迴展並不特別注意。倒是看到「福州海關攔截沒收走私出國文物特別展」時，還真吃了一驚，展出的走私沒收文物超過千件，凡青銅器、玉器、陶瓷等歷代文物無所不有。當然可以想像的是福州以外的海關必然也攔截沒收不少走私文物，而更可怕的是，闖關得逞而流出國外的走私古物可能比攔截下來的更多，一念及此，不禁為中華文物之命運長聲嘆息。

離開博物館，穿過西湖公園出大街，沈先生建議我們去看華林

寺大殿。華林寺始建於宋乾德二年（西元964年），初名「越山吉祥禪院」，明正統年間（1436至1449年）賜額，改爲今名。原來規模宏大，然而昔日殿堂樓閣大都不復留存，今僅存大殿一座。本殿建築風格獨特，用材碩大，構法講究，爲重檐歇山頂，面寬七開間，進深八開間，是長江以南最古老的木結構建築；本殿與大約同時代的蘇州玄妙觀三清殿、廣州光孝寺大殿、浙江餘姚保國寺大殿等難得的木構古蹟，同爲研究宋代木構建築的珍貴資料。

我們從華林寺徒步走向瑞武兄的家，我因感冒之故，頭有些昏鈍，腳步沉重地一路前行。明天是元宵節，豐梀兄和明生兄將前往古田看臨水夫人祖廟（臨水宮）的祭典，要離開福州，瑞武兄爲了預先爲我們歡慶元宵，在家裡準備了一桌十分豐盛的福州餐，溫暖了我們旅人的心。

元宵

西禪寺→烏山呂仙祖觀

早晨瑞武兄和我陪豐梀兄和明生兄到車站，送他們前往古田。我則續留福州一天，預定明日搭飛機往香港轉回台灣。

辭了豐梀兄和明生兄，我請瑞武兄帶我到下渡，準備尋訪陳靖姑這一位閩南人民虔誠奉祀的女神之出生地。陳靖姑（西元904至927年）福州下渡人，生於唐天祐元年正月十五日，嫁古田劉杞爲妻，卒年僅二十四歲。我們到達下渡街之後，頗費了一番工夫，才在一個幽暗的巷子中找到。據鄰近的居民說：去年此時，許多陳靖姑信徒前來

▲樹德堂正廳供祀林則徐端坐塑像。

▶▼遠觀近看這西禪寺(長慶寺),庭院廣闊,迴廊相合,一派宏大氣象;其香火鼎盛,冠於福州諸廟。

◀▼烏山上廟觀雖其貌不揚，往來香客卻不少。

此地朝聖，人山人海，將小巷擠得水洩不通，炮聲連天，炮屑積地盈寸，秩序大亂；為了害怕出事，今年當地的「領導」不許辦朝聖活動，因此門庭冷落。當地人希望花費百萬人民幣在此建廟，不過目前只爭取到三十萬，所以蓋廟的事，短期內尚不能進行。

回到福州街上，走了一遭「榕城古街」，吃了福州點心，再轉往西禪寺。此寺又名長慶寺，佔地約一百畝，始建於一千三百多年前的梁朝，是福州五大禪寺之一。寺院規模壯觀，有天王殿、大雄寶殿、法堂、藏經閣，以及禪寺、客堂、方丈室、念佛堂、庫房、明遠閣、鐘鼓樓等四十餘座建築，現存建築多是清光緒年間重修者。全寺庭院廣闊，迴廊相接，寬廣宏大，頗見氣派，而且香火鼎盛，冠於福州諸廟。

傍午和瑞武兄來到烏山，從山徑直登呂仙祖觀，此觀是一座小廟，廟貌不揚，往來香客卻不少。我們在山上隨意遊蕩，偶在亭閣小憩談天。走到山下午餐之後，我們折返南街鬧市，徒步閒逛，我隨意地買了幾本幽默漫畫。由於感冒未癒，頭又開始痛起來，只好叫計程車回旅館。整個下午，就和瑞武兄在旅館漫談福建民間戲曲研究的相關情形。傍晚，瑞武兄辭去。

今夜是元宵夜，我走上街去，仰首見天邊掛著渾圓清澈的月亮。不過只聽到零落的炮聲，沿街看不出一絲過節氣氛，也不知道鬧元宵的人都躲在福州的什麼地方。由於感冒的緣故，走一段路就覺得很疲累，只好折回旅館。打開電視，一面吃乾糧當晚餐，一面看中央電視台的特別節目「神州鬧元宵」，感受一下過節的氣氛。獨宿旅店、感冒頭痛的元宵夜，也是我這次福建之行的最後一夜。

▲偶在亭閣小憩談天，愈覺烏山上「曲徑通幽，惟聞鐘磬」之興味。

後記

　　離開大陸那一天，早上從福州搭飛機往香港，大約中午時分抵香港機場。由於春節元宵期間機位難訂，預定回台北的班機要等到晚間八點十五分，算一算離起飛的時間，足足還有八個小時。如果進出香港機場，再到街上逛，其實也不是很悠閒。因此決定安心地在入境室看看書、寫寫旅行日記。

　　回想這次福建之行，就好像打翻了廚房的調味架似的，真是五味雜陳，心中感觸良多。對於旅行中所見的亂象，雖然無意渲染，但實在也不能掩過飾非，視若無睹。幾次經歷沒有管理、毫無秩序的車站，車場上幾乎淹沒地面的甘蔗渣，態度惡劣得幾乎可以說是橫行霸道的司機和助手，加上不明究裡的車輛故障和惡意的「放鴿子」，令人有「行不得也」之嘆。

　　我雖然是第一次到福建，但已經是第三次到大陸，豐棶兄也多次到大陸旅行調查，並且不是第一次到福建，而明生兄更是土生土長的道地福建人。像我們這樣的三人隊伍，都難免在旅途中碰到一堆麻煩，擔驚受擾；如果是初次到福建的單身旅人，恐怕將落到寸步難行的困境。大陸開放的結果變成如此，應該也是始料未及的事。

　　在台灣常聽到「產業東移」的口號，希望將西海岸的產業部份遷移到東海岸發展；然而近年來台海兩岸經貿的快速成長，實際上我們已經看到「產業西移」的結果。從廣東往福建的公路沿線，台商投資建設的廠房、住宅就像雨後春筍，一座座冒出來，外資和外人突然大量地湧進來，根本沒有時間可以讓此地的人民調適，不恰當的互動

結果,也造成此地的社會失序現象。眼前看到的景象,就好像是天上忽然撒下遍地白花花的銀子,好多人都變成無頭蒼蠅似地爭著拾撿的亂哄哄場面,實在叫人不敢領教。我只能期望,調適的時間不會太久,我還想再回到福建故鄉,在山清水秀的田園中,見見鄉親們純樸的本來面目。

雖然揮不去故鄉的亂象,但是旅行之中也留下一些值得記錄的事。例如寒冬子夜碰到的漳州車伕、木棉村的那一場野台戲、與漳州布袋戲演師的邂逅、感受豐盛的安海一日、福州的三坊七巷和瑞武兄的元宵福州餐等,都將長留在我記憶中。李豐楙教授是個好旅伴,葉明生先生是個盡責的嚮導,雖然這次旅行中遭遇一些小麻煩,我們都一直保持高度愉快的旅行心情。漳州的陳松民、安海的伍經緯、福州的林瑞武三位先生,是這次旅行中結識的好朋友,可說是旅行中最大的收穫,對於他們的協助和熱誠的接待,謹在文末敬誌衷心的謝意。

第 2 章

羊城瑣記

廣州的勝蹟與博物館

二訪廣州

　　廣州位於珠江三角洲北緣，背倚白雲山，面臨珠江。廣州之名始於三國東吳時代，為中國南方之歷史名城及海外貿易往來之門戶。傳說古代有五位仙人穿五彩衣、騎五彩羊，攜帶穀穗降臨廣州，賜福年豐民安，故廣州也稱為「五羊城」或「穗城」，今仍存五仙觀祀五仙。

　　1991年七月上旬，我前往廣州開會，雖然停留了三天，但是因為時間都耗在開會，只抽出三天的清晨空暇分別走訪了流花公園、光孝寺和六榕寺。由於會議的地點在中國大酒店，於是有機會趁空參觀了就在飯店左近的「西漢南越王墓博物館」。

　　1992年七月，第二次前往大陸，路過廣州，停留了一天，走訪了廣東民間工藝館（陳家祠）、廣州博物館（鎮海樓）、黃花崗七十二烈士墓，並再訪南越王墓博物館。此外，還抽空到古籍書店買了一堆書、逛夜市；有一個晚上還專程到公園，聆聽了一夜的粵劇。

光孝寺・六榕寺

　　光孝寺的歷史源遠流長，為嶺南第一古剎名寺。因此，民間有一句俗話說：「未有省城，先有光孝」。寺址原是西漢初年南越王趙佗的玄孫趙建德故宅，三國時虞翻在此講學，名為虞苑。虞翻死後，其家人將故居布施為制止寺。此後寺名屢經更改；東晉稱王園寺，唐代稱乾明法性寺，五代南漢稱乾亨寺，北宋稱萬壽禪寺，南宋稱報恩

▲廣州市街景。

廣孝寺，至紹興二十一年（1151年）始稱光孝寺。寺有楹聯：「禪教遍寰中，茲為最初福地；祇園開嶺表，此是第一名山」，至為允當。

光孝寺在歷史上曾有不少外邦高僧駐錫，譯經傳法，成為嶺南佛教重地。 本寺規制宏大，建築雄偉壯觀，現存的大雄寶殿、瘞髮塔、六祖殿、達摩井（洗缽泉）、睡佛樓等建築，和東西鐵塔、大悲幢以及寺中的古代碑刻，都是珍貴的佛教遺跡。

大雄寶殿是本寺的主體建築，始建於東晉，清順治十一年（1654年）擴建為七開間的現貌。本殿雖經歷代修葺，但仍然保存唐宋以來的木造結構，為南方寺廟建築之珍貴資料。大悲幢建於唐寶曆二年（西元826年），是本寺現存年代可考的最早石刻。幢高二點一九公尺，青石料，八角形柱，上覆寶蓋。幢基座四周雕刻形態生動威武的力士浮雕，柱身八面刻梵文和漢文的大悲咒，故稱大悲幢。東西鐵塔是五代南漢國的遺物，東鐵塔四角七層，每層布滿貼金佛像，所以又稱「塗金千佛塔」。禪宗六祖惠能大師在本寺落髮剃度，因此本寺有瘞髮塔，瘞埋禪宗六祖惠能之戒髮。此塔通高七點八公尺，八角七層，每層各面小佛龕內都有佛像，形制相當精緻。

六榕寺是廣州的一座名勝古刹，寺內樹木蔥蘢，寶塔巍峨。本寺始建於南朝梁大同三年（西元537年），原名寶莊嚴寺。北宋（十世紀）時毀於火，端拱二年（西元989年）重建，改稱淨慧寺。元符三年（1100年）蘇東坡遊寺，見寺中有六株蒼勁古榕，題「六榕」二字，後人遂稱為六榕寺。

寺中的天王殿和彌勒殿皆為古建築。寺內還有一座六祖堂，堂前榕蔭掩映，菩提婆娑，堂內供奉禪宗第六代祖師惠能的紫銅坐像。此像鑄於北宋垂拱二年（西元989年），高一點八公尺，重達千斤，

▲廣州博物館原為鎮海樓，紅牆綠瓦，巍峨挺立，為嶺南第一樓。

▶ ▲光孝寺為嶺南佛教重地，
規制宏大，建築雄偉；歷史
上曾有不少外邦高僧駐錫，
譯經傳法。

▲光孝寺內現存的殿塔、樓幢及碑刻，都是珍貴的佛教遺跡。

◀六榕寺的「千佛塔」柱身密布一千多尊浮雕小佛像及雲彩繚繞的天寶塔圖，斑斕華麗，宛如沖宵華柱。

法像莊嚴，神態栩栩如生。此外，寺南側有碑廊，存宋代至清代的石碑二十餘方，都是珍貴的史蹟文物。1983年，重建宏大華麗的大雄寶殿及說法堂。大殿中供奉清康熙二年（1663年）以黃銅精鑄的釋迦、阿彌陀、彌勒三尊大佛，各高六公尺，寶相莊嚴，是廣東現存最大的古代銅佛。

六榕寺之舍利塔始建於梁大同三年（西元537年），內藏從印度攜來之佛舍利子。原塔毀於火，北宋紹聖四年（1097年）重建，塔內供奉賢劫千佛像，因此易名千佛塔。此後歷代雖經修葺，仍存宋代風格。

千佛塔為磚木結構，塔高五十七點六公尺，外觀八角九層，內實十七層，登臨塔頂，可鳥瞰羊城風貌。豎立於塔頂中央的千佛銅柱，鑄造於元至正十八年（1358年），柱身密布一千零一十二尊浮雕小佛像及雲彩繚繞的天寶塔圖，極為珍貴。由於塔形斑斕華麗，宛如沖宵華柱，故俗稱花塔。

西漢南越王墓博物館

這是一座兼具文物陳列館和石室墓現地保存展示館的新設博物館，館址佔地一萬四千平方公尺，文物陳列館興建在象崗的邊坡，倚坡而建成三層館舍，紅砂岩的外牆鑴刻著越人操蛇和龍紋、虎紋的巨幅浮雕，門外置一對石虎，外觀方正雄偉，令人印象深刻。

中國東南的兩廣一帶，自古即為百越民族所居的「嶺南」之地。秦始皇併吞六國之後，發兵五十萬南至百越，一統嶺南，置桂

▼方正雄偉的西漢南越王墓博物館，倚象崗邊坡而建，1989年正式對外開放參觀。

林、象、南海三郡。南海郡之首府設於番禺，即今之廣州。秦朝覆亡後，秦將趙佗擁兵據有嶺南之地，建立南越王國，仍以廣州為都城。至西元前111年，南越國為西漢所滅，總計傳五王，建國九十三年。

　　第二代南越國王趙眜的這一座石室墓，構築在象崗的腹心深處，墓穴採用豎穴與掏洞相結合的形式，劈開石山達二十公尺，鑿出平面如「凸」字形的豎穴。再由前端東西兩側掏洞構築耳室，南面有斜坡墓道，布局仿造前堂後寢的形制，以砂岩砌築成一座地宮。墓頂用粗砂加土分層夯填，其造法一如漢文帝霸陵「依山為藏，不復起墳」，刻意地將墓室隱蔽起來，以防範後世之盜掘。墓室的南北長十點八五公尺，東西寬十二點四三公尺，分為前後兩部，各設一道石門隔開。兩道石門的門楣、門額、門框、門限以及兩扇門扉，都是整石鑿成，門扉上還嵌有大型的鎏金銅鋪首。墓內共有七室，前部是前室和東西兩耳室，後部有主室和東西側室，平行縱列，主室之後為後藏室。各室用砂岩大石砌牆，有過道相通；室底鋪大石板，室頂用二十四塊大石板覆蓋。前室的四壁、頂部和兩道石門上都飾有朱墨兩色的卷雲紋圖案。

　　居中的主室放置墓主棺槨，陪葬有鐵劍及許多珍貴器物，墓主身上發現的印章有八枚，其中最大的是龍鈕「文帝行璽」金印，另有「趙眜」玉印，足證此墓為南越第二代王墓；後藏室是儲存食品的庫房，堆疊著上百件大型炊具和容器；東側室是從死的姬妾，從所存印

城市內的考古公園－象崗

　　廣州市的象崗是一座海拔約五十公尺的風化花崗岩石山，位於風光秀麗的越秀公園西側。此崗原是越秀山最西邊的小山崗，明朝初年擴建大北門城時，鑿開象崗與越秀山之間的小道為大北直街，象崗才與越秀山分離，成為孤立的一座小崗。

　　象崗位在廣州繁華的市區內，1980年代，廣東省政府基建部門選中象崗山頂興建宿舍樓，花了三年時間把山頂削低十七公尺，整出一片約五千平方公尺的基地。1983年三月開挖地基的時候，才下挖三公尺就發現了大塊大塊整齊並列的砂岩石板，從石板縫隙，似乎可以推測底下有一座石構建築。經廣州市文物管理委員會考古組人員鑽入石板縫隙中初勘，證實為一座包含豐富文物的古代石室墓。後來，從墓中發現的金、玉質印章和封泥的文字，確認這一座石室墓的主人是西漢時代雄踞嶺南的南越國第二代國王趙眜（僭稱文帝）。趙眜於西漢建元四年即位，約死於元狩元年（西元前122年），推知此墓已歷二千一百多年。

章來看，有「右夫人」、「左夫人」、「泰夫人」之稱，陪葬了不少精美的透雕玉佩飾、銅鏡等物；西側室放牛羊祭牲和七個殉人，殉者似為庖廚隸役，無棺木，僅少量陪葬品；前室出土遺物不多，有一殉人，並有一枚魚鈕「景巷令印」銅印章和木車的構件；東耳室是禮樂宴飲用器的藏所，文物非常豐富，有青銅編鐘、石編磬、琴、瑟、六博棋盤、大型鎏金酒器等，室中有一殉人，似為樂師。西耳室隨葬物最多，是一個儲放禮器、樂器、兵器、車馬器、生活用具及珍寶的庫房。總計墓中出土了一千多件（套）珍貴文物，以玉器和青銅器為多，其中如：獸首啣璧玉飾、圓雕角形玉杯、虎頭金鉤啣玉龍、龍虎合體玉帶鉤、承露盤、雕龍螭玉環、嵌金透雕玉飾等，皆為罕見的藝術精品。王墓中的許多文物出現了蛇的圖紋和造形，顯示了嶺南「蛇文化」的特徵；另 外還有舶來的非洲象牙殘段、南亞乳香、波斯銀盤等物，說明了二千多年前廣州與海外的往來關係。

南越王墓的發掘隊由中國社會科學院考古研究所、廣東省博物館、廣州市文 物管理委員會的考古家及工作人員組成。王墓經過發掘之後，廣州市人民政府決定重點保護原址，在石室墓前的象崗邊坡建設博物館，展示墓中發現的豐富珍貴文物，並將崗頂的石室墓保存於現地，其上加蓋保護屋，成為一座遺址現地保存展示館。本館於1989年十月一日開館，吸引了許多中外學者及遊客前來參觀。

文物陳列館為三層平頂的方正建築，一樓入口為門廳，正面有直上崗頂的長階梯。一樓階梯後方設

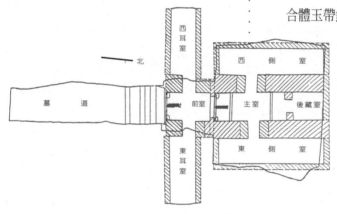

▲▼西漢南越王墓平面（上）及剖面（下）圖。

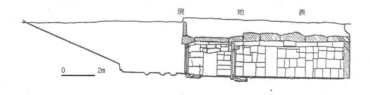

禮品店，門廳左側設有五十人座的講堂
兼錄影帶放映室，可以購票觀看南越
王墓發掘過程的錄影帶，這對於考
古學有興趣的觀眾而言十分具有
價值，可惜錄影帶沒
有發行出售。二、三
樓為南越王墓出土文物之展示，採用傳統的展示方法，對王墓的結
構、時代背景及出土文物都有相當詳細的文字說明，豐富而精緻的文
物更令人稱羨。沿文物陳列館的長階可以走上崗頂，經人工削平的崗
頂，約與文物陳列館的屋頂高度相等，崗上是一片草坪，約略中央的
位置有一座以透明壓克力樹脂板為材料的削尖金字塔形的保護屋，其
中一邊延伸一條廊道，即為原墓道之所在，也是墓室現地保存展示館
的入口。觀眾可以另行購票（票價是「外匯券」四元）順墓道走入其
中參觀，但是每日參觀人數限定一百人，以降低墓室的損壞程度。因
受人數限制而不能（或不願買票）進入墓室的入館觀眾，可以在墓室
上方的保護屋內，從周緣下望石室墓，不另收費。

　　中國歷史文物豐富，自不待言，南越王墓出土的文物雖然精
美，也僅是九牛一毛，不足以稱為中華文物之最。然而，中國文物經
歷代流離，目前雖能在各地博物館中見到，但是已經難以想像文物在
使用當時的情境。珍貴的文物在莊嚴的博物館中陳列，也許無損其藝
術價值，但是失去地緣及其他伴隨文物的烘托，無疑的也會減損它的
歷史價值。像南越王墓博物館這樣，把古墓和其中的出土文物放在同
一個博物館中來展示，一方面在文物陳列館中以闡釋的展示方式來說
明文物，另一方面讓觀眾可以走進二千年前的古代墓室中，想像及感

▲南越王墓博物館剖面示意圖。

▲西漢南越王墓博物館，一座兼具文
　物陳列館和石室墓現地保存展示館
　的新設博物館，完整地呈現了二千
　年前嶺南一個王國的歷史縮影。

受歷史情境，可以說是極其稀有的例子。參觀南越王墓博物館所看到的不只是精美的古代文物，也看到了完整的文物組合脈絡及經過闡釋的歷史事件，更看到了二千年前嶺南一個王國的歷史縮影。博物館能夠以歷史情境的再生來呈現歷史的真實感，這大概是「歷史展示」所追求的理想，也是南越王墓博物館無可取代的特色。

鎮海樓‧陳家祠

越秀山在廣州城北，舊稱越王山、觀音山，海拔七十公尺。民國十年，孫中山先生決定建設此山為公園，近年在山腳下開鑿東秀、南秀、北秀三個人工湖，全園擴張至八十公頃面積，成為廣州市最大的公園，也是五百萬市民最佳的遊憩場所。

鎮海樓又名望海樓，矗立於越秀山頂，明洪武十三年（1380年）永嘉侯朱亮祖擴建廣州城時，開拓北城八百餘丈，在北城垣最高處興建此樓。鎮海樓高五層，二十八公尺，紅牆綠瓦，巍峨挺立，有嶺南第一樓之稱。1929年建置為廣州博物館，展示廣州的歷史和文物。

廣東民間工藝館設在陳家書院內，1959年設館開放。陳家書院俗稱陳家祠，建於清光緒十六年至二十年（1890至1894年），是當時廣東省七十二縣陳姓合資興建的族祠和書院。書院建築為五座三進，九堂六院，面積總共一萬三千二百平方公尺，其中主體建築面積達六千四百平方公尺，以聚賢堂為中心，由大小十九座建築組成的藝術建築群。建築群組合之間有庭院間隔、廊廡穿插，布局嚴謹，虛實相間，形成各自獨立又相互連繫的整體。全體建築規模宏大，廳堂軒

▶布局嚴謹、虛實相間的陳家祠，形成各自獨立又相互聯繫的整體。

▲瑰麗璀璨的陳家祠建築裝飾藝術裡，處處可見南方民間匠師的精巧錘構。

昂，庭院寬敞，一方面表現古代建築的傳統，又具有南方建築的鮮明特色。

陳家書院一向以其瑰麗璀燦的建築裝飾藝術聞名，屋宅裝飾了廣東民間的石雕、木雕、磚雕、石灣琉璃陶塑、灰塑、鑄鐵工藝和繪畫，是一座南方民間建築之藝術集成。在建築物的所有堂、院、廳、廊，乃至門、窗、欄杆、屋脊、瓦、 牆壁、樑架、神龕、露台，上下裡外，滿目琳琅。雕飾之中有許多吉祥圖案、歷史故事、嶺南采風，題裁廣泛，造型生動，處處可見精美的民間匠師之工藝傑作。

工藝館的主要任務是蒐集、保存、研究和展示廣東地區歷代各類民間工藝品為主，並兼及全國各地民間工藝品。廣東民間工藝主要有陶瓷、雕刻、刺繡等類 ，在陶瓷工藝方面，有古樸渾厚的石灣陶，絢麗多姿的潮州、楓溪美術陶，和金碧輝煌的廣州織金彩瓷等。在雕刻藝術方面，有潮汕地區的精工細雕和廣州地區的簡練雕刻，廣州的象牙球雕、欖核雕、玉雕、蚌雕、磚雕、竹雕、端溪硯石雕、高州的牛角雕、緬茄核雕和海南的椰殼雕等。在刺繡工藝方面，有廣州、潮州為代表的粵繡、珠繡和抽紗。其他

▶▼陳家祠由大小十九座建築群組成，其規模宏大，兼具古代傳統與南方建築的鮮明特色。

◀▲黃花崗七十二烈士公園中的
每一個角落，深深地刻畫著濃
郁的奉獻精神與後人的敬慕之
情。

▲黃花崗七十二烈士的紀念碑庭。

工藝品還有廣州琺瑯、金銀工藝、紙通公仔、編織和套色刻花玻璃，佛山的燈色、秋色、剪紙、木刻、門畫和獅頭紮作，潮州的泥塑、麵塑、稿末塑、紗燈人仔、瓷貼、貝貼、麥桿貼畫和剪紙，還有陽江、潮汕、佛山地區的漆器。本館收藏的文物、工藝品有一萬五千件以上，以廣東本地之工藝品為主，其中包括了明代至現代民間工藝大師的精品。

碧血黃花

　　離開廣州之前，決定到黃花崗去瞻仰七十二烈士墓。關於黃花崗烈士的壯烈事蹟，其實早已經是耳熟能詳的故事，特別是選入中學課本的林覺民「與妻訣別書」，讀過多年至今仍深印腦海。

　　黃花崗七十二烈士墓是辛亥廣州起義殉難者的墓園。1911年農曆三月二十九日，革命黨人在黃興、趙聲的率領下，進攻兩廣總督府。激戰之後，因寡不敵眾而失敗，革命烈士死難者眾。同盟會員潘達微冒死收得遺骸七十二具，合葬於黃花崗，故稱七十二烈士墓。民國七年由海外華僑籌資興建面積十六公頃的墓園，沿中軸線排列著廣場、牌坊、墓道、月池、祭台、墓塚、紀功坊、紀念碑。

　　走出墓園，回望陵墓正面三拱牌坊，心中默念坊上國父孫中山先生所題「浩氣長存」橫額。對於為理想而奉獻生命的烈士情懷，不禁有無限敬慕之情。烈士遺風，如盛開黃花，香味馥郁，千古傳芳。

▲離開廣州前的最後一瞥，留駐在黃花崗的一角。

神州腳印

第 **3** 章

漢唐遺風帝王都

西安懷古

長安自古帝王都

西安古稱長安，從歷史書上所知道的長安，是周、秦、漢、隋、唐等十一個朝代的首都，歷時一千一百八十年，是中國建都最久的都城。遠在漢代，長安已經是一個國際性的大都會，東西方的商旅往來不絕於途，是中國通西域外邦「絲路」的起點。從唐詩中留下記憶的長安，有李白的「長安一片月，萬戶擣衣聲」，和白居易長恨歌中的「春寒賜浴華清池，溫泉水滑洗凝脂」，我沒有機會體驗李白的詩境，不過倒走了一趟華清池，看到了楊貴妃出浴的「貴妃湯」（湯者，溫泉也）。對於西安的視覺印象，最早是來自十多年前觀賞日本放送協會（NHK）的「絲綢之路」錄影帶，透過鏡頭的修飾和美化，古都西安呈現濃得化不開的歷史韻味。畫面中的西安，有鐘樓角脊隨風搖響的風鈴和露珠中倒影的小雁塔，不由得令人勾起思古之情懷。

1992年盛夏，我們一行六人來到西安的這一天，氣溫居然熱到攝氏四十度，這是我從來沒經驗過的高溫。盛暑中的西安，燠熱難當，使人的腦袋昏沉沉的，根本沒有心思體會古都的歷史氣氛。而實際上，「熱昏了頭」也確實是我到西安的第一個感覺。古都雖然還是古都，明代的城牆仍在，鐘樓、大雁塔、小雁塔的身影，仍然標記著千年長安的往事。然而，歲月無情，江山風物幾易容顏，秦代的阿房宮、漢代的未央宮、唐代的大明宮，都已經灰飛煙滅。在高樓林立的現代西安，真是不容易體會西安應該有的深沉古意；然而，有機會到西安走一趟，親眼看到兵馬俑坑的雄壯軍陣和巍然矗立的茂陵，多少仍能令人感受到秦皇漢武名震千古的雄風。

初履西安

西安鐘樓→大皮院清真寺→陝西省博物館

　　七月三十日清晨，從貴州的花溪賓館搭車到貴陽機場，貴州民族學院的楊正偉、王勇兩位先生來給我們送行。七點四十分從貴陽起程，飛機一路低飛，越過似乎沒有窮盡的崎嶇高原。大約飛行一個小時之後，乍見沃野千里的關中平原展現在眼前，心中忍不住湧起一股興奮之情。九點十分，抵西安咸陽機場，原以爲中國旅行社會派車來接機，沒料到因聯絡出問題，沒等到車。我們臨時決定在機場自己找了兩輛旅行車，分載人和行李往西安賓館。同行的駿濤兄押行李車後行，途中遇農民車欲干擾滋事，幸無差錯，行李得以送到旅館。原來在機場和司機說好車資二百元，但是到了旅館，司機卻說是人和行李每車二百元，經過爭執和折衝的結果，兩車總共付了二百五十元了事。

　　下午一點鐘，與秦始皇兵馬俑博物館的張濤先生見面，一起在旅館午餐，商量這幾天的行程，並委請張濤兄爲我們作幾日嚮導。餐後，大家擠公車前往西安鐘樓。鐘樓位於西安市中心四條大街的交會點，是西安城的地標，樓中有一口五千公斤的明代鐵鐘。此樓以青磚砌成基座，建築爲平面方形，樓高三十六公尺，綠色琉璃瓦屋頂，是一座重檐複屋式樓閣。

　　從鐘樓出來，走北院門、大院門，三點鐘左右來到大皮院清眞寺。回教（伊斯蘭教）在唐代初年由阿拉伯人傳入廣州，其後從波斯、中亞經由絲路來長安行商定居的伊斯蘭教徒日漸增多，並且在長安聚族而居，建立了許多清眞寺。寺院附近是回民的居住區，其衣著

▲大皮院清真寺。

飲食皆固守傳統，頗具特色。我們從這裡轉東大街前行，越來越覺得天氣焦熱，走在西安街上，感到口乾舌燥、頭昏腦脹。聽張濤兄講，這種高溫的天氣是近年才有的現象，不過再熱也就是熱幾天而已，沒料到我們趕巧就在全年最熱的這幾天來到西安。

　　四點鐘左右，走到三學街的陝西省博物館。本館於 1952 年在西安孔廟的舊址建立起來，佔地面積約三公頃，建築面積一萬八千餘平方公尺，全館分爲歷史陳列室、石刻藝術室、碑林陳列室和陝西省珍貴文物陳列室四大部份，其中以西安碑林最負盛名。歷史陳列室中展出唐三彩、金銀器、唐墓壁畫、陶俑等珍品；石刻藝術室中則有東漢雙獸、昭陵六駿、菩薩像等絕世精品；陝西省珍貴文物陳列室有商周青銅器、秦代兵器、隋唐佛教造像和唐宋瓷器等陝西省出土和收藏的歷代文物。

　　中國雖然有許多著名的碑林，但入藏石碑最早、薈粹名碑最多的要數西安碑林，堪稱爲中國傳統書法藝術的寶庫。西安碑林始建於北宋哲宗元佑五年（1090 年），原是爲了保存唐代的「石台孝經」和「開成石經」而設置，經過歷代的蒐集增添，現存碑石一千七百多方。最早入藏於碑林的是石台孝經，因碑有台

◀▲大清真寺為唐代回教（伊斯蘭教）徒聚族長
安時所建，附近回民麇集，人文色彩濃厚。

座，故有「石台」之稱。此碑刻於唐天寶四年（西元754年），由四塊色如墨玉、光可鑑人的長方形青石合刻而成，每塊碑石高五點九公尺，寬一點二公尺，是碑林中最高的石碑。開成石經包括十三種中國古代經書，共一百一十四方，六十五萬五千零二十五字，是一部巨型石書，世稱「石刻十三經」。碑林中現存年代最早的是漢碑，共有六方，因年代久遠，碑多殘缺，字跡不清，惟「曹全碑」保存比較完好。此碑刻於東漢中平二年（西元185年），兩面隸書體碑文，字體端正典雅，爲現存漢碑中之珍品。碑林中的唐代名碑有顏眞卿楷書多寶塔感應碑、顏氏家廟碑、柳公權楷書玄秘塔碑、虞世南楷書孔子廟堂碑、歐陽詢楷書皇甫誕碑、褚遂良楷書同州三藏聖教序碑、李陽冰篆書三墳記碑，以及懷素草書東陵聖母碑等。碑林中還有許多唐以後的名碑墓誌，如宋代的蘇軾、黃庭堅、米芾、蔡襄，元代的趙孟頫、明代的董其昌、清代的鄧浣白、民國的于右任等書法大家的珍寶。

　　中國全境不分時區，各地都通用「中原標準時間」（台灣也是），因此越往西邊，越慢天黑，這個時節的西安大約下午八點天色才暗下來。我們在碑林流連良久，到七點鐘左右，才搭計程車回到西安賓館。小憩之後，我們一同走到南梢門夜市的路邊攤吃晚餐。攤子上的餅和烤肉都很好吃，爲了消暑我們又吃了西瓜和刨冰。可是天氣實在是熱，天黑之後的鬧市並沒有一絲涼快的氣息。大夥兒只好回到西安賓館吹冷氣，涼快一下，讓昏鈍的頭腦略爲清醒；只能說，眞是熱得難以讓人提起閒情逸致來感受歷史的長安。

秦皇漢武憶雄風

半坡博物館→秦始皇兵馬俑博物館→秦始皇陵→華清池→咸陽博物館→茂陵博物館

　　第二天的行程預定前往半坡博物館、秦始皇兵馬俑博物館、秦始皇陵、華清池、咸陽博物館、茂陵博物館（霍去病墓）和漢武帝茂陵。全日的行程都由張濤兄作陪引路，並時時提供解說。拜訪秦始皇兵馬俑博物館的時候，秦俑考古隊的張占民副隊長帶我們參觀一號、三號兵馬俑坑和銅車馬展覽室，熱誠地為我們解說，並贈送他的專門著作，盛情可感。

　　我的本行是人類學和考古學，現在是專職的博物館人，因此每次旅行之中總是不忘參觀博物館，特別是人類學和考古學的博物館。這次西安旅行中有機會拜訪參觀的半坡博物館和秦始皇兵馬俑博物館，都是以考古遺址現地保存展示而聞名中外的考古遺址博物館，我們特別花了半天時間用心參觀，並蒐集了相關資料，留待後面專節敘述。

　　在驪山賓館午餐之後，驅車前往華清池，途中經過驪山北麓的秦始皇陵。由於時間所限我們沒有登陵，只是遙望陵塚，將其高大雄偉的身影存入記憶之中。華清池在秦始皇陵左近，傳說此地的溫泉早在西周時代已被發現，周幽王曾在此興建離宮，秦始皇也建離宮於此，並修建「驪山湯」。唐玄宗天寶六年（西元747年）大舉修建宮室、庭園和浴池，更名為華清宮，宮中溫泉就總稱為華清池。每年冬天，玄宗帶著楊貴妃至此避寒、洗溫泉。華清池中有「貴妃湯」，乃玄宗賜給楊貴妃專用的浴池，因為池中有白玉雕琢的芙蓉，又稱為

▲漢代征匈奴大將霍去病墓。

「芙蓉湯」。白居易長恨歌中所詠「春寒賜浴華清池」的韻事，吸引了許多觀光客來此一賭貴妃湯的面目。

離開華清池，我們先後走訪了咸陽博物館和茂陵博物館。咸陽博物館建設在咸陽孔廟的舊址，主要展示文物有出土的秦代咸陽宮遺物、漢墓兵馬俑，文物相當豐富，尤其以秦代遺物最爲珍貴。

西安北郊的咸陽原，是漢唐帝王后妃及大臣名將的陵墓區，如漢武帝茂陵、衛青墓、霍去病墓、李夫人墓、唐太宗昭陵、唐高宗和武則天合葬的乾陵、章懷太子墓、永泰公主墓、懿德太子墓等。蒼茫平野，陵塚起伏，頗令人有「千古英雄，如今安在」之慨嘆。

茂陵博物館設在漢代大將軍霍去病的墓前，此墓在茂陵東北方五百公尺處，爲尖錐形的土築墳墓，是漢武帝爲紀念霍去病的彪炳戰功而建。墓前有一組巨型石人石像，爲西漢石雕藝術之精華；其中以「馬踏匈奴」石雕最負盛名，爲此中之藝術極品。墓塚有石階可以登頂，墓頂有一座小亭，近處可以看到左右的衛青及李夫人墓。周緣的咸陽原上有許多高起的墓塚，其中引人注目的一座覆斗形、宛如拔地而起的小山，就是功業蓋世的漢武帝茂陵。從墓亭極目遠眺，環視關中平原，平疇四野，古風猶存，歷史的浪潮不斷地搏擊著內心。

壁畫・雁塔・西安城

陝西歷史博物館→唐代藝術博物館→大雁塔

第三天預備參觀的重點是陝西歷史博物館、唐代藝術博物館和大雁塔。陝西歷史博物館是一座近年才開放的大型博物館，展示和維護設備新穎，藏品豐富珍貴，集西安之最，是中國大陸最現代化的大

▲陝西歷史博物館以通史展示手法裸呈陝西古代文化丰采，令人流連忘返。

▲覆座咸陽原上的漢武帝茂陵，宛如拔地而起的
　小山，格外引人注目。

慈恩寺（大雁塔）

慈恩寺是盛唐著名的佛寺，爲貞觀年間太子李治爲其母文德皇后祈求冥福而建。落成之時，剃度僧眾三百，禮請五十五名高僧駐寺，並請玄奘法師由弘福寺遷居於此，專建譯經院，供玄奘譯經。永徽二年（西元652年），玄奘奏請建大雁塔，收藏自印度取回的佛經。慈恩寺經歷代戰亂，雖多次修葺，仍不復昔日盛況。近年重修完成的有中軸線上的殿宇五間，後有經堂，兩側廂廡。院內古木參天，遊人往來如織。

型博物館（因此也有全中國最貴的門票，港澳台胞及外賓一票人民幣一百元）。本館的經常性展示爲「陝西古代史陳列」，面積五千五百平方公尺，總分爲史前、周、秦、漢、魏晉南北朝、隋唐、宋元明清七大部份，基本上是通史展示的形態，展品二千餘件，配上遺址模型、圖表、照片等輔助展示品，文物精品薈粹，眞切地展現了陝西古代文化的丰采。「唐墓壁畫展」也是常設的展示，其中有章懷太子、永泰公主墓壁畫等聞名的唐墓壁畫精品。我們來參觀的時候，特展室正舉辦「遼陳國公主墓文物展」，係內蒙哲林穆盟出土之遼代古墓，有許多精美文物，令人目不暇給。我們在館中流連了整整一個上午，才依依不捨地離館。

在拜訪大雁塔之前，我們先參觀了與慈恩寺僅一牆之隔的唐代藝術博物館。本館由日本三井不動產株式會社、樂樂港株式會社支援建館，是一座仿唐的庭院建築，由坐落在同一中軸線上的三個庭院組成，總面積約二千九百平方公尺。館內設有唐京長安、國風民俗、詩書交輝、雕工畫意四個主題展示廳，陳列唐代帝都的建築、雕塑、書法、繪畫、樂舞等方面，具有代表性的藝術品、出土文物和文獻資料，反映了唐代文化藝術的繁榮和輝煌成就。

大雁塔初名慈恩寺塔，現存七層，高六十四公尺，通體呈方形角錐狀，是古代仿木結構閣樓式磚塔的典型。當年築塔用磚都經精心汰選，而且磨磚對縫，所以塔身十分堅固，雖歷經兵燹和地震，塔基仍安然無恙。近年經過修葺，外貌更是煥然一新。塔南面兩側嵌著唐

太宗所撰的「大唐三藏聖教序」和唐高宗所撰的「大唐三藏聖教序記」，皆為唐代大書法家褚遂良的真蹟。唐代開科取士，每年進京應試者有千人之眾，錄取者僅十至三十人，新科進士在上榜宴飲之後，都會到大雁塔題名留念，這就是「雁塔題名」的典故。唐代大詩人白居易登科之時，曾經意氣風發地在雁塔留下「慈恩塔下題名處，十七人中最少年」之豪語。拾階登臨塔頂，使人眼界豁然開朗，從塔頂鳥瞰西安大街及關中平野，八百里秦川風物盡在眼底。

　　華燈初上的時候，我們決定夜登西安城。漢唐的長安城今已不存，然而從史料中所知的唐代長安城以氣魄宏大、規劃方整著稱於世，是當時世界上規模宏偉、建築壯麗、布局規整的一座都城，日本的平城京（京都）即仿其形制而建造。唐長安城是在隋大興城的基礎上建立起來的，主要由宮城、皇城和外郭城組成，呈南北向長方形。皇帝的宮城位居全城北部的中央，宮苑居高臨下，坐北而立，面南而治，象徵至高無上的皇權。皇城中有太極宮、大明宮、興慶宮三大宮殿區，稱為三大內。然而，隋唐舊城今已難尋，今日所見的城牆和城樓為明洪武年間修建，平面呈東西向長方形，東西四點二公里、南北二點五公里，周長約十四公里，是保存相當完整的一座明代城垣。全城設四座城門，東為長樂門、西為安定門、南為永寧門、北為安遠門，城牆高大厚重，內側為土面，外側為磚疊，城頂上內有護牆，外有垛牆，四方城角各有一座角台，重樓疊閣，氣勢雄偉。在白天，我們好幾次進出城門，到夜晚才有機會走上城垣。

　　流連之際，忽然聽到一陣管弦之聲傳來，循聲看到城下公園圍

▲與大雁塔僅一牆之隔的唐代藝術博物館，為一座仿唐的庭院建築。

▶高聳的大雁塔通體呈方形角錐狀，是古代仿木結構閣樓式磚塔的典型。唐代新科進士上榜宴飲之後，都會到大雁塔題名留念，這也是「雁塔題名」的由來。

了一群居民， 正在唱曲自娛。本地傳統的戲曲稱爲「秦腔」，高亢嘶啞，頗難入耳。這一夜漫步城上，迎著拂面涼風，俯看燈火長安，依稀想見古代西安之風韻。

半坡博物館

　　根據近期的統計資料，到 1992 年爲止，大陸的博物館總數約在一千所左右。而晚近新建的博物館中，以類型多樣、內容豐富的專門性博物館發展得最快；在館數最多的考古歷史類博物館方面，則有許多處考古遺址現地保存館的營建。

　　中國大陸的考古遺址現地保存館較早建館而且知名國際的，首推西安的半坡博物館（1958 年開館），其後陸續完成的遺址博物館有北京周口店的北京猿人展覽館、遼寧瀋陽的新樂遺址博物館、廣西桂林甑皮岩遺址陳列館、雲南元謀猿人博物館等；在考古墓葬現地保存館方面有北京的大葆台漢墓博物館，陝西的昭陵、乾陵、茂陵博物館，北京的定陵博物館、河南的洛陽古墓博物館等。轟動中外的秦始皇兵馬俑博物館（1979年開館），是以秦始皇陵兵馬俑坑現地保存展示而吸引無數中外來客；1989 年在廣州開館的「西漢南越王墓博物館」，則爲新近建設的一座兼具文物陳列館和石室墓現地保存展示館的遺址博物館。

　　半坡遺址位在西安東郊滻河（渭河的支流）東岸的第二階台地

▲半坡博物館，是以考古遺址現地的保存展示而聞名中外的考古遺址博物館，主要呈現完整而典型的新石器時代仰韶文化的村落風貌。

上，現在的半坡村之北側，距西安城約六公里，半坡博物館就是在半坡遺址考古發掘的基礎上建立起來的。博物館於1957年由中央撥專款進行建設，於1958年四月正式開館，成為中國大陸第一座擁有考古遺址現地保存與展示設施的遺址博物館。到了1961年，中共國務院通過並發布「文物保護管理暫行條例」和「第一批全國重點文物保護單位名單」，半坡遺址即列名其中。

半坡遺址是黃河流域一個完整而典型的新石器時代仰韶文化的農業村落遺址，距今約六、七千年左右，在中國考古學上有十分重要的價值。根據調查和發掘，遺址的平面，依階地的形勢略成邊線不規則的長方形，總面積約五萬平方公尺，居住區在遺址的中南部偏西，東邊是燒製陶器的窯場，北邊是村落的公共墓地。半坡遺址於1953年發現，從1954年秋天到1957年夏天，由中國科學院考古研究所進行了五次考古發掘，發掘面積有一萬平方公尺左右。總計發掘出土的有房屋遺跡四十五座、圈欄兩座，儲藏物品的窖穴二百多個，燒製陶器的窯址六座、墓葬二百五十座（其中小孩甕棺葬七十三座）以及生產工具和生活用具等遺物達萬件以上。此外，還發現許多獸骨、果核和腐爛的粟等遺物。半坡博物館就是為了維護及展示這些出土遺物以及現地保存半坡遺址的一部份而建立的。

博物館的遺址大廳，是將發掘的遺址原貌加以保存的半坡聚落居住區的一部份，面積約三千平方公尺。可以具體看到當時的房屋有半地下式和地面木架建築兩類，基址有圓形和方形

▶ 陝西西安半坡村出土的「三角折線紋彩陶壺」。

兩種，門都向南，房子中央有一個火燒坑，房子的主要建築材料是草泥土和木料。遺址中房屋建築密集分布並多層疊壓，顯示半坡人在這裡定居的時間相當長。圍繞居住區的大壕溝，深和寬各約五、六公尺，現存長度約三百多公尺，應該是為防禦而修築的。

　　居住區的東邊發現村民的燒陶區，保存了一座燒製陶器的橫穴窯，由火膛和窯室兩部份構成，這是目前中國境內最古老的窯址之一。公共墓地在居住地北側，葬式有單人仰身直肢葬、俯身葬、二次葬、合葬等，也有個別屈肢葬。隨葬品多為生活用具和裝飾品。夭折的小孩用甕棺埋葬，成群或單獨地埋在住屋附近，一般均無隨葬品。

　　半坡人使用的生產工具主要有石器和骨器兩種。常見的石器有斧、錛、刀、鑿、鏟、砍伐器、磨棒、磨盤、箭頭、網墜和紡輪等，骨器有刀、錐、鏟、鑿、針、箭頭、魚鉤和魚叉等，其中以骨製魚鉤具有銳利的倒鉤和具有細小針眼的骨針最為精美。生活用具主要是陶器，基本類型有缽、盆、碗、壺、甕、罐、甑等。若干陶器底部有清晰的蓆紋和布紋，顯示當時已有編蓆和織布的技術。彩陶是陶器中的精品，顏色以紅底黑花為主，形狀以幾何圖案最多，本遺址出土的人面魚紋彩陶盆是彩陶紋樣中最具特色者，一直被當作是半坡遺址及半坡博物館的代表圖案。

　　保存於現地的半坡住居遺址（部份）是半坡博物館的主體，根據學者的研究，半坡早期的居址是在平整的地面上鋪草泥土作為地基地面，中晚期的房屋居住面普遍經過燒烤，形成堅硬防潮的一層地面。但是從半坡遺址發掘以後，其暴露保存的居址面受到外在乾燥氣候

◀ ▼陝西西安半坡村出土的「折線紋彩陶壺」及魚紋彩陶殘片、陶盆。。

及溫差劇烈變化的影響，自開館以來，遺址表層土質不斷地風化，成為博物館對遺址保存維護的一大挑戰。在1960年代，博物館曾與自然科學家進行合作，對遺址試用環氧樹脂進行保護處理，1980年代以來，又繼續與陝西化學研究所合作，選用Ｓ×１號材料，進行遺址保護的試驗工作，同時在遺址大廳持續測定溫溼度變化、降塵量及粉塵中有害物質的含量，以及影響遺址崩壞的各種環境調查，期望可以保存維護半坡遺址。

建館三十多年的半坡博物館，不僅致力於半坡遺址的保存，而且從事史前考古學、民族學及博物館學的研究。博物館的考古工作人員在陝西全省調查及發現了許多考古遺址，其中經正式發掘的有二十餘處，獲得了數千座史前的各種文化遺存及數萬件的史前遺物。館員們發表的報告、論文在百篇以上，為學術界提供了十分重要的資料。

半坡博物館不只以遺址現地保存為特色，在研究方面，對中國新石器時代仰韶文化及半坡遺址的內涵都累積十分可觀的成績。根據相關的研究，學者對於六、七千年前半坡古氣候及古植被已有相當的瞭解，而由房屋基址、陶窯、墓葬址以及大量出土文物的研究，也提供了半坡人主要的生活面貌。因此在研究的基礎上，重建史前半坡的自然環境及生活文化已成為經營遺址博物館的前瞻目標。

秦始皇兵馬俑博物館

秦始皇陵位在陝西臨潼縣的驪山之麓，陵園平面呈長方形，有內外垣牆。內垣牆南北長一千三百三十五公尺、東西寬五百八十公

▼ 1945至1957年陝西西安半坡村出土的葉形與圓點圓圈紋陶環飾品。

尺，外垣牆南北長二千一百六十五公尺、東西寬九百四十公尺。墳丘成覆斗形，位於內城南半部，現存高度八十七公尺，墳丘之東西北三面都發現有墓道。

內城北半部有規模宏大的建築遺跡，應是寢殿所在。在墳丘西側二十公尺處出土兩乘大型彩繪銅車馬，大小約為真人真馬的二分之一。陵園東邊有秦始皇諸公子、公主等陪葬墓、馬廄坑及規模宏大的兵馬俑坑等許多陪葬坑。目前已經發現的兵馬俑坑有三處（依發現先後分別命名為一號坑、二號坑、三號坑），總面積約二萬餘平方公尺，三坑均位在皇陵的東側，兵馬俑博物館即是試掘一號兵馬俑坑後，為了持續進行三個兵馬俑坑的發掘、研究、保存、管理現址及出土文物所建立的遺址博物館。

秦始皇兵馬俑博物館一號坑展覽廳於1979年十月一日開館，世界各地慕名者蜂擁而來，第一年（1980年）參觀人數約有一百萬人，其中外賓約三萬八千人（當時大陸仍然相當封閉）。至1989年，參觀人數達二百多萬人，外賓則增加至二十七萬餘人。開館十年之間，前後已經有一千六百萬名觀眾以及六十個國家元首和總理到訪本館，使兵馬俑博物館名震中外，成為一座觀眾川流不息的博物館。面對展示大廳數以千計的兵馬俑，實在令人驚歎不已，也無怪乎大家稱之為「世界第八大奇蹟」。

博物館的一號坑展覽大廳於1976年春天動工，為了確保遺物的安全，在動工之前，考古隊將已發掘的部份覆土回填。這一段空檔期間，考古隊在附近進行遺址探勘的工作，同一年夏天，前後探出二號和三號兵馬俑坑。1978年五月，一號坑展覽廳竣工，於是考古隊開始在展覽廳的室內展開一號坑的正式發掘。1979年十月一日，展覽大廳

▲除了遺址現地的保存展示、規模龐大的文物考古意義外，秦始皇兵馬俑博物館的發現，更像是一場歷史的回溯，震撼而珍貴。

揭開二千多年的歷史謎題

1974年三月二十九日，臨潼縣西楊村的農民在村南挖井，當挖到二、三公尺深的時候，挖到紅燒土塊，再深入到四點五公尺的時候，發現了陶俑殘片、銅鏃、銅弩機及磚鋪地面。當時議論紛紛，有人說是瓦窯，有人說是神廟，經過考古家趙康民（服務於臨潼縣文化館）的初步判斷，認為可能是秦始皇陵的陪葬坑。後來才知道這口揭開二千多年歷史謎題的水井，適巧挖在一號兵馬俑坑的東南，井口一半在坑內，一半在坑外，如果不是機緣湊巧，可能偏在坑外而錯失了這個震撼世界的考古大發現。

此事經新華社記者披露，國家文物事業管理局即派人會同專家前來察看，並決定委派陝西省組織考古隊進行發掘。發掘工作從當年的七月十五日開始，經過半年的辛苦試掘，探出一號兵馬俑坑是個東西長二百三十公尺、南北寬六十二公尺，總面積達一萬四千餘平方公尺的大型陪葬俑坑，估計其中的陶俑、陶馬約六千件，實戰用的銅兵器數萬件。消息傳出，這個重大發現立刻轟動全國，並且引起世界的注目。中共當局對這一發現也十分重視，決定撥出鉅款在一號坑上建築遺址展覽大廳，並成立秦始皇兵馬俑博物館。

對外公開，不過發掘整理的工作並沒有間斷，目前仍在進行中。三號坑的發掘工作始於 1977 年三月，其展覽廳在 1988 年開放。建築體規模最大的二號坑展覽廳已到完成階段，但還沒訂出開放的時間。

兵馬俑博物館占地六萬平方公尺，包括1979年開放的一號坑展覽廳和1988年開放的三號坑展覽廳及尚未開放的二號坑展覽廳。除了這三個展覽廳之外，本館還有其他小型展示空間，展出兵馬俑坑出土的各式兵器以及陵園範圍內出土的各類重要的文物，其中以1980年在皇陵西側出土兩乘彩繪大型銅車馬，仿始皇帝車輿形制製作，每乘由三千多個部件組成，工藝十分精細，最令人讚嘆。

博物館首先完成開放的是一號兵馬俑坑展覽廳，就蓋在一號坑遺址之上，這是一座以拱形鋼骨為基架的卷棚式結構建築，長二百三十公尺、寬七十二公尺、高二十二公尺，展示場面積約一萬四千平方公尺，是當時中國大陸遺址博物館中規模最大的遺址保護建築物。

一號坑的陶俑陶馬估計約六千餘件（尚未全部清理完成），其大小接近真人真馬之比例，嚴謹地排列成面向東方的長方形軍陣。前鋒是由二百一十名弓箭手組成的三列橫隊，接著是三十八路縱隊，由戰士和駟馬戰車組成。陶俑的位置和裝束可以區別為不同

的兵種和等級，除了步兵俑之外，還有騎兵俑、馭手俑、車士俑、鎧甲俑、戰袍俑、立射俑、跪射俑等。陶俑的佈陣嚴密、軍容壯盛，再現了秦始皇雄才大略、併吞六國的威武氣勢，同時也是研究古代軍陣的珍貴資料，所以有人稱之為「地下軍事博物館」。

　　三號兵馬俑坑平面呈凹字形，面積約五百二十平方公尺，展覽廳在一號坑西北側，於1988年開放。坑內有七十二件陶俑，其中六十四名手持禁衛武器的武士俑排列成衛隊形式；陶俑環衛的是一輛統帥所乘的髹漆彩繪馴馬戰車，考古家認為這裡是統帥一號、二號軍陣的「軍幕」（指揮部），但在馬車左近卻沒有發現將軍陶俑，據考乃是秦代平時不設大將之軍制的反映。

　　二號兵馬俑坑展覽廳緊鄰一號坑北側，是一座覆斗式的宏大建築，外表採用磨光花崗岩裝飾，占地面積一萬七千餘平方公尺（比一號廳還大三千平方公尺），是一座氣派雄偉的現代建築。二號廳採用鋼管球節點網架構築，碩大寬敞的展覽廳沒有一根柱子，視野開闊。廳內全部採用人工照明，有恆溫恆溼的監控裝置，以有效地保護出土的文物。本廳自1989年開始動工，至1993年春天，總共耗資三千萬人民幣的二號坑展覽廳已經落成。目前正進行考古發掘的工作，準備公開展示。

　　從兵馬俑坑的發現、發掘，到秦始皇兵馬俑博物館的建置，提供了一個遺址博物館的誕生過程，表現了保存維護古蹟遺址的決心和魄力。而兵馬俑坑的現地保存展示，也十足地展現了歷史的震撼力，令人印象深刻。兵馬俑坑所呈現的豐富歷史面貌和珍貴文物，以及秦俑博物館的卓越成就，稱之為中國人的驕傲，當不為過。

長留歷史在人間

　　在西安的最後半天，決定走一趟鼓樓和化覺巷清眞大寺。鼓樓在西大街北院門的南端，建於明洪武年間，基座用青磚砌成，樓高七公尺，平面呈長方形，樓頂爲歇山式，上覆綠色琉璃瓦。離開鼓樓走入小巷，看到成列販賣古董和紀念品的小店，我隨興地買了幾個陝西皮影戲偶（影人）作紀念。走過長巷，我們來到了化覺巷清眞大寺。

　　清眞大寺是西安規模最大、布局最完整的回教寺院，又稱化覺寺、精修寺，由於位在大學習巷清眞寺之東，也稱爲東大寺。清眞大寺坐西朝東，以配合回教徒面向西方朝拜的習俗。寺院有四進院落，結合了中國傳統和回教寺院建築特色，閣殿樓台林立，以大殿和省心樓之典雅建築最爲著名。

　　中午時分，在咸陽機場搭乘中國西北航空公司的班機，告別西安飛往北京。這一趟西安之行，原先帶著許多憧憬而來，短短的走訪，雖然多少滿足了對古都的懷思，但是對於日漸堙沒的古都歷史風華，也難掩幾分失望。

　　大地是文明與自然、歷史與現代共聚的舞台。雖然在文化昌明的現代，自然偶因文明而失色，歷史也被現代所掩蓋，但是山水壯闊的自然景色以及亙古長存的古蹟，使我們意識到：我們生活的世界裡，無可避免的永遠都是文明與自然共處、歷史與現代共存的世界。自然環境與歷史文化資產一直都是人類生活的一部份，維護自然環境和歷史文化資產，也將豐富我們長遠的生活環境。期望長安這個歷史

名城，在現代化的步履中，也能留意到古蹟與現代和諧共存的情境。身為一個博物館人，我十分不願意見到「歷史」不斷地被「收藏」進博物館裡面，我衷心期望，以大地為舞台的歷史應該還是讓它存續在大地上。

▲ 小巷中成列販賣古董和紀念品的小攤販。

神州腳印

第 4 章

北京城鱗爪
天壇與紫禁城

大雨滂沱到北京

　　午后兩點半鐘，從豔陽高照的西安咸陽機場搭乘中國西北航空公司的班機起飛，經過大約一個半小時的飛程，在大雨滂沱中抵達北京。我們一行六人走出北京的首都機場，與前來接機的莊東梅小姐會面，她為我們僱了一輛小包車，沿著綠樹成帶的公路直駛北京市朝陽區的兆龍飯店。抵達旅館的時候，天色已經昏黑。放下行囊，到旅館附近的穆斯林餐廳晚餐，餐後走上雨後的街道，處處有漫水的現象，天氣倒覺得相當涼爽，我們漫步回到旅館。臨睡前才想起，這一天恰好是我的生日。

　　北京城是具有三千多年歷史的名城，古為燕、薊重鎮，遼的陪都，金、元、明、清的都城。昔日拱衛京師的城牆已經拆除，舊城內雖然仍然有古老的四合院住宅和胡同，不過高樓林立的景象，已經成為北京現代化的新面貌。歷史的古城與邁向未來的新都，交錯著緬懷過去和展望未來的情緒，賦予北京生生不息的生命力。

　　此行在北京僅停留了兩天三夜。第一

天我們一個上午就待在天壇，中午在街上遙見北京觀象台，到孔繕房午餐，然後逛琉璃廠買書。轉往秀水東街絲綢衣市，沒有買成一件衣服，卻碰上一陣豪雨，困在矮屋簷下苦候了一個小時，才招到計程車回旅館。第二天一早到紫禁城和故宮博物院，就流連了整整一個上午。在午門外吃過中餐，從端門出天安門廣場，參觀中國歷史博物館。傍晚到王府井大街買書和逛百貨商場，購買了一些紀念品，就在王府井大街口的麥當勞解決了晚餐。由於這一天是這次大陸旅行三星期的最後一天，大家都覺得很疲累，早早便回旅館休息。隔日清晨四點半左右起床，搭上午七點五十分的班機飛到香港，轉回台灣。

　　想要深入了解北京，當然不是短短兩天的停留可以達成，如果說這一趟北京兩日是「走馬」之行，那麼實際上連「看花」都很有限。在兩天之中，超過一半的時間留連在天壇和紫禁城兩個地點，因此想略為敘述這兩處具有代表北京歷史意義的勝蹟。

◀ 天壇的祈年殿為皇帝祈求五穀豐收之地，其三層傘狀藍色屋頂，是北京重要地標之一。

▼ 故宮舊稱紫禁城，是我國現存最大最完整的皇宮建築群。

天壇

　　從信仰的觀點而言，中國人經常自稱是「敬天崇祖」的民族。中國人之敬天祭天已經有十分久遠的歷史，殷商時代所遺留的卜辭中，就有對自然天象進行祭祀的紀錄，可知當

▲天壇一隅。

時人認爲自然天象具有神靈的觀念，諸神之中有「上帝」，爲至尊神，此外還有日神、月神、河神等。雖然說天地有神靈，但是商代的神靈，不能被確認爲是具有人格的；神靈的人格化，可能是較爲晚起的觀念。對於「上帝」的祭祀，殷周兩代大致沒有間斷，西周以後，天子每年要親自舉行隆重郊祭上帝的儀式，已形成定例。周人所祀的至尊神「上帝」已經與「天」的觀念相結合，因此後代也稱祭祀上帝的祀典爲「祭天」，而爲天子皇權的重要象徵。

狹義的「祭天」，指祭祀上帝而言；廣義的「祭天」，則包含祭祀天、地、社稷及其他天神地祇，還有祈穀、祈雨等。古代天子親自祭祀上帝有三種形式，一是郊祭，二是廟祭，三是封禪大典。郊祭主要是春、冬兩次的例祭，天子親自在都城的郊區舉行祭祀上帝的典禮，所以這種祭禮稱爲「郊」；天子親自到供奉上帝的時廟祭祀爲「廟祭」，是較後的紀錄；封禪大典祭天之義是：登泰山築壇祭天的儀式稱爲「封」，在泰山下祭地稱爲「禪」，一般認爲西周以後才有這種祭制。除了上述三種祭典外，西漢時在皇宮明堂還供奉上帝，以隨時進行祭祀。自兩漢以降，歷代皇帝祭天已成定制，當然在神靈的內容及祭祀的儀制都略有改異。至明朝永樂十八年（1420年）在北京外城南部永定門內創建北京天壇，此後爲明清兩朝皇帝祭天與祈禱豐年的祭場。明清兩代時，國家祀典的例行禮儀，見載於《大明會典》及《大清會典》，成爲定法的儀制。一般而言，國家祀典除表現「敬天」的理念之外，實際上是皇帝及政府權威的象徵，含有實質的政治意義。

天壇位於永定門內大街東側，始建於明永樂十八年（1420年），全域面積廣大，園內古柏參天，其中軸線上的主要建築由南向北依次爲圜丘、皇穹宇和祈年殿。圜丘是一座露天祭壇，亦即天壇之

本體，爲明清兩代皇帝祭天的場所。圜丘底座爲正方形，其上再築三層圓形台座，象徵「天圓地方」；設計尺度全取單數，單爲陽數，代表天；步上圓形台座之石級都是九階，象徵「上天九重」；正中有一圓石稱爲太極石，爲天地正中之位。皇穹宇在圜丘之北，奉祀皇天上帝神座（牌位）；它的外圍有環形壁稱爲回音壁，從一端發話可緣牆傳至彼端，遊客到此，都爭相一試。從皇穹宇過丹陛橋，可到達祈年殿。此殿是皇帝祈求五穀豐收的地方，圓形的建築矗立在三層圓形台基上，外圍兩排十二柱，分別代表一年十二月和一日十二時辰，殿內的四支大柱則代表一年四季。祈年殿的三層傘狀藍色屋頂，十分具有特色，是北京的重要標誌之一。

▼紫禁城正面入口的城樓叫「午門」，進入這座城樓的門之一「右門」，是清朝專供皇室王公出入的通道。

紫禁城

天安門廣場→午門→紫禁城

早晨從旅館坐計程車來到景山前街的故宮神武門（北門），事先約好的故宮博物院辦公室主任方國錦先生前來接待，他首先帶我們到博物院的外賓接待室。接待室原是前清故宮的漱芳齋，是乾隆皇帝當太子時的起居處，室內陳設並不富麗堂皇，處處顯現素樸典雅的韻味，富藝術氣息，於此

▶ ▼天壇的建築處處有驚奇，以奉祀皇天上帝
　神座的皇穹宇而言，它的外圍是環形回音
　壁，往往形成遊客爭相緣牆傳話之處。

▼總面積達七十二公頃的紫禁城
　區域內，有宏偉，有細緻，紅
　牆綠瓦與素樸典雅並存，風姿
　萬千。

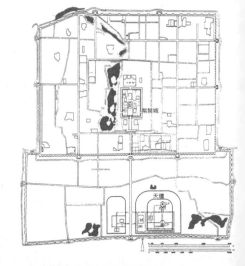

▲明清時代北京舊城平面圖。

可見乾隆的品味不俗。參觀了漱芳齋之後，方先生引路帶我們參觀永壽門內的「中國文物精華展」，這是一個新近開放的特展，有許多全國各省徵集而來的歷代文物精品。看完這個特展，與方先生相辭。我們一行六人決定解散，分頭就各人所好參觀故宮，約好正午時分在午門外碰面。

我對紫禁城本身的興趣遠比看故宮博物院的古物要高，因此並沒有花太多時間看古物珍寶，而是隨興地在紫禁城中漫步流連。不過，紫禁城實在太大了（總面積七十二公頃），所能走到和看到的地方恐怕十不及一，僅能擇其重點看看。

為什麼叫做「紫禁城」？

古代中國人認為北極紫微星位於天的正中央，所在的位置永恆不變，其他的星辰則環拱之，而紫微為天帝之居所，故稱紫宮。黃帝所居為天下至尊，故援引「紫微正中」之意以象徵，又因為帝王所居乃神聖處所，並為百姓之禁地，所以將皇居稱為紫禁城。建造紫禁城既然是為了表現帝王的權力和威勢，自然其整體規劃和建築形制無不充分表現傳統中國的宇宙觀念和封建時代尊卑位序的宗法制度。

北京外城的南大門為永定門，從此門向北直到景山之後的鐘鼓樓，是一條長達八公里的南北軸線。這一線上排列了一連串鮮麗宏偉的建築，兩旁則配置了天壇、先農壇、太廟、社稷壇等宏大的建築群。從永定門向北，穿過正陽門（內城南大門），可以直達大清門（民國後改稱中華門），一進此門就看到廣闊的天安門廣場，廣場終端就是天安門。

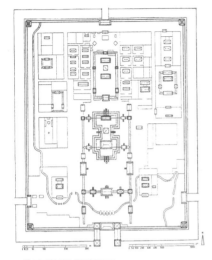

▲北京紫禁城平面圖。

天安門在明代稱承天門，清順治八年重建，改名天安門，爲清代皇城之正門。進入天安門，再走二百公尺過端門，就是天街，兩旁是低矮連續的朝房，天街的盡頭可以看到紫禁城正面入口的午門。午門與側翼的東西雁翅樓，排列成向外的「凹」字形，高大的午門城樓和雁翅前端的兩座樓閣形成犄角之勢，雄鎮前衛，爲扼守紫禁城的關口重地。

午門是皇帝頒朔、宣旨、百官常朝及受獻戰俘的地方，午門的城台正面有三個門，依清朝舊例，文武百官從左門出入，皇室王公從右門出入，當中的中門，只供皇帝專用。不過，皇后大婚入宮時，可以走一次中門；每屆科舉，殿試中欽點之狀元、榜眼、探花三人，出宮時可以走一次中門，以示殊榮。

紫禁城位居北京的中心地帶，始建於明永樂四年（1406年），至永樂十八年（1420年）竣工，是明清兩代王朝二十四個皇帝臨朝和起居生活的皇宮，也是中國現存最大最完整的古代宮殿建築群。紫禁城全域呈南北向長方形，整個宮城佔地七十二公頃。周圍有城牆，牆

▲雄踞太和殿前的銅獅。

◀▲紫禁城為明清兩代的皇宮，由大小不一、巍
峨壯麗的宮殿群組成，周圍城牆並有護城河環
繞。

外環繞護城河，有四座城門，南面的午門，北面的神武門，東面的東華門，西面的西華門，城四角各有一座角樓，結構精巧，造形巍峨壯麗。

宮城內有大小宮殿七十多座，房間九千九百多間。主要宮殿群沿著南北向的中軸線排列，並向兩旁延展，南北取直，左右對稱。從午門進紫禁城，通過金水河上的五座金水橋，中軸線上的主要建築物由南向北是太和門、太和殿、中和殿、保和殿、乾清門、乾清宮、交泰殿、坤寧殿、坤寧門、欽安殿、神武門。紫禁城的中心為太和殿、中和殿、保和殿三大殿，稱為「外朝」，太和門的東翼為文華殿群，西翼為武英殿群。「外朝」後方有稱為「內廷」的乾清宮、交泰殿、坤寧宮，內廷左右有東六宮、西六宮和御花園（宮後苑）。

▲坤寧宮是明代皇后的寢宮，即俗稱的「中宮」。

太和殿、中和殿、保和殿三大殿，為紫禁城中至尊之地，建立在八公尺高的三層台基（石陛）上。全城最高的太和殿屋脊高八十點八二公尺，面寬九開間，進深五開間，取「九五之尊」的涵意。本殿平時並不使用，是皇帝登基、大婚，每年元旦、冬至和萬壽三大節日及國家重要盛典時，臨朝受賀的

大殿。太和殿前有一片紫禁城內最大的廣場，帝制時代，文武百官拜朝的時候，就是跪在殿前的露天廣場上，遠遠向皇帝磕頭。在大廣場的襯托之下，仰視太和殿，可以感受其氣勢恢宏、莊嚴肅穆，懍然有君臨天下的威儀和氣度。中和殿平面為方形，面深均為五開間，是皇帝親臨太和殿大典前小憩的地方，皇帝在這裡翻閱奏摺，接受內閣大臣、內務府、禮部和侍衛等執事的行禮跪拜。三大殿最後面的一座是保和殿，明制在此殿冊立皇后、皇太子的儀式，清代皇帝則在此殿宴請王公大臣及舉行殿試。

太和門（明代稱奉天門、皇極門）是紫禁城內最大、最高、裝飾最華麗的門，門前有一座大廣場。明代規定，文武官員每天拂曉，到奉天門早朝，皇帝也親自來受早朝和處理政事，稱為「御門聽政」。清初，皇帝也在太和門受朝、賜宴，但御門聽政則移到乾清門。太和門東邊的文華殿，是每年舉行經筵的地方，殿後的文淵閣珍藏了四庫全書三萬六千冊。西邊的武英殿，在乾隆時代是校刊內廷書籍的地方，所謂「殿本」就是出自此處。

內廷的正門為乾清門，左右兩側分別是上書房和南書房，上書房是清代皇子皇孫讀書的處所。內廷的主體建築是乾清宮、交泰殿、坤寧宮三座帝后的寶宮。乾清宮是明代皇帝的寢宮，清自雍正帝之後移居養心殿，乾清宮就成了皇帝辦理日常政務、召見百官之所，清末也在此接見外國使節。不過，養心殿的東暖閣實際上是雍正朝以後，皇帝經常召見大臣、商議軍國大事、處理政務之所在，慈禧太后也就是在東暖閣垂簾聽政，掌理朝政長達四十八年。坤寧宮是明代皇后的寢宮，也就是俗稱的「中宮」，清代后妃移住西宮，此殿東側的東暖

▲穿過正陽門，便是寬敞的天安門廣場。

▲太和殿前的大廣場，是帝制時代舉行節慶典禮
　及天子接受文武百官朝賀之地。

閣留作皇帝大婚的洞房，西側則成爲內廷的祭祀場所。乾清宮與坤寧宮之間的交泰殿，取「乾坤交泰」之意，本殿原是皇后接受臣婦嬪妃朝賀的地方，不過自乾隆以後，此殿專存皇帝二十五顆寶璽。內廷的左右有東六宮和西六宮，西六宮是清代的皇太后、皇后、妃子和先皇帝嬪妃所居之處；東六宮則是諸皇子的住所。

　　建置於紫禁城中的故宮博物院，創建於民國十四年十月十日，典藏的主要文物爲清代皇室原藏的中國歷代繪畫、書法、雕塑、銘刻、青銅器、陶器、織繡、 翡翠、珊瑚、鐘錶、古玩、金銀器皿等，共約九十多萬件，此外還保存了九百多萬件明清兩代的歷史檔案資料。目前故宮博物院的專門陳列館有歷代藝術館（保和殿及其兩側建築物）、宮廷史蹟陳列館（西六宮）、清代典章文物陳列室、清宮家具陳列室、青銅器館、陶瓷館、文房四寶館、明清工藝美術館、鐘錶館（奉先殿）、繪畫館、銘刻館、珍寶館（皇極殿）以及不定期的特別展覽。

天安門的省思

　　從午門出來，正前（南）是端門，接天安門，一出城門是金水河，河上有七座漢白玉石橋，展現在眼前就是天安門廣場。廣場南北八百八十公尺、東西五百公尺，廣場中央矗立人民英雄紀念碑，西面是人民大會堂，東面是中國革命博物館和中國歷史博物館，紀念碑的南方是毛澤東紀念館。從廣場回望天安門，紅黃色的雄偉城牆，白色大理石的欄杆，城門額上高掛的毛澤東巨像，黃色琉璃瓦的城樓，在

陽光下顯得金碧輝煌。這一座現代北京的地標，同時也是經過歷史滄桑的新妝古城門，從明代永樂皇帝建城以來，看盡明清兩代皇朝的繁盛歲月，也曾經目睹李自成破京、滿清入主中國、八國聯軍長驅直入、末代皇帝黯然離去的身影……。想起六四學運的腥風血雨，看到依然高掛著的毛澤東巨像，不禁要沉思泱泱中國不知道還有多少顛簸的長路要走。只希望天安門長在，以它不屈的英姿為中國更久遠的歷史作見證。

▲看盡皇朝繁盛歲月，紫禁城中的一刻一畫，是否終歸仰天無言？

第 5 章

依山臨水苗家寨

貴州苗嶺采風

有緣千里同行

　　1992年夏天，摯友江韶瑩教授計畫中國大陸之行，邀我參加，並於七月十四日至八月五日間，得以順利成行。這次一起旅行的還有莊世琦、田大榕、高本莉三位小姐與李駿濤先生。我們組成的六人小隊，雖然所有成員都不是第一次到大陸，卻都是第一次到貴州，因此大家都抱著興高采烈的心情踏上旅途，並且正如預期，愉快地完成這一趟旅行。

　　這次的大陸之旅主要的行程是貴州、西安、北京三個地點，而以貴州停留的時間最久，旅行面也較廣。依據行前所定的計畫，我們在貴州停留了兩個星期，參觀拜訪的主要目標是博物館、苗寨及漢人屯堡。當然，到了貴州，免不了要遊覽龍宮、紅楓湖、黃果樹大瀑布等著名的觀光點。為了原定的目的，我們特別安排走訪了瓦寨、郎德上寨、九擺三寨、施洞村、銅鼓村、擺仰村、黑土寨等苗家村寨，並在黃平縣舊州太翁村看了一場道壇儺堂戲的表演，在安順市龍宮鎮蔡官屯看了一場地戲的表演，並踏察

了安順市大西橋鎮的九溪寨及雲峰鄉的本寨這兩個漢人屯堡。

我們在貴州的行程，基本上由唐山樂集的陳百忠先生費心代為安排，貴州民族學院的楊正偉先生，成都西南民族學院的楊正文先生，和西南民族藝術研究所的潘開榮、王勇先生，在這段期間奔走聯絡、兼為嚮導，使我們有一趟愉快而圓滿的貴州之旅，在此表示最大的謝意。

貴州的苗人與苗寨

在談到苗寨之前，先來談談貴州民族的概略情形。貴州地處中國西南雲貴高原的東部，是一個多民族的地方，根據1990年的人口普查，全省人口三千二百多萬，漢族約二千一百萬，佔總人口約百分之六十五，少數民族約一千一百萬，約佔百分之三十五。少數民族包括苗、布依、洞、彝、水、回、土家、乞佬、壯、瑤、滿、蒙、白、毛南、羌十五族，其中以苗族人口居首。中國境內的苗人總數約七百三十萬，其中百分之六十居住在貴州省內，因而一般人常稱貴州為苗鄉。 漢人入黔，可溯自

▲貴州省中部圖示。
◀貴州黃果樹大瀑布奔流怒瀉之姿。
▼貴州觀光勝地之一 -- 龍宮。

秦漢，但一直到清朝初年，漢人在黔仍居少數。清雍正年間，在貴州實行大規模「改土歸流」政策，漢族人口大量遷入，才逐漸形成今日漢人成為多數民族的局面。

從大區域的觀點來看，各民族在貴州是錯雜而居，但相對於小區域來說，除都會及大城鎮之外，各民族大抵都聚族而居，自成完整聚落。苗族主要分布在黔東南、黔南、黔西南三個自治州，及松桃、紫雲、鎮寧、關嶺、威寧等自治縣。我們這一次所走訪的苗寨，除黑土寨在鎮寧之外，其他村寨都隸屬黔東南自治州轄境。

小時候在地理課本上讀到貴州時，說是「天無三日晴、地無三里平、人無三兩銀」，自此印象深刻。原以為貴州苗嶺是滿目崎嶇、窮山惡水之地，那料得這次到得貴州，見地形起伏確無三里平野，但黔東南卻是風光嫵媚、山清水秀之鄉。一路上，但見處處有依山臨水的苗家村寨，村寨中沿坡疊築的「吊腳樓」層層相繼，構成一幅別具風味的鄉野景色。

七月十五日，我們從廣州搭飛機來到貴陽，住進花溪賓館時，已經晚上九點。次日上午十點，我們乘汽車從貴陽花溪賓館出發，目的地是黔東南自治州的首府凱里。凱里距花溪約二百公里，車程約六小時，路況相當不錯，與我們同行的有貴州當地的楊正偉、楊正文、潘開榮、李錦平、王德齋等幾位先生。路上我們初見雲貴高原景觀，地形高低起伏，確是「地無三里平」之鄉。中午時分經過盤江，此地是出名的狗肉之鄉，數十家狗肉店排列路邊，吸引許多車輛在此停留，也造成難得的塞車情況。我們沒敢吃狗肉，擠過此地，到貴定吃午餐。下午兩點繼續行程，從車中向外望，已感覺漸入苗家領域。下

▲花溪春色爛縵，盡收眼簾。

午五點抵達凱里，住進營盤坡民族賓館，從次日開始了我們的苗寨之旅。

在凱里前後停留六天，我們走訪了瓦寨、郎德上寨、九擺三寨、施洞村、銅鼓村、擺仰村等幾個苗家村寨，在雷山的溪谷看了一場盛大的鬥牛，也參與了苗人「爬香爐山」的盛會。

七月二十二日上午，我們參觀了凱里的黔東南自治州博物館。午餐後告別凱里，一路走貴陽回到花溪賓館。此後幾天，我們的行程重點不是拜訪苗寨，只有在七月二十七日從花溪前往安順途中，拜訪了清鎮的黑土寨。以下將我們走訪幾個苗寨的情形，分別作概略的敘述。

▲苗人「爬香爐山」的盛會。

苗寨風情

瓦寨・七月十七日・晴

這一天早晨，我們從凱里的營盤坡賓館出發，由自治州的張伯

▶▼雷山溪谷盛大的鬥牛場
面，觀者如堵。

▲從九擺三寨向下望，田
陌水渠交錯，灑落一片
明媚春光。

▶吊腳樓是苗家建築的特
色，依山勢層層疊疊，
次第而上，別具風姿。

▲▼孩童稚氣的神態；婦人展示毫不
含糊的梳髮結髻功夫；廚房裡忙著
張羅菜食的苗家老婦……都一點也
不生澀。

▲瓦寨風光旖旎，宛若世外桃源。

先民委嚮導，在十點鐘左右路過瓦寨。此地是張民委的家鄉，但是並非原定要拜訪的村寨。我們見到此一恬靜美麗的村寨，忍不住要求停車入寨。

　　第一次走入苗寨，感到十分自然而親切，張民委帶我們拜訪一處熟悉的人家，引我們看屋子的裡外陳設。苗家小孩在門口凝視著我

們這幾個不速之客，有一老婦人正在廚房切菜，一點也不生澀地讓我
們獵取鏡頭。張民委招來屋裡的青年在門埕跳蘆笙，老婦人也應我們
之請表演了梳髮結髻的過程。這時我們的來訪引起好奇的村中婦人和
小孩圍觀，剛巧有一隊青年割草回村，張民委就邀他們圍成一圈跳蘆
笙，氣氛漸漸熱烈，村人很自然地伴著蘆笙的節奏，盡情地歡娛起
來。

　　我們謝過這一家人，緩步上坡，沿著村中小徑，繞村一周，仔
細地看著具有苗家建築特色的吊腳樓。村寨建在山坡上，吊腳樓依山
建築，順著坡形山勢，層層疊疊，次第而上，特具丰姿。吊腳樓的下
層靠山為牆，正面以木為柱，樓多為三層，正面一般為三開間，兩頭
帶稍低的偏廈（廂房）。樓底層堆放柴草、肥料和飼養牲畜家禽，頂
層貯藏米穀、雜糧、瓜果等物。中層住人，靠坡的後半間是不隔間的
寬敞空間，設火炕，兼做廚房和飯堂；前面中間是堂屋，左右是臥
室、客房，偏廈由前方的走廊可繞至堂屋正面，形成一帶陽台。陽台
邊有曲腹欄杆（女兒靠），還帶坐板，如一排靠背椅，可供閒坐談
笑、紡紗挑繡，或憑欄遠眺，或吹笙娛樂，都十分愜意。

　　傍午離開村子的時候，尾隨我們的村中小孩一路跟隨著我們嬉
鬧。在車上回望村寨，仍有依依難捨之情。

郎德上寨・七月十七日・晴

　　中午十二點十五分，我們抵達第一個事先經安排參觀的苗寨—
郎德上寨。當車子轉過一個彎道，眼前豁然開朗，我們首先看到一條
清澈的溪流，溪邊有一只轉動著的水車，沿溪是一片稻田延伸到山
腳，村寨就在山腳依坡而建。遠處傳來蘆笙合鳴，村寨前人聲雜沓，

▼苗家吊腳樓依山為牆，樓多為三層；樓底堆物
　或飼養家畜，頂樓貯藏，中層才住人。

◀▲走向溪田環抱、依山而建的郎德上寨，
苗家的「攔門酒」一擺就是三道；進入村
寨，眼見盛裝的苗家少女，妝戴著苗家特
有的繡服銀飾，滿目繽紛。

▼九擺三寨的迎賓禮，一路由山腳妝點到上寨廣
　場，好不熱鬧。

▲瓦寨的恬靜美麗，讓我們看
　見苗寨繽紛熱鬧之外的另一
　面。

望過去不下百人，男男女女，禮服盛裝，早已在等待我們光臨。我們這一隊台灣土包子，一時間確實被這麼個未曾預期的盛大迎賓場面嚇呆了。

下了車，我們先到溪上的風雨橋小憩。但見全副盛裝的苗家少女，從路口到寨門的上坡小徑上，已經擺下三道「攔門酒」，等著我們入寨。話說這「攔門酒」是苗人迎賓必備之禮，來賓若不喝酒是十分失禮的事，然而，本隊之中沒有酒國高手，在美麗苗家少女以小碗捧酒就口的情形之下，半推半就地一路飲上坡去。到了寨門，才發現大事不妙，原來寨中長老鎮守大門，兩個盛裝少女各捧一個全隻的牛角杯等著我們飲過酒才能入寨。最後在告饒的情況下，才象徵性地沾唇過關。即使如此，上了村寨之後，大夥兒還是暈茫茫的。

順著蜿蜒的村道，走到村中廣場，寨老先敲銅鼓開場，由一名少女當司儀主持節目，村民很熟練地開始表演迎賓歌舞。村裡的婦人小孩手裡提著竹藍，等不及節目表演完畢，紛紛圍在我們身邊兜售苗族的小蘆笙、織繡、銀飾等紀念品。等到節目表演完畢，我們很快地繞了一下村寨，便告辭離去。

在離開的時候，心想這種場面雖然是

第一次經歷，但是並不陌生。左思右想，猛地想起剛剛經過的場面與電視節目「大陸尋奇」中曾經播出的苗寨迎賓幾乎一模一樣。實際上，電視節目曾播出的也就是郎德上寨的迎賓場面，此寨是一個觀光化的「樣版苗寨」。

九擺三寨・七月十九日・晴

上午八點左右，從凱里賓館出發，經過大約一個半小時的車程，來到台江縣的排羊寨，當地的民委已經在山腰上等候。我們下了車，由一對苗家母女領路，開始往山間走去。一路山徑上下，峰迴路轉，忽見山間之際有一片平野，小溪蜿蜒流過，沿山層疊而築的吊腳樓，結構堅實、造型雅麗，配上青山白雲，村寨如在畫中。

步行約近一個小時，來到九擺寨前，全隊集合前行，遠聞鞭炮聲響，蘆笙齊鳴，山腳已排定盛大的迎賓陣容，寨前「歡迎台灣同胞光臨」的紅布額，引人側目。據說這是本寨第二次迎接外賓（前次是一隊法國人），幾乎全寨子的人都動員起來了。

九擺分上、中、下寨，所以要喝過三回攔門酒才能夠到達上寨，中寨至上寨間有一座鼓樓，傳說建於明代。我們一路喝酒一路往上走，村人早已在上寨的廣場上準備歌舞迎賓，好不熱鬧。盛裝的苗家姑娘，有些還帶著幾許羞怯，母親們忙著為自己的女兒妝點，想在客人面前爭一點體面。歌舞初起還略帶生澀，可是過了不久，村人早忘了是歌舞娛賓，一個個興高采烈地隨著蘆笙的旋律，縱情歌舞，自得其樂。

我們接著到村落裡頭，看銀匠製銀器和老婦織布。一直到下午

◀ 走過寧靜蜿蜒的村道，吊腳樓的風光盡入眼底。

▼ 苗鄉這般氤氳又澄澈的景緻，叫人不醉也難。

▶ ▲九攤三寨沿山層疊而築的吊腳樓,結構堅
實,造形雅麗;妝扮嬌俏的苗家姑娘,則是雅
麗中最動人的風景。

▶ ▲施洞村為河邊平野聚
落，漢苗雜居；漢人居
所往往有高大的封火
牆。

一點多才走到村長家。他們已經在吊腳樓的正中堂屋準備了豐盛的傳統苗家餐，室中擺著迎客專用的四公尺長桌，桌上魚、肉、菜、湯，樣樣俱全。主人殷殷勸酒，並爲喝了酒的客人在臂上繫紅綵帶。酒酣耳熱之際，我們坐在堂屋的女兒靠上，俯看村寨景色，層層疊疊的吊腳樓，屋宇相望，俯視村前蜿蜒清溪，抬頭遙望遠山之巔，有一帶白雲浮沉，清風徐來，令人心醉。

離開村落前，我們沿著村中小路，緩步繞行村寨，且行且回望村寨，依依地告別九擺。回程與來程選了不同的山路，回到排羊寨之前爬了一個大陡坡，大夥兒氣喘呼呼地奮力往上爬，才得上到山腰的公路上。這是自來苗地走得最疲累的一段路程，不過回想這一趟美麗、自然而愉快的苗寨之旅，覺得十分值得。

施洞村·七月二十日·晴轉小雨

從凱里出發，經過掛丁鎮，大約二個小時的車程，我們來到了台江縣城。首先我們參觀了設在文昌祠舊址的台江織繡博物館。此館還在整理當中，展出的織繡品類雖多，但是並沒有出色的精品。接著參觀了台

江縣城的織繡廠，廠房的規模不小，也有一些別具特色的手工紀念品。

中午時分，離開台江來到老台村，適巧架在此地的木橋前些日子被大水沖走，我們只得在此坐渡船過清水江到對岸，再轉公車前往施洞村。

施洞村是河邊的平野聚落，為苗漢雜居之地。我注意到村落中有高大封火牆的漢人民居，頗具特色。在鎮上午餐之後，我們隨意在村中流連，大家在地攤上挑著買織繡品、銀飾。此鎮一向以刺繡服飾和打造銀飾聞名，我們就在銀匠村裡觀看打製銀飾的實際過程，大家都看得津津有味。不巧天降驟雨，還差點誤了歸程。總算等到公車至清水江邊，坐船渡江，轉搭專車回程。

到達凱里的時候已經是晚上十點，街上餐館都已經歇店，我們在街上的溫州店吃過蓮子冰之後，回到營盤坡賓館泡生力麵當晚餐兼消夜。

◀ ▲傍河的施洞村，靜謐而悠閒。

銅鼓村‧七月二十一日‧晴

銅鼓村在麻江縣，距凱里約一個半小時車程，還要徒步一個小時才能到達。我們坐車從凱里到達麻江縣的下司中學前，縣長已經在路口等候，一部份的隊友輪番坐小車前往村口，我和同行的駿濤兄，想沿途拍一些照片，就選擇徒步走向村落。銅鼓村總共有四百多戶、二千多人，其中苗人占百分之九十八，村民以具有特色的「農民畫」聞名，所謂農民畫是指未受正規學院美術教育的農民所繪的素人畫。我們一行人在村前集合，一起入寨，村裡早準備了盛大的迎賓場面，

▼以「農民畫」聞名的銅鼓村，素人畫家們大概因為身居山光水色中，畫作也自然天成。

▶▲欸乃一聲山水綠，伴隨著悠閒的動物和戲水
的村童，使得施洞村的鄉間風情格外宜人。

▲銅鼓村以細膩的織錦手工藝品見長。

▶銅鼓村中的婦女，即使不著傳統服飾，依然梳起髮髻。

◀▼路經一村又一村，苗家人的盛情款待依舊不減，還特地為我們每人準備了兩個紅蛋和一團糯米。

照例也有攔門酒，另外還每人給了兩個一串的紅蛋和一團糯米。

我們被引入村中的一座房舍中，觀賞懸掛滿壁的農民畫。這些彩畫的作者從五歲到五十歲都有，頗具農村質樸特色。村中的未婚少女紮辮子，已婚婦女則梳髮髻，前額梳成美麗的波狀，抹茶油增光澤，相當美觀。我們在村中各處閒逛，並參觀了織布及織錦的工房，特別是十分細膩的織錦，允稱手工之精品。

中午時分，我們就在村中的小廣場以糯米團和蛋為午餐，在板條凳上吃了起來。村長還找了一位中年婦女在現場作畫，讓大家觀摩。飯後辭去銅鼓村，轉往附近的擺仰村。

擺仰村・七月二十一日・晴

下午三點鐘，我們來到擺仰村，村口又是鑼鼓與蘆笙齊鳴的熱鬧迎賓場面，村裡的小學生還夾道鼓掌歡迎，當然還是免不了苗家姑娘的攔門酒。進了村子，看到墳墓區雜處於住屋之間，小孩們毫不忌諱地在墳頭上下嬉戲，似與祖先的靈魂生死相依，交融無間。

村長主持了在廣場上的節目表演，除了較常見的蘆笙歌舞之外，比較特別的是踩高蹺歌舞。村人表演了一段樹葉演奏，我們的領隊陳百忠兄也興致大發，客串了一曲梆笛，贏得熱烈掌聲。表演節目告一段落之後便

▼不用到市集，擺仰村路旁就有新摘的翠綠菜蔬等著你光顧。

是壓軸的鬥牛，水牛和黃牛各有一場，觀者如堵，無不興高采烈，鼓譟助陣。

看過鬥牛，就在屋中席地而坐，吃起苗家餐。苗人喜食酸菜、酸湯，餐中有一道「酸湯魚」，是傳統苗族風味的名菜；烹飪的方法是將酸湯加清水，放入適量食鹽，煮沸之後將活鯉割取苦膽後放入鍋中即成，肉嫩湯鮮，清香可口。餐食之間，主人殷勤勸酒，而且輪番而來，弄得我們幾個不勝酒力的同伴無路可逃，飯畢離席時，依舊逃不過守候門口的攔門酒。

黃昏離寨時，村中婦人少女成群相伴，一起和我們走出村外，路上談笑風生，且歌且走。笑鬧了一個小時，才走到上車的路口，在路口時仍在對歌；總算在合影留念之後，依依不捨地離去，讓我們深深體會到苗家的濃郁人情味。

黑土寨・七月二十七日・晴

早晨從貴陽的花溪賓館出發，預定前往安順。十點三十分，車子停在路口，我們下車走了二十分鐘的路，來到清鎮的黑土寨。此寨是四十戶、二百一十人的小村，苗家女因為頭上戴著尖帽，被稱為「尖尖苗」。

村民以牛車迎賓，到了村口，又是攔門酒。村民在廣場舉行歌舞表演，當場打糯米，做成食物待客。此地有一種特別的羽毛板球，我們和村

▼黑土寨的姑娘頭戴尖帽，被稱作「尖尖苗」。

▶▲嬌俏的擺仰村少女，丰姿萬千，吹起蘆笙來也毫不含糊。

▲▼在擺仰村觀賞苗族迎賓常見的節目--鬥牛，
也看到悠閒戲水的牛隻，與鬥牛場上的虎虎生
風截然不同。

民們打球同樂。從村民待客的情形來觀察，此寨也是十分標準的「觀光樣版苗寨」。

苗地的博物館

我曾在中央研究院民族學研究所博物館工作七年，經管過一批苗族藏品，因此在這一趟貴州之行中，也特別留意苗地的博物館。旅途中曾經參觀了台江的織繡博物館（設於台江文昌祠）和安順的臘染文化博物館（設於安順文廟），此二館雖然名為博物館，但是因為經費有限、設備簡單，也沒有組織支援，並不具博物館的完整條件，實際上只能稱為民俗文物陳列室。

貴陽的貴州省博物館是全省首屈一指的博物館，全館員額八十多人，其中專業研究人員約五十人。觀眾年不及一萬人，而以外國人及外省人居多，顯示此地博物館事業並不昌盛。

我們拜訪當日，由貴州民族學院的庹修明教授和徐曉丹先生陪同，並蒙博物館民族部主任李黔濱先生的接待及引導參觀。本館展示分為以下幾個單元：

（一）美麗富饒的貴州

（二）歷史悠久的貴州

（三）多民族的貴州

（四）兄弟民族的工藝：臘染‧刺繡‧挑花‧編織‧生活器用‧陶器

（五）民族節日及風情：節日風情‧儺戲

▲黑土寨的蘆笙演奏。

館中民族部所收藏的少數民族文物達一萬多件，自五十年代開始收藏。全館一級藏品有十多件，民族部占四、五件；民族部另有二級藏品約三十件，及相當多的三級藏品。

　　凱里的黔東南自治州博物館從 1984 年開始籌劃，次年動工興建，至 1987 年七月開館，歷三年完成，建館經費約四百五十萬人民幣。建築外貌尚稱宏偉，爲一座中型博物館，全館面積約七千四百平方公尺，分設十二間展示廳，建築品質及內部空間機能規劃尚未達到專業水準。全館員額二十人，但缺乏研究、展示、維護及經營管理之專業人才，又因收藏經費短缺，無法增進典藏。因此雖有中型博物館的建築規模，在典藏、研究及展示各方面工作，仍有待充實。

　　近年來，大陸的開放政策，使外國人及台胞大量的湧入苗地，苗族的精緻織繡與銀器文物大量的流出，如果不能遏止，將來難免重蹈台灣昔年因窮而文物外流、今日雖富而無能挽回之覆轍。

千里寄語

　　書架上擺著從貴州重安江帶回來的十二生肖泥哨，這是通稱「黃平泥哨」的苗族工藝品，爲當地的兒童玩具。泥哨的原料爲細質黏土，以手工捏成，大都取材動物造形，特色是線條簡潔、色彩鮮豔，文樣則取自苗家刺繡或蠟染圖形，因爲掏有音孔，可吹出哨音而得名。沒事的時候，偶而吹響泥哨，就會油然想起貴州的苗地之旅。

　　苗寨給了我許多新奇的體驗，苗人光鮮美麗的衣飾、精緻的蠟染、織繡、銀飾製作工藝，都令人一見難忘。苗人熱情的對歌、跳蘆

▲又叫「尖尖苗」的黑土寨婦女，服飾妝扮顯然有別於其他苗族。

笙和好客勸酒的場面，鬥牛、爬香爐山的盛會情景，每一談及，仍然還生動的在腦海中浮現。

感謝在苗地旅行中，協助我們的許多貴州朋友，同時也祝福苗寨的村人，願青山綠水常在，苗家村寨永遠和諧美麗。

▶▲苗族同胞的盛情款待，令人難忘。

第 6 章

石頭寨・屯堡人
安順九溪寨

儺戲·面具·屯堡

大陸開放探親以後，從陸續傳來的資訊當中看到近年在大陸流行的「儺戲儺文化」研究熱潮。1990年開始，〈民俗曲藝〉雜誌陸續刊載了有關安順地戲的介紹文章，並出刊了「儺戲儺文化專輯」，廣面地刊載了大陸各地區有關儺文化研究的論文。1990年十月，帝碩貿易公司與力霸百貨公司合辦「探訪古儺傳統：中國西南少數民族文物展」，這個展覽雖然是一個商業性的展示，但也引起不少人對儺戲及面具的注意；唐山樂集在1992年六月又推出了「苗民族繪畫面具展」，使更多的人對貴州的地戲及其極具特色的面具有了進一步的了解。儺戲（地戲）面具隨著研究熱潮而流入台灣，引起了我一探地戲故鄉的動機。

近年來我從事台灣漢人民間信仰與戲曲的研究，一直希望有機會到大陸看看，以便與台灣的現象相比較。貴州安順地區的屯堡人是離鄉背井遠徙到貴州屯墾的漢人，雖然，苗族是中國境內的少數民族，但是在貴州，屯堡漢人則是貴州境內苗族環伺的少數民族。他們長期被孤立在苗族地區，聚族立屯，與苗人相抗，

▲九溪寨沿途，一片晴好。

保存了若干漢人的早期民俗與傳統。另一方面，屯堡人傳承的跳神（地戲）是一種具有長期傳統的年度性聚落驅儺儀式，在漢人民間信仰的研究上，十分具有比較的意義。保存傳統古風的屯堡和具有信仰特

色的地戲加在一起，使我認定這是一個值得探究的論題，這也是我想要到貴州一探屯堡的原因。

1992年夏天的大陸之行，在貴州停留了兩個星期，除走訪苗家村寨之外，也在黃平縣舊州太翁村看了一場道壇儺堂戲表演，在安順市龍宮鎮蔡官屯看了一場地戲表演，並走訪了安順市大西橋鎮的九溪寨及雲峰鄉的本寨兩個漢人屯堡。

儺堂戲與地戲

在貴州儺戲與儺文化的文獻資料中可見的所謂「儺戲」，一般可區分為「儺堂戲」與「地戲」兩類，前者是道壇於家宅舉行之「法事戲」，貴州各民族大致都有，可歸為「私儺」一類；後者為聚落公眾性(年度性)驅儺儀式，而且基本上為漢人屯堡所特有，可歸為「鄉儺」一類。

七月十八日早晨，我們從凱里出發，經爐山縣城到重安江，參觀蠟染廠。在重安江畔的「小江南酒店」午餐之後，驅車前往黃平。下午一點，我們抵達黃平縣舊州太翁村的一戶人家，屋前已擺定道壇及刀梯，準備為我們表演一場「儺堂戲」。當日表演的「上刀梯」是一種「小兒過關煞」的儀式，主要有幾個段落：(一)開壇請神。(二)主壇法師上刀梯：向王母宮上表投書。(三)法師揹小兒上刀梯：過關煞。(四)擲筊・解鎖。(五)謝壇。

過刀梯之後，法師們在家廳中演出一齣為家宅紓解災厄的戲，

一对夫妇只能生 育一個孩子。

◀▲已商業化的蔡官屯「樣板地戲」，面具服飾顯然較具現代感，地戲壇與斗大的標語比起來，也顯得微不足道。

駕駛兼嚮導的王勇先生,是一位因傷退役的解放軍人,熱心豪爽,一路上幫了很大的忙。上午十點三十分,載著我們一行六人從貴陽的花溪賓館出發,一路往安順的方向走,目標是安順地區不特定的漢人屯堡,走到那裡,算到那裡。這一天的天氣晴陰相間,氣溫大約攝氏二十五度,是盛暑中的一個清涼天。

▲遠遠望見九溪寨的石屋頂,猶如林錯的小丘,綿延而來。

▶幽深的巷陌裡，交織著延續而來的傳統生活方式。

▼石屋、石牆、石道……九溪寨真是一座名符其實的「石頭寨」。

▶▲斑駁的白色石牆、
著明裝的婦人、叼煙
管的老叟……九
溪寨的相遇，彷彿讓
人跌入時光隧道中。

　　說起安順地區，可是到處有屯堡，我們希望遠離主要道路，走到車子不易抵達的地方，找尋聚落完整、環境獨立、保存較多傳統遺風的屯堡去。車到舊州時，司機王勇提議帶我們去看一個漂亮的「石頭寨」，大家欣然同意。離開主要道路，來到大西橋鎮，一路上看到許多走路和坐馬車到鎮上趕集的屯堡人。一如文獻所載，屯堡婦女至今還穿著「明朝古裝」，而愈往鄉下走，看到愈多古裝婦女；到了脫離街鎮的山野，再看到這種情景，恍如跌進時光隧道，不知「今夕是何年」。中午十二點，王勇把車停在一處山間小路上，路旁有幾個婦女正在採石，下方正看到一個以石頭牆、石片屋頂建成的一簇美麗村寨，就這樣無意之中，我們來到九溪寨。

　　沿著一條鋪著石板的下坡小徑走進村子，但見巷道縱橫、曲折迴覆，屋宅毗連，牆宇相望。這裡的每一座屋子都是用石頭疊牆，石頭就採自村後山腰，都由村民自己加工築屋。除了鋪地的石板之外，屋宅牆壁、門窗、前埕、畜圈、台階，都用石塊、石板或石條砌成，觸目都是石頭，可謂名副其實的「石頭寨」。而風雨歲月使得石頭一塊一塊都光潔平滑，交錯相疊成美麗的線條，石牆上留了稱為「貓眼」的小窗洞。巷陌縱橫的景象，可能是有意的設計，在早先與「苗匪」相抗的時代，可以擾亂侵入屯堡敵人的耳目，窗洞應該也是禦敵的槍眼。我們在可以使任何外來者迷失的巷道中亂逛，不經意地來到屯堡的石砌大堡門，正對堡門之內有一座汪公廟，廟門寫著一副對聯：

為官清正有功於國重萬古
愛民如子義重似山貫九州

　　我們的來訪，這時已經引起村民的注目，許多小孩好奇的圍在

我們四周，又是歡喜又是閃避地對著我們的照相機。這時開始下起小雨，我們就在廟前的堡門下避雨。經詢問城門下的雜貨店主，才知道汪公廟的管理員不在。不過，熱心的村人爲我們取來了廟宇的鎖匙，又幫我們打開廟門，引我們進入廟內。廟裡的中央神龕內奉祀著身著官服的汪公坐姿木雕神像，像高約一點二公尺，係近年新造。神龕上懸「功蓋寰宇」、「忠烈汪王」兩塊扁額。廟中牆角有兩塊石碑，我們用手電筒照亮，勉強地讀出碑文的內容。其中一塊題爲「永垂千秋碑」，立於光緒十年重修廟宇之時，另一塊題爲「功德碑」，是新近於1990年整修時所立，汪公神像亦爲當時所造。

　　根據廟中所存碑文記載，汪公是唐代陸安縣令，爲政清廉，故村民建廟奉祀，應係屯民自本籍帶來的地方保護神祇。汪公廟於九溪始建年代不詳，但碑文中有「因同治四年苗匪入境而廟始毀壞」，推知建廟年代當早於此，且當

▲九溪寨中的木雕門樓，呈現一幅古代圖像。

時仍有苗、漢對立爭戰之事。村民告訴我們，村裡每年正月十七至十八日，汪公廟的主神汪公巡境，稱爲「抬菩薩」。村民要集資殺豬公拜拜，並延請和尚、道士誦經祈福。巡境前一天夜裡，村中選出精壯的男子，沐浴更衣、淨身，次日抬菩薩巡遊，遊行隊伍有扮花燈、嗩吶鑼鼓、地戲跳舞、戲人台閣，汪公所乘彩亭押後。隊伍繞全村一匝，穿過街堡，抬回汪公廟，迎神歸位。

▲文革時遭「批鬥」毀置的石獅子。

▶ 汪公廟前的嬉遊村童，各個以毫不羞澀的眼光
定神看著我們。

◀ ▼ 這般深具古意的石屋建築，在九溪寨中隨處
可見。

離開汪公廟，我們走入中街（大堡街），看到了文獻記載中所謂的「明朝古裝婦女」，她們身穿大花邊右斜襟寬袖的淺藍色長衫，著黑裙，外加淺藍或黑色圍腰，再繫淺藍色寬帶。頭上倒攏大髮髻，左右耳前抿梳圓形貼鬢；額束白色頭巾，髻上盤銀鏈，並穿以玉簪。腳著繡花鞋，似乎從沒有纏足的風俗。

小雨還是斷斷續續地下著，熱心的小孩看出我們對廟宇的興趣，向我們報告村中還有一座「菩薩廟」，我們穿過村落的中街，跟著找到了「龍泉寺」。此廟的管理員為我們開了門，並說明龍泉寺的歷史。本寺奉祀如來佛（當地通稱菩薩），始建於明朝末年，現存有四百多年歷史之木造戲台。此寺為本村后街民眾所奉，在中共統治前，每年六月有廟會祀典，廟前戲台經常連演川劇，持續一個月。文革時，搗毀神像，廟宇失修。至1988年整修廟宇，並重塑泥塑坐像菩薩；像高約一點二公尺，面帶笑容，不類常見之如來莊嚴肅穆。廟宇現仍兼作穀倉，提供村民囤積稻米。

管理員告訴我們，村裡張、宋姓較多。自來有三堂地戲：封神、進五關、出五關，以前年年在中元（穀米揚花之際）及過年前後演出，村民稱為「跳神」，是村裡的大事，非常熱鬧。文革期間全部停止，近年才恢復演出。村中存有地戲劇本，舊存的臉子（地戲面具）毀於文革，不過已在1980年重新雕製五十二面，可以演出地戲。

▼如春筍般攢露於林野間的本寨石屋。

　　順著中街回頭走，來到堡前大路，向右望去，可以看到一片稻田，當然這就是當年先人來此屯墾，歷經艱辛所開闢的田園。田邊有一處泉水，幾個婦女小孩正在汲水，水池邊躺著半隻被砸破的石獅子，係應堡中大宅故物，在文革「破四舊」時被毀壞棄置。再向前是河溪，也就是九溪河，河岸有河堤保護村莊的稻田。青山環抱、溪流匝繞，豐腴的水田、典雅的石頭屋、屋門上的木雕門樓、含著旱煙管的老人、衣著古典的婦人，村中小孩自在地嬉笑玩樂，構成一幅令人神往的悠閒圖畫。

　　正當流連忘返的時候，有人提到中飯還沒吃，時間已是午後兩點半。雖然可以忍得住餓，但因今日還得回到貴陽花溪，實在不能再留。只得在依依不捨的心情下離開，還有幾個村中小孩，一直跟到村口路上，在車子開動後，還使勁地和我們揮手道別。

　　離開九溪寨，車子開到大西橋鎮的市街上吃午餐，因為是罕見的「台胞」，所以引來眾人圍觀。今天是星期天，恰逢鎮上趕集，我們在飯後，也走到市集中東張西望，看看新鮮的事物。四點十分，驅車回程，到達花溪已經將近晚上八點。這一夜，躺在花溪賓館的床上，心中還一直縈繞著九溪寨的情景，對於這一次的邂逅，總覺得有種似曾相識的感覺。我很珍惜與九溪寨巧遇的緣份，同時在心中也默許再見之期。

尾聲

　　從貴州回到台灣之後，念念不忘九溪，曾經擬成一個田野調查

計畫草案，準備擇期到九溪進行田野研究調查。然而因為工作時間調度的問題，並考慮外地人深入大陸鄉間進行調查研究的種種困難，最後還是取消了九溪的田野調查計畫， 然而對於這個不克實現的田野調查計畫，難免心中悵然若有所失。緣草就本文，記錄屯堡經歷，並略談所見所思，以誌與九溪寨這一段不期而遇的因緣。

神州腳印

神 州 腳 印⋯⋯⋯⋯⋯⋯⋯⋯⋯⋯逛買 劄作

神 州 腳 印

神州腳印 ·························· 蓮馨始作

國家圖書館出版品預行編目資料

神州腳印/呂理政著. ── 初版. ── 台北市:

世界宗教博物館，民86

面:　　公分. ── (博物館人旅行箚記 :2)

ISBN 957-99095-3-9(平裝)

1. 中國-描述與遊記

690　　　　　　　　　　　　86009731

匯聚眾願之所成 - 世界宗教博物館

創辦人：釋心道法師

戶名：財團法人世界宗教博物館發展基金會

劃撥帳號：17830587

台北辦事處--地址：台北市南京東路五段92號11樓

電話：(02)756-4005

傳真：(02)761-9490

E-Mail：wrm@ms1.hinet.net

Internet網址：http://www.twwrm.org

オーボン ヴュータン

甜點教父
河田勝彥的完美配方

La base, c'est un vrai délice!

河田勝彥————著

瑞昇文化

目次
SOMMAIRE

［ 新鮮的帶餡甜點 ］

010

1 全蛋式海綿蛋糕
（傑諾瓦士蛋糕）

基本麵糊

012	一般的海綿蛋糕麵糊 Génoise ordinaire
013	橙香海綿蛋糕麵糊 Génoise d'orange
014	巧克力海綿蛋糕麵糊 Génoise au chocolat
015	杏仁巧克力海綿蛋糕麵糊 Génoise au chocolat aux amandes
016	杏仁馬斯寇特蛋糕 Mascotte praliné
020	水果海綿蛋糕 Biscuit aux fruits
023	達尼雪夫蛋糕 Danicheff
026	卡布奇諾蛋糕 Cappuccino
030	黑森林蛋糕 Forêt-Noire

036

2 分蛋式海綿蛋糕
（彼士裘伊蛋糕）

基本麵糊

038	杏仁海綿蛋糕 Biscuit d'amandes
039	摩卡海綿蛋糕 Biscuit moka
040	巧克力海綿蛋糕 Biscuit chocolat
041	榛果巧克力蛋糕 Biscuit chocolat aux noisettes
042	裘康地杏仁蛋糕 Biscuit joconde
043	懷念的時光 Au bon vieux temps
046	巴黎賭場 Casino de Paris
050	綠洲 L'oasis
054	摩卡蛋糕 Moka
057	聖米歇爾蛋糕 St. Michel
060	榛果喜樂蛋糕 La joie de noisette
064	歐貝拉蛋糕 Opéra

007	製作前須知
008	擴展甜點製作內容
033	必須遵守基本
034	如何拿捏甜度
076	只有甜味不算甜點
144	烤箱的運用
191	甜點的風貌
200	傳統甜點的新意
321	甜點職人是工匠
327	糖漬水果與果醬的糖度功用
358	後記
360	版權頁

067

3 其他分蛋式
海綿蛋糕

068	覆盆子蒂莉絲 Délice aux framboises
072	金條蛋糕 Barre d'or

078

4 蛋白類蛋糕

基本麵糊

079　甜塔皮
　　　Pâte à succès

082　核桃焦糖咖啡蛋糕
　　　Café caramel noix

086　秋葉
　　　Feuille d'automne

090　康特爾帕蛋糕
　　　Contre pas

基本麵糊

080　達克瓦茲蛋糕麵糊
　　　Pâte à dacquoises

094　普羅旺斯狂想曲
　　　Caprice provençal

098　牙買加摩卡蛋糕
　　　Moka Jamaïque

103　悲慘世界
　　　Les Misérables

基本麵糊

081　杏仁蛋白餅麵糊
　　　Pâte à meringues
　　　aux amandes

107　焦糖香堤鮮奶油蛋白餅
　　　Meringue chantilly
　　　caramel

110　蒙布朗蛋糕
　　　Mont-blanc

114

5 自製基本的甜點元素

［奶油醬］

116　卡士達醬
　　　Crème pâtissière
　　　〔Custard cream〕

117　杏仁奶油醬
　　　Crème d'amandes

117　法蘭奇帕內奶油餡
　　　Crème frangipane

117　香堤鮮奶油
　　　Crème chantilly

118　蛋黃霜
　　　pâte à bombe

118　義式蛋白霜
　　　Meringue italienne

119　甘那許淋醬
　　　Ganache

119　焦糖醬
　　　Sauce caramel

［基本材料＆堅果類］

120　翻糖
　　　Fondant

120　覆面糖衣
　　　Glace à l'eau

121　蛋白糖霜
　　　Glace royale

121　基本糖漿
　　　Sirop à 30°B　Sirop à 20°B

122　裝飾用杏仁膏
　　　Massepain pâtisserie

122　生杏仁膏
　　　Pâte d'amandes crue

123　各種杏仁糖粉
　　　T.P.T.

124　堅果醬
　　　Praliné（clair）

125　巧克力果仁糖
　　　Gianduja

126　果仁糖
　　　Nougatine d'amandes

126　核桃果仁糖
　　　Nougatine de noix

127　焦糖榛果
　　　Noisettes caramélisées

［水果類］

128　糖漬洋梨
　　　Compote de poire

128　糖漬蘋果泥
　　　Compote de pomme
　　　râpée

129　糖漬橙皮絲
　　　Julienne de zeste
　　　d'orange confite

129　覆盆子醬
　　　Framboise pépins

129　醋栗醬
　　　Gelée de groseille

130　杏桃果醬
　　　Confiture d'abricot

130　杏桃果醬覆面
　　　Glaçage à l'abricot

130　透明果凍膠
　　　Nappage neutre

130　水果果凍膠
　　　Nappage au fruit

［巧克力類］

131　巧克力片
　　　Copeau chocolat

131　巧克力扇葉
　　　Eventail chocolat

132　巧克力裝飾
　　　—片狀、螺旋形—
　　　Plaques de chocolat

132　巧克力噴霧
　　　Appareil à pistolet
　　　chocolat

133　巧克力糖衣
　　　Glaçage au chocolat
　　　2種

134

6 泡芙

基本麵糊

135 泡芙麵糊
Pâte à choux

136 巴黎泡芙
Chou Parigot

138 巧克力閃電泡芙
Éclair chocolat

141 巴黎布雷斯特泡芙
Paris-brest

146

7 千層酥皮

基本麵團

147 千層酥皮麵團
Pâte feuilletée

148 千層酥
Mille feuille

151 水果酥皮蛋糕
Langue au fruit

154 水果千層酥
Feuilleté fruité

158

8 塔皮

160 鋪塔皮—
Fonçage

基本塔皮

159 杏仁甜塔皮
Pâte sucrée aux
amandes

161 紅莓塔
Les fruits rouges

164 四季水果船形塔
Barquette aux saisons

166 起司塔
Fromage cru

169 巧克力塔
Tarte au chocolat et aux
framboises

基本塔皮

160 酥塔皮
Pâte à foncer

172 亞爾薩斯塔
Tarte alsacienne

174 聖托諾雷泡芙塔
Saint-honoré

178 波爾達魯洋梨塔
Tarte aux poires
Bourdaloue

180 蘋果塔
Tarte aux pommes

182 香蕉塔
Tarte banane

185

9 布丁

186 里維耶拉布丁
Crème Riviera

188 瑞典外交官布丁
Diplomate suédois

192

10 發酵麵團

基本麵團

193 巴巴蛋糕
Pâte à babas

194 阿里巴巴
Ali baba

197 波蘭舞曲
Polonaise

[其他甜點]

202

11 茶點

204 庇里牛斯塔
Tourte Pyrénées

206 薩瓦蛋糕
Biscuit de Savoie

208 庇里牛斯蛋糕
Gâteau Pyrénées

211 第 21 號蛋糕
Gâteau le vingt et unième

214 科隆比耶蛋糕
Colombier

216 威尼斯方塊蛋糕
Pavé de Venise

218 吉倫特可露麗（軟木塞蛋糕）
Cannelé de Gironde

220 布列塔尼蜜李蛋糕
Far breton

222 帕蒂斯蘋果派
Pastis

224 修女小蛋糕
Visitandine

226 瑪德蓮蛋糕
Madeleine

228 杏仁脆餅
Croquants aux amandes

230 布列塔尼酥餅
Galette bretonne

232 巧克力沙布蕾
Carré sablé chocolat

234 阿爾薩斯杏仁酥餅
Carré alsacien

236 多菲內核桃派
Dauphinois

238 南錫巧克力蛋糕
Gâteau au chocolat de Nancy

240 黑色蛋糕
Nègre

242 堅果夾心蛋白餅
Succès praliné

244 櫻桃酥捲
Bâton à la cerise

246 焦糖水果船形塔
Barquette caramel aux fruits

248 巧克力鬆餅
Gaufre

251

12 杯型烤模製作的甜點

252 鋪塔皮—
Fonçage

254 新橋塔
Pont-neuf

255 杏桃塔
Mirliton d'Amiens

256 洛林塔
Lorraine

257 檸檬塔
Tarte citron

258 杏仁塔
Amandine

259

13 塔

260 瑪德蓮杏桃塔
Tarte abricot madeleine

262 洛林亞爾薩斯塔
Tarte Alsace-Lorraine

264 秋葉塔
Tarte d'automne

266 焦糖杏桃蘋果塔
Tarte aux pommes et aux abricots caramélisés

268 全麥麵包塔
Tarte pain complet

270 橙香塔
Tarte à l'orange

272 反烤蘋果塔
Tarte Tatin

274

14 蛋糕

276 天使蛋糕
Cake anglais

278 週末蛋糕
Week-end

280 糖薑蛋糕
Cake gingembre

282 香料麵包
Pain d'épices

285

15 千層派皮

286 皮蒂維耶酥餅
Pithiviers

288 糖霜杏仁奶油派
Conversation

290 義大利派
Chausson italien

292 蘋果派
Chausson aux pommes

293 鄉村風味塔
Tarte campagne

294

16 維也納麵包

基本麵團

296　布里歐麵團
　　　Pâte à brioches

297　凸頂布里歐麵包
　　　Brioche à tête

298　波斯托克麵包
　　　Bostock

300　水果布里歐麵包
　　　Brioche aux fruits

基本麵團

301　可頌麵團
　　　Pâte a croissants

302　可頌
　　　Croissant

304　巧克力麵包
　　　Pain au chocolat

305

17 巧克力拼盤
　　　（巧克力甜點）

306　巧克力馬卡龍
　　　Macaron chocolat

308　雷努斯可蛋糕
　　　Nélusko

310　濃味巧克力蛋糕
　　　Chocolat lourd

312　熔岩巧克力
　　　Chocolat moelleux

314

18 油炸甜點

316　亞爾薩斯甜甜圈
　　　Beignet alsacien

318　美爾威油炸餅
　　　Merveille

320　歐雷特酥片
　　　Oreillette

322

19 手工糖果

324　糖漬水果
　　　Fruits confits

325　糖漬橙皮
　　　Ecorce d'orange confite

326　其他的糖漬水果

328　水果軟糖
　　　Pâte de fruit

329　杏桃水果軟糖
　　　Pâte de fruit à l'abricot

329　其他的水果軟糖

330　普羅旺斯牛軋糖
　　　Nougat provençal

332　蒙特利馬牛軋糖
　　　Nougat de Montélimar

333　核桃咖啡牛軋糖
　　　Nougat au café et aux noix

333　巧克力牛軋糖
　　　Nougat au chocolat

334　果仁糖
　　　Praline

336　焦糖
　　　Caramel

337　巧克力焦糖
　　　Caramel au chocolat

338　紅茶焦糖
　　　Caramel au thé

338　摩卡焦糖
　　　Caramel moka

338　榛果焦糖
　　　Caramel aux noisettes

338　柳橙焦糖
　　　Caramel à l'orange

339　鹹焦糖
　　　Caramel au beurre salé

340　法式棉花糖
　　　Guimauves á la menthe

341　其他風味的棉花糖

342

20 巧克力糖

344 手工裝飾
巴黎茶巧克力
Palais au thé

346 用機器包裹
覆盆子巧克力
Framboise

348 帶出紋路
慕斯卡迪巧克力
Muscadine

350 以模型製作
橙香巧克力
Caramorange

352

21 鮮奶油冰淇淋

353 香草冰淇淋
Crème glacée à la vanille

355 巧克力冰淇淋
Crème glacée au chocolat

356 香料冰淇淋
Crème glacée à l'épice

356 開心果冰淇淋
Crème glacée à la pistache

357 焦糖巧克力冰淇淋
Crème glacée au caramel

製作前須知

●麵粉等粉類，若無特別說明，都要預先篩過備用。

●書中使用的蛋尺寸為 M，1 個約 55g（去殼約 50g，蛋白約 30g、蛋黃約 20g）。

●融化奶油儘量在使用前才製作。

●製作乳脂狀奶油時，一般作法是混拌已回到常溫的奶油，不過，奶油回到常溫時須留意會產生氧化的臭味，所以可以使用從冷藏取出的奶油，放入鋼盆中直接用火加熱軟化後再拌勻。

●文中標示的裝飾用水果等分量，只是大致的基準。

●文中未特別說明時，「在模型中塗奶油」、「在烤盤上抹油」是指使用澄清奶油。

●烤箱請事先預熱至設定溫度。若無特別標示溫度，表示大致預熱至設定溫度。

●使用不同的烤箱時，麵團等所需的烘烤時間也不同，此外，根據盛裝模型的厚度不同，甜點完成的情況也有差異，因此標示的時間都是大致的基準。請視上色情形斟酌判斷。

●糖度以波美度（baume）表示時，數值除以 0.55 大致能換算成一般的糖分濃度。波美度是以比重來計量糖度的波美計的單位。另外，白利度（brix）是以屈折計來計量的單位，標示為「% brix」，數值通常同樣以%來表示濃度。

●水果醬基本上是使用冷凍產品。

●香草全使用大溪地產品。

●巧克力以法語標示為 couverture 時，是指加入可可奶油的調溫巧克力，此外標示為 chocolat 時，則是指未添加可可奶油，容易乳化的甘那許淋醬（ganache；或稱巧克力淋醬）用的巧克力。

●書中咖啡風味的巧克力和白巧克力是法國・衛斯（Weiss）公司製，其他則使用法芙娜（Valrhona）公司製。

●標示「融化巧克力」或是「融化備用」時，是指事先以發酵機或隔水加熱的方式，慢慢融化的巧克力。

●「基本的技術」是指用大型機器（若是攪拌機是 7l 以上的容量等）能製作最少分量的美味甜點。

●打發蛋黃製成的蛋黃霜、打發蛋白製成的義式蛋白霜、甜塔皮（pâte sucrée）、達克瓦茲蛋糕麵糊（pâte dacquoise）、蛋白霜等，使用 7l 容量的攪拌機製作時，標示為「使用其中的○g」，是表示能做出最佳狀態的最少分量。

●若無特別標示，鮮奶全使用乳脂肪成分 4%的產品。

●若要添加材料進高速轉動的攪拌機內時，若無特別說明，都需要暫時降低速度。

●沒有矽膠烤盤墊時，也可使用烘焙紙。

專題 1

擴展甜點
製作內容

　在我赴法的1960年代後半期，當時甜點店展示櫃中的主流商品是，海綿蛋糕組合奶油霜的甜點，每家店都能看到外形相近的基本款蛋糕。在我的記憶中，甚至連「Fauchon（法國百年美食名店）」也不例外。

　當時的甜點師傅，只要會做基本款蛋糕就行了。在那個年代，大部分店家所賣的巧克力或糖漬水果（以砂糖醃製的水果），有70％都是買來的。對照現在巴黎的甜點店，或許令人難以置信吧。不過我在赴法的初期就已經開始擔憂「顧客會厭煩甜點店的這種作法」。

　基於我在修業時期，曾在冰甜點、手工糖果、巧克力等各類型專賣店工作的背景，體認到透過廣泛了解不同範疇的工作，才能使甜點有更創新的表現。而這樣的想法至今仍然不變。

　在我的觀念裡，所謂的甜點工作，當然是在甜點店製作，除了要有一般以麵團和奶油霜等製作的蛋糕之外，同時也要放眼到其他種類眾多的甜點世界，如冰甜點、手工糖果、巧克力、烘焙類點心、外賣料理（家常菜、外送餐點）、食品雜貨（香料或雜貨類）、杯型（pomponnette）小甜點等。像是聖代（Parfait）、炸彈冰淇淋（bombe glacée）等運用玻璃杯的多樣化擺設，也能應用在甜點中，作為甜點配料的糖漿、糖漬水果、果醬的知識，當然也是製作甜點時不可或缺的。甜點中可運用玻璃相關的技術，也能善用香料……進而開發出創新的甜點，而這也是我一直以來所進行的挑戰。

　這20幾年來，在法國誕生了許多新甜點，甜點店也開始自製水果軟糖（→P328）等。另外還能製作慕斯等，流行於街頭的不再是耐保存的奶油蛋糕，而是更加新鮮的甜點。長期以來品質低劣的法國巧克力得以改善，我想全是「La Maison du Chocolat」的Robert Linxe先生的功勞，但從前他也是甜點師傅，後來被巧克力工作吸引成為巧克力師傅，他對於拓展甜點的領域，提升巧克力的品質貢獻良多。這些貢獻應該也是從期待創作新甜點的想法衍生出來的吧。藉助其他領域的工作使甜點更加有深度與新意。這也是我一直秉持的態度。

Pâte à génoise
全蛋式海綿蛋糕（傑諾瓦士蛋糕）

1

搭配奶油霜的
經典軟蛋糕

法國 70 年代以前，比起分蛋式海綿蛋糕（biscuit；彼士裘伊蛋糕），

當時的主流是全蛋式海綿蛋糕（génoise；傑諾瓦士蛋糕）。

主要結合奶油霜（buttercream）的這個蛋糕，

基本特色是口感柔軟，以及與柔滑奶油相稱的絕佳融口性。

在某特定範圍內，雖然簡稱為海綿蛋糕（傑諾瓦士蛋糕），

不過作法不同，口感和味道上也會有微妙的差異。

因為重視蛋糕的柔軟度，絕大部分會以較深的模型烤得很厚，再切片用於甜點中，

不過有時也會把麵糊薄鋪在烤盤中烘烤。

若加入較多的杏仁醬或奶油等油脂成分，蛋糕的口感會較濕潤，

相反地，若減少油脂成分，蛋糕完成後口感則較乾。

雖然都稱為海綿蛋糕（傑諾瓦士蛋糕），但絕不是都一樣。

要記得可以配合甜點加以調整。

搭配奶油霜的柔軟蛋糕

Génoise ordinaire
一般的海綿蛋糕麵糊

杏仁馬斯寇特蛋糕用（→ P16）
水果海綿蛋糕用（→ P20）

材料

全蛋　œufs

白砂糖　sucre semoule

低筋麵粉　farine faible

融化奶油　beurre fondu

※ 不同的甜點，分量也不同，請參考各甜點的標示。

此外，後文材料欄中標示「材料」時，同樣參考各頁標示。

1

在攪拌缸中放入全蛋和砂糖，以高速攪拌。

※ 通常隔水加熱讓蛋的表面張力變鬆弛後，較容易打發，但這裡不能隔水加熱。因為形成大氣泡後表面積變大，麵糊較易變乾。以下的海綿蛋糕麵糊也相同。

2

待麵糊出現光澤，在攪拌缸的側面殘留條狀麵糊時，表示混拌完成。最後改採低速攪拌調整細緻度後，從攪拌機上取下。此時麵糊呈稀軟的緞帶狀。

3

在2中一邊加入低筋麵粉，一邊用手如從底部向上舀取般充分混拌。

※ 在法國也是這樣，認為用手攪拌是最好的。可憑觸感來了解混合的情況。

4

將放涼至常溫的融化奶油加入3中，如切割般大致混拌。

◎「杏仁馬斯寇特蛋糕」用的材料加入較多奶油，濕潤不易變乾。「水果海綿蛋糕」用的奶油較少，烘焙得較淺，讓蛋糕完成後保留口感。

5

混拌到看不到粉粒即完成。以麵糊的漂亮光澤，作為拌勻的基準。

加入柳橙風味的海綿蛋糕

Génoise d'orange
橙香海綿蛋糕麵糊

達尼雪夫蛋糕用（→ P23）

分量　直徑 15 cm的寬口圓烤模（monqué）2 個份

全蛋　œufs ── 4個

白砂糖　sucre semoule ── 120 g

糖漬橙皮 écorce d'orange confite hachée ── 20 g
※事先做好（→ P325），切碎備用。

柑曼怡橙酒　Grand-Marnier ── 8 g

低筋麵粉　farine faible ── 110 g

融化奶油　beurre fondu ── 20 g

1
以左頁「一般的海綿蛋糕麵糊」
1～2的要領，將全蛋和砂糖打
發成緞帶狀。

2
舀取少量的1放入別的鋼盆中，
加入糖漬橙皮充分混合，再加入
柑曼怡橙酒輕輕拌勻。

3
將2倒回1中，以左頁3～4的
要領，加入低筋麵粉和融化奶油
拌勻。待麵糊泛出光澤表示混拌
完成。

以蜂蜜提高保濕性、質地綿密的蛋糕

Génoise au chocolat
巧克力海綿蛋糕麵糊

卡布奇諾蛋糕用（→ P26）

分量　直徑 18 cm的圓形模型 1 個份
榛果杏仁糖粉　T.P.T. noisettes（→ P123）—— 133 g
全蛋　œufs —— 5 個
白砂糖　sucre semoule ——100 g
蜂蜜　miel —— 33 g
低筋麵粉　farine faible —— 150 g
可可粉　cacao en poudre —— 33 g
融化奶油　beurre fondu —— 50 g

1
請參照P123混合杏仁、榛果和
砂糖，以碾壓機碾壓，製成榛果
杏仁糖粉備用。
※用於杏仁糖粉中的榛果，事先烤
過增加香氣會更美味。

2
在攪拌缸中放入全蛋、砂糖和蜂
蜜，以P12一般的海綿蛋糕麵
糊1～2的要領打發。
※加入蜂蜜，麵糊變得具有保濕性。

3
打發成黏稠的緞帶狀。

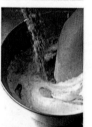

4
混合1的杏仁糖粉、低筋麵粉和
可可粉，再加入3中用手大致混
合。

5
加入放涼至常溫的融化奶油，大
致混合。直到麵糊呈現出光澤。

加入杏仁膏的輕柔蛋糕

Génoise au chocolat aux amandes
杏仁巧克力海綿蛋糕麵糊

黑森林蛋糕用（→ P30）

分量　直徑 15 cm、高 10 cm 的圓形模型 3 個份
生杏仁膏　pâte d'amandes crue（→ Pl22）── 125 g
全蛋　œufs（上述杏仁膏用）── 125 g
全蛋　œufs ── 250 g
白砂糖　sucre semoule ── 158 g
低筋麵粉　farine faible ── 125 g
可可粉　cacao en poudre ── 50 g
融化奶油　beurre fondu ── 88 g

5
先混合低筋麵粉和可可粉，一邊加入4中，一邊用手如從下向上舀取般拌勻。

1
在攪拌缸中放入生杏仁膏，和約1個杏仁膏用的全蛋，以低速開始攪拌。

6
在5中加入融化奶油再攪拌，粗略地混合即可。

2
杏仁膏變黏稠後，加入剩餘的蛋再攪拌。
※生杏仁膏較硬不易打散，可先加少量的水分（蛋）充分攪拌，再加入剩餘的蛋，重點是勿殘留粉塊。

7
待2攪拌到黏稠後，從攪拌機上取下。
※生杏仁膏的油分具有保濕作用，蛋糕烤好後，能留住水分使口感濕潤。

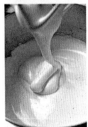

3
製作1的同時，在其他的攪拌機中放入全蛋250 g 和砂糖，以P12一般的海綿蛋糕麵糊1～2的要領開始攪拌（圖中後）。

8
在6中加入7的生杏仁膏和蛋混合的麵糊，同樣地從下向上舀取般拌勻。

4
待全蛋和砂糖混成的3變得黏稠如緞帶般後，從攪拌機上取下。

9
待麵糊泛出光澤，表示已攪拌完成。

Mascotte praliné
杏仁馬斯寇特蛋糕

〔全蛋式海綿蛋糕（傑諾瓦士蛋糕）〕 杏仁馬斯寇特蛋糕

在富含奶油的香濃柔軟蛋糕中
夾入堅果風味的奶油霜
能品嚐到蛋糕與芳香奶油融為一體的美味

分量　長18cm的橢圓模型2個份

● 一般的海綿蛋糕 Génoise ordinaire

全蛋 œufs —— 4個

白砂糖 sucre semoule —— 125g

低筋麵粉 farine faible —— 125g

融化奶油 beurre fondu —— 125g

● 蛋糕用糖漿 Sirop d'imbibage au rhum 混合備用

波美度30°的糖漿 sirop à 30°B —— 30g

蘭姆酒 rhum —— 30g

● 堅果風味奶油霜

Créme au beurre au praliné

義式蛋白霜 meringue italienne —— 100g
※ 使用前才製作（→P118）。

英式蛋奶醬 crème anglaise
```
鮮奶 lait —— 50g

榛果醬 praliné noisette —— 20g

杏仁醬 praliné amande —— 20g
※ 參照P124，將所有杏仁和榛果分別製成堅果醬備用。

蛋黃 jaunes d'œufs —— 2個份

白砂糖 sucre semoule —— 31g
```
無鹽奶油 beurre —— 170g

● 焦糖化的杏仁

Amandes effilées caramélisées

杏仁片 amandes effilées —— 適量 Q.S
（譯註：Q.S = quantité suffisante = quantum suffict = 適量）

波美度30°的糖漿 sirop à 30°B —— 適量 Q.S

糖粉 sucre glace —— 適量 Q.S

● 裝飾用 Décor

果仁糖 nougatine d'amandes
```
白砂糖 sucre semoule —— 300g

水飴 glucose —— 30～50g

12切杏仁粒 amandes concassées —— 200g
（譯註：12切約4～6mm大小）
```
蛋白糖霜 glace royale —— 適量 Q.S
※「擠花用」，事先做好備用（→P121）。

a

b

[製作蛋糕體]

① 製作海綿蛋糕麵糊（→P12），分別倒入橢圓模型中，分量約至模型⅔的高度（圖a）。

② 放入160～170℃的烤箱中烘烤40～45分鐘。若模型和麵團之間出現溝槽，按壓有彈性表示已烤好（圖b。尚未烤好按壓會略微凹陷）。放涼後脫模。

※ 以較多奶油製作的香濃蛋糕，來搭配柔和的奶油霜。

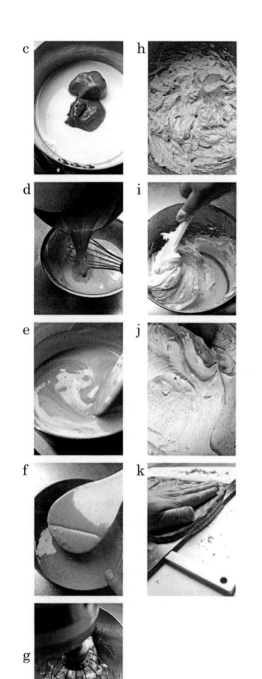

c

h

d

i

e

j

f

k

g

［製作堅果風味奶油霜］

③ 製作義式蛋白霜（→P118）。

④ 熬煮堅果風味的英式蛋奶醬。在有耳鍋中倒入鮮奶和堅果醬（圖c），以大火加熱煮沸融合。

⑤ 在鋼盆中放入蛋黃和砂糖，用打蛋器充分混拌至變白為止。

⑥ 在⑤中倒入④（圖d）拌勻，再倒回④的鍋中。先用小火再轉中火加熱，用木匙攪拌慢慢加熱到變黏稠為止（圖e）。用木匙舀取用手指刮過，若能殘留條狀刮痕（圖f，稱為霜飾狀），表示濃稠度恰到好處。將其過濾。

※加熱到呈霜飾狀，比起甜味更能突顯濃厚風味。成為霜飾狀的前提是，在⑤中蛋黃和白砂糖要充分混拌產生氣泡變成白色為止（blanchir）。因氣泡能作為隔熱的緩衝。

⑦ 將奶油敲打回軟。在攪拌缸中放入⑥的英式蛋奶醬以低速攪拌，再將奶油捏小塊，放入（圖g）。全部放入後轉中速。

※通常，奶油是讓它回到室溫變軟或用攪拌機攪拌變軟，但接觸空氣太久奶油會氧化發臭，所以直接敲軟。

⑧ 混合後，從攪拌機上取下（圖h），加入義式蛋白霜，用木匙大幅度混拌至顏色均勻為止（圖i～j）。

［組裝］

⑨ 將放涼備用的蛋糕從下面切成8mm厚的片狀，僅去除上面的烤色（圖k）。一個模型使用3片蛋糕。

※蛋糕烤厚一點較美味，再切片使用。

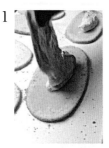
l

m

n

o

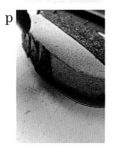
p

⑩　在1片蛋糕的兩面用毛刷輕輕塗上糖漿，放上約50 g的奶油霜⑧，用抹刀均勻地塗成5㎜厚（圖l）。再疊上已輕塗上糖漿的蛋糕，上面也同樣塗上糖漿。以相同的要領疊上3片蛋糕、2層奶油霜。（圖m～n）。

※若是以一般會殘留水分的烘烤法所烘烤的蛋糕，則不需要刷糖漿，可是這個海綿蛋糕麵糊烤得較乾，所以兩面需塗上極薄的糖漿。

⑪　保留一些奶油霜作為裝飾用，依序在上面、側面同樣地薄塗上奶油霜。再塗一次，這次塗得較多（圖o）。然後放入冷藏備用。

※奶油霜先薄塗一層打底，第二次才容易塗抹得平整漂亮。

⑫　在杏仁片上塗上波美度30°的糖漿，撒上足量的糖粉，放入180℃的烤箱中約烤10分鐘，使其焦糖化上色後，放涼備用。

⑬　製作果仁糖（→P 126），夾入矽膠烤盤墊中擀成1㎜厚，以蛋糕用模型切割1片，再縱向切片（裝飾上面用）。剩餘的果仁糖片配合蛋糕高度切成長方形，再斜切成三角形（裝飾側面用）。

⑭　在⑪的上面放上切半的果仁糖，三角形的貼在側面（圖p），在上面的另一半撒上焦糖化的杏仁片。

⑮　將⑪剩餘備用的堅果風味奶油霜，以6號、6齒的星形擠花嘴，擠在蛋糕上面的中央。將蛋白糖霜裝入紙製的擠花袋中，擠上造型文字。

conseil de chef

奶油霜和海綿蛋糕是柔軟材料的基本古典組合。在這個蛋糕材料中，我使用較多的奶油，油分提高了保濕性，而且蛋糕烤得比較厚，完成後口感濕潤、柔軟，再組合上奶油霜。我在奶油霜中加入堅果的香味，是希望也增進味道的豐富度。雖然有許多種裝飾方法，不過，這裡我嘗試用手工糖果中的果仁糖來呈現。

Biscuit aux fruits
水果海綿蛋糕

這個蛋糕給人濃郁的草莓鮮奶油蛋糕的印象
但是具氣泡顆粒與麵粉口感的蛋糕相當有存在感
和日本柔軟的草莓鮮奶油蛋糕可說是截然不同

分量　7×3cm 24個份

● 一般的海綿蛋糕　Génoise ordinaire
◎準備1片30×40cm具有深度的烤盤。

全蛋 œufs —— 5個

白砂糖 sucre semoule —— 200g

低筋麵粉 farine faible —— 200g

融化奶油 beurre fondu —— 100g

● 蛋糕用糖漿　Sirop d'imbibage　混合備用

波美度30°的糖漿 sirop à 30°B —— 75g

草莓酒 infusion de fraise —— 75g
※萃取醃漬草莓精華成分製成的酒。
與利口酒不同處是糖度低。酒精度數為25%。

● 慕斯林奶油醬　Crème mousseline

香堤鮮奶油 crème chantilly —— 125g
※加上裝飾用分量，事先準備鮮奶油（乳脂肪48%）和10%的白砂糖
（→P117）。

卡士達醬 crème pâtissière —— 375g
※事先做好備用（→P116）。

吉利丁片 gélatine en feuilles —— 4g

● 餡料　Garniture

香蕉（切片）bananes —— 7片

奇異果（切半再切片）kiwis —— 8片

草莓（切片）fraises —— 8個份

覆盆子 framboises —— 20顆

藍莓 myrtilles —— 30顆

黑莓（切半）mûres —— 5顆份
※水果的種類依不同的季節而變化。
組合時，要讓蛋糕的切面呈現繽紛的色彩。

● 裝飾用　Décor

香堤鮮奶油 crème chantilly —— 300g
※和慕斯林奶油醬用的一起製作。

◎（ ）內是1個蛋糕的分量

覆盆子 framboises —— 24（1）顆

藍莓 myrtilles —— 24（1）顆

金橘（切片）kumquats —— 24（1）片

醋栗 groseilles —— 48（2）顆

透明果凍膠 nappage neutre（→P130）
—— 適量Q.S
※使用時加熱。

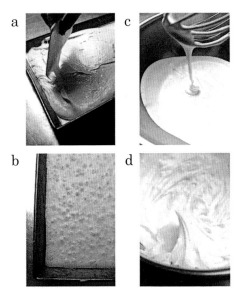

a
b
c
d

[製作蛋糕體]

① 製作海綿蛋糕麵糊（→P12），倒在鋪了烘焙紙（parchment paper）30×40cm的烤盤上（圖a），以160℃烘烤約30分鐘。烤出深濃烤色，烤盤和麵團之間出現溝槽，按壓有彈性，表示已烤好（圖b）。烤好後從烤盤中取出，放涼備用。

[製作慕斯林奶油醬]

② 先和裝飾用的分量合併製作香堤鮮奶油。用高速攪拌器攪拌鮮奶油和砂糖至6～7分發泡，能清楚留下攪拌器的攪拌痕跡後，倒入別的鋼盆中（圖c）。使用打蛋器，充分打發至尖角能豎起的程度（圖d）。
※一開始使用攪拌機較容易打發。

③ 將做好備用的卡士達醬用木匙充分混拌回軟。
※已冷藏冰涼的話，稍微加熱一下讓它有點變軟再混拌回軟。

④ 將泡水回軟、充分擦乾水分的吉利丁片，放入小鋼盆中加熱一下煮融。

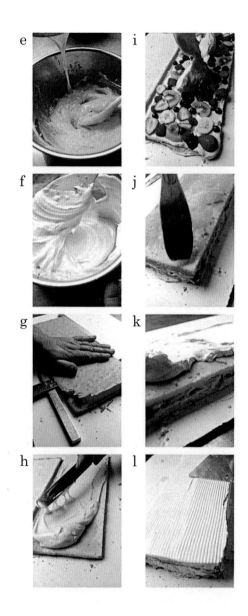

e

f

g

h

i

j

k

l

⑤　將④放入回軟的卡士達醬中（圖e），用木匙充分拌勻。

⑥　將②的125g鮮奶油放入⑤中，一面轉動鋼盆，一面用木匙如刮取側面的鮮奶油般充分拌勻（圖f）。

※慕斯林奶油醬在組裝前才製作。

［組裝］

⑦　撕掉①的烘焙紙。將蛋糕縱長向放置，縱向切半，烤色面朝上放置，旁邊用10㎜厚的基準桿抵住，用刀削除烤色面將蛋糕切成10㎜厚（圖g）。

⑧　在1片蛋糕的烤色面側，用毛刷塗上足量的糖漿，用抹刀再塗上一半的慕斯林奶油醬（圖h）。

※為了讓蛋糕氣泡較細緻，保有綿密的口感，所以烘烤得比較乾。雖然是相同的作法，但它和奶油量較多，口感較濕潤的杏仁馬斯寇特蛋糕用的蛋糕不同（→P12步驟4，P17分量）。即使刷上糖漿，依然保有蛋糕的存在感。

⑨　平均放上餡料用的各色水果，再放上剩餘的奶油醬（圖i）用抹刀抹勻。

⑩　將另1片烤色面朝上的蛋糕疊放在⑨上，上面塗上足量的糖漿（圖j）。

⑪　將保留的裝飾用香堤鮮奶油，用打蛋器重新攪拌發泡，以抹刀平均塗抹在⑩的上面（圖k）。用加熱過的鋼梳畫上條紋花樣（圖l）。

⑫　用加熱過的刀縱向切半，再切掉邊端，切成3㎝寬。分別在上面放上裝飾用水果，用毛刷在水果上塗上加熱的果凍膠。

conseil de chef

這是以「法國的奶油蛋糕」為目標所設計的蛋糕。雖然蛋糕的配方極為正統，但不是用深的模型烘烤，而是將麵糊薄鋪在烤盤上，如同烤乾般讓材料充分烘烤。烘烤後麵粉更富有口感，而且雞蛋等的風味也因烘焙更加突顯。這也是蛋糕具有存在感的原因。在卡士達醬中加入發泡鮮奶油，可使奶油醬口感更輕盈，也不會影響蛋糕的存在感。

Danicheff
達尼雪夫蛋糕

蛋白霜沒有想像中的濃膩風味
風味豐盈的蛋糕散發淡淡的橙香
隨著濃稠的蛋白霜甜味留下餘韻

分量　直徑15 cm 2個份

● 橙香海綿蛋糕　Génoise d'orange
◎準備直徑15 cm的寬口圓烤模2個。

全蛋　œufs　4個

白砂糖　sucre semoule —— 120 g

糖漬橙皮
écorce d'orange confite hachée —— 20 g
※事先做好（→ P325），切碎備用。

柑曼怡橙酒　Grand-Marnier —— 8 g

低筋麵粉　farine faible —— 110 g

融化奶油　beurre fondu —— 20 g

● 蛋糕用糖漿　Sirop d'imbibage　混合備用

波美度30°的糖漿　sirop à 30°B —— 85 g

柑曼怡橙酒　Grand-Marnier —— 85 g

● 柳橙風味的卡士達醬
Crème pâtissière à l'orange

卡士達醬　crème pâtissière —— 240 g
※事先做好備用（→ P116）。

柑曼怡橙酒　Grand-Marnier —— 100 g

● 餡料　Garniture

香蕉（切片）bananes —— 12片

奇異果（切片）kiwis —— 16片

草莓（切半）fraises —— 8顆份

覆盆子　framboises —— 12～16顆

黑醋栗　cassis —— 24顆

黑莓（切片）mûres —— 2顆份

● 裝飾用　Décor

義式蛋白霜　meringue italienne —— 200 g
※配合組裝時的作業來製作（→ P118）。
◎（）內是1個蛋糕的分量

蘋果（切薄片）pomme —— 8（4）片

草莓（切半）fraises —— 2（1）顆份

黑莓　mûres —— 2（1）顆

覆盆子 framboises —— 6（3）顆

金橘（切片）kumquat —— 2（1）片

藍莓　myrtilles —— 8（4）顆

黑醋栗　cassis —— 4（2）串

醋栗　groseilles —— 6（3）串

透明果凍膠　nappage neutre（→ P130）
—— 適量 Q.S

細葉芹　cerfeuils —— 適量 Q.S

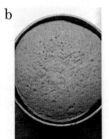

[製作蛋糕體]

① 製作橙香海綿蛋糕麵糊，在塗了澄清奶油（分量外）的模型中倒入麵糊（圖 a。→ P13），放入160℃的烤箱中約烤35分鐘。若模型和麵團之間出現溝槽，按壓有彈性表示已烤好（圖 b）。烤好後，將模型底部向下輕敲，蛋糕就能立刻脫模，倒扣放涼備用。

※蛋糕烤好後若放著不取出，會沾染模型的金屬味及事先塗抹的油味，所以要立即脫模。

[製作柳橙風味的卡士達醬]

② 用木匙輕輕攪拌卡士達醬使其回軟，加入柑曼怡橙酒充分拌勻（圖 c）

※卡士達醬若回軟過度，加入酒時會變得太軟而不易塗抹，所以輕輕攪拌回軟即可。

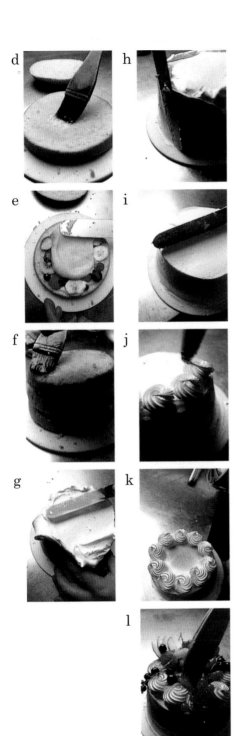

d h

e i

f j

g k

l

[組裝]

③ 削掉①蛋糕上面的烤色，橫切成3等分。

④ 在3等分最下面的蛋糕上，用毛刷塗上足量的糖漿（圖d）。

⑤ 接著用抹刀塗上約3mm厚的②卡士達醬。散放上¼量的餡料用水果後，再抹上一層卡士達醬（圖e）。

⑥ 在第二層蛋糕的兩面塗上糖漿，放到⑤上，重複和⑤相同的作業。在第一層蛋糕的下面塗上糖漿後疊上去，上面也塗上糖漿（圖f）。

⑦ 將做好的義式蛋白霜放到⑥的上面，依照上面、側面、上面的順序塗勻（圖g～i）。1個蛋糕使用的分量約50g，厚度約5mm。另一個也同樣地裝飾。

※義式蛋白霜是在蛋白中加入雙倍的砂糖製作而成，原本就很甜。這裡若塗得太厚，甜味就會蓋過一切，所以要塗薄一點。

⑧ 將剩餘的義式蛋白霜裝入加了12號、12齒星形擠花嘴的擠花袋中，在⑦的周圍擠製菊花裝飾（圖j）。

⑨ 用瓦斯槍烤出焦色（圖k），均勻地放上裝飾用各色水果。水果上面用毛刷如滴流般塗上加熱過的透明果凍膠（圖l），最後加上細葉芹裝飾。

conseil de chef

卡士達醬系的鮮奶油、水果和海綿蛋糕的組合，雖然和「水果海綿蛋糕」（→P20）類似，不過它的獨特處是味道更具衝擊性。蛋糕使用較少奶油，完成後具耐嚼的口感，因為咀嚼的時間較久，所以味道能留在口中更久。另一方面，我以柳橙和酒香來和水果海綿蛋糕區隔味道。為配合蛋糕的咀嚼時間，我稍微減少卡士達醬的水分，並使用許多水果。

Cappuccino
卡布奇諾蛋糕

這是以「義式濃縮咖啡」為概念所製作的甜點
特色是具有濃烈酸、苦味的咖啡風味
以及濃厚的口感，適合搭配義式濃縮咖啡

分量　直徑5.5cm 25個份

●巧克力海綿蛋糕　Génoise au chocolat
◎準備直徑18cm的圓形模1個和5.5cm的中空圈模25個。

榛果杏仁糖粉　T.P.T. noisettes（→P123）── 133g

全蛋　œufs ── 5個

白砂糖　sucre semoule ── 100g

蜂蜜　miel ── 33g

低筋麵粉　farine faible ── 150g

可可粉　cacao en poudre ── 33g

融化奶油　beurre fondu ── 50g

●蛋糕用糖漿　Sirop d'imbibage ── 60g

波美度30°的糖漿　sirop à 30°B

咖啡液　café liquide

※以即溶咖啡café soluble 25g、熱水 eau chaude 35g的比例調製成的咖啡液。
在咖啡液中混入6～7成比例的糖漿，製成蛋糕用糖漿。

●咖啡慕斯　Crème cappuccino

鮮奶油（乳脂肪48%）crème fraîche　48% MG
── 216g

即溶咖啡　café soluble ── 58g

蛋黃　jaunes d'œufs ── 5個份

白砂糖　sucre semoule ── 42g

鮮奶油（乳脂肪48%）crème fraîche　48% MG
── 396g

※發泡鮮奶油　crème fouettée用。

白巧克力　chocolat blanc ── 300g
※融化備用。

●裝飾用　Décor

香堤鮮奶油　crème chantilly ── 適量Q.S
※使用前才製作（→P117）。

肉桂粉　cannelle en poudre ── 適量Q.S

a

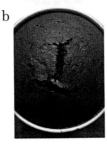
b

[製作蛋糕體]

① 製作巧克力海綿蛋糕麵糊（→P14）。

② 在塗上澄清奶油（分量外）的直徑18cm圓形模型底部，鋪入剪成圓形的烘焙紙，倒入麵糊（圖a），放入160℃的烤箱中約烤50分鐘。若模型和麵團之間出現溝槽，按壓有彈性表示已烤好（圖b）。烤好後，模型底部向下輕敲，蛋糕就能立刻脫模，倒扣放涼備用。

※雖然之後要切片使用，但烤厚一點才能保留美味。蛋糕倒扣放涼，水分會遍布整體，使蛋糕風味穩定。

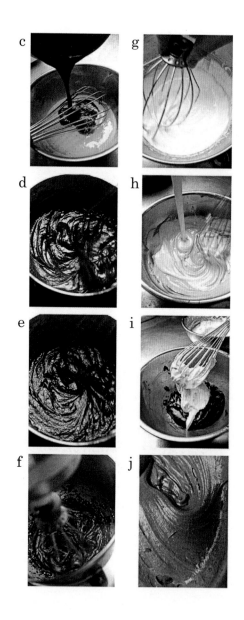

c

g

d

h

e

i

f

j

［製作咖啡慕斯］

③　先煮咖啡風味的英式蛋奶醬。在鍋裡放入鮮奶油和即溶咖啡開火加熱，一邊攪拌，一邊煮沸。

④　在鋼盆中放入蛋黃和砂糖，用打蛋器打發成黏稠的緞帶狀。

⑤　在④中倒入少量的③（圖c），用打蛋器充分拌勻，再倒回③的鍋裡。以大火加熱，用打蛋器迅速繼續攪拌混合（圖d）。加熱到鍋中央冒泡沸騰後材料會分離（圖e）。分離後熄火，倒入攪拌缸中。

※以直火充分加熱後材料會分離。用攪拌機讓它乳化。

⑥　用高速攪拌器攪拌⑤至人體的溫度（圖f）。中途要不時刮拭側面。待分離的液體又融合變黏稠後，倒入別的大鋼盆中。

⑦　配合⑥的時間，將發泡鮮奶油用的鮮奶油用別的攪拌機攪拌成5分發泡，打發到能隱約殘留打蛋器的痕跡即可（圖g）。

※發泡鮮奶油是打發的鮮奶油。

⑧　同時也將白巧克力調整至約40℃備用。

⑨　在⑧的巧克力中，加入一半的⑦發泡鮮奶油，並用打蛋器攪拌混合（圖h）。大致混合後再加入剩餘的⑦同樣拌勻。

※巧克力和冰的鮮奶油混合容易變硬結塊。製作重點是趁巧克力溫度比人體體溫還高時迅速混合。

⑩　將⑨分3次加入⑥的英式蛋奶醬中（圖i），每次加入都要拌勻。第一次不需講究迅速充分混合即可，第二次開始要如從底部舀取般充分混合。第三次將混合好的材料倒回鮮奶油的鋼盆中混合。攪拌至泛出光澤後即完成（圖j）。

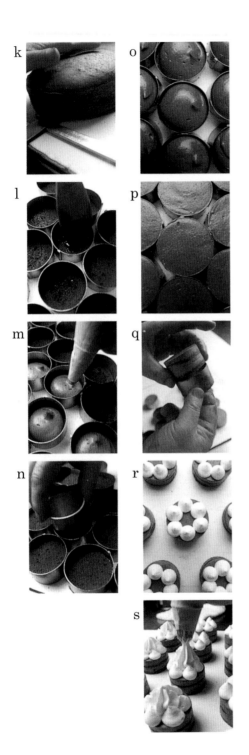

［組裝］

⑪　在蛋糕的兩側抵住基準桿，從下方切取5mm厚的蛋糕10片（圖k），以直徑5.5cm的切模分切5～6片。將25片蛋糕，鋪入排放在淺鋼盤上的中空圈模中，作為基底。最上面的切片蛋糕不使用。

※蛋糕質地綿密不易破損。

⑫　在中空圈模的蛋糕上，用毛刷塗上少量糖漿（圖l）。

※為了不沾黏在鋼盤上，基底蛋糕的糖漿要塗少一點。

⑬　將⑩的咖啡慕斯裝入沒裝擠花嘴的擠花袋中，擠入⑫的中空圈模中至將近一半的高度（圖m）。

⑭　將剩餘切割好的蛋糕放在⑬的上面，用小一圈的模型輕壓以去除空氣（圖n）。在蛋糕上用毛刷塗上較多糖漿，再擠滿咖啡慕斯（圖o）。

⑮　用抹刀刮平（圖p）後，用急速冷凍機使其凝固。

［完成］

⑯　取出⑮，用瓦斯槍加熱側面來脫模（圖q）。

⑰　先用直徑10mm的圓形擠花嘴，在周圍擠6個香堤鮮奶油，接著改用13號、6齒的星形擠花嘴，在中央擠上菊花裝飾（圖r～s）。最後撒上肉桂粉做裝飾。

conseil de chef

加入蜂蜜具保濕性的蛋糕，比「黑森林蛋糕」中使用的巧克力蛋糕，口感更加綿密。考慮到蛋糕與風味濃厚的慕斯之間的平衡，所以設計讓它和鮮奶油以相同的速度在口中融化。

Forêt-Noire
黑森林蛋糕

略黏柔軟的巧克力蛋糕
與加入苦甜巧克力香堤鮮奶油的
濕潤口感經典組合

分量　直徑15cm3個份

● 杏仁巧克力海綿蛋糕

Génoise au chocolat aux amandes

◎準備直徑15cm、高10cm的圓形模型3個。

生杏仁膏　pâte d'amandes crue

（→P122）—— 125 g

全蛋　œufs —— 375 g（其中125 g是上述麵糊使用）

白砂糖　sucre semoule —— 158 g

低筋麵粉　farine faible —— 125 g

可可粉　cacao en poudre —— 50 g

融化奶油　beurre fondu —— 88 g

● 蛋糕用糖漿　Sirop d'imbibage　混合備用

波美度30°的糖漿　sirop à 30° B —— 80 g

櫻桃白蘭地　kirsch —— 80 g

● 巧克力香堤鮮奶油

Crème chantilly au chocolat

鮮奶油（乳脂肪48%）crème fraîche　48% MG

—— 600 g

白砂糖　sucre semoule —— 60 g

黑巧克力（可可成分61%）

couverture noir　61% de cacao —— 244 g

※融化備用。

● 櫻桃白蘭地醃漬櫻桃　Griottes au sirop kirsch

櫻桃白蘭地　kirsch —— 200 g

白砂糖　sucre semoule —— 100 g

野櫻桃（冷凍。解凍備用）griottes —— 300 g

※在鍋裡放入櫻桃白蘭地和砂糖，
開火加熱將砂糖煮融。
放入解凍的野櫻桃煮沸後熄火，
直接放涼一晚以上再使用。
放在冷藏可保存約1週左右。
成為波美度約20°的糖漿醃漬櫻桃（圖）。

● 裝飾用　Décor

黑巧克力（可可成分55%）

couverture noir　55% de cacao —— 適量Q.S

※要削屑使用，所以必需使用巧克力磚。

巧克力片 copeau chocolat noir —— 適量Q.S

※請參照巧克力片（→P131）的作法，事先把巧克力（可可成分55%）
couverture noir 55% de cacao塗在淺鋼盤上凝固備用。

香堤鮮奶油　crème chantilly —— 適量Q.S

※在鮮奶油（乳脂肪48%）中加入10%的白砂糖，充分打發（→P117）。

糖粉　sucre glace —— 適量Q.S

a

c

b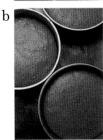

d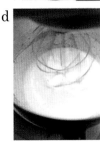

［製作蛋糕體］

① 製作杏仁巧克力海綿蛋糕麵糊（→P15）。

② 在模型中倒入①的麵糊（圖a），放入160～
170℃的烤箱中約烤40～45分鐘。待模型和蛋糕之
間出現一點溝槽（圖b），按壓有彈性表示已烤好。
立即脫模，倒叩放涼。

③ 在放涼的蛋糕兩側抵住基準桿，從下方切取10
mm厚的蛋糕片。在各蛋糕片的兩面，分別塗上足量的
蛋糕用糖漿（圖c）。1個蛋糕使用3片。

※這個蛋糕麵糊的蛋打發時不隔水加熱（→P15，
3），完成後質地綿密，即使塗上足量的糖漿也不會變
得軟爛，且融口性變得更好。

［製作巧克力香堤鮮奶油］

④ 用高速攪拌器攪拌鮮奶油和砂糖至5分發泡
（→P117）。待變得黏稠，能殘留攪拌器的攪拌痕跡
即可（圖d）。將融化的巧克力調溫至40℃備用。

※鮮奶油和巧克力混合時也要打發，所以這裡只要
打到5分發泡即可。此外，巧克力加入冰的鮮奶油中
會很快變硬，所以巧克力備用時必須保持一定的溫
度。

e　h

f　i

g　j

conseil de chef

我選用具有水果香味、可可成分61％、苦味較重的苦甜巧克力，它能和野櫻桃的酸味與甜味取得平衡，使味道更具衝擊性。這道以德國黑森林（Schwarzwald）命名的甜點，基本上是以巧克力片做裝飾，而且必定使用櫻桃和巧克力。它有各式各樣的裝飾法，也可以只覆蓋削下的巧克力屑。而夾在裡面的奶油醬，下層也可使用卡士達醬和巧克力香堤鮮奶油混合成的奶油醬。

⑤　在融化的巧克力中，分3次加入鮮奶油（圖e），一邊轉動鋼盆，一邊用打蛋器混合。第一次要迅速充分拌勻。第2～3次輕柔地拌勻，以保留氣泡（圖f）。最後如從底部舀取般混拌以充分拌勻。

⑥　在③的蛋糕中挑選較結實穩定的（適合作為基底蛋糕），上面塗上⑤的巧克力香堤鮮奶油約60g（用抹刀塗抹）。

⑦　將櫻桃白蘭地醃漬櫻桃瀝除水分，1個蛋糕約保留10顆作為裝飾用。在第1層蛋糕上散放25～30顆，再放上和⑥等量的鮮奶油抹開（圖g）。

⑧　疊上1片蛋糕輕輕按壓，和⑥～⑦一樣放上櫻桃和鮮奶油。再疊上1片蛋糕後壓實。

⑨　再放上巧克力香堤鮮奶油，依照上面、側面、上面的順序，用抹刀均勻塗抹（圖h）。

[完成]

⑩　事前用刀從黑巧克力磚的側面削片，製作可貼滿蛋糕整體的裝飾用巧克力屑（圖i）。

⑪　事前將塗抹在淺鋼盤背面，放入冷凍庫凝固的巧克力片取出，讓它回到常溫較容易削下（→P131）。

⑫　在⑨的側面和上面，用手或抹刀如按壓般貼上10（圖j）。

⑬　用果仁糖用切模切取⑪（→P131）後，放在蛋糕的中央，調整成花瓣的形狀。

⑭　將打發變硬的香堤鮮奶油，用10號、12齒的星形擠花嘴，在9～10個地方擠成菊花裝飾，分別放上保留備用的野櫻桃。最後輕輕地撒上糖粉。

專題 2
必須遵守基本

巴黎的甜點日新月異。這和用具的開發、工作條件、環境和政治上的變化等都有關。急速冷凍機的開發使慕斯開始普及，在無法長時間工作的今天，甜點業界也傾向於避開複雜的甜點。

但是，基本技術和製作甜點的基本觀念仍必須遵守。因為傳承下來的大多是合理的基本技術與見解。我修業時期反覆閱讀發行於1900年的《近代甜點製作概論（Traité de Pâtisserie Moderne）》初版。至今的100多年間不斷被再版，現在依舊是暢銷書籍，不過在基本技術面的相關內容卻沒有太大變化，可見應該是有其道理的。前人建立的基礎我們應該無法完全拋棄，但也不是說所有的傳統都要一概遵循。經長時間淬練，為了製作出美味甜點所產生的基本知識，必定具有其合理性。我認為一定要加以重視。

在製作甜點時，嘗試新的表現是非常重要的事，我本身至今仍然還在開發新商品。不過，如果在基本的糖漿糖度或蛋糕作法上含糊不清的話，基礎將會瓦解，最後只會消失在時間的洪流中吧。

因為有基礎所以才能成為可以流傳後代的系統，也才能再添加新的元素。

專題 3

如何拿捏甜度

基本的糖漿

　　甜點店所使用的基本糖漿是波美度30°。雖然有多種配方，但我本身是以水和砂糖1kg：1350g的比例來製作。換算成一般濃度來看的話是50多％，在這種濃度下細菌無法繁殖，所以能在常溫中保存備用。

　　為何是波美度30°呢？

　　那是因為根據以往的經驗，30°被視為合理的糖度。例如為呈現光澤，刷在甜點上烘烤時，若用33°糖分會太多形成白色的結晶，無法呈現光澤。相反地，若糖度低於30°，水分太多又會滲入蛋糕中。此外，波美度30°的糖漿，只要加水就能調整成波美度18°或20°的甜味。在展延翻糖時也能使用。

　　因此能常溫備用的波美度30°的糖漿，是合理甜味的基本糖漿。

甜點也有基本的甜度

　　波美度18°是甜點的基本甜度。在30°的基本糖漿中，加入等量的水分或酒，就剛好會變成18°。順帶一提，若是加入酒，即便是相同糖度，甜味也會感覺較突顯、有區別。

　　可以將18°這個糖度視為甜點甜度的基準值。若沒有作為基準的甜度，就像沒有準軸一樣，拿捏甜度也會變得很困難吧。在這裡所稱的基本甜度，若是帶餡甜點（生菓子），基本上大家可視為刷在蛋糕上的糖漿度數。例如若用15°，蛋糕吃起來會感覺太濕潤。尤其是要突顯材料風味，需讓蛋糕烘烤的更扎實時，若使用低於18°糖度，就無法呈現蛋糕的風味。

　　糖漬水果的糖度大約也是波美度18°，不過組裝在奶油霜或慕斯裡時，若用12～13°較低的糖度時，會產生離水現象。因此仍然必須有甜度的基本準軸。

　　關於冰淇淋、雪酪（Sorbet）的糖度也是以波美度18°為基本。原因是當作甜點食用時，這樣的糖度才能獲得適度的甜味和恰當的口感。用餐中所吃的冰沙（granite），理想的糖度是波美度15°，當作前菜的一口料理是12°。用餐一開始和中間所吃的料理如果太甜，會讓人吃不下餐點。此外，糖度與口感也有密切關係。18°的雪酪能呈現綿柔的口感。15°的冰沙，水分太多會變得粗糙，變成其他的口感和味道。口感不同，給人的印象也會截然不同。適當的糖度有其必要性與合理性。

Pâte à biscuits
分蛋式海綿蛋糕（彼士裘伊蛋糕）

2

刷上糖漿能展現風味
具存在感的蛋糕

這是自慕斯開始普及的 80 年代起常被運用，

以分蛋法製作的海綿蛋糕。麵糊中飽含氣泡，或許給人「鬆軟」的印象，

但我覺得有些分蛋式海綿蛋糕風味厚重，與鬆軟的特色稍有不同。

因為它混入氣泡綿密的蛋白，

相對來說，它的特色是比全蛋式海綿蛋糕更有彈性和存在感。

另外，因麵糊裡所含的氣泡會吸收糖漿，

所以塗上糖漿後，蛋糕中能增添酒等其他的風味。

以上 2 點就是分蛋式海綿蛋糕的特色和優點。

我認為全蛋式海綿蛋糕比較適合單純作為美味的「底座」，

如同歐貝拉蛋糕（→ P64）在氣泡綿密的裘康地蛋糕上刷上咖啡味糖漿一般，

分蛋式海綿蛋糕也能增加 α 風味等附加價值。不只適用於底座。

可以說是能發揮風味，更能表現特色的蛋糕。所以製作分蛋式海綿蛋糕時，

我大多會注意到這種特性，儘量烤乾一點、烤薄一點。

雖然在分蛋式海綿蛋糕中加入生杏仁膏（→ P122）的

杏仁海綿蛋糕（→ P38）最常被用來製作甜點，

不過只用相同的蛋糕也缺少一點趣味。配合不同甜點組裝蛋糕時，

即使只有 1 個甜點能使用的蛋糕也要另外製作。

Biscuit d'amandes
杏仁海綿蛋糕

懷念的時光用（P43）／巴黎賭場用（→ P46）
綠洲用（→ P50）

基本分量　30×40 cm的烤盤 4 片份
生杏仁膏

pâte d'amandes crue（→P122）—— 225 g

糖粉　sucre glace —— 150 g

蛋黃　jaunes d'œufs —— 6個份 ⎤
全蛋　œufs —— 1.5個　　　　⎦ 合併備用

蛋白　blancs d'œufs —— 180 g
※使用置於常溫3天～1週的蛋。

[白砂糖　sucre semoule ——18 g

低筋麵粉　farine faible —— 142 g

融化奶油　beurre fondu —— 56 g

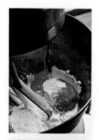

1
在攪拌缸中放入生杏仁膏、糖粉、蛋黃和全蛋合併的⅓量，安裝上攪拌器以低速攪拌。

※生杏仁膏容易結塊，所以分次少量加入蛋液，剛開始慢慢繞圈讓它充分混合，之後較容易拌勻。

2
中途，刮下黏在側面的材料充分攪拌。之後蛋液再分2次加入。攪拌到泛白、黏稠後，加入第二次的蛋液，以中速攪拌。

※勿焦急直接以高速攪拌，否則烘烤時會殘留粉塊，慢慢攪拌讓它充分發泡後，再加入下次的蛋液。

3
待泛白變黏稠後，加入第三次的蛋液。若麵糊呈緞帶狀能殘留攪拌器的痕跡後，停止攪拌，取下攪拌缸。

※杏仁受熱會出油，所以最後要注意勿過度攪拌。

4
為了和3混合，將蛋白放入攪拌缸，安裝打蛋器開始以高速攪拌發泡。立刻加入少量白砂糖，趁氣泡還粗時加入剩餘的白砂糖充分打發（→ P 79）。

5
在3的鋼盆中放入低筋麵粉，慢慢加入4的蛋白霜，用手從盆底充分攪拌，再分次加入蛋白霜。

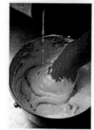

6
加入最後的蛋白霜後，輕輕地攪拌以保留氣泡。加入放涼至人體體溫程度的融化奶油，同樣地攪拌。

7
圖中是整體混合的狀態，還保有氣泡。

8
將鋪在 30 × 40 cm烤盤上的 4片烘焙紙，邊端稍微重疊並排在工作台上，倒上7的麵糊。

9
用 8 mm厚用的麵糊寬度調整器整平。

※日本原來沒有這項工具，這是我當初特別訂製的，有各種厚度。

10
將鋪上麵糊的烘焙紙一片片放在烤盤上，用220℃的烤箱烤7～8分鐘。

※將薄製的麵糊以高溫短時間烘烤。若慢慢地烤，糖分會浮到上面形成皮膜，所以要用高溫烘烤。

咖啡風味的杏仁海綿蛋糕

Biscuit moka
摩卡海綿蛋糕

摩卡蛋糕用（→ P54）

基本分量　40×60 ㎝的烤盤 1 片份

生杏仁膏　pâte d'amandes crue（→ P122）—— 195 g

糖粉　sucre glace —— 135 g

蛋黃　jaunes d'œufs —— 5.5個份 ⎱
全蛋　œufs —— 2個 ⎰ 合併備用

蛋白　blancs d'œufs　165 g

※使用置於常溫3天～1週的蛋。

[白砂糖　sucre semoule —— 10 g

低筋麵粉　farine faible —— 125 g

咖啡液　café liquide —— 約30 g

※以即溶咖啡 café soluble 13 g，和熱水 eau chaude 18 g 混合製成的濃郁咖啡液。

融化奶油　beurre fondu —— 43 g

1

請參照左頁杏仁海綿蛋糕的1～3，混合生杏仁膏、糖粉和蛋，參照4打發蛋白霜。

2

在生杏仁膏的鋼盆中加入低筋麵粉攪拌，並且加入蛋白霜，以及咖啡液，依照左頁5～6的要領攪拌。最後同樣加入融化奶油攪拌。

※咖啡液在加入蛋白霜前混入的話，氣泡會變少，烤好後蛋糕會嚴重扁塌。

3

圖中是充分混合的狀態，還保有氣泡。

4

在鋪了矽膠烤盤墊的烤盤上倒入3，用刮板等刮平，鋪成約高於1㎝的厚度。

5

放入180℃的烤箱中烤15分鐘。

分蛋式海綿蛋糕，特色是口感鬆軟

Biscuit chocolat
巧克力海綿蛋糕

聖米歇爾蛋糕用（→ P57）

基本分量　40×60 cm的烤盤 1 片份
無鹽奶油　beurre —— 150 g
可可粉　cacao en poudre —— 115 g
蛋黃　jaunes d'œufs —— 10個份
糖粉　sucre glace —— 83 g
蛋白　blancs d'œufs —— 300 g
※使用置於常溫3天～1週的蛋。

［白砂糖　sucre semoule —— 200 g
杏仁糖粉　T.P.T.（→ P123）—— 165 g
低筋麵粉　farine faible —— 65 g ］合併備用

1
在鍋裡放入奶油加熱至略高於40℃，加入可可粉充分攪拌備用。

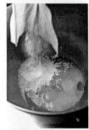

2
在攪拌缸中放入蛋黃和糖粉，一開始以低速攪拌一下後立刻轉高速，充分攪拌至泛白為止。
※打發變細，融口性更佳。

3
用別的攪拌機以高速攪拌蛋白。立即加入少量白砂糖，打發後趁氣泡還粗時，加入剩餘的白砂糖（→ P79）。

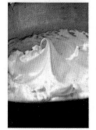

4
蛋白霜打發至質地細緻、尖角能豎起為止，盡量和2同時完成。
※加入巧克力後會變稠，所以要製作質地細滑、硬挺的蛋白霜。

5
待2變成緞帶狀後（→ P38、3），從攪拌機上取下，加入⅓量的4的蛋白霜大致攪拌。

6
立刻將1的可可液加入5中，迅速充分拌勻。
※因為容易結塊，所以須配合混合的時間點，先將1重新加熱至略高於40℃再加入，並迅速與可可液充分拌勻。

7
在6中加入合併的杏仁糖粉和低筋麵粉，大致地混合後，立刻加入剩餘蛋白霜的一半迅速充分混合。
※加入可可和巧克力後會變稠易結塊，所以重點是5之後的作業要迅速且充分混合。

8
待泛出光澤後，加入剩餘的蛋白霜，最後大幅度地混拌。更添加光澤後表示已完成。
※蛋糕的特色是口感輕盈，蛋白霜的混合法是製作的重點。須注意混拌太久氣泡破滅，蛋糕烤好後口感會變得厚重。

9
將8倒入鋪了烘焙紙的烤盤上，用刮板等刮平。

10
以160℃的烤箱約烤50分鐘。

口感黏稠的蛋糕

Biscuit chocolat aux noisettes
榛果巧克力蛋糕

榛果喜樂蛋糕用（→ P60）

基本分量　直徑 21 ㎝的圓形模型 1 個份
榛果杏仁糖粉
T.P.T. noisettes（→ P123）—— 360 g
低筋麵粉　farine faible —— 45 g
可可粉　cacao en poudre —— 35 g
蛋白　blancs d'œufs —— 225 g
※ 使用置於常溫 3 天～1 週的蛋。

[　白砂糖　sucre semoule —— 50 g
　榛果　noisettes concassées —— 25 g
※ 生榛果連皮直接粗略切碎。

1
將榛果杏仁糖粉、低筋麵粉和可可粉混合備用。

2
用高速攪拌器將蛋白攪拌發泡後，立刻加入少量的砂糖，打發後趁氣泡還粗時加入剩餘的砂糖，打發至尖角能豎起為止（→ P79）。因為加入較多分量的砂糖，所以蛋白霜顯得潮濕、有光澤。

3
在 2 的蛋白霜中加入 1 的粉類，用手輕輕地攪拌，大致混合後，加入切碎的榛果同樣地攪拌。

4
在鋪了烘焙紙的模型中倒入 3 的麵糊。
※ 不用烤盤，而改用深的模型烘烤，才能烤出黏稠的口感。

5
以 180℃約烤 15～20 分鐘。待模型和蛋糕之間出現一點溝槽，表示烤好了。厚度約變成 4 ㎝。
※ 烘烤時間短一點能保留水分，讓蛋糕呈現濕潤、黏稠的口感。

確實製作如含糖漿般的氣泡

Biscuit joconde
裘康地杏仁蛋糕
歐貝拉蛋糕用（→ P64）

基本分量　30×40 cm的烤盤 3 片份

杏仁糖粉　T.P.T.（→ P123）—— 320 g

低筋麵粉　farine faible —— 45 g

全蛋　œufs —— 4.5個

蛋白　blancs d'œufs —— 135 g
※ 使用置於常溫3天～1週的蛋。

融化奶油　beurre fondu —— 32 g

1
在攪拌缸中放入杏仁糖粉、低筋麵粉和全蛋，一開始以低速攪拌，隨即轉中速。

2
慢慢地攪拌約20分鐘，直到泛白、側面留下條狀痕跡，麵糊呈緞帶狀為止。
※ 長時間攪拌，讓麵粉的蛋白質和水分確實形成網眼結構的麵筋。

3
配合2的完成時間製作蛋白霜。以高速徹底打發蛋白。
※ 不加砂糖的目的是為了打出大氣泡。蛋糕烤好後，才能充分吸收糖漿，展現裘康地的特色。

4
在2中分 2～3次加入3的蛋白霜，並用手如從底部舀取般輕輕地混合。顏色混勻後加入融化奶油，大致拌勻。

5
泛出光澤後表示已拌勻。

6
將 3 片烤盤尺寸的矽膠烤盤墊，邊端稍微重疊並排，在上面倒上麵糊。

7
以 3 mm 厚用的麵糊寬度調整器（→ P38、9）將麵糊整平，每片麵糊連同矽膠烤盤墊分別放在烤盤上。

8
以230℃的烤箱約烤10分鐘。
※ 裘康地蛋糕的特色是麵糊薄鋪，以高溫短時間烘烤。在蛋糕中確實存留氣泡柱。厚度約3 mm。

Au bon vieux temps
懷念的時光

香濃滑潤的卡士達醬
和吸收滲入其中的奶油水分的蛋糕
以及糖漬洋梨一起在口中融化

分量　直徑6cm的小烤模（內徑5cm）15個份

◎準備直徑5cm的切模。

● 杏仁海綿蛋糕　Biscuit d'amandes

—— 30×40cm的烤盤1片份

※烤好放涼備用（→P38）。

● 蛋糕用糖漿　Sirop d'imbibage —— 60g

※使用右文中洋梨風味糖漿sirop à la poire mentioné。

● 奶油醬　Crème

卡士達醬　crème pâtissière —— 約400g

※事先做好備用（→P116）。

洋梨風味糖漿　sirop à la poire　混合備用

※奶油醬中使用下列的140g。剩餘的是蛋糕用。

```
波美度30°的糖漿　sirop à 30°B —— 100g
洋梨白蘭地　eau-de-vie de poire —— 90g
水 eau —— 10g
```

● 糖漬洋梨　Compote de poire（→P128）

—— 切半約再切4片

● 裝飾用　Décor

白砂糖　sucre semoule —— 適量Q.S

［分蛋式海綿蛋糕（彼士裘伊蛋糕）］懷念的時光

a

b

c

d

e

f

g

h

［製作奶油醬］

① 將烤成8mm厚的杏仁海綿蛋糕放涼，用直徑5cm的切模切取30片備用。一半作為蛋糕底用。

② 在鋼盆中放入卡士達醬，用木匙輕輕地混拌回軟至無結塊程度，慢慢加入奶油醬用的洋梨風味糖漿混合（圖a）。待混拌到無結塊的乳脂狀後，再加入糖漿混合，混拌到稀軟能流下時即可（圖b）。

③ 將①的蛋糕烤色面朝上放入小烤模中，輕輕塗上蛋糕用糖漿（圖c）。

④ 用大擠花嘴將②擠入③的小烤模中約至⅓的高度（圖d）。

⑤ 將糖漬洋梨切成2～3cm大小，每個烤模放入3～4個（圖e）。

※最好大小不一以保留洋梨口感。

⑥ 擠入少量②的奶油醬（圖f），將剩餘的蛋糕烤色面朝下放入烤模中，塗上糖漿。

⑦ 再擠入奶油醬，用抹刀將表面刮平（圖g～h）。

i

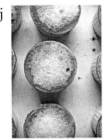

j

k

[完成]

⑧ 烙鐵烤熱備用。在⑦的表面撒上1小匙的白砂糖，用烙鐵烤焦（圖i）。

※烙鐵的溫度稍微低一點可用來上色。第一次烙烤可使表面變硬。

⑨ 再重複2次⑧的作業（共計3次），完成漂亮的焦糖化（圖j～k）。清除黏在小烤模邊緣的焦糖，用抹布拭淨。

conseil de chef

這是以使用甜點屋的基本奶油醬、卡士達醬所設計的甜點。雖然將表面焦糖化，但問題是時間一久奶油醬滲出的水分會使表面龜裂，破壞甜點的風貌。即使在氣候乾燥的法國，同樣也能看見焦糖化的愛之泉（puits d'amour）、波爾卡（Polka）表面出現裂痕。若單純只使用卡士達醬的話，不到1小時就會龜裂。因此我嘗試將焦糖和下方奶油醬的糖度調整到極為接近，以減少水分的滲透，使焦糖裂開的情形延後。卡士達醬的糖度約16～18%，我在其中加入糖漿（波美度18°，糖度約33%。→P34），使糖度約上升至25～27%。

如此一來酒味不會太強烈，風味更恰到好處。

Casino de Paris
巴黎賭場

塗抹果醬的蛋糕美味無與倫比
蛋糕的溫潤甜味和濃郁感
伴隨著覆盆子的柔和酸味瀰漫開來

分量　直徑 15 cm、高 7 ～ 8 cm的圓形模型 2 個份

● 塗果醬的杏仁海綿蛋糕

Biscuit d'amandes avec confiture et gelée

杏仁海綿蛋糕 Biscuit d'amandes

—— 30 × 40 cm的烤盤 2 片份

※烤好放涼備用（→P38）。

果醬　gelée et confiture mélangées

> 醋栗醬 gelée de groseille（→P129）—— 約200 g
> 覆盆子醬　framboise pépins（→P129）
> —— 約66 g

● 蛋糕用糖漿 Sirop d'imbibage　混合備用

波美度30°的糖漿 sirop à 30°B —— 25 g

覆盆子泥 pulpe de framboise —— 20 g

覆盆子白蘭地

eau-de-vie de framboise —— 5 g

● 櫻桃白蘭地奶油甜凍 Bavarois au kirsch

白葡萄酒 vin blanc —— 66 g

白砂糖 sucre semoule —— 66 g

蛋黃jaunes d'œufs —— 1.3個份

吉利丁片 gélatine en feuilles —— 4 g

櫻桃白蘭地 kirsch 16 g

鮮奶油（乳脂肪48%）crème fraîche 48% MG

—— 166 g

● 覆盆子慕斯 Mousse à la framboise

覆盆子泥 pulpe de framboise —— 125 g

※將冷凍的破碎狀大致過濾成泥。

蛋黃 jaunes d'œufs —— 2.5個份

白砂糖 sucre semoule —— 30 g

吉利丁片 gélatine en feuilles —— 5 g

覆盆子白蘭地

eau-de-vie de framboise —— 25 g

義式蛋白霜 meringue italienne —— 35 g

※使用前才製作（→P118）。

鮮奶油（乳脂肪48%）crème fraîche 48% MG

—— 125 g

● 裝飾用 Décor

醋栗果凍膠 nappage à la groseille —— 適量Q.S

※請參照水果的果凍膠（→P130）製作備用。

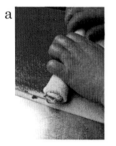
a

b

c

［準備蛋糕］

① 在鍋裡放入做好的醋栗醬和覆盆子醬，加熱煮沸。

② 取 1 片烤成 8 mm厚放涼備用的杏仁海綿蛋糕，撕掉烘焙紙，並將烘焙紙直接鋪在蛋糕的下面。在蛋糕的烤色面上，用抹刀薄塗上①。

③ 從②的蛋糕短邊開始包捲（圖a）。捲好後用下面的烘焙紙從後方開始包捲，為避免鬆散要先壓緊（圖b）再向前包捲，放入冷凍庫讓它稍微凝結變硬。

※冷凍冰硬後才能漂亮分切。

④ 在另 1 片蛋糕上，放上直徑13 cm和12 cm的千層酥盒模型（vol-au-vent），用刀分別切割下 2 片圓形片（圖c）。

⑤ 撕掉突出於③的蛋糕烘焙紙，切掉邊端。從其中一端開始切成 5 mm寬。

d

h

e

i

f

j

g

k

l

⑥　在2個模型中，依序在底部、側面貼上⑤（圖d）。

※這項作業在法語中稱為chemiser（註：有加上外殼的意思）。

［製作櫻桃白蘭地奶油甜凍　］

⑦　煮製白葡萄酒的英式蛋奶醬。在鍋裡放入少量的砂糖和白葡萄酒，加熱煮沸融解砂糖。

⑧　配合⑦沸騰的時間點，在鋼盆中放入蛋黃和剩餘的砂糖，用打蛋器充分混拌至泛白。

⑨　在⑧中加入一半的⑦後混合（圖e），倒回⑦的鍋裡以小火加熱。用木匙持續攪拌，並加熱到變黏稠（圖f）。最好黏稠到用木匙舀取，匙面能黏附薄膜，用手指刮過會留下刮痕的狀態（霜飾狀。圖g）。

⑩　加入泡水回軟，擦乾水分的吉利丁片混合融化，再過濾到鋼盆中，盆底放冰水，在混合的同時，冷卻備用。

⑪　待⑩變涼後加入櫻桃白蘭地混合。

⑫　在⑩冷卻期間打發鮮奶油。直到舀取後尖角會立刻彎摺的狀態（圖h），在⑪中放入一半的鮮奶油用打蛋器充分拌勻（圖i）。再加入剩餘的鮮奶油輕輕地攪拌，最後如從盆底舀取般拌勻。

※為避免混合不均，最後要如從盆底舀取般攪拌混合。

⑬　在⑥的2個模型中，分別倒入⑫的奶油甜凍至一半的高度（圖j），拿起模型向下輕敲，讓奶油甜凍滲入蛋糕捲的縫隙間。

⑭　烤色面朝下分別放入在④以直徑12㎝切割下的蛋糕，並在表面塗滿蛋糕用糖漿後（圖k），放入冷凍庫中。

［製作覆盆子慕斯］

⑮　製作覆盆子英式蛋奶醬。在鍋裡放入事先過濾好的覆盆子泥，以大火加熱煮沸。

※覆盆子泥是用碎的冷凍覆盆子，在冷凍狀態下直接製作過濾而成。這樣顏色較鮮豔且能保留香味。大量製作過濾後冷凍備用較方便。

m

⑯　在鋼盆中加入蛋黃和砂糖，用打蛋器充分攪拌至泛白為止，加入一半的⑮混合後，倒回⑮的鍋裡（圖1～m）。

⑰　以小火加熱⑯，用木匙持續攪拌煮到變黏稠（圖n），直到匙面黏附薄膜，用手指刮過能留下刮痕的狀態（霜飾狀。圖o），熄火，加入泡水回軟擦乾水分的吉利丁片混合讓它融解。

n

⑱　將⑰過濾到鋼盆裡，盆底放冰水冷卻。趁冷卻期間製作義式蛋白霜。

⑲　在變涼的⑱蛋奶餡中，加入覆盆子白蘭地混合。

⑳　以和⑫相同要領打發鮮奶油，在⑲中加入一半混合。並加入剩餘的鮮奶油和義式蛋白霜（圖p），輕輕地攪拌，最後從底部舀取般拌勻。

㉑　在⑭的模型中倒入⑳的覆盆子慕斯，和⑬同樣以模型底部敲擊工作台（圖q）。烤色面朝下分別放上切割成直徑13cm的蛋糕，用手按壓，放入急速冷凍機中讓它冷凍凝固。

o

[完成]

㉒　待㉑凝固後取出，用刀切除突出於側面的蛋糕整平。模型用火加熱一下來脫模，底側朝上放置。

㉓　依序在㉒的上面和側面，塗上1mm厚的醋栗果凍膠。

p

conseil de chef

在蛋糕表面黏貼蛋糕捲，是稱為皇家夏洛蒂（la charlotte royale）的技術。這個方法之後又發展出黏貼手指餅乾的俄國夏洛蒂（charlotte Russe）及洋梨夏洛蒂。

原本皇家夏洛蒂的作法是倒入香草風味奶油甜凍，不過巴黎賭場則改為上方是櫻桃白蘭地奶油甜凍，下面為覆盆子慕斯。櫻桃白蘭地的風味能使覆盆子慕斯更加突顯。塗上醋栗醬和覆盆子果醬的蛋糕捲具有溫暖的甜味。

q

L'oasis
綠洲

夾入醋栗醬的蛋糕是整體重點
奶油般風味柔和的柳橙慕斯和
味道滑順的巧克力形成雅緻的風味

分量　直徑 5.5 cm的中空圈模 17 個份

◎準備直徑 4 cm的切模。

● 塗醋栗醬的杏仁海綿蛋糕

Biscuit d'amandes avec gelée de groseille

杏仁海綿蛋糕　biscuit d'amandes

—— 30 × 40 cm的烤盤 2 片份

※烤好放涼備用（→P38）。

醋栗醬　gelée de groseille（→P129）

—— 基本分量（400 g）

● 巧克力慕斯　Mousse au chocolat

甘那許淋醬　ganache —— 30 g

※事先做好備用（→P119）。

黑巧克力（可可成分 53%）

chocolat noir 53% de cacao —— 45 g

※加熱至 40℃慢慢融化備用。

鮮奶油（乳脂肪 48%）crème fraîche 48% MG

—— 150 g

柑曼怡橙酒　Grand-Marnier —— 約 10 g

柑曼怡橙酒醃漬李子乾

pruneaux marinés au Grand-Marnier —— 5 顆

※用能蓋過李子乾的柑曼怡橙酒醃漬 4 天以上。
李子產於法國阿讓（Agen）。

● 柳橙慕斯　Mousse à l'orange

柳橙汁　jus d'orange —— 70 g

※柳橙汁是以新鮮柳橙大量榨取冷凍備用，每次只取所需的量使用。

濃縮柳橙醬　concentré d'orange —— 21 g

蛋黃　jaunes d'œufs —— 1.5個份

白砂糖　sucre semoule —— 37 g

吉利丁片　gélatine en feuilles —— 4 g

柑曼怡橙酒　Grand-Marnier —— 21 g

鮮奶油（乳脂肪 48%）crème fraîche 48% MG

—— 137 g

● 裝飾用　Décor

柳橙果凍膠　nappage à l'orange —— 適量 Q.S

※請參照水果果凍膠（→P130）製作備用。

橙皮絲

julienne de zeste d'orange confite（→P129）

—— 適量 Q.S

細葉芹　cerfeuils —— 適量 Q.S

a

b

［組裝］

① 取出 8 mm厚烤好放涼的蛋糕，其中 1 片以直徑 4 cm的切模切取 17 個。

② 在鍋裡放入醋栗醬加熱煮沸。

③ 剩餘的蛋糕橫長放置，縱切 3 等分。在 1 片蛋糕的烤色面上，塗上極薄②的醬（圖a）。另 1 片烤色面朝下疊上去，同樣地塗上醋栗醬，剩餘的也同樣重疊上去共 3 層，上面也塗上醋栗醬。放入冷凍庫中冰硬較易處理。

④ 待③已冰至容易分切的程度時，橫長放置，切下蛋糕邊端後，從距離蛋糕邊端 17 cm處切下。將切下的蛋糕縱長向放置，從距離邊端 5 mm寬處切下（圖b）。切出 17 片 5 mm厚、17 cm長的蛋糕。

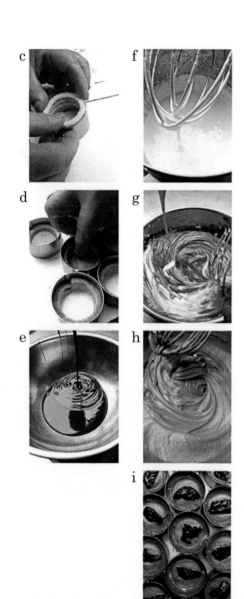

⑤　將④的蛋糕捲成環狀，蛋糕沒塗醋栗醬的那面朝上沿著中空圈模的邊緣放入，讓側面密貼（圖c）後，將模型上下顛倒（塗醬的那面朝上）。

⑥　將①切下的圓形蛋糕，烤色面朝上鋪入底部（圖d）。

［製作巧克力慕斯］

⑦　製作以甘那許淋醬為基材的巧克力慕斯。在鋼盆中放入甘那許淋醬，加入融化的巧克力（圖e），以直火稍微加熱將溫度調整至將近40℃，加入柑曼怡橙酒，用打蛋器輕輕地攪拌混合。

⑧　用中速攪拌器攪拌鮮奶油，待稍微變黏稠後停止，改用打蛋器攪拌至5分發泡，舀取後會迅速流下的狀態（圖f）。

※最後用手動調整。

⑨　在⑦中放入⅓量的⑧，用打蛋器一口氣繞圈攪拌（圖g），待顏色均勻後加入剩餘的⑧，一邊轉動鋼盆，一邊由外向內如向上舀取般迅速混合（圖h）。最後為避免混合不均，用橡皮刮刀從盆底舀取拌勻。

※加入冰的鮮奶油巧克力會結塊，所以要先將鮮奶油打發變鬆散較易混合，並且要迅速攪拌。

⑩　在⑥的模型中用粗的擠花嘴，擠入⑨的慕斯至一半的高度。

⑪　將以柑曼怡橙酒醃漬好的李子乾瀝除水分，縱切成4等分，在⑩中各放入1片後（圖i），放入冷凍庫備用。

j

m

k

n

l

o

[製作柳橙慕斯]

⑫ 用柳橙汁製作英式蛋奶醬。在鍋裡放入柳橙汁和濃縮柳橙醬（圖j）加熱煮沸。

⑬ 在鋼盆中放入蛋黃和砂糖，用打蛋器充分混拌至泛白為止。

⑭ 在⑬的鋼盆中放入半分的⑫充分混合，再倒回⑫的鍋裡，以中火加熱，用木匙持續攪拌並加熱至產生濃稠度（圖k）。

⑮ 待變成霜飾狀（圖l。→P18步驟⑥）後，離火。

⑯ 在⑮中，加入泡水回軟、充分擦乾水分的吉利丁片混合使它融化，過濾到鋼盆中，加入柑曼怡橙酒，用打蛋器攪拌。盆底放冰水冷卻。

⑰ 趁冷卻之際用高速攪拌器攪拌鮮奶油，讓它充分發泡（圖m），加入⑯中拌勻（圖n）。

※ 使用果汁的慕斯會較稀軟，所以加入充分打發的鮮奶油，以呈現一定的硬度。

⑱ 用粗的擠花嘴將⑰擠滿⑪到的模型中，用抹刀將表面抹平（圖o）。放入急速冷凍機中讓它冷凍凝固。

[完成]

⑲ 在⑱的上面用抹刀塗上柳橙果凍膠。模型用瓦斯槍加熱脫模，上面裝飾上1小撮橙皮絲和細葉芹增加色彩。

conseil de chef

相對於用塗了果醬的蛋糕來組裝的巴黎賭場（→P46），這個蛋糕是在蛋糕中夾入醋栗醬後重疊，再拿來作為蛋糕外圍。它的重點特色是味道酸甜。雖然它是大家熟悉的巧克力與柑橘系的組合，不過我利用蛋糕中塗果醬來呈現溫暖的感覺，再搭配上柔和的巧克力慕斯。

Moka
摩卡蛋糕

［分蛋式海綿蛋糕（彼士裘伊蛋糕）］摩卡蛋糕

融口性佳的蛋糕和奶油霜融化後
隨著富苦味的咖啡風味
口中還會殘留適度的杏仁膏甜味

分量　約5×5.3 cm 21個份

● 摩卡海綿蛋糕　Biscuit moka
—— 基本分量（40×60 cm的烤盤1片份）
※倒入40×60 cm的烤盤中烘烤，放涼備用（→P39）。

● 蛋糕用糖漿　Sirop d'imbibage　混合備用
波美度30°的糖漿　sirop à 30°B —— 200 g
咖啡液　café liquide —— 200 g
※以即溶咖啡 café soluble 25 g、熱水 eau chaude 35 g的比例調製
成的濃郁咖啡液。
以下相同。

● 摩卡奶油霜　Crème au beurre moka
無鹽奶油　beurre —— 124 g
蛋黃霜　pâte à bombe —— 45 g
※事先做好備用（→P118）。

咖啡液　café liquide —— 適量Q.S
義式蛋白霜　meringue italienne —— 45 g
※使用前製作（→P118）。

● 裝飾用　Décor
摩卡杏仁膏　massepain moka
　裝飾用杏仁膏　massepain pâtisserie（→P122）
　—— 150 g
　咖啡香精　trablit —— 適量Q.S
　糖粉　sucre glace pour fleurage —— 適量Q.S
　※作為防沾粉使用。

巧克力糖衣　glaçage au chocolat（A）—— 適量Q.S
※事先做好備用（→P133）。

咖啡豆巧克力　fèves de café au chocolat —— 42顆

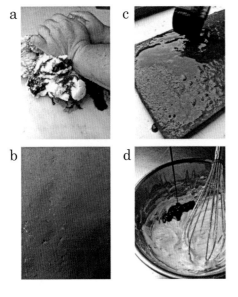

a
b
c
d

[製作摩卡杏仁膏]
①　在撒上糖粉的大理石上放上裝飾用杏仁膏，再分
次加入咖啡香精揉搓混合。待杏仁膏變成咖啡色，散
發咖啡味即可（圖a～b）。包上保鮮膜，放入冷藏備
用。
※大量製作時，可用攪拌機混合，裝入塑膠袋中冷
凍保存。

[分切蛋糕]
②　烤好放涼備用的蛋糕橫長放置，縱切成4等分，
成為15 cm×40 cm的蛋糕4片。
③　用2支毛刷在1片②的蛋糕烤色面上，塗上足量
的蛋糕用糖漿（圖c）。
※分切好的1片蛋糕，大約使用100 g糖漿。

[製作摩卡奶油霜]
④　製作以蛋黃霜為基材的奶油霜。在鋼盆中放入奶
油，稍微加熱，用打蛋器攪拌混合成乳脂狀。再加入
蛋黃霜攪拌混合。
⑤　在④中分次加入咖啡液調整顏色和味道（圖
d）。待呈現咖啡色即可。

e
f
g

h
i
j

⑥　配合⑤的完成時間，做好義式蛋白霜備用。

⑦　待⑤的顏色均勻後，加入⑥的義式蛋白霜充分混合（圖e）。

⑧　在③的蛋糕上，用抹刀抹上約2㎜厚的⑦摩卡奶油霜（圖f）。

※奶油霜味道濃郁，記得要抹薄一點。

⑨　將另一片蛋糕的烤色面朝下疊上，和③同樣地塗上糖漿後，再塗奶油霜。以相同的要領重疊蛋糕和奶油霜，蛋糕共疊4層。最上面塗上極薄的奶油霜（圖g）。放入冷藏中使其凝結。

［完成］

⑩　以糖粉取代防沾粉，將①的摩卡杏仁膏擀成2㎜厚，大小比蛋糕稍微大一點。用有條紋花樣的擀麵棍斜擀，在上面印出花樣（圖h～i）。

※摩卡杏仁膏太厚的話味道會太濃，所以要擀薄一點。

⑪　用擀麵棍捲取⑩，放到⑨的上面，轉動擀麵棍讓它鋪在上面。用抹刀按壓摩卡杏仁膏的邊端（圖j），切除多餘的部分。

⑫　將⑪縱長放置，縱切3等分，橫向每5.3㎝寬做上記號，用加熱過的刀子分切。

⑬　用烘焙紙製作擠花袋，擠上巧克力糖衣，最後裝飾上咖啡豆巧克力。

conseil de chef

這是我以吃的摩卡（咖啡）為概念所設計的蛋糕。它和「卡布奇諾蛋糕」（→P26）不同，作為材料的咖啡液以呈現簡單的風味為目標，所以我使用即溶咖啡調製濃郁的咖啡液。奶油霜若塗得較厚，只會突顯厚重的奶油味，蛋糕會變得很膩口。所以蛋糕上我只薄塗奶油霜，讓它成為只具有接著劑的作用，使蛋糕吃起來更美味。此外，蛋糕還塗了足量的糖漿，使其融口性更佳。

［分蛋式海綿蛋糕（彼士裘伊蛋糕）］ 摩卡蛋糕

St. Michel
聖米歇爾蛋糕

蛋糕中的果粒果醬所擁有的酸味與顆粒口感
可以更加突顯滑順巧克力風味奶油
和蛋糕的美味

分量　4.5 cm方形48個份
◎準備28×36 cm的方形模型。

● 巧克力海綿蛋糕　Biscuit chocolat
—— 基本分量（40×60 cm 1片份）
※烤好放涼備用（→P40）。

覆盆子醬　framboise pépins（→P129）
—— 350～370 g

● 巧克力香堤鮮奶油
Crème chantilly au chocolat
鮮奶油（乳脂肪48%）crème fraîche　48%　MG
—— 800 g
鮮奶lait —— 150 g

吉利丁片　gélatine en feuilles —— 5 g
黑巧克力（可可成分55%）
couverture noir 55% de cacao —— 350 g
※加熱至40℃融化備用。

● 甘那許淋醬　ganache —— 約200 g
※事先做好備用（→P119）。

● 巧克力糖衣　Glaçage au chocolat（A）
—— 基本分量
※事先做好備用（→P133）。

可可粉cacao en poudre —— 適量Q.S

a
b

[將蛋糕塗上果醬]

①　用40×60 cm的烤盤烤好後放涼備用的蛋糕，烤色面朝上放置，切掉邊端。用28×36 cm的方形模型對齊蛋糕邊端，從上面按壓切取1片蛋糕，再縱切一半。成為14 cm×36 cm的蛋糕2片。

※因蛋糕易碎，請小心切取。

②　在蛋糕的兩側抵住基準桿，從下方開始切取8 mm厚的蛋糕2片（圖a），放入冷凍庫凝結。

※最上方有烤色的部分不使用。只使用下方柔軟的蛋糕。蛋糕放入冷凍庫凝結，是為了方便下個步驟塗抹覆盆子醬。

③　將2片蛋糕橫向並排成為原來的形狀，塗上1～2 mm厚的覆盆子醬（圖b）。

④　將③同樣地鋪入在①用過的方形模型中。

[製作巧克力香堤鮮奶油]

⑤　在攪拌缸中放入鮮奶油和鮮奶，以中速攪拌發泡，打發到隱約呈現條紋為止。

※在乳脂肪48%的鮮奶油中，加入乳脂肪4%的鮮奶調整成33%。因為混合巧克力後會變濃稠，所以要調稀一點。

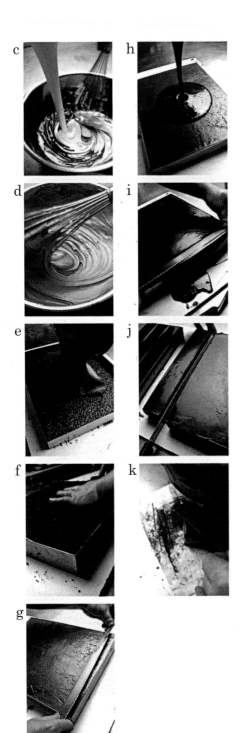

c

h

d

i

e

j

f

k

g

⑥　在鋼盆中放入泡水回軟、充分擦乾水分的吉利丁片，隔水加熱煮融。放入少量的⑤混合，再倒回鮮奶油的鋼盆中混合。

※考慮到形狀維持性混入少量吉利丁片。但是冬天製作時則不加。

⑦　在加熱至40℃融化備用的巧克力中，加入少量的⑥，用打蛋器迅速攪拌混合。將視情況分次加入混合，待整體融合後，一口氣倒入剩餘的⑥同樣地混合。待混拌至泛出光澤即可（圖c～d）。

※巧克力若遇溫度急速下降會結塊。所以需少量混合後再迅速混合。

⑧　在④的蛋糕上倒入全部的⑦巧克力香堤鮮奶油（圖e），用抹刀抹平。

⑨　將剩餘的蛋糕一片片放上（圖f）。放入冷凍庫凝結。

［完成］

⑩　將甘那許淋醬調整成40℃，淋在⑨的上面用抹刀抹平（圖g）。

※為使接下來的巧克力糖衣更易塗抹，先塗上甘那許淋醬。只塗巧克力糖衣的話，會滲入蛋糕中。

⑪　巧克力糖衣加熱至人體體溫程度，恢復成奶油狀後，淋在⑩上，用抹刀漂亮抹平（圖h～i）。拿掉方形模型，放入冷藏冰涼。

⑫　將⑪橫長放置，為避免沾黏，用加熱過的刀子分切成4.5㎝寬的條狀（圖j）。每條橫向再同樣分切成4.5㎝寬成為方形。

⑬　在⑫的上面沿著對角線放上抹刀，未遮住的一側用濾茶器撒上可可粉（圖k）。將全部的蛋糕用同樣方法裝飾。

conseil de chef

雖說是分蛋式海綿蛋糕，不過完成後蛋糕的口感很膨鬆，烤厚一點切片使用，融口性更佳，和奶油一起入口即化。塗抹在蛋糕上的覆盆子醬的酸味和顆粒，可增加口感形成對比，更能感受蛋糕的美味。

La joie de noisette
榛果喜樂蛋糕

〔分蛋式海綿蛋糕（彼士裘伊蛋糕）〕榛果喜樂蛋糕

蛋糕吸收水分與奶油融為一體
榛果的芳香風味瀰漫在口中
伴隨著濃郁的烤布蕾更能品嚐到奶油的美味

分量　直徑5cm的中空圈模30個份

● 榛果巧克力蛋糕

Biscuit chocolat aux noisettes

—— 基本分量（直徑21cm的圓形模型1個份）

※烤好放涼備用（→P41）。

◎準備直徑4cm的切模。

● 法式烤布蕾　Crème brûlée

◎準備直徑4.7cm的不沾模型（30個份以上）。

不沾模型是從烘烤到冷凍都能使用的模型。
若無此模型，以有底的模型烘烤、冷凍後再脫模。

鮮奶 lait　188 g

鮮奶油（乳脂肪48%）crème fraîche 48% MG
—— 188 g

香草棒　gousse de vanille —— ¾根

蛋黃　jaunes d'œufs —— 5個份

白砂糖　sucre semoule —— 75 g

● 榛果風味奶油霜

Crème au beurre à la noisette

鮮奶 lait —— 138 g

榛果醬　pâte de noisettes（市售）—— 50 g

※榛果製的醬。

榛果糖　praliné noisettes —— 17 g

※請參照P124，將每種500g的堅果，全部換成榛果事先做好備用。

蛋黃　jaunes d'œufs —— 5.5個份

白砂糖　sucre semoule —— 85 g

無鹽奶油　beurre —— 468 g

義式蛋白霜　meringue italienne —— 275 g

※使用前才製作（→P118）。

● 裝飾用　Décor

噴槍用巧克力　appareil à pistolet chocolat
—— 適量 Q.S

※將材料融化成指定溫度後備用（→P132）。

巧克力糖衣　glaçage au chocolat（A）—— 適量 Q.S

※事先做好備用（→P133）。

巧克力裝飾　plaques de chocolat —— 適量 Q.S

※使用金色花樣貼膜的片狀巧克力，及環狀巧克力都要先做好備用
（→P132）。

焦糖榛果

noisettes caramélisées（→P127）—— 30顆

[準備蛋糕]

① 用圓形模型烘烤蛋糕，放入冷凍庫凝結備用。

※冰凍一下較容易用模型切割。

[製作法式烤布蕾]

② 在鍋裡放入鮮奶、鮮奶油和剖開的香草棒，以中火加熱至50℃。

③ 在鋼盆中放入蛋黃和砂糖，避免攪入空氣地用打蛋器拌勻（圖a）。

④ 在③中加入②混合（圖b）。

⑤ 將④過濾到別的鋼盆中。用來增加香味的香草籽要仔細過濾進去（圖c）。

⑥ 將捲包紙等紙張揉皺，貼覆在⑤的表面，以徹底去除氣泡（圖d）。

※氣泡浮在表面受熱情況會變差，所以要徹底去除氣泡。

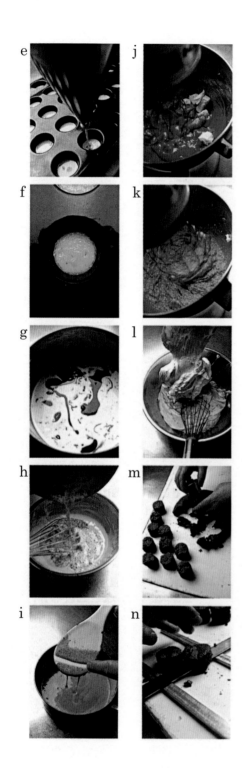

e

j

f

k

g

l

h

m

i

n

［分蛋式海綿蛋糕（彼士裘伊蛋糕）］榛果喜樂蛋糕

⑦　裝入直徑4.7cm的不沾模型中（圖e。使用瑞士製的充填機），放入170℃的烤箱中烘烤15分鐘（圖f）。烤好後連同模型立刻放入急速冷凍機中讓它凝結。厚度約變成8mm～1cm。

［製作榛果風味奶油霜］

⑧　先煮英式蛋奶醬。在鍋裡放入鮮奶、榛果醬和榛果糖，加熱（圖g）煮沸。

⑨　在鋼盆中放入蛋黃和砂糖，用打蛋器充分攪拌至泛白為止。

⑩　在⑨中放入一半的⑧（圖h）混合後，倒回⑧的鍋裡，以中火加熱，用木匙持續攪拌加熱至變濃稠為止（圖i是霜飾狀。→P18步驟⑥）。

⑪　將⑩過濾到攪拌缸中，以低速攪拌器攪拌至人體體溫程度。

⑫　在⑪中加入敲軟且切塊的奶油混合（圖j），混合均勻後（圖k）倒入別的鋼盆中。

⑬　製作義式蛋白霜。加入⑫中（圖l）用打蛋器迅速拌勻。

［組裝］

⑭　用直徑4cm的切模切取①的蛋糕10個以上，蛋糕旁抵住基準桿，切成5mm厚的蛋糕片（圖m～n）。切下蛋糕烤色面保留備用。用切模切下的1個蛋糕約可切成7片，全部約可切成60片。

※①所烤好的蛋糕厚度約4cm。

⑮　法式布蕾脫模備用。

※不沾模型為樹脂製，質地柔軟，簡單就能脫模也是它的優點。

o

r

p

s

q

t

⑯　在要使用的中空圈模內側，用抹刀塗上⑬的奶油霜。從單側開始厚塗一圈（圖o），緊密地排放在鋪了保鮮膜的淺鋼盤中。1個模型約使用12ｇ的奶油霜。

※塗抹中空圈模時，無論如何奶油霜一定會塗得較厚，所以奶油霜是美味的關鍵。

⑰　將⑭切好的蛋糕一片片鋪入⑯的模型底部，用大擠花嘴擠入⑬的奶油霜至一半的高度（圖p）。再放上⑮的法式布蕾，用手壓實（圖q）。

⑱　在⑰中再擠入奶油霜，放入蛋糕，同樣地再擠上奶油霜（圖r），最後用抹刀抹平並去除空氣。

⑲　剩餘的奶油霜用聖托諾雷（Saint-honoré）擠花嘴，擠在⑱的上面（圖s）。

［完成］

⑳　清除黏附在中空圈模周圍的奶油霜等，用瓦斯槍分別加熱模型來脫膜，將蛋糕排放在淺鋼盤中。

㉑　將加熱至40℃的噴槍用巧克力裝入噴槍中，將⑳放在用紙板等圍起的空間中，用噴槍噴上巧克力（圖t）。

㉒　用小刀稍微刮除蛋糕側面3處的噴槍用巧克力，在切成正方形的巧克力裝飾背面，塗上少量巧克力糖衣後，黏在蛋糕上。

㉓　在㉒分別放上1顆焦糖榛果，在紙製的擠花袋中放入巧克力糖衣，在上面擠成水珠狀，最後裝飾上環狀巧克力裝飾。

conseil de chef

這個蛋糕中使用較多的奶油霜，再加上法式烤布蕾的濃郁，整體而言是道讓人充分享受奶油霜的甜點。蛋糕的氣泡雖然粗，但因為烤得比較厚，所以質地柔軟，特色是具有達克瓦茲蛋糕般的絕妙口感。蛋糕能迅速軟化，人們會對奶油霜留下印象。換句話說，中空圈模中厚塗的奶油霜一定要美味。榛果醬和榛果糖的味道等於是這個蛋糕的美味關鍵。

Opéra
歐貝拉蛋糕

細滑的奶油和融口性佳的蛋糕
不只有咖啡或巧克力的味道
而是兩種風味融為一體

分量　3.5 cm×6 cm 48 個份

● 裘康地蛋糕　Biscuit joconde

—— 基本分量（30×40 cm的烤盤3片份）

※烤好放涼備用（→P42）。

◎準備28×36 cm、厚3 cm的方形模型。

● 蛋糕用糖漿　Sirop d'imbibage　混合備用

波美度30°的糖漿　sirop à 30°B　30 g —— 250 g

蘭姆酒　rhum —— 40 g

咖啡液　café liquide —— 210 g

※以即溶咖啡　café soluble 25 g、熱水　eau chaude 35 g的比例調製成的濃郁咖啡液。
以下相同。

● 摩卡奶油霜　Crème au beurre moka

無鹽奶油　beurre —— 400 g

蛋黃霜　pâte à bombe —— 133 g

※事先做好備用（→P118）。

咖啡液　café liquide —— 適量Q.S

義式蛋白霜　meringue italienne —— 133 g

※使用前才製作（→P118）。

● 甘那許淋醬　Ganache —— 450 g

※事先做好備用（→P119）。

● 裝飾用　Décor

巧克力糖衣　glaçage au chocolat（A）—— 約350 g

※做好備用（→P133）。

金箔　feuille d'or —— 適量Q.S

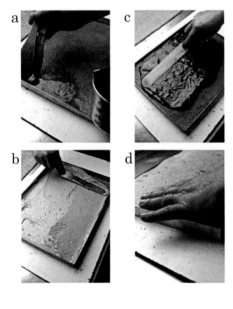

a　b　c　d

[製作摩卡奶油霜]

① 請參照摩卡蛋糕的步驟④～⑦（→P55～56）製作摩卡奶油霜。

[組裝]

② 用30×40 cm的烤盤烤好放涼的蛋糕，將烤色面朝上放置，放上28×36 cm的方形模型做記號，用刀切除邊端。其餘的蛋糕也進行相同步驟。

③ 將1片②的蛋糕烤色面朝上放入方形模型中，用2支毛刷在上面塗上足量的蛋糕用糖漿（圖a）。

※1片蛋糕約塗上170 g的糖漿，雖然是裘康地杏仁蛋糕，不過蛋白霜中不用砂糖，氣泡攪拌得較粗大，所以烤好後蛋糕的氣泡也較大。

④ 用抹刀將一半的①摩卡奶油霜塗在③上（圖b）。

⑤ 將剩餘蛋糕的1片，烤色面朝上放到④上，用手按壓，和③同樣地塗上糖漿。

⑥ 將甘那許淋醬稍微加熱，避免攪入空氣用木匙稍微拌軟，塗在⑤上（圖c）。

⑦ 和⑤同樣放上剩餘的蛋糕（圖d），上面塗上糖漿。

e

f

⑧　剩餘的摩卡奶油霜塗在⑦上，最後用抹刀均勻抹平（圖e）。放入冷藏冰一晚。

※冷藏會使蛋糕整體約縮小1mm。結構更緊實，味道也更融合。

[完成]

⑨　巧克力糖衣加熱至人體體溫程度，淋在⑧上，用抹刀塗抹，最後均勻抹在整體（圖f）。

⑩　輕輕去除方形模型，橫長放置，縱向分成6等分、橫向8等分做上記號，用加熱過的刀子，如融化表面般的感覺來分切。

⑪　在中央放上金箔做裝飾。

conseil de chef

歐貝拉蛋糕是讓人享受咖啡與巧克力風味融合一體的甜點，所以掌握的要點是任何一種味道都不能太突出。而蛋糕是其中的關鍵，它的特點是將全蛋和砂糖長時間充分攪拌發泡，且蛋白霜不加砂糖，氣泡打得較粗，讓蛋糕含有足量的咖啡糖漿。蛋糕組裝後放置一晚，讓蛋糕和奶油霜的風味充分融合也很重要。

[分蛋式海綿蛋糕（彼士裘伊蛋糕）] 歐貝拉蛋糕

Autres pâtes à biscuits
其他分蛋式海綿蛋糕

3

杏仁的濃郁風味是其特色

為完成各式甜點而製作的分蛋式海綿蛋糕，

是全部使用杏仁的濃郁配方。

一種加入生杏仁膏（→ P122），完成的蛋糕較為黏稠。

另一種是使用杏仁粉，吃起來濕潤又富彈性。

這是我只憑著記憶和對甜點的印象所完成的蛋糕，

特別是覆盆子蒂莉絲（→ P68）更是不斷地追尋過去所吃過的蛋糕記憶，

經過不斷失敗與嘗試，花了大約 10 年時間才重現其美味。

有時候有那樣的甜點真的很棒！

Délice aux framboises
覆盆子蒂莉絲

散發馥郁杏仁香味的濃郁蛋糕
和充滿覆盆子酸味的奶油霜
絕妙平衡的風味讓人不禁綻放笑容

分量　5×5.1㎝平行四邊形 35 個份

● 蒂莉絲蛋糕　Bisucuit Délice

◎準備30×40㎝的烤盤3片。

生杏仁膏

pâte d'amandes crue（→P122）── 1.2kg

全蛋　œufs ── 6個 ┐
蛋黃　jaunes d'œufs ── 6個份 ├ 合併備用
蛋白　blancs d'œufs ── 180g ┘

※使用置於常溫3天～1週的蛋。

[白砂糖　sucre semoule ── 35g
融化奶油 beurre fondu ── 450g
玉米粉　fécule de maïs ── 125g

● 覆盆子奶油霜

Crème au burre à la framboise

無鹽奶油　beurre ── 300g

覆盆子泥（冷凍）

pulpe de framboise ── 280g

※將整顆冷凍覆盆子放入細目濾器中，置於常溫中一晚再過濾，冷藏2天內使用完畢。使用時事先讓它回到常溫。

白砂糖　sucre semoule ── 100g

● 裝飾用　Décor

桃紅色裝飾用杏仁

amandes concassées rosées

[12切杏仁　amandes concassées ── 適量Q.S
水　eau ── 少量Q.S
紅色色粉　colorant rouge ── 適量Q.S
　※視顏色以少量水調勻備用。

糖粉　sucre glace ── 適量Q.S

──加入香濃杏仁醬的蛋糕
口感黏稠，讓人能充分享受濃郁豪華的風味

a

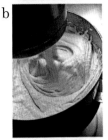
b

c

[製作蛋糕體]

①　在攪拌缸中放入生杏仁膏，以及全蛋和蛋黃合併的⅓量，以50～60℃的熱水隔水加熱，並用攪拌機以低中速攪拌。

※糊狀生杏仁膏容易結塊，要分次加入蛋混合。隔水加熱能使蛋的表面張力變鬆弛，較易打發成極細緻的蛋糕。

②　待攪拌到泛白，並且稍微變得細滑後繼續加蛋（圖a）。分量和①相同為⅓的量。

※杏仁容易出油，以低速慢慢讓它含有空氣。

③　若體積增加變得細滑後，加入剩餘的蛋。攪拌讓其中飽含空氣（圖b）。

④　待攪拌器能留下明顯的帶狀痕跡後，從攪拌機上取下。這時舀取起來的麵糊呈黏稠的緞帶狀（圖c）。將它倒入大鋼盆中（一開始如果使用大點的鋼盆就不用更換）。

※至此大約花15分鐘以上的時間。麵糊素材本身很厚重，攪入許多氣泡，烤出的蛋糕才會鬆軟。接下來蛋白也要充分打發。

d

h

e

i

f

j

g

k

l

⑤　配合④的完成時間，在別的攪拌機打發蛋白，並立即加入少量白砂糖，打發後趁氣泡還粗時，加入剩餘的白砂糖（→P79）充分打發（圖d）。

⑥　在④中加入放涼至人體體溫程度的融化奶油，用手如從底部舀取般大致地混合，加入玉米粉（圖e）後同樣地大致混合。

※這是蛋和融化奶油較多的材料，油脂成分具有保濕性，能烤出有黏性的蛋糕。

⑦　看不到粉末後，隨即加入⑤的蛋白霜，以相同的要領混合（圖f）。待泛出光澤後即完成（圖g）。

⑧　分別放入鋪了烘焙紙的3片烤盤上，用刮板等刮平（圖h），以下火較強的170℃烤箱烘烤30分鐘。若烤盤和蛋糕之間出現縫隙表示烘烤完成（圖i）。烤好後放涼備用。

※烘烤重點是烤厚一點以保留水分。不過，若上火溫度太高，表面會起泡形成皮膜，這樣裡面就無法烤好。

［製作覆盆子奶油霜］

⑨　在鋼盆中放入奶油稍微加熱，攪拌混合使其變黏稠。

⑩　在⑨中加入事先回到常溫，一半的覆盆子泥，用打蛋器攪拌混合（圖j）。整體拌勻後，再加入剩餘的覆盆子泥混合。待顏色混勻後即可。

※觸摸攪拌缸的底部，讓覆盆子泥的溫度比奶油低一點。若覆盆子泥太涼材料會分離。兩種材料的硬度和溫度都要恰當才能好地混合。

⑪　最後加入砂糖充分攪拌。

⑫　撕掉⑧的烘焙紙，在其中1片的烤色面上塗上比⅓量多的⑪奶油霜。另1片烤色面朝下放上去（圖k），同樣地塗上奶油霜，再放上剩餘的蛋糕。

⑬　在⑫上薄塗剩餘的奶油霜（圖l），蓋上保鮮膜冷藏一晚。

※放置一晚可使奶油霜中加入的砂糖融化，奶油霜和蛋糕也會更融合。

m

n

[完成]

⑭ 製作桃紅色裝飾用杏仁。在淺鋼盤中放入杏仁稍微灑點水，與融入水中的色粉混合。放入50℃的發酵機中讓它乾燥，放置一晚。

※若無發酵機，也可放在溫暖處讓它乾燥。若是事先製作，放在裝有乾燥劑的密閉容器中，約可保存1週左右。

⑮ 將⑬的蛋糕橫長放置，用加熱過的刀子切除邊端，再縱切成5㎝寬的帶狀。

⑯ 將⑮轉90度放置，3～4條一起讓邊端稍微錯開，斜切成5.1㎝寬（圖m）。

⑰ 將⑯塗奶油霜的面朝下，輕輕按壓沾取⑭的桃紅色杏仁（圖n），翻面後用抹刀等抹平表面。

⑱ 在⑰上輕輕撒上糖粉即完成。

conseil de chef

這是我在法國修業期間，從在「馥香」吃過的2種甜點中所獲得的靈感，並且經過不斷摸索創作出的甜點。當時我訝異於竟然有如此美味的蛋糕，另一點令我驚奇的是奶油霜，海綿蛋糕中所夾入的奶油霜，大概加了果醬般的漿果泥。在我不太會製作使用水果的帶餡甜點（生菓子）的當時，印象中這個甜點是我嘗試新甜點時期的先鋒作品。我試著在奶油中混入容易分離的漿果泥，來呈現更新鮮的奶油霜風味。蛋糕中大量使用西班牙馬爾可那（Marcona）種的杏仁所製的生杏仁膏，完成後口感黏稠，能讓人享受到馥郁與風味。薄塗上具酸味的奶油霜，與蛋糕形成完美平衡。

Barre d'or
金條蛋糕

在咀嚼膨彈蛋糕的同時
堅果香和融入蛋糕的柳橙香
以及杏桃覆面的酸味陸續擴散開來

分量　9×15㎝長型蛋糕6條、
3.5×5.3㎝小蛋糕10個份

● 金條蛋糕 Biscuit Barre d'or
◎準備30×40㎝、1㎝厚的烤盤5片。

杏仁（去皮）amandes émondées —— 600 g
白砂糖 sucre semoule —— 600 g
蛋白 blancs d'œufs —— 180 g
※使用置於常溫3天～1週的蛋。

糖漬橙皮
écorce d'orange confite hachée —— 200 g
※事先做好（→P325），切碎備用。

｝A

蛋白霜 meringue
　蛋白 blancs d'œufs —— 720 g
　乾燥蛋白 blancs d'œufs en poudre —— 8 g
　白砂糖 sucre semoule —— 75 g
杏仁糖粉 T.P.T.（→P123）—— 150 g
蜂蜜 miel —— 75 g
低筋麵粉 farine faible —— 150 g

● 奶油醬 Crème
柳橙表皮 zeste d'orange râpé —— 1個份
焦糖醬 sauce caramel
　白砂糖 sucre semoule —— 150 g
　鮮奶油（乳脂肪48%）crème fraîche 48% MG
　—— 600 g
無鹽奶油 beurre —— 120 g

● 裝飾用 Décor
覆面 glaçage
　杏仁糖粉 T.P.T.（→P123）—— 270 g
　波美度30°的糖漿 sirop à 30°B —— 145 g
　※另外，準備側面用的少量追加用糖漿。
糖粉 sucre glace —— 適量 Q.S
白砂糖 sucre semoule —— 適量 Q.S
杏桃果醬覆面 glaçage à l'abricot
（→P130）—— 適量 Q.S

——有彈性且口感濕潤的蛋糕
為避免太厚重，必須注意要充分打發

[製作蛋糕體]

① 在鋼盆中放入A的材料混合，用攪拌機（或用一般的食物調理機）高速攪拌，杏仁粗略打碎後，用碾壓機碾壓2次成糊狀，在常溫下放置一晚備用（圖a）。

※這裡杏仁粉和砂糖的比例是1比1。直接混合的話無法融合，必須加入少量蛋白，靜置一晚讓其融合。

② 將蛋白霜用蛋白和一半的乾燥蛋白，以高速攪拌器攪拌至發泡。另外將一半的砂糖，少量分次加入，打發後趁氣泡還粗時，加入剩餘的砂糖（→P79）再充分打發。打發後，將剩餘的蛋白和砂糖也用同樣方法打發。

※每次打發一半分量，讓兩次有時間差。

③ 在②最初打發的蛋白霜中加入杏仁糖粉，用手如從底部舀取般混合（圖b）。混合均勻即可。

④ 取出①移至大鋼盆中，加入蜂蜜和低筋麵粉，加入⅓量的③充分混合（圖c）。

※氣泡即使破掉也無妨。為避免結塊必須充分攪拌，這也是讓材料容易融合的步驟。

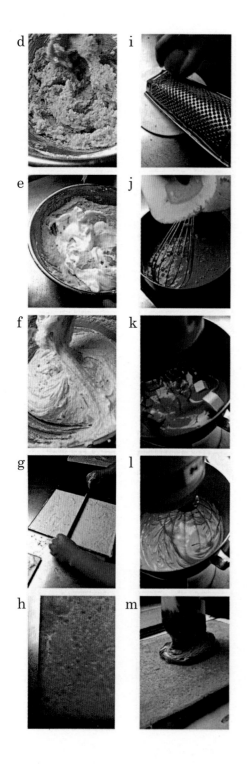

d i

e j

f k

g l

h m

[其他分蛋式海綿蛋糕] 金條蛋糕

⑤ 整體混勻後，將③所剩餘一半的蛋白霜加入攪拌，拌勻後（圖d）再加入剩餘的混合。分次混合會變得越容易拌勻，請慢慢輕柔地混合。

⑥ 在⑤中加入②後來打發的蛋白霜，為避免弄破氣泡這次如切割般大幅度混拌（圖e〜f）。

※分2次製作的蛋白霜，第一次加入後充分混勻，第二次混合時要保留氣泡。

⑦ 在鋪了烘焙紙的5片烤盤上，平均地倒入⑥，粗略地用抹刀抹平後，再用基準桿刮平（圖g），約1cm厚即可。

※麵糊如山藥般有黏性。

⑧ 以180℃約烤20分鐘（圖h），放涼備用。

［製作奶油醬］

⑨ 將柳橙表皮磨碎（圖i）。

⑩ 將砂糖煮製成焦糖醬（→P119、1～3。但不加奶油）。

※因加入許多鮮奶油，所以在步驟①～②就能做出深色焦糖醬。

⑪ 加入⑨磨碎的橙皮（圖j），用打蛋器充分混合，盆底放冰水冷卻至常溫。

⑫ 將⑪倒入攪拌缸中，加入切丁奶油（圖k），以低速慢慢地攪拌（此分量約攪拌15分鐘）。若攪拌變得泛白乳化後，暫時改用高速攪拌發泡（圖l）。

※製作富含氣泡口感輕盈的奶油醬。此外，奶油醬要每次重新製作，否則不美味。

⑬ 將⑧的1片蛋糕烤色面朝上放置，用抹刀在上面塗上¼量的⑫奶油醬。

⑭ 再拿1片蛋糕烤色面朝下疊在⑬的上面，同樣地塗上奶油醬（圖m）。以相同的要領共疊上5層蛋糕、4層奶油醬（圖n）。

⑮ 在⑭上放上矽膠烤盤墊，放入冷藏冰一晚，讓蛋糕和奶油醬融合，且更密貼（圖o）。

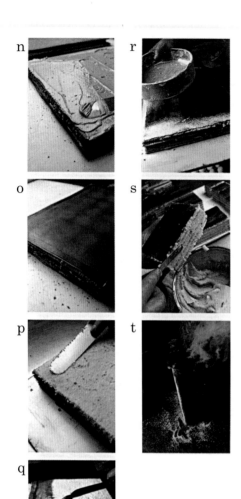

［完成］

⑯　製作覆面。在鋼盆中放入杏仁糖粉，慢慢加入波美度30°的糖漿，並且用木匙拌勻。在⑮的上面放上一半多一點的分量，如能透見下面的蛋糕般用抹刀薄薄地抹平（圖p）。

⑰　將烙鐵加熱至泛紅備用。在⑯上撒上足量的糖粉，用熱烙鐵燒烤使其焦糖化。將這項作業重複3次（圖q～r）。

※為了均勻、徹底地焦糖化，必須重複燒烤3次。

⑱　切除⑰的邊端，橫長放置。從邊端開始縱切成15㎝寬2條，再橫切3等分，成為9×15㎝大小的長型蛋糕6條。剩餘的的縱切7㎝寬，再縱切2等分，橫切成5.3㎝寬的小蛋糕10個。

⑲　在⑯剩餘的覆面中，加入少量的波美度30°糖漿混合，稀釋讓它稍微變軟，在每個⑱的側面，用抹刀塗在表面（圖s）。

※側面為夾入奶油醬的剖面，較鬆散易碎，所以覆面稀釋變軟較易塗覆。

⑳　為避免蛋糕沾黏，在工作台上稍微鋪上白砂糖，將⑲的側面朝上放置。上面撒上白砂糖，用烙鐵進行焦糖化（圖t）。

※側面容易沾黏，所以鋪上白砂糖。

㉑　側面全部燒烤後，以正確的方向放置，橫向在側面做第2次燒烤後即完成。

※最後黏附在蛋糕上、鋪在下面的白砂糖也能漂亮地焦糖化。

㉒　在鍋裡放入杏桃果醬的覆面煮沸，用毛刷塗在㉑的上面和側面，晾乾。

conseil de chef

這個蛋糕使用大量的杏仁與砂糖，杏仁的油分使口感濕潤可口。從材料來看，它雖然是口感厚重的蛋糕，但因為蛋白霜有充分打發，所以蛋糕烤好後口感輕盈，富彈性又濕潤，彈性極佳。我希望讓大家品嚐到這種口感的蛋糕。咀嚼久一點，可使加入其中的糖漬橙皮的濃郁風味在口中瀰漫開來。

專題 4

只有甜味
不算甜點

焦糖化

　　例如當作蒙布朗蛋糕底座的杏仁蛋白餅（→P81），因為麵糊裡加了蛋白的2倍分量的砂糖，所以吃起來非常甜。如果將它整個烤至焦糖化增添苦味，就能呈現與糖分平衡的風味。製作蒙布朗蛋糕時，焦糖化不僅能平衡風味，上方的奶油水分滲入蛋白餅後，還能形成硬糖果般的爽脆口感，變得更美味。

　　焦糖的苦味還帶有酸味。焦糖布丁的美味，源自於甜味、苦味中加入酸味所形成的複雜風味。譬如義式咖啡因為有酸味才好喝，裡面加入砂糖更能取得味道的平衡。只有苦味的義式咖啡，即使加砂糖也不好喝。

水果的酸味

　　水果的酸味有濃、淡之分。甜味重的甜點和果醬，也可透過加入酸味來減輕「甜度」使味道變得更有深度。糖度70％brix的糖漬水果（→P324）、50～55％的半糖漬（糖度較低的糖漬水果）水果之所以美味，也是因為其中具有水果酸味。製作水果軟糖（→P328）時也會加入相當多的砂糖，所以若不選擇有香味和酸味的水果，會變得只有甜味。

　　例如在杏仁奶油醬中加入半糖漬野櫻桃（櫻桃的一種），包入春捲皮中烘烤（→P244），在野櫻桃特有的酸味和甜味的組合中，加入杏仁奶油醬的濃郁感，能形成複雜的風味。聖米歇爾蛋糕（→P57）也是在具濃郁可可風味的豪華巧克力海綿蛋糕中，加入帶籽覆盆子醬的酸味，以形成強弱層次，使蛋糕變得更美味。我在巧克力沙布蕾（→P232）的甘那許淋醬中加入果凍膠，也是希望從甘那許淋醬中提引出果凍膠具有的水果酸味。

　　除此之外，加入香料、紅茶的香味或酒的刺激味等，也能完成不只有甜味的美味甜點。如果只有甜味不算是甜點。我不覺得只有甜味的甜點好吃。

蛋白類蛋糕

4

讓人充分享受口感

Pâte à succès　　Pâte à dacquoises　Pâte à meringues aux amandes

以蛋白為主體的蛋糕體，每種都讓人能享受酥、鬆、黏等獨特的口感，

重點是要善用這些特點來製作甜點。

甜塔皮的蛋白與杏仁糖粉的比例為 1 個：30g，

達克瓦茲蛋糕的蛋白與杏仁糖粉比例為 1 個：50g，這是兩者的差異。

達克瓦茲蛋糕的杏仁多、油分高、具保濕性，

能增添甜點的風味與濃度。而甜塔皮較輕盈酥鬆。

黏稠的達克瓦茲蛋糕大多會夾入奶油霜，

最近也常作為慕斯蛋糕的組合材料，頗具存在感。

甜塔皮也會和奶油霜、慕斯組合。另一方面，

杏仁蛋白餅蛋糕會加入比蛋白多 1.5 倍以上分量的砂糖，吃起來相當甜膩。

所以要慢慢烘烤直到中心焦糖化，製作出不只有甜味的美味是其要領。

這類蛋糕雖然很甜，但採用適當的烘烤方式，能大幅增添美味。

口感酥脆的蛋糕

Pâte à succès
甜塔皮

核桃焦糖咖啡蛋糕用（→P82）／秋葉用（→P86）
◎康特爾帕蛋糕（→P90）所使用的麵糊材料不同，但和甜塔皮的作法相同，口感也類似。

材料

蛋白霜 meringue

[**蛋白 blancs d'œufs**
　※使用置於常溫3天以上的蛋。

　白砂糖 sucre semoule
　※核桃焦糖咖啡蛋糕則不使用砂糖。

杏仁糖粉 T.P.T. 各種（→P123）
※若要加入杏仁糖粉和榛果杏仁糖粉等多種材料時先混合備用。

糖粉 sucre glace
※可用白砂糖取代。

1
製作蛋白霜。用高速攪拌器攪拌發泡，趁氣泡還粗時加入一半的白砂糖。

※但是，核桃焦糖咖啡蛋糕所使用的麵糊，是不加砂糖的蛋白霜。

2
待蛋白霜膨軟、泛出光澤後，加入剩餘的砂糖。

3
充分打發至尖角能豎起的狀態，將攪拌缸從攪拌機上取下。圖中是蛋白霜充分打發的狀態。

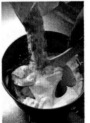

4
加入杏仁糖粉，並用木匙如切割般攪拌。

※核桃焦糖咖啡蛋糕用的麵糊至此即完成。

5
粗略混合後，撒入糖粉如切割般大幅度混拌，以保留氣泡。拌勻即可。

※可不加糖粉，改用白砂糖取代。

外表酥脆，裡面黏稠的蛋糕

Pâte à dacquoises
達克瓦茲蛋糕麵糊

普羅旺斯狂想曲用（→ P94）／牙買加摩卡蛋糕用（→ P98）／
悲慘世界用（→ P103）

材料

蛋白霜　meringue

[　蛋白　blancs d'œufs
※使用置於常溫3天以上的蛋。

[　白砂糖 sucre semoule

杏仁糖粉 T.P.T.（　→ P123）
※杏仁糖粉有時也可用榛果或核桃杏仁糖粉取代。

有時會加入低筋麵粉　farine faible
※加入時機是在步驟2混入杏仁糖粉中。

糖粉　sucre glace

1
請參照P79甜塔皮的步驟1～
3，將蛋白霜充分打發至尖角能
豎起的狀態。

2
在1中加入杏仁糖粉，並且用木
匙如切割般混拌。

※甜塔皮是蛋白1個份（30ｇ），加
入杏仁糖粉30ｇ，而達克瓦茲蛋糕
麵糊則是加入50ｇ，如此就能烤出
高油分，具保濕性的蛋糕。

3
材料混合即可。配合各甜點形狀
製作，撒上糖粉後烘烤。

※撒在上面的糖粉能形成皮膜，放
入火力柔和的烤箱中，烤至外表酥
脆，內裡黏稠的口感。

［蛋糕］　達克瓦茲蛋糕麵糊

內芯烤至焦糖狀酥脆又芳香

Pâte à meringues aux amandes
杏仁蛋白餅麵糊

焦糖香堤蛋白餅用（→ P107）／蒙布朗蛋糕用（→ P110）

材料

蛋白 blancs d'œufs

※這裡使用新鮮的蛋。

[白砂糖A sucre semoule A
  糖粉 sucre glace

白砂糖B sucre semoule B

杏仁糖粉 T.P.T.（→ P123）

1

用高速攪拌器打發蛋白，整體出現粗氣泡後加入白砂糖A。

※新鮮的蛋白較難打發，但富彈性能打出堅挺的氣泡，烤好時口感酥脆。

2

待攪拌變得膨軟、泛出光澤後加入糖粉。

※使用糖粉能攪拌出質地細緻、硬挺的氣泡。

3

攪拌到即使會殘留攪拌器的條狀痕跡，仍繼續攪拌，直到打出硬挺的蛋白霜。

4

待氣泡的質地變細緻，泛出光澤後即完成。從攪拌機上取下攪拌缸。舀起蛋白霜，前端能延展出細細的尖角。

5

一面依序加入白砂糖B和杏仁糖粉，一面用木匙如從底部舀取般充分混拌。趁最佳狀態時製形，以130℃烘烤。

※白砂糖能使口感酥脆，杏仁糖粉能增加杏仁的濃厚風味。

point

必須充分烘烤使內芯部分焦糖化。杏仁蛋白餅中使用大量砂糖，所以烘烤不完全，吃起來只有甜味而已。裡面要烤到呈焦糖色，才能增添香氣與苦味，使蛋白餅更美味。

Café caramel noix
核桃焦糖咖啡蛋糕

焦糖的酸味更加擴展咖啡和核桃的風味
濃稠慕斯中所加入的碎果仁糖
使口感輕快爽脆，令人驚豔

分量　直徑 5.5 cm、高 2 cm 的中空圈模 21 個份

● 甜塔皮　Pâte à succès
◎下列為最少分量，可製作直徑 5 cm 的圓形模型 42 個份。只使用其中的一半分量。剩餘烤好的甜塔皮裝在有乾燥劑的密閉容器中，約可保存 4～5 天。

蛋白霜　meringue

[蛋白　blancs d'œufs —— 150 g
核桃杏仁糖粉　T.P.T. noix（→P123）—— 150 g
鮮奶油（乳脂肪 48%）crème fraîche 48% MG
　　—— 25 g

● 焦糖咖啡慕斯　Mousse café-caramel
蛋黃霜　pâte à bombe —— 150 g
※事先做好備用（→P118）。

咖啡風味焦糖醬　sauce café-caramel
　　—— 從下列中取 85 g

[白砂糖　sucre semoule —— 150 g
鮮奶油（乳脂肪 48%）crème fraîche 48% MG
　　—— 60 g
鮮奶　lait —— 40 g
即溶咖啡　café soluble —— 13 g
無鹽奶油　beurre —— 25 g
鮮奶油（乳脂肪 48%）crème fraîche 48% Mg
　　—— 400 g
吉利丁片　gélatine en feuilles —— 6 g

● 核桃果仁糖　Nougatine de noix
※果仁糖製作好變硬後，請參照〔切碎使用時〕，事先切成 5 mm 的丁狀（→P126）。

白砂糖　sucre semoule —— 50 g
核桃　noix torréfiées concassées —— 40 g
※以大約 180℃ 烤到稍微上色的程度，切成 7～8 mm 的丁狀備用。

● 核桃咖啡脆片
Croustillant au café et aux noix
◎準備直徑 4 cm 的切模。
◎下列為最少分量，可製作直徑 4 cm 的圓形模型 252 片份，使用其中的 63 片。

鮮奶　lait —— 25 g
水飴　glucose —— 25 g
白砂糖　sucre semoule —— 75 g ⎤ 混合備用
果膠　pectine —— 1 g ⎦
無鹽奶油　beurre —— 62 g
核桃　noix concassées —— 85 g
※切粗粒。
咖啡豆　fèves de café concassées —— 10 g
※切粗粒。

● 裝飾用　Décor
透明果凍膠　nappage neutre（→P130）
　　—— 適量 Q.S
咖啡香精　trablit —— 適量 Q.S

a

b

c

[製作蛋糕體]
① 請參照甜塔皮的步驟 1～4（→P79）製作麵糊。
② 在①中立即加入鮮奶油（圖 a）用木匙大致混合。
※加鮮奶油是為了增添濃度。
③ 用直徑 6 mm 的圓形擠花嘴，將②呈螺旋狀擠在矽膠烤盤墊上，每個保持距離擠成直徑 5 cm 的圓形（圖 b），放入 160～170℃ 的烤箱中烤 25～28 分鐘。烤好後放涼備用（圖 c）。使用其中的 21 片。

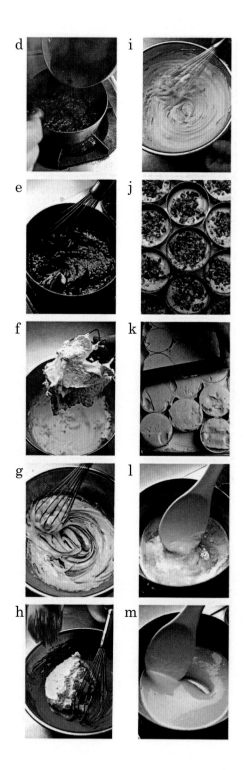

d i
e j
f k
g l
h m

［製作焦糖咖啡慕斯］

④ 製作咖啡風味焦糖醬。請參照焦糖醬的步驟1～2（→P119）製作濃郁焦糖醬。將鮮奶油、鮮奶和即溶咖啡一起放入鍋裡，加熱讓咖啡融解備用，加入焦糖中混合（圖d）。最後加奶油攪拌（圖e）。

※ 煮好的焦糖溫度約200℃。因為在⑥中要混入蛋黃霜中，所以要煮濃一點別太稀。

⑤ 用高速攪拌器攪拌鮮奶油讓它充分發泡（圖f）。

※ 用充分打發的鮮奶油和吉利丁片，製作不易離水的慕斯。（譯註：蛋白質和水分分離稱為離水）

⑥ 在鋼盆中放入做好的蛋黃霜，加入④的85g用打蛋器攪拌混合（圖g）。

⑦ 將泡水回軟充分擦乾水分的吉利丁片，放入別的鋼盆中隔水加熱煮融後，放入⑥中充分混合。

⑧ 在⑦中加入一半的⑤鮮奶油（圖h），用打蛋器充分攪拌。待顏色均勻後加入剩餘的鮮奶油，如切割般大幅度混拌（圖i）。

⑨ 在淺鋼盤中排入中空圈模，用大的圓形擠花嘴擠入⑧的慕斯，至中空圈模的一半高度，平均散放上切碎的果仁糖（圖j）。

⑩ 再擠滿慕斯，用抹刀朝向側面稍微抹壓，讓慕斯填滿模型後刮平表面（圖k）。蓋上塑膠布用急速冷凍機讓它凝結。

※ 這是氣泡較多的慕斯，所以先向側面抹平以去除空氣。

［製作核桃咖啡脆片］

⑪ 在鍋裡放入鮮奶和水飴，以大火加熱，加入混合好的果膠和砂糖攪拌（圖l）煮沸後熄火。

⑫ 在⑪中加入奶油，用木匙攪拌融解（圖m），加入切碎的核桃和咖啡豆混合（圖n）。稍微變涼後放入冷藏使其凝結。

※ 直接靜置不冷藏，烘烤時會過度擴展。

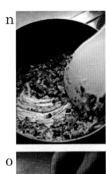

n

q

o

r

p

s

⑬　用茶匙舀取一大匙的⑫，放在矽膠烤盤墊上，讓麵團保持間距（圖o），以180℃的烤箱烤7～8分鐘。

⑭　烤好後趁熱用直徑4㎝的切模壓切（圖p），放涼備用。

※涼了之後就無法漂亮切取。烤好的脆片和乾燥劑一起裝入密閉容器中約可保存2週左右。

[完成]

⑮　待⑩凝固後削除周圍的污漬，上面用抹刀薄塗透明果凍膠。因為⑩是冷凍的，所以果凍膠會立刻凝固。用筆沾咖啡香精在上面畫兩道，再用抹刀橫向塗抹透明果凍膠，讓它形成大理石般的花紋（圖q～r）。

⑯　從中空圈模的側面加熱脫膜，分別放在③的蛋糕體上（圖s）。

※蛋糕體和慕斯組裝後，因蛋糕體會吸水，所以要等到這個階段才放到上面。

⑰　在每個蛋糕上面各插上3片的⑭脆片做裝飾。

conseil de chef

甜塔皮的酥脆口感是它的最大的特色，所以製作甜點時，我希望它也能呈現這樣的口感。慕斯中的果仁糖，裝飾在上面的脆片，都是為了此目的所選用的材料。為了儘量不讓甜塔皮吸收水分，最後才組合慕斯，不過這個甜點還是希望大家能夠儘快享用。

Feuille d'automne
秋葉

組裝在中央的杏仁蛋白餅富存在感
和香脆果仁糖的苦味一起
為咖啡巧克力慕斯的風味增添變化

分量 直徑 15.5 cm、高 4 cm的中空圈模 3 個份

● 甜塔皮 Pâte à succès

◎下列為最少分量，可製作8片份。使用其中的3片。
剩餘烤好的甜塔皮裝在有乾燥劑的密閉容器中，約可保存4～5天。

蛋白霜 meringue

[蛋白 blancs d'œufs —— 125 g
  白砂糖 sucre semoule —— 76 g

杏仁糖粉 T.P.T.（→P123）—— 120 g

糖粉 sucre glace —— 36 g

鮮奶 lait —— 26 g

● 巧克力蛋白餅 Meringue chocolat

◎下列為最少分量，可製作12片份。使用其中的3片。
剩餘的杏仁餅裝在有乾燥劑的密閉容器中，約可保存4～5天。

義式蛋白霜 meringue italienne

—— 基本分量（約300 g）

※使用前才製作（→P118）。

杏仁糖粉 T.P.T.（→P123）—— 25 g

糖粉 sucre glace —— 12 g

可可粉 cacao en poudre —— 12 g

● 果仁糖 Nougatine d'amandes（→P126）

—— 約350 g

● 摩卡巧克力慕斯

Mousse au chocolat et au moka

鮮奶油（乳脂肪48%）crème fraîche 48% MG

—— 600 g

蛋黃霜 pâte à bombe —— 300 g

※使用前才製作（→P118）。

咖啡風味的巧克力 couverture moka —— 450 g

※加熱至40℃融化備用。

咖啡液 café liquide —— 22 g

※以即溶咖啡 café soluble 25 g、熱水 eau chaude 35 g的比例調製
成的濃郁咖啡液。

咖啡利口酒 Kahlua —— 適量Q.S

● 裝飾用 Décor

巧克力片 copeau chocolat

[咖啡風味巧克力 couverture moka —— 450 g
  ※加熱至40℃融化備用。

糖粉 sucre glace —— 適量Q.S

a

c

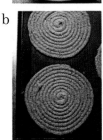
b

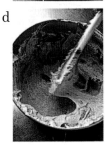
d

［製作蛋糕體］

① 請參照甜塔皮的步驟1～5（→P79）製作麵糊。

② 在①中立即加入鮮奶（圖a），用木匙大幅度混拌。

※加鮮奶是為了增加風味。

③ 用直徑6mm的圓形擠花嘴，將②呈螺旋狀擠在鋪了矽膠烤盤墊的烤盤上，擠成直徑15 cm的圓形共8片，放入160～170℃的烤箱中烤25分鐘（圖b），放涼備用。使用其中的3片。

［製作巧克力蛋白餅］

④ 製作義式蛋白霜（→P118）。

※以義式蛋白霜製作細緻的麵糊。

⑤ 在④中依序加入杏仁糖粉、糖粉和可可粉（圖c～d），用木匙充分混合。

e

j

f

k

g

l

h

m

i

n

⑥　用直徑6㎜的圓形擠花嘴，將麵糊呈螺旋狀擠在鋪了矽膠烤盤墊的烤盤上，擠成直徑15㎝的圓形共12片，放入130℃的烤箱中烤40～50分鐘（圖e～f），放涼備用。使用其中的3片。

［製作果仁糖］

⑦　做好凝固的果仁糖，請參照〔切碎使用時〕，事先切成碎粒備用（圖g。→P126）。

［製作摩卡巧克力慕斯］

⑧　鮮奶油打發到稍微厚重，能夠流動的黏稠狀態（圖h）。

⑨　將做好的蛋黃霜放入鋼盆中，加入融化備用的咖啡風味巧克力（圖i），用打蛋器攪拌混合。

⑩　在咖啡液中混入咖啡利口酒，加入⑨中混合。顏色全部混勻後，分2次加入⑧的鮮奶油，每次加入都要迅速攪拌混合（圖j）。粗略混合後，再加入剩餘的鮮奶油攪拌。

※以咖啡液和咖啡利口酒增加風味。

⑪　在鋪了塑膠紙的淺鋼盤中，排放上中空圈模，將③的甜塔皮烤色面朝上鋪在底部。用粗的擠花嘴在中空圈模中擠入⑩的慕斯至⅓的高度（圖k）。

⑫　在⑪的上面放入⑦的果仁糖，同樣再擠入⑩的慕斯（圖l），將烤色面朝下放入⑥的巧克力蛋白餅（圖m）。再擠入慕斯用抹刀抹平（圖n），放入急速冷凍機中讓它冷凍凝固。

o

p

q

r

［完成］

⑬　製作巧克力片。在加熱至60℃的2片方形淺烤盤或烤盤背面，用抹刀塗上以40℃融化備用的巧克力約1～2㎜厚（圖o）。

⑭　將⑬放入冷凍庫中約5～6分鐘讓它凝固，使用時讓它稍微回到常溫（20℃室溫中放置20分鐘），較容易削下。

⑮　取出⑫，用瓦斯槍加熱中空圈模，脫模。

⑯　用刀將⑭切成5.5㎝寬，用三角鏟削取成帶狀巧克力片（圖p），貼在⑮的側面（圖q），最後還要放在蛋糕上面。

⑰　將剩餘的⑭縱長切成4.5×10㎝，以巧克力扇葉的要領（→P131、3），自左端輕輕地用手捏成扇形後切斷，在上面從周圍開始裝飾（圖r）。最後輕輕地撒上糖粉。

conseil de chef

這是道可以讓人享受甜塔皮和巧克力蛋白餅的口感，以及咖啡風味巧克力的甜點。以咖啡風味巧克力製作，散發淡淡咖啡味的巧克力慕斯，是美味與否的關鍵，裝飾用巧克力也同樣使用咖啡巧克力。用義式蛋白霜製作的巧克力蛋白餅，因為砂糖量多不易吸收水分。其酥脆感與果仁糖的口感，是相當適合甜塔皮的組合。

Contre pas
康特爾帕蛋糕

融口性佳的 2 種巧克力慕斯
裡面夾入芳香的巧克力脆片
爽脆的口感呈現無比美味

分量　直徑 15.5 cm、高 4 cm的中空圈模 3 個份

● 康特爾帕蛋白餅　Pâte de Contre pas
◎下列為最少分量，可製作 8 片份。使用其中的 3 片。
剩餘的蛋白餅裝在有乾燥劑的密閉容器中，約可保存 4～5 天。

蛋白霜　meringue
[蛋白　blancs d'œufs —— 135 g
  白砂糖　sucre semoule —— 35 g]
杏仁糖粉　T.P.T.（→P 123）—— 180 g
榛果杏仁糖粉　T.P.T. noisettes
（→P 123）—— 45 g
※使用時加入 2 種杏仁糖粉備用。

白砂糖　sucre semoule —— 35 g
● 巧克力脆片
Feuillantine en feuilles au chocolat et au gianduja
巧克力果仁糖　gianduja（→P 125）—— 85 g
黑巧克力（可可成分 61%）
cuverture noir 61% de cacao —— 50 g
牛奶巧克力（可可成分 35%）
couverture au lait 35% de cacao —— 50 g
※巧克力分別融化備用。

巧克力脆片（市售）feuillantine —— 50 g
● 巧克力慕斯
Mousse au chocolat et au gianduja
黑巧克力（可可成分 61%）
cuverture noir 61% de cacao —— 30 g
牛奶巧克力（可可成分 35%）
couverture au lait 35% de cacao —— 30 g
※巧克力分別融化備用。

巧克力果仁糖　gianduja（→P 125）—— 100 g

蛋黃霜　pâte à bombe
[波美度 30°的糖漿　sirop à 30°B —— 50 g
  蛋黃　jaunes d'œufs —— 3 個份]
鮮奶油（乳脂肪 48%）crème fraîche　48% MG
—— 335 g
吉利丁片　gélatine en feuilles —— 4 g
● 白巧克力慕斯　Mousse au chocolat blanc
英式蛋奶醬　crème anglaise
[鮮奶油（乳脂肪 48%）crème fraîche　48% MG
  —— 88 g
  蛋黃　jaunes d'œufs —— 2.5 個份
  白砂糖　sucre semoule —— 20 g]
吉利丁片　gélatine en feuilles —— 4 g
白巧克力　chocolat blanc —— 212 g
※融化備用。

鮮奶油（乳脂肪 48%）crème fraîche　48% MG
—— 412 g
● 裝飾用　Décor
巧克力糖衣　glaçage au chocolat（B）
基本分量（約 690 g）
※事先做好備用（→P 133）。

白巧克力扇葉
éventail chocolat blanc —— 約 190 g
※加 1 大匙沙拉油
以白巧克力製作（→P 131）。

巧克力裝飾
plaques de chocolat marbrée
—— 直徑 4 cm的 7 片／1 個
※先製作大理石花樣備用（→P 132），以直徑 4 cm的切模切好備用。

［製作蛋白餅］

① 在麵糊製作最後步驟加入白砂糖取代糖粉，以甜塔皮（→P 79）相同的要領製作。

※最後加入白砂糖，才能烤出酥脆的口感。

② 用直徑 6 mm的圓形擠花嘴，將麵糊呈螺旋狀擠在鋪了矽膠烤盤墊的烤盤上，擠成直徑 15 cm的圓形共 8 片（圖a），放入 160～170℃的烤箱中烤 25 分鐘（圖b），放涼備用。使用其中的 3 片。

③ 放涼後用 15 cm的切模切取備用。

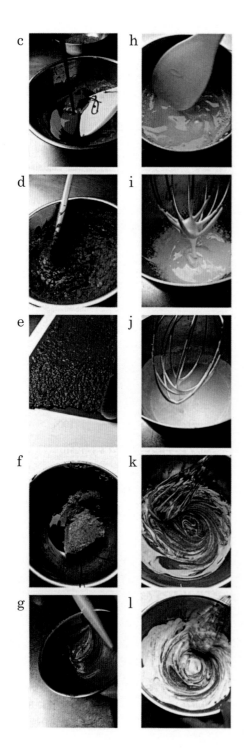

[製作巧克力脆片]

④　在鋼盆放入巧克力果仁糖，以中火加熱，加熱軟化後用木匙混拌回軟，加入融化備用的2種巧克力（圖c），用木匙混合成膏狀。

※ 只用巧克力的話，凝固時會變成乾脆堅硬的口感，所以加入油分高的巧克力果仁糖。也可用果仁糖代替。

⑤　在④中也加入市售脆片，用木匙如切割般大幅度混拌（圖d），倒在30×40cm的矽膠烤盤墊上，用抹刀抹成3mm厚（圖e）。放入冷藏待凝固。

※ 大約會變成矽膠烤盤墊的¾片份的大小。

⑥　凝固後從矽膠烤盤墊上取下，放上千層酥盒模型，用刀切割成直徑15cm的圓形，共切3片。

[製作巧克力慕斯]

⑦　在鋼盆中放入融化備用的黑巧克力、牛奶巧克力和巧克力果仁糖（圖f），加熱一下煮融巧克力果仁糖，用木匙混合（圖g）。

⑧　製作質地細緻的蛋黃霜。在鍋裡放入波美度30°的糖漿，加熱煮沸。在已打散蛋黃的鋼盆中，加入一半的糖漿混合，再倒回糖漿的鍋裡加熱充分混合，直到變得略濃稠即可（圖h）。

⑨　將⑧過濾到攪拌缸中，以高速攪拌器攪拌至人體體溫的程度。待呈緞帶狀（圖i），倒入別的鋼盆中。

⑩　將鮮奶油打發到稍微厚重，能夠流動的黏稠狀態（圖j）。

⑪　在⑨中加入泡水回軟、充分擦乾水分的吉利丁片，隔水加熱煮融，用打蛋器混合。

⑫　在⑪中加入⑦混合（圖k）。

⑬　在⑫中加入一半的鮮奶油充分混合（圖l）。粗略地混拌後，加入剩餘的鮮奶油輕輕攪拌。

m

q

n

r

o

s

p

t

⑭　在鋪入塑膠布的淺鋼盤中排入中空圈模，將③的蛋白餅烤色面朝上鋪在底部。用粗的擠花嘴將慕斯擠入中空圈模至一半的高度（圖m）。

⑮　在⑭上，放入光滑面朝上的⑥巧克力脆片（圖n），再放入冷凍庫。

※巧克力脆片以具有防水效果的巧克力和巧克力果仁糖製作，能防止濕氣進入蛋白餅中，而且酥脆的口感還有增添變化的作用。

［製作白巧克力慕斯］

⑯　先製作不加香草的英式蛋奶醬。在鍋裡放入鮮奶油煮沸。在鋼盆中放入蛋黃和砂糖，用打蛋器充分攪拌至泛白為止，加入煮沸的一半鮮奶油混合後，倒回鮮奶油的鍋裡，以中火加熱，用木匙持續攪拌增加黏稠度。待成為霜飾狀（→P18步驟⑥），離火。

⑰　在⑯中，加入泡水回軟、充分擦乾水分的吉利丁片混合融解，過濾到鋼盆中。

⑱　在鋼盆中放入融化備用的白巧克力，加入⑰用打蛋器攪拌混合（圖o）。

⑲　在別的鋼盆中將鮮奶油打發成和⑩同樣的狀態，在⑱中加入一半（圖p）迅速充分攪拌。混合後再加入剩餘的鮮奶油，迅速輕輕地攪拌（圖q）。

⑳　將⑲分別倒入⑮的中空圈模中，用抹刀抹平（圖r），用急速冷凍機讓它冷凍凝固。

［完成］

㉑　將⑳取出，中空圈模用瓦斯槍加熱脫膜，放在網架上。從上面淋上加熱至人體體溫程度的巧克力糖衣，用抹刀抹平（圖s）。

㉒　在上面放上巧克力扇葉，側面貼上巧克力裝飾。

conseil de chef

這是用可讓人充分享受口感的蛋白餅製作的甜點。這個蛋糕體的材料雖然和甜塔皮有點不同，但酥脆的口感很類似，為了儘量避免它吸收水分，所以不將它夾在慕斯之間，而是鋪在底部，另外在上面的巧克力慕斯中，還加入具防水效果的巧克力果仁糖。慕斯之間也加入巧克力風味的巧克力果仁糖脆片，來增加口感上的享受。但是這個蛋糕一旦吸收水分後會出水，所以請儘早食用。

Caprice provençal
普羅旺斯狂想曲

濃稠的牛軋糖風味慕斯，個性的蜂蜜慕斯
水果乾和香脆的杏仁芳香
多種普羅旺斯的風味與口感在口中躍動

分量　直徑 15.5 ㎝、高 4 ㎝的中空圈模 3 個份
● 堅果裘康地杏仁蛋糕

Biscuit joconde avec fruits secs

裘康地杏仁蛋糕　biscuit joconde

40 × 60 ㎝的烤盤 1 片份

※麵糊是用基本分量的⅔量烤成 1 片（→P42）。

杏仁 amandes torréfiées concassées —— 適量 Q.S

核桃　noix torréfiées concassées —— 適量 Q.S

榛果　noisettes torréfiées concassées —— 適量 Q.S

● 以上的堅果以 220℃ 約烤 7～8 分鐘，切粗粒備用。

開心果　pistaches —— 適量 Q.S

● 達克瓦茲蛋糕　Pâte à dacquoises

◎以下可製作直徑 15 ㎝ 7 片份，使用其中的 3 片。
剩餘的蛋糕裝在有乾燥劑的密閉容器中，約可保存 4～5 天。

蛋白霜　meringue

[蛋白　blancs d'œufs —— 120 g
[白砂糖　sucre semoule —— 40 g

杏仁糖粉　T.P.T.（→P123）—— 200 g

糖粉　sucre glace —— 適量 Q.S

● 蜂蜜慕斯　Mousse au miel

蜂蜜　miel —— 150 g

※從多種花朵採集的蜜混合而成。

蛋黃　jaunes d'œufs —— 3 個份

吉利丁片　gélatine en feuilles —— 6 g

鮮奶油（乳脂肪 48%）crème fraîche　48%　MG

—— 300 g

大茴香酒醃漬葡萄乾

raisins secs marmés au Pernod —— 約 75 顆

※智利產的葡萄乾，用保樂茴香酒（Pernod；大茴香酒）醃漬約 2 天備用。

● 牛軋糖慕斯　Mousse de nougat

牛軋糖　nougatine d'amandes —— 160 g

※以杏仁片 amandes effilées 製作備用（→P126）。

糖漬櫻桃　bigarreaux confits（市售）—— 80 g

糖漬綜合水果（市售）

fruits confits concassés —— 80 g

※在糖漬（砂糖醃漬）葡萄乾及切成 5 ㎜ 丁狀的柳橙、檸檬、鳳梨、櫻桃等綜合水果中加入蘭姆酒。

重乳脂鮮奶油　crème double —— 200 g

蛋奶餡　appareil —— 下列中的 160 g

◎下列為最少分量。

義式蛋白霜　meringue italienne

[蜂蜜　miel —— 120 g
[白砂糖　sucre semoule —— 80 g
[水飴　glucose —— 40 g
[蛋白　blancs d'œufs —— 112 g

吉利丁片　gélatine en feuilles —— 8 g

● 裝飾用　Décor

透明果凍膠　nappage neutre（→P130）

—— 適量 Q.S

各種水果　fruits —— 適量 Q.S

[草莓（切半）fraises
[奇異果（切片）kiwis
[覆盆子　framboises
[黑莓　mûres
[藍莓　myrtilles
[無花果（縱切 6 等分）figues
[柳橙　oranges
[※去皮用瓦斯槍烤出焦色。

細葉芹　cerfeuils —— 適量 Q.S

a　b

[製作堅果裘康地杏仁蛋糕]
① 製作裘康地蛋糕麵糊（→P42、1～5），鋪到 40 × 60 ㎝的矽膠烤盤墊上，放到同尺寸的烤盤上中（圖 a～b。圖中使用分量較多以方便製作）。

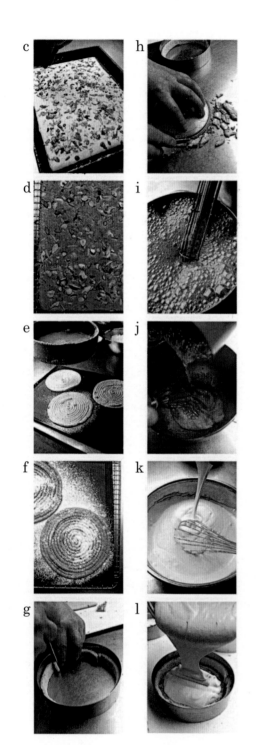

② 在①的蛋糕上撒上各類堅果（圖c），放入220℃的烤箱中烤7～8分鐘，放涼備用（圖d）。

［製作達克瓦茲蛋糕］

③ 製作達克瓦茲蛋糕麵糊（→P80）。

④ 用直徑6mm的圓形擠花嘴，將③呈螺旋狀擠在鋪了矽膠烤盤墊的烤盤上，擠成直徑15cm的圓形，撒上足量的糖粉（圖e）。放入160℃的烤箱中烤30分鐘，放涼備用（圖f）。使用其中的3片。

⑤ 將中空圈模排放在淺鋼盤中。去除②的裘康地蛋糕邊端，切成2.5×47.5cm的帶狀3條，有堅果那面朝外，放入中空圈模中，圍成一圈（圖g）。

⑥ 在④的蛋糕上，放上直徑13cm的千層酥盒模型，用刀從邊緣切割成直徑13cm的圓片（圖h）。

⑦ 烤色面朝上，將⑥鋪入⑤的中空圈模底部。

［製作蜂蜜慕斯］

⑧ 製作蜂蜜蛋黃霜。在鍋裡放入蜂蜜以大火加熱至120℃(圖i)。

⑨ 在攪拌盆中放入蛋黃，用打蛋器打散，放入⑧混合（圖j）後過濾，用高速攪拌器攪拌至人體體溫程度，待呈緞帶狀即可。

⑩ 將泡水回軟、充分擦乾水分的吉利丁片，放入鋼盆中，隔水加熱煮融，加入⑨中混合。

⑪ 鮮奶油用高速攪拌器攪拌變黏稠，至會稍微留下攪拌器攪拌痕跡的8分發泡程度。

⑫ 將⑪分2次加入⑩中（圖k），用打蛋器第一次如從底部舀取般充分攪拌，第二次輕柔地攪拌。

⑬ 在⑦的中空圈模中，倒入⑫的慕斯到與側面蛋糕等高為止（圖l）。

⑭ 1個蛋糕約加入25顆的大茴香酒醃漬葡萄乾到⑬中（圖m），放入冷凍庫備用。

※為了不讓這個甜點的酸味太突出，我使用酸味少的智利產葡萄乾。

［蛋白類蛋糕］普羅旺斯狂想曲

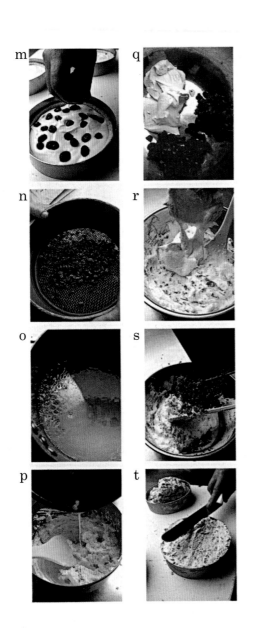

m

n

o

p

q

r

s

t

［製作牛軋糖慕斯］

⑩　將做好放涼備用的牛軋糖切碎，用粗目網篩過濾，讓顆粒均勻（圖n。→P126〔切碎使用時〕）。

⑯　製作蛋奶餡。在鍋裡放入蜂蜜、砂糖和水飴，以大火加熱（圖o）至122℃，加入用攪拌機打發的蛋白中，製作使用蜂蜜糖漿的義式蛋白霜（→P118）。加熱至人體體溫程度後，取下攪拌缸。

⑰　在鋼盆中放入泡水回軟充分擦乾水分的吉利丁片，隔水加熱煮融。倒入⑯中（圖p），用木匙混合。

⑱　趁製作義式蛋白霜之際，在鋼盆中放入糖漬櫻桃、糖漬綜合水果、重乳脂鮮奶油（圖q），用木匙攪拌混合備用。

⑲　在⑱中加入⑰，用木匙粗略地混合，再加入⑮的牛軋糖，如從底部舀取般拌勻（圖r～s）。將這個的慕斯倒入⑭中，用抹刀抹平（圖t），再用急速冷凍機讓它冷凍凝固。

［完成］

⑳　在⑲的上面用抹刀薄塗透明果凍膠。用瓦斯槍加熱中空圈模，脫膜，最後裝飾上水果和細葉芹。

conseil de chef

Caprice在法文中是變化無常之意。我在蛋糕中使用各式各樣普羅旺斯的產品，例如慕斯中使用風味獨特的蜂蜜、茴香酒漬葡萄乾、讓人想起普羅旺斯牛軋糖（→P330）的牛軋糖慕斯，以及混入其中的糖漬綜合水果和牛軋糖等。鋪在底部的達克瓦茲蛋糕也具有黏稠的口感，比分蛋式海綿蛋糕更能感受到濃郁的杏仁味，讓人印象深刻，也可和其他素材保持完美平衡。

Moka Jamaïque
牙買加摩卡蛋糕

在富苦味的咖啡風味中
香蕉的香味與葡萄乾的酸味變成點綴
還可延續達克瓦茲蛋糕咖啡味的餘韻

分量　直徑 15 cm、高 4 cm的中空圈模 3 個份

● 紋飾蛋糕　Pâte à décor ── 40 × 60 cm 1 片
◎下列是 40 × 60 cm的烤盤 2 片份的分量。使用其中的 1 片。

摩卡雪茄餅（最少分量）

pâte à cigarettes au moka

> 無鹽奶油　beurre ── 50 g
> 糖粉　sucre glace ── 50 g
> 蛋白　blancs d'œufs ── 50 g
> 低筋麵粉　farine faible ── 50 g
> 咖啡香精　trablit ── 5 g

摩卡裘康地蛋糕

biscuit joconde au moka

> 杏仁糖粉　T.P.T.（→P 123）── 425 g
> 低筋麵粉　farine faible ── 60 g
> 全蛋　œufs ── 6 個
> 蛋白　blancs d'œufs ── 180 g
> 白砂糖　sucre semoule ── 10 g
> 融化奶油　beurre fondu ── 42 g
> 咖啡香精　trablit ── 30 g

● 摩卡達克瓦茲蛋糕

pâte à dacquoises au moka

◎下列為最少分量，可製作直徑 15 cm 7 片份。使用其中的 3 片。
剩餘烤好的餅裝在有乾燥劑的密閉容器中，約可保存 4～5 天。

蛋白霜　meringue

> 蛋白　blancs d'œufs ── 120 g
> 白砂糖　sucre semoule ── 40 g

咖啡香精 trablit ── 約 10 g
杏仁糖粉　T.P.T.（→P 123）── 185 g
低筋麵粉　farine faible ── 15 g
糖粉 sucre glace ── 適量 Q.S

● 餡料　Garniture
香蕉（切圓片）rondelles de banane ── 1 條份
三溫糖　sucre roux ── 1 小撮 1 poignée
葡萄乾　raisins secs ── 1 小撮 1 poignée
※選擇有酸味的產品。

蘭姆酒　rhum ── 20 g
無鹽奶油　beurre ── 適量 Q.S

● 摩卡奶油甜凍　Bavarois au moka
摩卡英式蛋奶醬

crème anglaise au moka

> 鮮奶　lait ── 150 g
> 鮮奶油（乳脂肪 48%）crème fraîche 48% MG ── 75 g
> 即溶咖啡　café soluble ── 40 g
> 蛋黃　jaunes d'œufs ── 2.5 個份
> 白砂糖　sucre semoule ── 75 g

吉利丁片　gélatine en feuilles ── 6 g
鮮奶油（乳脂肪 48%）crème fraîche 48% Mg ── 150 g
義大利蛋白霜　meringue italienne ── 40 g
※使用前才製作（→P 118）。

● 焦糖慕斯　Mousse au caramel
焦糖醬　sauce caramel

> 白砂糖　sucre semoule ── 75 g
> 鮮奶　lait ── 150 g
> 蛋黃　jaunes d'œufs ── 1.5 個份

吉利丁片　gélatine en feuilles ── 6 g
鮮奶油（乳脂肪 48%）crème fraîche 48% MG ── 225 g
義式蛋白霜　meringue italienne ── 45 g
※使用前才製作（→P 118）。

● 裝飾用　Décor
透明果凍膠　nappage neutre（→130）── 適量 Q.S
咖啡香精　trablit ── 適量 Q.S

a

［製作紋飾蛋糕］

① 製作摩卡雪茄餅。在鋼盆放入奶油稍微加熱，用打蛋器攪拌混合成乳脂狀。

② 在①中加入糖粉攪拌混合，分 3～4 次加入蛋白（圖 a），每次加入都要用打蛋器如輕輕敲擊般攪拌。

※蛋白先不打散放入，再如敲擊般攪拌。蛋糕若含許多氣泡膨脹後，較不易加熱，所以為了讓空氣難以進入要小幅度地攪拌。

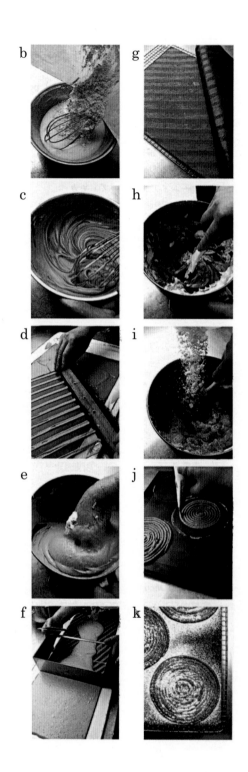

b　g

c　h

d　i

e　j

f　k

③　加入低筋麵粉攪拌混合至看不見粉末後，加入咖啡香精混合（圖b～c）。

④　將③倒到40×60cm的2片矽膠烤盤墊上，用抹刀抹成約1mm厚，用刮梳器（間隔1.5cm寬1cm的突起）斜向刮出溝槽（圖d），放入冷凍庫讓它凝固。

⑤　製作裘康地蛋糕（→P42）。但是，步驟②的攪拌時間約15分鐘，在步驟③加入砂糖製成質地細緻的蛋白霜。

※歐貝拉蛋糕中使用的裘康地蛋糕，因氣泡要大，才能吸收糖漿，所以蛋白霜中不加砂糖，但是這裡為了能轉印摩卡雪茄餅的條紋，所以需要製成細緻的麵糊。

⑥　在⑤中加入咖啡香精，用手如從底部舀取般混合（圖e）。

⑦　與變硬的④雪茄餅的邊端稍微重疊，倒入⑥的麵糊，用3mm厚的麵糊寬度調整器（→P38）整勻（圖f），放在烤盤上，以220℃約烤10分鐘。拿掉矽膠烤盤墊放涼（圖g）。使用其中的1片。

［製作摩卡達克瓦茲蛋糕］

⑧　參照P80的達克瓦茲蛋糕麵糊，製作摩卡達克瓦茲蛋糕。咖啡香精是在步驟②之前，加入蛋白霜中混合（圖h），將低筋麵粉和杏仁糖粉混合，之後再一起加入（圖i），之後作法均同。

⑨　在鋪了矽膠烤盤墊的烤盤上，用直徑6mm的圓形擠花嘴，在直徑15cm的圓形上呈螺旋狀擠③（圖j），撒上足量的糖粉。放入160℃的烤箱中烤30分鐘，放涼（圖k）。使用其中的3片。

［製作餡料］

⑩　奶油以中火加熱煮融，加入香蕉、三溫糖和葡萄乾稍微香煎。香蕉邊角軟化變圓後（圖l）撒上蘭姆酒加熱讓酒精揮發（flambé）。放涼備用。

⑪ 將中空圈模排入淺鋼盤中。切掉⑦的紋飾蛋糕邊端，切成2×47.5㎝的帶狀3條（圖m），蛋糕的花紋側朝外放入中空圈模中，貼在側面一圈。

⑫ 在⑨的達克瓦茲蛋糕上，放上直徑13㎝的千層酥盒模型，用刀分別切割修整成直徑13㎝，烤色面朝上鋪入⑪的中空圈模底部（圖n）。

［製作摩卡奶油甜凍］

⑬ 製作英式蛋奶醬。在鍋裡放入鮮奶，鮮奶油和即溶咖啡，以大火加熱煮沸。

⑭ 在鋼盆中放入蛋黃和砂糖，用打蛋器充分混拌至泛白為止（圖o）。加入一半的⑬充分攪拌後，倒回⑬的鍋裡（圖p）。

⑮ 以中火加熱⑭，用木匙持續攪拌至煮成黏稠狀，待成為霜飾狀後（→P18步驟⑥）離火。

⑯ 在⑮中加入泡水回軟充分擦乾水分的吉利丁片混合煮融，用細目網篩過濾後，以冰水冷卻備用。

⑰ 用高速攪拌器攪拌鮮奶油變黏稠，至能殘留攪拌器攪拌痕跡的8分發泡狀態（圖q）。

⑱ 將⑰分2次加入⑯中，用打蛋器如從底部舀取般，第一次充分混合，第二次加入義式蛋白霜（圖r）輕輕拌勻。

⑲ 在⑫的中空圈模中，倒入⑱至側面蛋糕的高度（圖s）。

⑳ 用湯匙舀取放涼備用的⑩的餡料，分次放入⑲中（圖t），再放入冷凍庫中備用。

［製作焦糖慕斯］

㉑ 在鍋裡放入砂糖以大火加熱，用打蛋器持續攪拌熬煮焦糖。待變成深褐色即熄火，再持續攪拌以餘溫加深焦糖化（圖u）。

※因為之後加入鮮奶油和鮮奶會蓋住焦糖味，所以味道要煮濃一點備用。

v

w

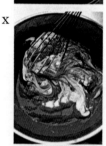

x

y

㉒　在鍋裡放入鮮奶以中火加熱至60～70℃，倒入已放入鋼盆中打散的蛋黃中（圖v）攪拌混合。這項作業需配合㉑的完成時間來進行。

※和焦糖混合時，若用法國的鮮奶則沒問題，但用日本的因為容易分離，為了讓它充分乳化所以加入蛋黃。此外，蛋黃還能增加厚味。

㉓　一邊攪拌，一邊在㉑中倒入㉒讓它充分乳化（圖w）。加入泡水回軟、充分擦乾水分的吉利丁片混合融解。盆底放冰水冷卻備用。

㉔　以⑰～⑱相同的要領，將打發的鮮奶油和義式蛋白霜加入㉓中混合（圖x）。

㉕　取出⑳，放入焦糖慕斯用抹刀抹平（圖y），用急速冷凍機讓它冷凍凝結。

［完成］

㉖　請參照核桃焦糖咖啡蛋糕的步驟⑮（→P85），以大理石花樣的表面做裝飾。但咖啡香精用筆畫在2～3處。

㉗　加熱中空圈模的側面，脫模。

conseil de chef

慕斯中的焦糖酸味會使咖啡風味的奶油甜凍更加突顯，這是牙買加風情的甜點。普羅旺斯狂想曲（→P94）中，使用酸味較少的葡萄乾，不過夾入中央和香蕉一起香煎過的葡萄乾卻要使用有酸味的，才能讓人加深印象。蛋糕的特色之一是，用加入咖啡色以刮梳器刷成條狀的雪茄餅組裝成紋飾蛋糕，不過一定要用氣泡結構結實的裘康地蛋糕才能夠轉印。

Les Misérables
悲慘世界

能去除口中殘留餘味的達克瓦茲蛋糕
以及清爽的糖漬水果
可保持焦糖風味巧克力的美味

分量　長16×寬12cm、高4cm的橢圓模型4個份

● 榛果達克瓦茲蛋糕

Pâte à dacquoises noisettes

◎下列為最少分量，可製作7片份。使用其中的4片。
剩餘的蛋糕裝在有乾燥劑的密閉容器中，約可保存4~5天。

蛋白霜　meringue

> 蛋白　blancs d'œufs —— 120 g
> 白砂糖　sucre semoule —— 40 g

榛果杏仁糖粉　T.P.T.noisettes
(→P123) —— 200 g

低筋麵粉　farine faible —— 10 g

糖粉　sucre glace —— 適量 Q.S

● 巧克力無粉海綿蛋糕

Biscuit chocolat sans farine

◎sans farine是指沒有麵粉之意。
下列為最少分量，可製作9片份。使用其中的4片。

> 蛋白　blancs d'œufs —— 90 g
>   ※使用置於常溫3天以上的蛋。
> 白砂糖　sucre semoule —— 70 g

> 蛋黃　jaunes d'œufs —— 3個份
> 白砂糖　sucre semoule —— 70 g

可可粉　cacao en poudre —— 12 g

● 焦糖巧克力慕斯

Mousse au chocolat-caramel

焦糖醬　sauce caramel

> 白砂糖　sucre semoule —— 150 g
> 鮮奶油（乳脂肪48%）crème fraîche 48% MG
> —— 150 g

蛋黃　jaunes d'œufs 105 g

鮮奶油（乳脂肪48%）crème fraîche 48% MG
—— 555 g

黑巧克力（可可成分61%）

couverture noir 61% de cacao —— 270 g
※融化備用。

● 餡料　Garniture

糖漬洋梨（切半）compote de poire（→P128）1.5~
2個份

● 裝飾用　Décor

巧克力糖衣　glaçage au chocolat（A）—— 約720 g
※使用前才製作（→P133）。

金箔（噴霧式）or en poudre —— 適量 Q.S

黑巧克力　plaques de chocolat —— 適量 Q.S
※製作有金箔花樣的片狀和螺旋形2種備用（→P132）。

a　c　b　d

[製作榛果達克瓦茲蛋糕]

① 製作達克瓦茲蛋糕（→P80）。榛果杏仁糖粉和低筋麵粉事先混合（圖a），加入蛋白霜中（圖b）。

② 在鋪了矽膠烤盤墊的烤盤上，用沾粉的模型做記號，在記號處用直徑6mm的圓形擠花嘴，將①擠成螺旋狀（圖c），撒上足量的糖粉。以160℃的烤箱烤30分鐘，放涼備用（圖d）。使用其中的4片。

③ 放涼後切掉蛋糕邊端修整形狀，烤色面朝上鋪入使用模型的底部。

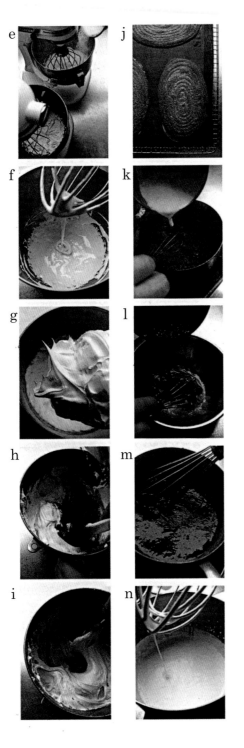

[製作巧克力無粉海綿蛋糕]

④ 在蛋白和蛋黃中，分別加入砂糖同時打發（圖e）。蛋白的砂糖是趁蛋白開始發泡，氣泡還粗時加入一半，打發到體積增加、泛出光澤後加入剩餘的量繼續攪拌。

※ 蛋黃打發到能像緞帶般流下的程度（圖f），蛋白打發到尖角能豎起為止（圖g）。

⑤ 從攪拌機上取下攪拌缸，在蛋白中加入蛋黃，用木匙如從底部舀取般混合，並加入可可粉同樣地充分攪拌（圖h～i）。

⑥ 以步驟②相同的要領，將⑤擠成小一圈的橢圓形，以180℃的烤箱約烤25分鐘，放涼備用（圖j）。使用其中的4片。

※ 不加粉的麵糊容易扁塌，所以要迅速擠製立刻放入烤箱烘烤。

[製作焦糖巧克力慕斯]

⑦ 用焦糖製作蛋黃霜。先製作焦糖醬（→P119。但是最後不加奶油）。因要混合蛋黃，所以焦糖要煮濃一些，蛋黃會吸熱，所以鮮奶油要煮沸後再加入（圖k）。

⑧ 在鋼盆中放入蛋黃，用打蛋器充分打散後，加入⑦（圖l）迅速攪拌，倒回⑦的鍋裡以中火加熱。

⑨ 持續攪拌⑧並且加熱，待鍋緣開始冒泡後（圖m）離火，用攪拌機以高速攪拌至人體體溫程度讓它乳化。

⑩ 用攪拌機以高速攪拌鮮奶油，打發到能隱約殘留打蛋器痕跡的5分發泡為止（圖n）。

※ 加入巧克力中容易變硬結塊，所以攪拌到容易拌勻的5分發泡程度即可。

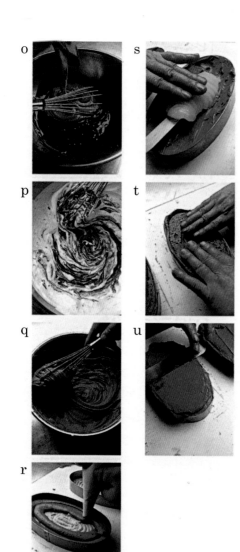

o

s

p

t

q

u

r

⑪　在融化備用的巧克力中加入⑨（圖o）充分混合。接著分2次加入⑩的鮮奶油拌勻。第一次用打蛋器如從底部舀取般拌勻，第二次輕柔地攪拌（圖p～q）。

⑫　用粗的擠花嘴，將⑪的慕斯呈螺旋狀擠在③的模型中至一半高度（圖r），用抹刀將中央的慕斯抹向側面，使中央凹陷。

⑬　將糖漬水果橫切成6～7㎜厚的片狀，放在⑫的中央，1個模型中大約放入10片（填塞中央部分的分量）（圖s）。

⑭　剩餘的慕斯再擠9分滿以上，烤色面朝下放上⑥的蛋糕，用手輕輕地按壓，去除空氣讓它密貼（圖t）。放上少量剩餘的慕斯，用抹刀刮平表面（圖u），用急速冷凍機冷凍凝固。

［完成］

⑮　取出⑭，加熱中空圈模後脫膜，放在已置於淺盤中的網架上。

⑯　將調整成人體體溫程度的巧克力糖衣，從⑮的上面淋下，用抹刀抹平，連同網架向下敲擊，抖落多餘的巧克力糖衣。

※參照康特爾帕蛋糕的步驟㉑的圖（→P93）。

⑰　在表面噴上金箔。

⑱　將切割成適當大小的金箔花樣黑巧克力片，黏貼在側面，上面放上螺旋形的巧克力做裝飾。

conseil de chef

這是突顯焦糖香味的巧克力慕斯甜點。達克瓦茲蛋糕口感黏稠具存在感，即使長時間咀嚼吸收唾液後，口中仍會感到清爽。大概是每一口巧克力慕斯的味道都讓人感到新鮮。此外，焦糖的酸味可使巧克力的味道更有層次。不同的製作者上面會裝飾不同的巧克力。

Meringue chantilly caramel

焦糖香堤鮮奶油蛋白餅

焦糖的苦味和蛋白霜的香甜
細柔的奶油醬和酥脆的蛋白餅
形成強烈對比的完美美味

分量　27個份

●杏仁蛋白餅 Pâte à meringues aux amandes

蛋白 blancs d'œufs —— 140 g

※使用新鮮的蛋白。

[白砂糖A sucre semoule A —— 17g
　糖粉 sucre glace —— 105 g]

白砂糖B sucre semoule B —— 63 g

杏仁糖粉 T.P.T.（→P123）—— 84 g

杏仁片 amandes effilées —— 適量Q.S

糖粉 sucre glace —— 適量Q.S

●焦糖香堤鮮奶油

Crème chantilly au caramel

焦糖醬 sauce caramel —— 從以下分量中取1250 g

[白砂糖 sucre semoule —— 600 g
　鮮奶油（乳脂肪48%）crème fraîche 48% MG
　　—— 600 g
　鮮奶 lait —— 300 g
　無鹽奶油 beurre —— 75 g]

鮮奶油（乳脂肪48%）crème fraîche 48% MG ——
1 kg

白砂糖 sucre semoule —— 100 g

a

b

c

[製作杏仁蛋白餅]

① 製作杏仁蛋白餅麵糊（→P81）。在烤盤上薄塗上油，立刻用直徑12㎜的圓形擠花嘴，保持間距將麵糊擠製成長5cm、寬3cm大小的橢圓形54個（圖a）。

※擠製成貝殼（coquille）形。coquille是雙殼綱貝類之意，這裡需組合2片使用。

② 在每個①上，約放6～7片杏仁片，撒上足量的糖粉稍微靜置，表面略變濕後撒第2次糖粉（圖b）。

③ 以130℃約烤70分鐘，放涼備用（圖c）。

※重點是慢慢烘烤到內芯部分都變成焦糖色（→P81）。

d

e

f

g

［製作焦糖香堤鮮奶油］

⑤ 熬煮焦糖成為濃郁的焦糖醬（→P119）。鮮奶先和鮮奶油混合後，再加入混合。

※焦糖的苦味煮濃一點，才能和甜味蛋白餅取得平衡。

⑥ 在鮮奶油中加入100g砂糖，用高速攪拌器攪拌到能清楚殘留痕跡的7～8分發泡（圖d），倒入大鋼盆中。

※在步驟⑥和焦糖醬混合時，會再混入氣泡，所以要打至7～8分發泡備用。

⑦ 在⑤中慢慢加入④的焦糖醬，一面用打蛋器如從底部舀取般攪拌（圖e）。途中檢視顏色和味道，讓苦味濃一點。

⑧ 將③的蛋白餅2片為一組緊貼豎立，將⑥的奶油醬用10號、10齒的星形擠花嘴，滿滿地擠入2片蛋白餅之間（圖f）。上面再橫向如畫8字般擠上2條（圖g）。

conseil de chef

杏仁蛋白餅的蛋白和砂糖比例是1比1.5倍以上，具有砂糖甜點般的甜味。所以基本作法需充分烘烤，讓蛋白餅裡面焦糖化，添加芳香的苦味讓它轉化為美味。這樣的甜味蛋白餅，要組合焦糖香堤鮮奶油這類有苦味的奶油醬，以形成口感上的對比。另外，也可做成巧克力香堤鮮奶油成焦糖香堤鮮奶油2種口味。

Mont-blanc
蒙布朗蛋糕

上面的奶油霜入口即化
下面的蛋白餅卻是如糖般酥鬆
這樣的對比實在是美味的組合

分量　40個份

● 杏仁蛋白餅 Pâte à meringues aux amandes

蛋白　blancs d'œufs —— 125 g

※使用新鮮的蛋白。

[白砂糖A sucre semouleA —— 15 g
  糖粉　sucre glace —— 95 g]

白砂糖B sucre semouleB —— 50 g

杏仁糖粉　T.P.T.（→P123）—— 80 g

● 栗子奶油霜 Crème de marron avec beurre

栗子醬　pâte de marrons —— 360 g

※法國製。以糖漬栗子碎片等製作而成。

無鹽奶油　beurre —— 146 g

鮮奶　lait —— 37 g

蘭姆酒　rhum —— 18 g

義式蛋白霜　meringue italienne —— 55 g

※使用前才製作（→P118）。

● 香堤鮮奶油　Crème chantilly

鮮奶油（乳脂肪48%）crème fraîche 48% MG
—— 600 g

白砂糖　sucre semoule —— 60 g

● 栗子香堤鮮奶油　Crème chantilly au marron

鮮奶油（乳脂肪48%）crème fraîche 48% MG
—— 400 g

栗子奶油醬　crème de marrons —— 400 g

※在栗子醬中加入等比例的糖漿稀釋製成奶油。

a

d

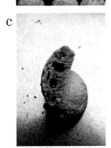
b

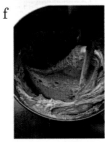
e

c

f

[製作蛋糕體]

① 製作杏仁蛋白餅麵糊（→P81）。在烤盤上薄塗上油，立刻用直徑12mm的圓形擠花嘴，保持間距將麵糊擠製成直徑5cm的圓形40個（圖a）。

② 將①放入130℃的烤箱中約烤1小時。確認中心部分烤成焦糖色後，從烤箱取出放涼備用（圖b～c）。

[製作栗子奶油霜]

③ 將栗子醬和從冷藏剛取出的奶油，放入安裝上攪拌器的攪拌機中，剛開始以低速攪拌，立刻加入鮮奶，再加蘭姆酒（圖d），加入後改為高速攪拌。

④ 不時刮取黏在側面的奶油霜混合，待攪拌變得泛白、黏稠，能留下攪拌器的痕跡後（圖e）停止攪拌。

⑤ 製作要混入④中的義式蛋白霜（→P118）。

⑥ 在④中加入⑤的義式蛋白霜，為保留氣泡，用木匙從盆底舀取如切割般混合（圖f）。

※栗子醬質地厚重，加入義式蛋白霜後會讓它變輕盈。

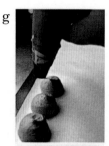

g

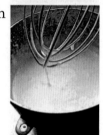

h

i

j

⑦　在淺盤上，用直徑13mm的圓形擠花嘴，將⑥擠成直徑約3cm、高1.5cm的帽子狀40個（圖g），用急速冷凍機急速冷凍。

※為了在塗抹香堤鮮奶油時容易成形，栗子奶油霜稍微冰硬備用。

[製作香堤鮮奶油]

⑧　用高速攪拌器將鮮奶油和其1/10分量的砂糖粗略地攪拌，待成糊狀後停止（圖h）。盆底放冰水用打蛋器攪拌發泡，攪拌到舀取後尖角會立刻倒下的7～8分發泡程度（圖i）。

※香堤鮮奶油攪拌到稀軟的狀態後，視狀態再用手打發。一開始使用攪拌機，是為了減輕用手打發的勞力。

⑨　在③的杏仁蛋白餅上，放上⑦擠製好的栗子奶油霜，塗上⑧的香堤鮮奶油。先舀取一杓香堤鮮奶油放上，再用抹刀從上面刮塗成形（圖j）。放入冷藏備用。

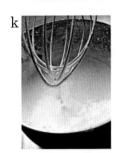

k

l

m

n

o

［製作栗子香堤鮮奶油］

⑩　鮮奶油不加砂糖，用高速攪拌器攪拌成泥狀後即停（3～4分發泡、圖k）。

※在⑫和栗子奶油醬混合時還要再攪拌，所以只要攪拌成極稀的狀態即可。

⑪　在鋼盆中放入栗子奶油醬，用木匙攪拌回軟成奶油狀。

⑫　在⑪中加入⅓的⑩香堤鮮奶油攪拌混合。顏色變均勻後，以相同的要領陸續加入⅓量混合（圖l～m）。待變成緞帶狀即可（圖n）。

⑬　將⑫裝入無擠花嘴的擠花袋中，在⑨上以縱向擠成線狀覆蓋。再轉90度同樣地擠製覆蓋（圖o）。放入銀杯中，冷藏1小時，讓奶油的水分釋入杏仁蛋白餅中。

※為了讓水分釋入杏仁蛋白餅中使它稍微變軟些，栗子香堤鮮奶油要製作得稀軟些。

conseil de chef

如同沙布蕾被上面的水果汁弄軟後的美味般，中央烤成焦糖狀的杏仁蛋白餅，也是吸收水分變軟後最美味。製作蒙布朗蛋糕時，為了讓栗子香堤鮮奶油的水分容易滲入下方的杏仁蛋白餅中，我刻意攪得比較稀。雖說如此，杏仁蛋白餅太軟的話也不行，所以我在栗子醬中加入奶油，擠製成一部分防水的外形後，將它冰硬再擠上香堤鮮奶油。我想讓顧客品嚐到，除了栗子風味奶油霜外，如糖果軟化般口感的獨特蛋糕香味也很美味。

自製基本的甜點元素

5

為了呈現自己想製作的甜點，
就必須先製作符合自己喜歡風味的副材料和元素。
所以我的店裡有各式各樣自製的甜點元素。
在我修業時期 70 年代的法國，
當時幾乎沒有店家販售自家製的糖漬水果。
記憶中頂多只有用橘皮做的糖漬橙皮（→ P325）。
我覺得這樣會局限我想製作的甜點。
話雖如此，但我也無法全部使用自製的材料。
因為我剛回日本時很難買到材料，
所以有些副材料必須委託製造商一起製作。
例如綜合碎水果乾等就是如此，
直到現在對我來說仍舊是相當方便的材料。
有不少人很講究材料，
但即便如此，我覺得不應過度重視而忽略重要的東西。
甜點師傅必備的是活用材料的基本技術，
以及企圖製作美味甜點的態度。
我自己挑選製作甜點基本元素的材料，
目的只是為了製作出自己理想中的甜點。

奶油醬

Crème pâtissière
卡士達醬
［Custard cream］

基本分量　成品約400 g

鮮奶　lait —— 250 g

香草棒　gousse de vanille —— ¼ 根
※使用大溪地產香草，製成大茴香系風味。

蛋黃　jaunes d'œufs —— 2.5個份

白砂糖　sucre semoule —— 63 g

高筋麵粉　farine forte —— 25 g

無鹽奶油　beurre —— 25 g

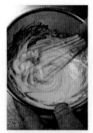

1
在銅鍋裡放入鮮奶和剖開的香草，用小火加熱備用。在鋼盆中放入蛋黃和砂糖，用打蛋器充分混拌至泛白為止。
※使用散發令人印象深刻的大茴香系香味的大溪地產香草。因容易煮焦，一定要使用銅鍋。

2
在混拌好蛋黃的1鋼盆中加入高筋麵粉，混拌至看不見粉末為止。

3
待1的鮮奶煮沸後，在2中加入⅓～一半分量充分混合，再倒回1的鍋裡拌勻。
※一部分拌勻再倒回鍋裡。

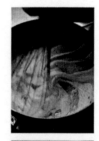

4
以大火加熱3，用打蛋器持續攪拌。
※最初的1～2分鐘容易煮焦，所以要迅速攪拌。

5
待攪拌的手感變得沉重。直到麵糊泛出光澤，從底部沸騰、手感變輕時即熄火。

6
待舀取時卡士達醬會迅速流下的狀態表示已完成。這個狀態稱為「去麩」。
※所有材料煮透的狀態。若未達此狀態會殘留粉末感。

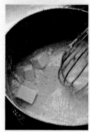

7
加入切丁的奶油混合。倒入淺盤等中，蓋上保鮮膜密貼，讓它稍微變涼，不馬上使用的話，就要放入冷藏保存。
※奶油能增加光澤與濃郁度。
◎基本上卡士達醬請在前一天製作冷藏，使用前再取出味道已濃縮的卡士達醬混拌回軟。

Crème d'amandes
杏仁奶油醬

基本分量　成品約475 g

無鹽奶油　beurre ── 125 g

杏仁糖粉　T.F.T.（→P123）── 250 g

全蛋　œufs ── 2個

◎這裡使用的奶油、加入杏仁糖粉中的杏仁、砂糖、和蛋幾乎是等比例。

1
在鋼盆中放入奶油稍微加熱，用打蛋器混拌至稍微泛白的程度。
※杏仁奶油醬口感濕潤較美味。攪入太多氣泡的話，烘烤時會變得較乾，所以勿過度打發。

2
加入杏仁糖粉同樣地攪拌。
※使用香味濃的西班牙產馬爾可那種的杏仁所製成的糖粉。

3
一點一點慢慢加入蛋液，充分攪拌混合。

4
拌勻即可。

Crème frangipane
法蘭奇帕內奶油餡

基本分量　成品約975 g

卡士達醬　crème pâtissière（→左頁）── 500 g

杏仁奶油醬　crème d'amandes（→左記）── 475 g

1
在鋼盆中放入卡士達醬混拌回軟。

2
加入杏仁奶油醬攪拌混合。

Crème chantilly
香堤鮮奶油

基本上是在鮮奶油（乳脂肪48%）
crème fraîche　48%　MG中，
加入10%分量的砂糖sucre後打發。

pâte à bombe
蛋黃霜

基本分量　成品約400g（最少分量）

[白砂糖　sucre semoule —— 250g
[水eau —— 約白砂糖的 ⅓ 量

蛋黃　jaunes d'œufs —— 8個份

1
在鍋裡放入砂糖和水，以大火加熱至108℃。

※沸騰後會立刻達到108℃。用冷水冷卻後擦乾水分（沾水的話糖漿會融化）的2根手指沾取，張開指頭會拉出細線的狀態。

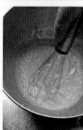

2
在鋼盆中放入蛋黃，用打蛋器充分打散，再加入1，迅速攪拌。

3
將2倒入攪拌缸中，以高速攪拌至人體體溫程度。

※以熱糖漿加熱蛋黃的作業。如果攪拌到溫度太涼的話，質地會凝縮變厚重，這點請注意。

4
待泛出光澤、變黏稠呈緞帶狀即完成。因加熱過，所以可冷藏保存1週左右。

◎這種作法會形成較多的氣泡。主要用於較輕盈的奶油醬等中。另外，還有在打散的蛋黃中加入熱糖漿，放入鍋裡隔水加熱，攪拌至變濃稠的作法，此法能做出較厚重、濃郁的蛋黃霜。

Meringue italienne
義式蛋白霜

基本分量　成品約300g（最少分量）

[白砂糖　sucre semoule —— 200g
[水eau —— 約白砂糖的 ⅓ 量

蛋白blacs d'œufs —— 100g

※使用新鮮的蛋白。

1
在鍋裡放入砂糖和水以大火加熱，煮沸後，蛋白放入攪拌缸中開始以高速攪拌發泡。待糖漿變成122℃後，將攪拌機轉低速，將糖漿從攪拌缸的邊緣倒入蛋白中。倒完後再改為高速。

※製作量較多時，糖漿的溫度要再提高2～3℃。

2
繼續攪拌到至人體體溫程度，充分加熱。

※基本上砂糖分量是蛋白的一倍。如果不希望太甜，而將砂糖量減少的話，則無法平均加熱，而且蛋也會殘留氣味。

3
待氣泡變細緻、泛出光澤後即完成。

Ganache
甘那許淋醬

分量　成品約750 g
黑巧克力（可可成分53%）
chocolat noir 53% de cacao —— 400 g
※用發酵機加熱至40℃慢慢融化備用。

鮮奶 lait —— 150 g
鮮奶油（乳脂肪48%）crème fraîche 48% MG
—— 75 g
無鹽奶油 beurre —— 125 g

1
在鍋裡放入鮮奶和鮮奶油，以大火加熱煮沸後，熄火。

2
在攪拌缸中放入融化備用的巧克力，加入1。

3
用打蛋器輕輕地混合2後，用低速攪拌器攪拌。
※為避免攪入空氣，以極低速輕輕地攪拌讓它乳化。

4
待攪拌到泛出光澤，攪拌器痕跡呈漂亮皺紋後，加入切好的奶油，攪拌至人體體溫程度。

Sauce caramel
焦糖醬

材料
白砂糖 sucre semoule
鮮奶油（乳脂肪48%）crème fraîche 48% MG
※有時也會加入鮮奶。

無鹽奶油 beurre

1
在銅鍋裡放入砂糖，以大火加熱，持續用打蛋器攪拌，待煮成深褐色的焦糖狀後熄火。
※餘溫會使顏色變得更深，所以煮得稍淺色就熄火。通常，溫度約180～185℃。

2
持續攪拌利用餘溫再煮焦，成為適當的顏色。
※焦化的程度，根據之後加入的鮮奶油分量及製作的甜點來調整。

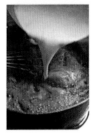

3
配合2的完成時間加熱鮮奶油。將它倒入2中，並且充分攪拌混合。

4
為了儘早融化，加入切好的奶油，混拌讓它泛出光澤。

基本材料&堅果類

Fondant
翻糖

基本分量　成品約600g
白砂糖　sucre semoule —— 400g
水eau —— 160g
水飴　glucose —— 60g
◎使用大理石。

3
降至40℃後，快速地進行舀取翻拌的作業。

※這是需要力氣的作業。砂糖溫度越高，融化量越大。先加熱讓它大量融解後，再讓溫度急速下降形成不飽和狀態的砂糖，經由攪拌使其糖化。

1
在鍋裡放入砂糖和水，以大火加熱煮沸後，加入水飴加熱至118℃。

※一開始就放入水飴的話會揮發，所以沸騰後再加入。

4
當糖變白、變得散碎後，表示已經糖化。用三角鏟等刮取黏附在大理石上的糖成為一團。

2
在用酒精消毒過的大理石上倒入1，噴水防止表面糖化。用刮板或三角鏟（三角形刮刀）抹開，放涼至40℃左右（觸摸感覺溫熱的程度）。

5
用手揉搓4讓它變得光滑、泛出光澤為止。在常溫下可保存數個月。

※若保持散碎狀態易結塊、變硬，無法變平滑。製作的分量較多時，可用攪拌機安裝攪拌器以低速揉製。大理石用熱水就能清洗乾淨。
◎翻糖可以常溫保存。

conseil de chef
為了讓它不發黏，市售品中會加入玉米粉，而且因為是以機械製作，所以有的部分無法徹底糖化。購買雖然方便，不過為了瞭解究竟什麼是翻糖，最好親手製作。翻糖具有獨特的溫暖甜味。

用翻糖製作糖衣
Glace à l'eau
覆面糖衣

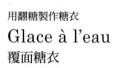

取必要量的翻糖，和適量的波美度30°糖度（或適當的糖度）的糖漿一起放入鍋裡，加熱至30℃調勻後使用。這樣的糖漿稱為覆面糖衣。而加入蘭姆酒增添風味的糖漿稱為蘭姆覆面糖衣（Glace au rhum）。圖中是烘烤類甜點用的糖衣（覆面）濃度。用手指沾取能透見指頭，滴1滴在大理石上會呈圓形，凝固不流動。
用來擠製作裝飾用時，翻糖和糖漿是以8：1的比例混合，大約是舀取會呈緞帶狀慢慢流下的柔軟度。

※加熱翻糖和糖漿的溫度，最高至32～35℃為止。若溫度太高，暫時融化的砂糖結晶，放涼後會變大失去滑潤感，也喪失光澤。溫度太低的話則會流動。

［自製基本的甜點元素］翻糖／覆面糖衣

Glace royale
蛋白糖霜

基本分量　成品約140～170 g

蛋白　blancd'œuf —— 20 g

糖粉　sucre glace
[擠製裝飾用　pour décor —— 150 g
[覆面用　pour glaçage —— 120 g

檸檬汁　jus de citron —— 適量Q.S

1
在鋼盆中放入蛋白，及配合用途所需分量的糖粉，用木匙攪拌混合。拌勻後加少量檸檬汁再混合。

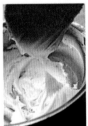

A
擠製裝飾用 pour décor：略硬。
◎例如杏仁馬斯寇特蛋糕（→P19）。

B
覆面用 pourg laçage：如緞帶般柔軟即可。
◎例如杏仁奶油夾心蛋糕（→P289）。

基本糖漿
sirop à 30°B
波美度 30°的糖漿

基本分量　成品約2350 g

水 eau —— 1 kg

白砂糖　sucre semoule —— 1350 g

Sirop à 20°B
波美度 20°的糖漿

基本分量　成品約1500 g

水 eau —— 1 kg

白砂糖　sucre semoule —— 500 g

在鍋裡分別放入水和砂糖，煮沸讓砂糖融解，放涼後使用。

※波美度是表示液體濃度的單位。波美度30°相當於糖度約57％，波美度20°相當於糖度約36％。

Massepain pâtisserie
裝飾用杏仁膏

分量　成品約2400 g

杏仁（去皮）amandes émondées —— 500 g
※使用西班牙的馬爾可那種杏仁。

糖粉　sucre glace —— 500 g

波美度30°的糖漿　sirop à 30°B —— 400 g

糖漿　sirop

[
白砂糖　sucre semoule —— 1 kg
水飴　glucose —— 150 g
水 eau —— 400 g
]

◎使用3根滾軸的碾壓機碾壓。店內通常會使用超高速攪拌機製作。

3
在2中放入波美度30°的糖漿充分混合，在常溫中靜置一晚備用。

※不可混入糖度低的糖漿，以免杏仁膏太軟。靜置一晚讓水分蒸發會變得稍微乾一點。

1
在鋼盆中放入去皮杏仁和糖粉混合備用，以碾壓機碾壓。第一次將投入口的滾軸間寬度調成約10 mm。

※原本是以真空的超高速攪拌機大致攪碎後，再以碾壓機碾壓。

4
在鍋裡放入糖漿的材料，以大火加熱至133℃。在安裝攪拌器的大攪拌機中放入3，倒入熱糖漿，並且以中速攪拌。

2
第2次碾壓，將投入口的寬度調成約5 mm，最後1次將滾軸調成幾乎沒間隙，共計碾壓3次。碾壓變得濕潤，用手握住經碾壓的杏仁粉會結塊即可。放入鋼盆中。

※勉強以細縫碾壓，會造成機器故障。通過滾軸的次數，可根據最終狀態來斟酌的調整。

5
攪拌到變得泛白，結成塊時不會沾手是最佳狀態。

◎加入比杏仁多3倍的砂糖，因為加熱過，所以能在常溫下長期保存。砂糖量較少的杏仁膏，用於砂糖甜點時會較硬。

Pâte d'amandes crue
生杏仁膏

分量　成品約2120 g

杏仁（去皮）amandes émondées —— 1 kg
※使用西班牙的馬爾可那種杏仁。

白砂糖 sucre semoule —— 1 kg

蛋白　blancs d'œufs —— 120 g

在鋼盆中放入所有材料混合，以裝飾用杏仁膏的步驟1～2（→上述）的要領，用滾軸碾壓2次。
※粗碾增加香味即可。

杏仁糖粉

T.P.T.
杏仁糖粉（去皮 blanc）

分量　成品約2kg
杏仁（去皮）amandes émondées ── 1kg
※使用西班牙的馬爾可那種杏仁，以下相同。

白砂糖 sucre semoule ── 1kg
香草棒 gousses de vanille usées sèches ── 5～6根
※用過一次的香草棒，清洗乾燥後備用。

T.P.T. noix
核桃杏仁糖粉

分量　　成品約2kg
核桃 noix ── 750g
杏仁（連皮）amandes brutes ── 250g
白砂糖 sucre semoule ── 1kg

T.P.T. noisettes
榛果杏仁糖粉

分量　成品約4kg
杏仁（連皮）amandes brutes torréfiées ── 1kg
※烤到內芯呈金黃色備用（→P125步驟1）。

榛果 noisettes torréfiées ── 1kg
※烤到內芯呈金黃色，過篩去皮備用（→P124步驟2）。

白砂糖 sucre semoule ── 2kg

在鋼盆中混合堅果和砂糖，如同
裝飾用杏仁膏（→左頁）用碾壓
機碾3次。在只使用杏仁的杏仁
糖粉中，加入用過一次已乾燥碾
成粉狀的香草棒混合。在常溫中
可保存約1週左右。
※馬爾可那種的杏仁擁有獨特的濃
郁香味。碾壓時稍微碾粗一點，以
保留香味和口感。
◎原本會以真空的超高速攪拌機大
致攪碎後，再以碾壓機碾壓。

Praliné(clair)
堅果醬
顏色清淡、味道柔和

分量　成品約1800 g
杏仁（去皮）amandes émondées —— 500 g
榛果　noisettes torréfiées —— 500 g
※分別製作杏仁醬、榛果醬時，則用杏仁和榛果相加的全量製作。

白砂糖　sucre semoule —— 750 g
水　eau —— 200 g
◎使用3根滾軸的碾壓機碾壓。店內通常會使用超高速攪拌機製作。

5

待如砂粒般的糖化糖漿，完全裹住堅果後，散放在烤盤上讓它稍微變涼。
※必須先讓它充分糖化。否則水分會滲入堅果中，而失去爽脆口感。

6

將5再倒回銅盆中，以大火加熱，用木匙持續攪拌加熱，使砂糖開始融化。

1

去皮杏仁放入180℃的烤箱中約烤15分鐘，烤到有淡淡的烤色。
※堅果顏色若烤得很深，可製作出風味濃郁的堅果醬。這裡則適度烘烤，製成風味柔和的堅果醬。

7

加熱到變成深焦糖色為止。

2

榛果也以相同的要領烤到內部上色為止，用粗目網篩篩過去皮。

8

將7攤放在烤盤上，讓它充分變涼。變涼後先大致碾碎，再調整縮小投入口縫隙，一面碾壓。
※為了不讓它受熱，必須以較少的次數碾壓成糊狀。

3

在銅盆中放入砂糖和水，以大火加熱至118℃，離火。
※若未達118℃，水分會滲入堅果中使其變濕，碾壓時會沾黏在滾軸上，所以一定要用溫度計確認溫度。

9

共計碾壓6次，如果握住會成塊的話，也可以只碾壓5次，聚集後壓平表面，用塑膠袋包好置於常溫中保存。
※約可保存1年。碾壓5次較粗的堅果醬，適合巴黎布雷斯特泡芙（→P141）等中使用。

4

烤過的堅果趁熱加入3中，用木匙如刮取底部般充分混合。

10

從9中只取需用的分量（最大量也只有1週的用量），再碾壓一次。待變成奶油狀，裝入密閉容器中，置於常溫中使用。
※成為奶油狀的堅果醬無法長期保存，所以只要碾壓所需的使用量。

Gianduja
巧克力果仁糖

分量

杏仁（連皮）amandes brutes —— 750 g

榛果　noisettes torréfiées —— 500 g

糖粉　sucre glace —— 750 g

牛奶巧克力（可可成分35%）

cocverture au lait 35% de cacao —— 350 g

可可奶油　beurre de cacao —— 50 g

※巧克力和可可奶油融化備用。
◎使用3根滾軸的碾壓機碾壓。

1
將帶皮杏仁放入180℃的烤箱中約烤10分鐘，直到內芯都上色，榛果則參照堅果醬的步驟2（→P124）烘烤後去皮。

2
在鋼盆放入1和糖粉混合，一面調窄投入口的滾軸間隙，一面碾壓2次。碾壓過的堅果顆粒還很粗。

3
在鋼盆中放入融化備用的巧克力和可可奶油，放入2大致混拌成鬆散的小塊。

4
再次一面調窄投入口，一面將3碾壓2～3次，直到變得細滑為止。

※用滾軸碾壓後，堅果醬便會散發無與倫比的香味。勿用滾軸過度碾壓，以免受熱過度。

5
變得細滑後倒入鋼盆中，壓平表面裝入塑膠袋中，在常溫下保存。

※若製成塊狀，可保存1年。

conseil de chef
工廠製作的巧克力果仁糖，是以5根滾軸碾壓成細滑的質地，雖然口感優於自製的，不過材料本身的品質、香氣與新鮮度，自製的則會優於工廠產品。巧克力果仁糖可用來製作糖果甜點，在店內予以商品化。此外，巧克力果仁糖也可用開心果和可可奶油等製作，在口味上有多種變化。

Nougatine d'amandes
果仁糖

基本分量　成品約510～530 g

白砂糖　sucre semoule —— 300 g

水飴　glucose —— 30～50 g

12切杏仁　amandes concassées —— 200 g

※或用杏仁片 amandes effilées。使用西班牙產馬爾可那種杏仁。

1
在銅鍋裡放入砂糖和水飴，以大火加熱，持續攪拌至煮成深褐色的焦糖後（溫度約180～185℃），熄火。

※要充分煮成焦糖，才能製作出香脆的果仁糖。

2
在1中立刻加入杏仁，用木匙迅速攪拌。

※讓杏仁受熱。

3
使杏仁裹上焦糖即可。

4
將3散放在矽膠烤盤墊上，再放上另1片矽膠烤盤墊夾住，用擀麵棍擀成所需的厚度，趁熱塑成喜歡的外形。

※小心別被燙傷。

Nougatine de noix
核桃果仁糖

基本分量　成品約80 g

白砂糖　sucre semoule —— 50 g

核桃　noix torréfiées concassées —— 40 g

※核桃 noix 用180℃的烤箱烤到稍微上色的程度，再切成7～8mm的顆粒備用。

不加水飴，依照與果仁糖的步驟1～3（→左述）相同的要領製作，散放在矽膠烤盤墊上放涼（左圖）。

[切碎使用時]

果仁糖變涼、變硬後，在紙上切碎，用5mm大小的粗網眼網篩濾篩。未篩過的碎堅果再切碎，重複作業4～5次，使顆粒大小一致。

※在紙上切碎堅果不會四處飛散，較易作業，且不傷刀刃。也可以用食物調理機，斷續按開關將堅果大致打碎。若攪打成粉狀，和奶油醬等混合後會融化，所以勿攪拌得太細碎。

Noisettes caramélisées
焦糖榛果

基本分量　成品約515 g
榛果 noisettes —— 400 g
白砂糖　sucre semoule —— 100 g
水　eau —— 45 g
無鹽奶油　beurre —— 12 g

1
榛果放入180℃的烤箱中，約烤
10分鐘直到內芯呈黃褐色，以
粗目網篩濾篩數次，去皮備用。
※以杏仁製作時雖可連皮製作，但
榛果的皮有澀味，所以要去除。

4
再將3倒回2的鍋裡，開火加
熱，用木匙持續攪拌加熱，讓糖
衣融化。

2
在鍋裡放入砂糖和水開火加熱，
煮到118℃後加入1，用木匙如
刮底部般持續攪拌。這是糖化作
業。

5
待糖衣變成焦糖色裹住榛果後，
加奶油迅速混合。
※加入少量奶油，是為了讓步驟6
較易分離。

3
待所有榛果都沾裹糖衣後，放在
烤盤上讓它稍微變涼。

6
將5倒到烤盤上。趁熱，用手指
將一粒粒榛果分開。

水果類

Compote de poire
糖漬洋梨
[使用罐頭製作]

分量

糖漬洋梨（罐頭）poires mises en boîte
—— 1罐（內容量825 g、固體量440 g）

※糖漿醃漬的切半洋梨 poires partagées en deux。
使用南非共和國產洋梨，加砂糖和酸味料。

香草棒 gousse de vanille —— ¼根

白砂糖 sucre semoule —— 20～25 g

1
在鍋裡放入罐頭的糖漿、切開的香草和砂糖，煮沸後轉小火，加入洋梨。

※罐頭水果會殘留罐頭味，不管什麼都必須重新煮過。通常，罐頭的醃漬糖漿的糖度約波美度14°，衡量糖漿的糖度後再加砂糖，將糖度提升到18°。

2
加上紙蓋稍微煮一下讓洋梨熟透。若用竹籤能刺穿即熄火，直接放涼備用。

Compote de pomme râpée
糖漬蘋果泥

分量 成品約2.3kg

糖漬蘋果（市售）compote de pomme —— 2kg（固體量）
※切片蘋果以糖漿煮製而成，糖度約波美度12～13°。
加了糖類與酸味料。

白砂糖 sucre semoule —— 200 g

檸檬皮 écorce de citron —— 1個份

香草棒 gousse de vanille —— 1根

無鹽奶油 beurre —— 100 g

1
將糖漬蘋果用食物調理機攪碎，成為細滑的泥狀。

2
在銅鍋裡放入1、砂糖、檸檬皮和切開的香草，以大火加熱，用圓孔杓持續攪拌加熱，煮沸後轉中火。

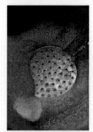

3
小心別被沸水燙傷，繼續攪拌。不時用圓孔杓按壓，繼續加熱讓果汁釋出。直到果汁已釋盡（左圖）即完成。

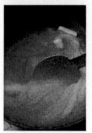

4
熄火，取出檸檬皮和香草，加入切碎的奶油混合使其融化。放涼後放入冷藏，約可保存1週。

※本店以20kg為單位製作，再冷凍保存。

Julienne de zeste d'orange confite
糖漬橙皮絲

柳橙表皮 zeste d'orange —— 適量Q.S
水飴 glucose —— 適量Q.S

1.將柳橙表皮切絲，用水煮至變軟，倒到濾網上充分瀝除水分。
2.放入鍋裡，加入能蓋過材料的水飴量，煮至110℃，倒到網篩上，瀝除湯汁（圖）。
※橙皮絲接觸空氣後會泛出光澤，可說是速成的砂糖醃漬品。

Framboise pépins
覆盆子醬

基本分量　成品約650g
覆盆子 framboises —— 500g
白砂糖 sucre semoule —— 500g
果膠 pectine —— 6g

1
在砂糖中混入果膠，倒入放有覆盆子的鍋裡，以大火加熱。持續攪拌加熱至65～70％brix的糖度。
※因為醬料會沾染火味，所以雖說以大火加熱，但不要讓火焰超出鍋子底部。

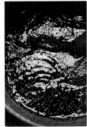

2
慢慢地熬煮1，讓水分揮發。為了不讓色澤變差，需仔細撈除浮沫。不時舀至小盤中稍微放涼，確認是否已達容易塗抹的硬度。
※根據覆盆子本身所含的果膠量，硬度也會改變，所以要在指定範圍的糖度下確認硬度。

3
完成後倒入淺鋼盤中，立刻密貼蓋上保鮮膜，在避免形成糖分的皮膜的情況下，放涼。
◎因糖度高，能在常溫下保存。

〈使用時回軟法〉
將覆盆子醬放在大理石上，用抹刀翻動推開至容易塗抹的硬度。（因砂糖會結晶化，所以不要攪拌）。

Gelée de groseille
醋栗醬

基本分量　成品約400g
醋栗汁 jus de groseille —— 220g
※醋栗汁的顏色很重要，在鋪入白布的圓錐形網篩中，放上冷凍醋栗糊，在常溫中放置一晚，讓它自然滴漏後使用。
◎用柳橙製作時，先榨取大量新鮮柳橙汁冷凍備用，每次使用時取所需分量，與上述同樣解凍後使用。

白砂糖 sucre semoule —— 220g
果膠 pectine —— 2g

1
將5％（11g）的砂糖和果膠混合。在鍋裡放入醋栗汁，以大火加熱。加熱至接近人體體溫的溫度時（儘量30℃），加入混合好的砂糖和果膠混合，煮融砂糖。
※以30℃融化，能提高果膠的凝固作用。

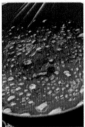

2
煮沸後，加入剩餘的砂糖再持續攪拌熬煮。熬煮到118℃，糖度67～70％brix為止，離火。
※本店製作10kg的果醬，需花2小時。

〈使用時回軟法〉
1.在鍋裡放入所需的量，以中火加熱煮沸。變軟、變小塊後（左圖）熄火。※以大火加熱會變色或是煮焦。所以先煮沸讓果膠融化變軟。
2.塗抹用時：用木匙混拌成容易塗抹的硬度。
用擠花袋等擠製時：放在大理石上降溫並用抹刀抹開弄軟。

Confiture d'abricot
杏桃果醬

分量

杏桃泥　pulpe d'abricot mise en boîte —— 1 kg
※使用4.6kg色調佳，富香味，西班牙產、去籽的果肉狀新鮮杏桃泥罐頭。無糖。

白砂糖　sucre semoule —— 1 kg
果膠 pectine —— 50 g

1
將杏桃泥用2mm大小的粗網眼網篩過濾。

2
砂糖和果膠混合備用，加入已放有1的鍋裡，以大火加熱，持續攪拌。待整體沸騰冒泡後熄火。
◎常溫下保存。

Glaçage à l'abricot
杏桃果醬覆面
［Abricoter］

材料　※下列的數字是比例

杏桃果醬　cofiture d'abricot（→左記）—— 1
透明果凍膠　nappage neutre（→下列）—— 1

杏桃果醬和透明果凍膠以1比1的比例混合，使用時用水調整硬度，以中火煮沸後塗抹。
※將它煮沸會泛出光澤，變涼時能徹底凝固。

conseil de chef
Abricoter
將杏桃果醬塗在甜點表面的作業就稱為Abricoter。具有調味、增加光澤豐富表情、以及保護表面等作用。

Nappage neutre
透明果凍膠

基本分量　成品約1320 g

透明果凍膠　nappage neutre —— 800 g
※市售品。原料為蘋果或洋梨汁、水、果膠和砂糖。

水飴　glucose —— 120 g
水 eau —— 400 g
檸檬（切塊）citron —— ½顆

在鍋裡放入所有材料，開火加熱煮沸後，放涼過濾。常溫下保存。
※市售的透明果凍膠味道濃郁，所以要這樣加以調整。
本書材料中出現的「透明果凍膠」，全指這種加工過的。
◎塗抹水果或蛋糕等時，加熱至60℃後使用。

Nappage au fruit
水果果凍膠

基本分量　成品約625 g

透明果凍膠 nappage neutre（→左記）—— 500 g
果汁　jus de fruit —— 125 g
※柳橙汁 jus d' orange：以新鮮柳橙大量榨汁後冷凍備用。
解凍所需量，以和醋栗醬的醋汁（→P129）相同方式，花時間解凍後使用。
醋栗汁　jus de groseille：使用冷凍泥，和醋栗醬（→P129）一樣解凍後使用。

1
將透明果凍膠和果汁用食物調理機混合。
※市售的果凍膠中加入酒石酸等各種成分，只用手混合無法黏結，也無法變細滑。

2
混合到變細滑、泛出光澤的狀態後即可。可大量製作冷藏備用，直接取出使用。

巧克力類

Copeau chocolat
巧克力片

材料
巧克力　couverture ── 適量Q.S
※加熱至40℃融化備用。40×60cm的烤盤1片約使用300～400g。

1
在加熱至60℃的淺盤或烤盤背面，用抹刀將以40℃融化備用的巧克力塗抹成1～2mm厚。放入冷凍庫中5～6分鐘讓它凝固。

2
使用時讓它稍微回到常溫（室溫20℃約20分鐘）較容易削下，用果仁糖用的切模，以銳利側按壓削下（圖中是已削下的痕跡）。

3
削下後取出，塑成喜歡的形狀作為裝飾。製作花瓣形時也是用這個巧克力片（→P30）。
◎直接從巧克力磚削取時稱為巧克力屑（→P32）。
◎也可以像秋葉蛋糕般，用三角鏟削成帶狀（→P89），依不同削法能做成各式各樣的裝飾。

Eventail chocolat
巧克力扇葉

分量
白巧克力　couverture blanc ── 190g
※融化備用。圖中雖是使用白巧克力，不過根據不同的蛋糕，也可使用牛奶巧克力或黑巧克力。
若用其他巧克力，以左記1的要領塗抹再讓它凝固，不需加沙拉油。

沙拉油　huile végétale ── 1大匙

1
在鋼盆中放入融化的巧克力，加入沙拉油混合。
※沙拉油有利延展，如果希望巧克力延展得很薄時可以加入。不加沙拉油時，以巧克力片步驟1～2（→左記）的要領，塗抹在淺盤背面，讓它回到常溫再削下。

2
在大理石或冰冷備用的淺盤背面，用抹刀將1薄塗成縱長片。靜置讓它變得泛白、凝固。依照想削下的寬度縱向切開。

3
三角鏟配合要削取的寬度，用手輕輕按住左端，三角鏟以向下按壓的感覺來削取。形成的皺褶成為扇形後切斷。
※三角鏟若朝上無法漂亮削取。左手的按壓方式不同，會削出不同花樣的皺褶。

Plaques de chocolat
巧克力裝飾

材料

巧克力 couverture

※片狀40×60cm 1片，約使用300～400g，以其為基準換算。
◎準備各種片狀。一次製作1天份的所需分量備用。

[片狀]

a

將調溫（→P345、347）過的巧克力，薄塗在下列的貼膜（也包含市售品）上，靜置凝固後，切割或用切模切取使用。
◎金箔花樣：在貼膜上，先噴上噴霧式金箔後使用（圖a）。
◎各式花樣：特別訂製，或使用市售各式花樣的貼膜。
◎大理石花樣：在透明的貼膜上，滴上調溫過的黑巧克力後，再倒上白巧克力讓它延展。用於康特爾帕帕蛋糕（→P90）的巧克力裝飾，使用較多的白巧克力。黑、白巧克力分量不同，呈現的色調也不同。

[螺旋形]

a

b

c

將調溫過的巧克力薄塗在透明細長的貼膜上（圖a），用刮梳器或裝飾刮板（添加木紋花樣的工具）的梳形側刮出條紋狀（圖b）。靜置一下，將巧克力面朝內側，連貼膜一起捲起，放入塑膠筒內（圖c）讓它凝結。輕輕撕下貼膜即可使用。

Appareil à pistolet chocolat
巧克力噴霧

材料　以下是比例
黑巧克力（可可成分55%）
couverture noir 55% de cacao —— 1
可可奶油 beurre de cacao —— 1

1
巧克力是用發酵機，或隔水加熱慢慢煮融至40℃備用。可可奶油在使用前才加熱至40℃使其融解（左圖）。

2
使用時，在巧克力中混入可可奶油輕輕地攪拌，過濾2次。

3
將甜點保持間距放入淺鋼盤中，為避免弄髒周邊，用厚紙板等圍住。在噴霧槍中裝入2，滿滿地噴在甜點上。
※巧克力變涼會結塊，就不易噴出，所以使用時，巧克力須調整溫度，避免在40℃以下。

[自製基本的甜點元素] 巧克力裝飾／巧克力噴霧

Glaçage au chocolat(A)
巧克力糖衣

［歐貝拉蛋糕、聖米歇爾蛋糕的覆面用，以及榛果喜樂
蛋糕的裝飾用］
基本分量　成品約240 g
鮮奶油（乳脂肪48%）crème fraîche 48% MG —— 25 g
鮮奶 lait —— 25 g
水飴 glucose —— 13 g
黑巧克力（可可成分53%）
chocolat noir 53% de cacao —— 63 g
※用發酵機加熱至40℃慢慢融化備用。

淋面用巧克力 pâte à glacer —— 63 g
※切碎備用。

波美度30°的糖漿 sirop à 30°B —— 50 g

［悲慘世界覆面用］
基本分量　成品約240 g
鮮奶油（乳脂肪48%）crème fraîche 48% MG —— 75 g
水飴 glucose —— 20 g
黑巧克力（可可成分53%）
chocolat noir 53% de cacao —— 38 g
※用發酵機加熱至40℃慢慢融化備用。

淋面用巧克力 pâte à glacer —— 112 g
※切碎備用。

波美度30°的糖漿 sirop à 30°B —— 50 g

1
在鍋裡放入鮮奶油，或是鮮奶油
和鮮奶，開火加熱煮沸，離火。
再加入水飴、融化的巧克力、切
碎的淋面用巧克力，用打蛋器攪
拌充分融化。

2
加糖漿混合，增加濃度。

3
打蛋器殘留的攪拌痕跡若呈條狀
就行了。
◎用於甜點時，加熱至人體體溫程
度、延展性變好後使用。

Glaçage au chocolat(B)
巧克力糖衣

［康特爾帕蛋糕覆面用］
基本分量　成品約690 g
白砂糖 sucre semoule —— 250 g
水 eau —— 200 g
鮮奶油（乳脂肪48%）crème fraîche 48% MG
—— 130 g
可可粉 cacao en poudre —— 100 g
吉利丁片 gélatine en feuilles —— 12 g

1
在鍋裡放入砂糖和水，開火加熱
煮沸，煮融砂糖製成糖漿。在別
的鍋裡放入鮮奶油，開火加熱煮
沸。

2
1的糖漿煮沸後熄火，放入可可
粉混合融解，接著加1的鮮奶油
同樣地混合。

3
在2中加入泡水回軟、充分擦乾
水分的吉利丁片充分攪拌融化。

4
將3過濾到鋼盆中，立刻密貼蓋
上保鮮膜，以免形成薄膜。使用
時加熱至人體體溫程度後再塗
抹。

133｜［自製基本的甜點元素］巧克力糖衣

Pâte à choux
泡芙

6

烘烤時需注意烤乾

泡芙都會填入或夾入奶油醬，易染濕氣，
是特別需要烘乾的一種甜點。
如果經過充分烘烤，較能長時間保持乾燥。
泡芙表皮有凹凸，烘烤時較不易流失裡面的水分。
烘烤前先用叉子按壓麵糊，使表面均勻地突起，
也是儘量讓水分蒸發的手法之一。
不同大小烘烤時間有異，但為了充分烤乾需慢慢烘烤。

烘烤得夠乾才是好泡芙

Pâte à choux
泡芙麵糊

巴黎泡芙用（→ P136）／巧克力閃電泡芙用
（→ P138）
巴黎布雷斯特泡芙用（→ P141）

基本分量　成品約 1445g
◎巴黎泡芙約95個份、
巧克力閃電泡芙約50個份、
巴黎布雷斯特泡芙4個份

鮮奶 lait ── 250 g

水 eau ── 250 g

無鹽奶油 beurre ── 225 g

白砂糖 sucre semoule ── 10 g

鹽 sel ── 10 g

低筋麵粉 farine faible ── 300 g

全蛋 œufs ── 400 g

※蛋是大概的量。麵糊若太硬，可以再加。

3
再次以大火加熱，並用木匙如刮
取鍋底般攪拌。若加熱至麵糊能
和鍋底分離即可熄火。

※一直加熱水分會過度蒸發，使蛋
糕變硬，此外，奶油也會出油。

4
在攪拌缸中放入3，安裝攪拌器
以低速攪拌，讓它稍微變涼。

※攪拌速度太快會出油，這點請留
意。

5
降至60℃時（即某程度能觸碰
攪拌缸的溫度），分次將蛋一個
一個加入。此時麵糊會變成塊
狀。

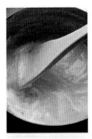

1
在銅鍋裡放入鮮奶、水、奶油、
砂糖和鹽，以大火加熱煮沸，確
認奶油融化後熄火。

※加鮮奶使麵糊風味更豐富，加砂
糖以呈現漂亮的烤色。

6
成為乳脂狀後，陸續加接下來的
蛋混合。直到加入所有蛋，溫度
降至人體體溫的溫度。

2
在1中放入低筋麵粉，攪拌至看
不見粉末。

7
用木匙試著舀取，麵糊約3～4
秒慢慢落下，最後木匙上會黏著
三角形的麵糊片即完成。若掉落
的速度太慢，再加蛋稀釋混合。

Chou Parigot
巴黎泡芙

充分烘烤酥脆的泡芙皮芳香四溢
加入大溪地產香草的卡士達醬風味濃郁
確實展現 Parigot（巴黎佬）的道地風味

分量　約38個份

● 泡芙麵糊　Pâte à choux

鮮奶　lait —— 100 g

水　eau —— 100 g

無鹽奶油　beurre —— 90 g

白砂糖　sucre semoule —— 4 g

鹽　sel —— 4 g

低筋麵粉　farine faible —— 120 g

全蛋　œufs —— 160 g

※蛋是大概的量。麵糊若太硬，可以再加。

塗抹用蛋（全蛋）dorure（œufs entiers）
—— 適量Q.S

12切杏仁　amandes concassées —— 適量Q.S

● 卡士達醬

Crème pâtissière —— 約1400 g

※做好備用（→P116）。1個約使用35g。

a　b　c　d　e　f

①　製作泡芙麵糊（→P135），在塗油的烤盤上，用直徑12㎝的圓形擠花嘴，保持間距將麵糊擠成直徑4㎝的圓形共38個。

※為了讓每個麵糊穩定膨脹，受熱均勻，麵糊做好後要趁它在最佳狀態時儘速擠製。

②　在①上用毛刷塗上塗抹用蛋，用叉子按壓，讓表面呈現格狀條紋（圖a～b）。

※塗蛋汁（dorure）是為了呈現漂亮的烤色與光澤。用叉子按壓是為了泡芙烤好後呈現穩定的圓形，不會不均勻。若烤不均勻會不易散發蒸氣，泡芙不會酥脆。

③　在②的烤盤後方，放上許多12切的杏仁，將烤盤前傾讓杏仁沾覆在泡芙麵糊上（圖c），最後將多餘的杏仁從烤盤前方倒入容器中。

※直接在麵糊上放杏仁，會因重量太重而壓扁麵糊。雖說只是撒在上面，但這個泡芙重視杏仁的香氣，所以要使用新鮮的杏仁。

④　放入200℃的烤箱中烘烤25分鐘，以190℃約烤20分鐘（圖d），放涼備用。

※烤到190℃後降溫，能烤到上面的杏仁散發香味，卻不致於烤焦。

⑤　將做好的卡士達醬放入鋼盆中，用木匙充分混拌回軟至舀取卡士達醬會迅速滑落且泛出光澤為止（圖e）。

※卡士達醬要在前一天製作，放入冷藏讓味道濃縮。充分攪拌回軟以呈現厚味。攪拌回軟風味也會改變。

⑥　在④的泡芙皮底部挖個孔，用直徑10㎜的圓形擠花嘴，擠入大量⑤的卡士達醬後，立刻將底部朝下放置（圖f）。

※奶油醬的水分若流到上層，泡芙皮會變得不酥脆，所以擠好後需立刻將底部朝下放置。

conseil de chef

這是針對泡芙麵糊來構思的甜點。徹底將麵糊烤乾是法國甜點的精髓，我認為泡芙皮一定要充分烘烤到口感變酥脆才行。充分烘烤後的泡芙皮，才不會受餡料影響反潮。此外我希望奶油醬呈現天然（單純）的風味，所以不加鮮奶油。

Éclair chocolat
巧克力閃電泡芙

覆面的翻糖甜味非常柔和
入口即化的卡士達醬和充滿蛋香味的外皮
組合成令人懷念的美妙協奏曲

分量　約20個份
● 泡芙麵糊　Pâte à choux
鮮奶　lait —— 100 g
水　eau —— 100 g
無鹽奶油　beurre —— 90 g
白砂糖　sucre semoule —— 4 g
鹽　sel —— 4 g
低筋麵粉　farine faible —— 120 g
全蛋　œufs —— 160 g
※蛋是大概的量。麵糊若太硬，可以再加。

塗抹用蛋（全蛋）dorure（œufs entiers）
—— 適量Q.S
● 巧克力風味卡士達醬
Cème pâtissière au chocolat
卡士達醬　crème pâtissière —— 480 g
※做好備用（→P116）。

黑巧克力（可可成分53%）

chocolat noir　53% de cacao —— 120 g
可可膏 pâte de cacao —— 33 g
※巧克力和可可膏分別煮融備用。

可可利口酒　crèmede cacao —— 12 g
● 裝飾用　Décor
翻糖覆面　glaçage fondant
  翻糖　fondant（→P120）—— 400 g
  波美度30°的糖漿　sirop à 30°B —— 100 g
  可可膏　pâte de cacao —— 90 g
  ※煮融備用。
  紅色色粉 colorant rouge —— 少量Q.S
擠製裝飾用翻糖　fondant pour cornet
  翻糖　fondant（→P120）—— 80 g
  波美度30°的糖漿　sirop à 30°B —— 10 g
  咖啡香精　trablit —— 2～3 g
  ※查看顏色調整分量。

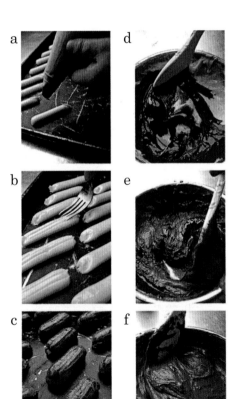

a
b
c
d
e
f

[製作泡芙]

① 製作泡芙麵糊（→P135），在塗油的烤盤上，用直徑13㎜的圓形擠花嘴，保持間距將麵糊擠成約9㎝長的條狀共20個（圖a）。

② 塗上塗抹用蛋。塗好後方向轉180度，再次均勻塗抹。

※改變方向再充分塗抹一次後，塗抹翻糖時才能密貼。雖然是小細節，卻是非常重要的作業。

③ 用叉子按壓加上條紋（圖b）。

※這是為了使表面均勻，形狀才能夠烤得渾圓。

④ 放入200℃的烤箱中烤25分鐘，降至190℃再烤15分鐘，放涼備用（圖c）。

※降低溫度讓它充分烤乾。

[製作卡士達醬]

⑤ 在鋼盆中放入卡士達醬，用木匙粗略地混合回軟，加入融化備用的巧克力和可可膏攪拌混合，再撒入可可利口酒混合（圖d～f）。

※以可可膏調節顏色和甜味，來補強巧克力風味。以可可利口酒突顯香氣。

⑥　在麵糊底部2處開孔。用細的圓形擠花嘴將⑤從單側孔擠入卡士達醬，用手指壓住該孔，再從另一個孔擠入（圖g）。1個約擠入30g卡士達醬。從孔中溢出的卡士達醬刮除保留備用。

［完成］

⑦　製作覆面。在鍋裡放入翻糖和糖漿（保留少量），以中火加熱至30℃。離火後用木匙混拌成糊狀，舀取會迅速滑落的柔軟度最恰當（圖h）。

※最高溫度以32～35℃為宜。若太高溫，暫時融化的砂糖結晶變涼時會變大，失去平滑感就無法泛出光澤。

⑧　加入煮融的可可膏混合（圖i）。在少量的水中加入融化的色粉混合。

⑨　確認⑧的覆面狀態。舀取後會呈緞帶狀流下，這是塗抹時的最佳硬度（圖j）。若太硬，加入剩餘備用的糖漿調整濃度。

※若太硬會失去光澤無法緊密附著，太軟又會流失。

⑩　將⑥的上面朝下，沾取⑨的翻糖覆面，縱向拿起輕輕搖晃讓多餘的覆面流下後，用手指截斷覆面（圖k～1）。泡芙沾好覆面後並排在網架上（圖m）。

※「截斷」多餘的糖漿、水分、覆面等在法語中稱為「égoutter」。如果不做截斷的作業，覆面會向左右滴流，完成後不美觀。

⑪　製作擠製裝飾用翻糖。在翻糖中加入糖漿加熱至30℃，離火攪拌混合。加入咖啡香精混合調整顏色。製成比覆面用更硬些。將製好的翻糖裝入紙製擠花袋中，縱向擠在⑩的中央（圖n）。

conseil de chef

閃電泡芙最好用翻糖覆面。溫暖的甜味可襯托出泡芙皮與卡士達醬融為一體的風味。其他甜點少見的光澤，也是它讓人覺得「好像很美味」的關鍵。冷藏2～3天讓它變乾，趁外觀和味道都濕潤時享用最美味。也可以搭配摩卡奶油霜。

Paris-brest
巴黎布雷斯特泡芙

堅果醬製的芳香輕盈奶油醬
與酥鬆的泡芙皮融為一體
充分散發堅果的風味

分量　直徑15cm 4個份

● 泡芙麵糊　Pâte à choux
◎準備直徑15cm的中空圈模4個份。

鮮奶　lait —— 250 g
水　eau —— 250 g
無鹽奶油　beurre —— 225 g
白砂糖　sucre semoule —— 10 g
鹽　sel —— 10 g
低筋麵粉　farine faible —— 300 g
全蛋　œufs —— 400 g
※蛋是大概的量。麵糊若太硬，可以再加。

塗抹用蛋（全蛋）dorure（œufs entiers）
—— 適量Q.S
澄清奶油　beurre clarifié —— 適量Q.S
12切杏仁　amandes concassées —— 適量Q.S

● 堅果風味的慕斯林奶油醬
Crème mousseline au praliné
義式蛋白霜　meringue italienne —— 68 g
※使用前才製作（→P118）。
無鹽奶油　beurre —— 200 g
蛋黃霜　pâte à bombe —— 68 g
※事先做好備用（→P118）。
堅果醬　praliné（→P124）—— 75 g
※使用碾壓5次的產品。
卡士達醬　crème pâtissière —— 550 g
※事先做好備用（P116）。

● 裝飾用　Décor
糖粉　sucre glace —— 適量Q.S

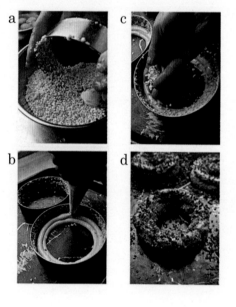

[製作泡芙]

① 製作泡芙麵糊（→P135）。

② 在中空圈模中塗上澄清奶油，將模型放入12切的杏仁中，讓模型沾滿杏仁（圖a），排放在塗油的烤盤上。

※在模型中塗上澄清奶油。融化奶油等因為有較多不純物質，泡芙烤好後會沾黏在模型上。

③ 將①用直徑9mm的圓形擠花嘴，沿著②的中空圈模邊緣擠入2條，在2條中央再呈環狀擠上1條（圖b）。

※擠入的麵糊高度約至中空圈模（寬4cm）的一半。烤好後會滿滿膨脹至邊緣。

④ 在③的泡芙整體上塗滿塗抹用蛋汁，再撒上杏仁（圖c）。

⑤ 放入200℃的烤箱中烘烤40分鐘，烤好後拿掉中空圈模，用190℃大約再烤10分鐘。用小刀沿著模型和泡芙之間插入畫一圈，就能讓中空圈模脫模。烤好後放涼備用（圖d）。

※溫度降至190℃，杏仁才能烤出香氣，又不會烤焦。

e

h

f

i

g

j

［製作堅果風味慕斯林奶油醬］

⑥　製作義式蛋白霜（→P118）。

⑦　在鋼盆中放入奶油稍微加熱，用打蛋器攪拌混成乳脂狀，加入做好的蛋黃霜充分攪拌混合（圖e）。

⑧　再加入堅果醬同樣地混合，加入⑥的義式蛋白霜如從底部舀取般大幅度地混拌（圖f）。

※使用質地較粗的堅果醬，更能強調風味。

⑨　將卡士達醬放入別的鋼盆中，用木匙混拌回軟，加入⑧如從底部舀取般混合（圖g）。混勻後蓋上保鮮膜放入冷凍庫凝結。

※冷凍庫冷凍後，較容易擠製。

［完成］

⑩　取出放涼備用的泡芙皮，分別橫向切半。

⑪　在下面的泡芙上，用10號、10齒的星形擠花嘴先擠一圈⑨的奶油醬。上面再橫向如畫8字般擠上半圈，將另外半圈的泡芙轉過來再同樣擠上奶油醬（圖h～i）。

⑫　在沾有堅果的泡芙上，輕輕地撒上糖粉（圖j），再放到⑪上。

conseil de chef

這是我為了記念1891年巴黎到布雷斯特之間舉辦的自行車大賽所創作的甜點。在放上杏仁烤至酥脆的車輪形泡芙中，擠入加了義式蛋白霜的輕綿慕斯林奶油醬。

烤箱的運用需具備想像力

對烤好的甜點缺乏想像的話，就無法好好運用烤箱。一面烘烤，想像著這個甜點目前是某種狀態，那個甜點差不多快烤好了，這就是烘烤的樂趣。在烤箱放滿各種甜點和麵團的狀態下，一邊烘烤，一邊思量各種甜點該如何烘烤的細微差異，這樣的工作缺乏想像力是做不來的。

此外，因為各式甜點要陸續放入烤箱中，接著要烤什麼、從烤箱裡取出後該做什麼等，綜觀整體的狀況做出指示也相當重要，說起來還必須具備如控制塔般的能力。這可說是最重要的部分。

烤箱的運用也能呈現工作者的感覺。缺乏膽識的烤法，會顯現在所有甜點上。

烤箱不能時常打開。這是因為水分會散失。漂浮在烤箱裡的水氣會影響烤色；千萬不能忽略這點。例如，附著在千層酥皮表面的水分能展現風貌，馬卡龍也因為有這個水分才會泛出光澤。因此，需烘烤到某程度顯現表情後再打開，這點相當重要。此外，水分中融合的素材香氣也能「收入」甜點中，鎖住香氣。

提升風味的烘烤法

烘烤的基本原則包括cuite d'or，法文意指烤成金黃色。充分烘烤後，糖分會浮到烘烤物的表面。透過烘烤浮出的糖分會變成可口的顏色，也就是金黃烤色。這是指所有材料都烤透的狀態。若殘留太多水分很難烤透。所以不同的蛋糕雖然各有差異，但都需要注意烤至乾燥。

奶油、麵粉等都要烤到呈現最佳風味為止，也就是連最難烤透的麵粉都要徹底烤熟，才能引出材料的風味。若烘烤不足則會有麵粉味。直接提升材料風味的烤法，對我來說很正常。即使是奶油醬也一樣，例如英式蛋奶醬的好壞在於它的厚味，蛋要充分烤透才能呈現那樣的美味。即使是相同的材料，若火候不夠，甜味會變得很明顯。

充分烤透和沒烤透的全蛋式海綿蛋糕比較起來，麵粉的香味會明顯不同。烤透的蛋糕呈現材料調和的風味。而會有麵粉味是因為沒烤透，只會突顯出麵粉的味道。

Pâte feuilletée
千層酥皮

7

徹底烤到裡層酥鬆才是最佳酥皮

以麵粉和奶油大約同等量的配方，

將麵團和奶油經折疊多次製作而成的層狀酥皮。

加入少量砂糖的作用是為了增加光澤。

雖然酥皮的特色是有許多層次，不過太蓬鬆的酥皮我並不覺得好吃。

雖然表面已烤好，但如果內層泛白，風味也會不足，

酥皮的特色是外層口感酥脆，內層則呈現鬆軟。

層次縫隙大的話，大多是殘留水分，只烤至半熟的狀態。

千層酥（→ P148）等在酥皮開始膨脹時疊上烤盤，花時間徹底烤乾。

疊上烤盤也能壓出層次間的水蒸氣，烤的更酥脆，

以 180 ～ 190℃烘烤，蒸發多餘的水分。必須注意裡面是否有充分烤乾。

也可增加摺三折的次數、層次更密，放上烤盤烤到酥脆（→ P235）。

千層酥皮的另一項重點是上光作業（glacer；呈現光澤）。

有的像千層酥一樣，最後裹上糖粉後烘烤，

有的像皮蒂維耶酥餅（→ P286），最後將溫度升至 230 ～ 240℃烤出漂亮烤色。

另外還可以在烤好後裹上糖漿來呈現光澤。

表現可口的烤色也是千層酥皮製作上的重要技巧。

加入奶油的酥皮層

Pâte feuilletée
千層酥皮麵團

千層酥用（→P148）／水果酥皮蛋糕用（→P151）
水果千層酥用（→P154）

基本分量　3條份（成品約1180g）
※摺三折後放入冷藏鬆弛備用。
麵團分3等分後將其中1條份擀成2mm厚，整成23×49cm的大小。

低筋麵粉　farine faible —— 250g ┐
高筋麵粉 farineforte —— 250g ┘混合過篩
無鹽奶油　beurre —— 50g
※奶油連同摺疊用，直接從冷藏取出使用。

鮮奶　lait —— 113g、水　eau —— 113g ┐A：混合，融化
鹽　sel —— 10g   │砂糖和鹽備用
白砂糖　sucre semoule —— 10g ┘
無鹽奶油（摺疊用）beurre de tourage —— 400g

1
麵粉類和用擀麵棍敲軟切碎的奶油，用裝上勾狀攪拌器的攪拌機以低速攪拌，再慢慢加入混合好的A。
※不可揉捏。用大攪拌機以低速混合。

2
混合成小塊後，取出放在工作台上捏成麵團。
※多少還能見到奶油粒即可。只要捏成團，勿揉搓。

3
在麵團上切十字切口，裝入塑膠袋中放入冷藏1小時讓它鬆弛。
※切切口是讓出筋呈緊繃狀態的麵團變得鬆弛，方便之後的擀麵作業。

4
取出3，從切口處將麵團往四方擴展擀開。

5
敲打摺疊用奶油成為約4cm厚的正方形，放在麵團的正中央，擀開邊端的麵團，再從四邊確實緊密地包住奶油。

6
用擀麵棍在5上面大致敲打後，用擀麵棍修整成25cm四方的正方形，裝入塑膠袋中放入冷藏讓它鬆弛1小時。

7
取出6撒上麵粉，用擀麵棍擀成1～2cm厚，讓奶油和麵皮密貼後，再擀成5～6mm厚的縱長長方形。先將麵團前端往後摺三折。

8
將7的麵皮旋轉90度改變方向，兩端用擀麵棍按壓避免移位。

9
將8以和7相同的要領縱長擀開後摺三折。再和8同樣地用擀麵棍按壓邊端。將這樣摺三折作業共進行2次。
※第1～2次粗略地折也沒關係。

10
做上摺三折2次的記號，裝入塑膠袋中，放入冷藏1～1個半小時讓它鬆弛。再以相同的要領摺三折共計4～5次，放入冷藏讓它鬆弛。
※摺三折作業若不進行4次，奶油無法融合，就做不出成漂亮的層次。摺2次後放入冷藏讓它鬆弛。
◎依製作甜點的用途，摺疊的次數也不同。

Mille feuille
千層酥

層次緊密的焦糖化酥皮芳香四溢
細滑的卡士達醬系奶油醬和
翻糖溫潤的甜味在風味上形成絕妙平衡

分量　3×7cm、高8cm 45～48個份

● 千層酥皮麵團 Pâte feuilletée

—— 基本分量

※進行5次摺三折作業，鬆弛備用（→P147）。

糖粉 sucre glace —— 適量Q.S

● 一口蛋糕 Petites bouchées —— 配合千層酥數量

◎準備直徑2cm的可露麗模型（邊緣呈波浪狀的圓形模型）和直徑1cm的切模。

※使用2號麵團 rognures de feuilletage（擀平後，將切割剩餘的零碎麵團聚集，再鬆弛，這種麵團法語稱為rognures）。

● 慕斯林奶油醬 Crème mousseline

◎（）內是1條份＝16個份的分量

義式蛋白霜 meringue italienne —— 150（50）g

※使用前才製作（→P118）。

無鹽奶油 beurre —— 450（150）g

蛋黃霜 pâte à bombe —— 150（50）g

※事先做好備用（→P118）。

卡士達醬 crème pâtissière（→P116）

—— 750（250）g

● 餡料 Garniture

草莓 fraises émincées —— 36～38顆份

※切片。

● 裝飾用 Décor

杏桃果醬覆面 glaçage à l'abricot（→P130）

—— 產量Q.S

覆面糖衣 glace à l'eau —— 適量Q.S

※製成烘烤甜點用的硬度（→P120）。

醋栗醬 gelée de groseille（→P129）—— 適量Q.S

糖粉 sucre glace —— 適量Q.S

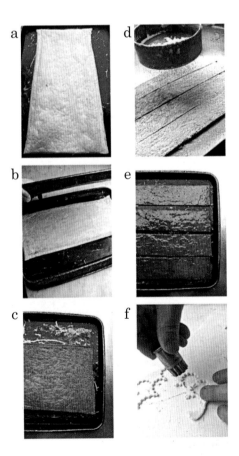

a
b
c
d
e
f

［製作酥皮］

① 取出放在冷藏鬆弛好的千層酥皮（→P147），擀成23cm寬、2mm厚，戳洞後縱切3等分（1片的大小約23×49cm）。

※擀開時的寬度（23cm），是1片長度7cm的倍數加α。加α是烘烤縮小份。

② 將①的麵皮分別放在烤盤上，放入190℃的烤箱中烤20分鐘後（圖a），上面疊上烤盤（圖b）再烤20分鐘（圖c）。

※麵皮開始膨脹時放上烤盤（這時麵皮約1～1.5cm厚），能烤出層次緊密的酥皮。請小心放烤盤時散發出的熱蒸氣。

③ 烤好的酥皮縱長切放置，分別縱切成3等分。將其中上面用的3片取下放涼備用。剩餘的酥皮上撒上足量的糖粉，排放在2片重疊的烤盤上，以200℃約烤7～8分鐘成為焦糖色（圖d～e，在法語中稱為「glacer」），放涼備用。

※因為只烤上面，所以下方重疊烤盤以免受熱。以顏色來判斷是否烤好。

④ 製作一口蛋糕。將千層酥皮麵團的2號麵團擀成2mm厚，用直徑2cm的可露麗模型配合千層酥製作數量切下（圖f），中央再用直徑1cm的模型切割。以180～200℃約烤10分鐘，放涼。

［製作慕斯林奶油醬］

⑤ 參照巴黎布雷斯特泡芙的步驟⑥～⑨（→ P143），製作不加堅果醬的慕斯林奶油醬。但不需放入冷凍庫。

［組裝］

⑥ 在③沒撒糖粉的上面用酥皮上，用抹刀薄塗上煮沸備用的杏桃果醬覆面（圖g），晾乾至不會沾黏到手的狀態。

※以杏桃果醬覆面（→P130），翻糖不會滲入酥皮中，能夠漂亮塗覆在上面。

⑦ 將烘烤類甜點用加深顏色的覆面糖衣（→ P120），用抹刀抹在⑥上。

⑧ 用紙製擠花袋將醋栗醬，在⑦的酥皮上配合寬度斜向來回擠成條狀（圖h）。和醋栗醬呈垂直方向，用小刀刀尖每間隔2～3cm畫出條紋，接著旋轉180度，在條紋與條紋之間再畫1條形成花樣（圖i）。晾乾備用。

⑨ 將焦糖化③的酥皮2片並排放置，用抹刀將⑤的奶油醬抹成2～3mm厚（圖j）。分別散放上6顆份切片草莓。

⑩ 在單片的酥皮上再重疊塗抹上1.5cm厚的奶油醬（圖k），上面再疊上另一片酥皮。

⑪ 在⑩的上面同樣地重疊塗抹上奶油醬（圖l）。剩餘的酥皮也同樣地疊上奶油醬和草莓後組裝。放入冷凍庫凝結備用。

※放入冷凍庫凝結後較易分切。

⑫ 將⑧的上面用酥皮切成3cm寬（圖m），一片片直接用抹刀挑起放在⑪上，修整形狀。用抹刀從千層酥和工作台之間插入挪動一下。

※若酥皮底下黏住，分切時會散裂。

⑬ 配合⑫上面的花紋分切。在一口蛋糕上撒糖粉，一個個分別放到千層酥上。

⑭ 在一口蛋糕的凹陷處，用紙製擠花袋擠上醋栗醬。

conseil de chef

這個甜點可讓人享受香脆千層酥纏裹奶油醬的美味口感。千層酥組合卡士達醬雖是基本的作法，但是酥皮的香味是這道甜點的特色，所以搭配加入具防水效果的奶油的慕斯林奶油醬，以免酥皮受潮。此外，還加入即使厚塗也不膩口的義式蛋白霜使奶油醬更輕盈。在酥皮上撒上糖粉烤成焦糖色，這種作法也有隔離濕氣的作用。

Langue au fruit
水果酥皮蛋糕

蛋白霜的甜味與香蕉的風味、莓果的酸味、
酥皮的香味以及烤焦蛋白霜的苦味
呈現絕妙平衡，是道偏甜卻相當美味的蛋糕

分量　12×21cm、高約5cm2個份

● 千層酥皮麵團　Pâte feuilletée —— 基本分量的⅓
※進行5次摺三折作業，鬆弛備用（→P147）。

塗抹用蛋（全蛋）dorure（œufs entiers）
—— 適量Q.S
◎準備底部6～7cm寬的磅蛋糕模型。

● 卡士達醬　Crème pâtissière —— 200g
※做好備用（→P116）。

● 裝飾用　Décor
◎（　）內是1個份的分量

草莓（切半）fraises —— 12（6）顆份

香蕉切片　émincés de banane
—— 10～12（5～6）片

覆盆子　framboises —— 36（18）顆
※或是黑莓　mûres 36（18）顆

義式蛋白霜　meringue italienne —— 600g
※使用前才製作（→P118）。

糖粉　sucre glace —— 適量Q.S

白砂糖　sucre semoule —— 適量Q.S

a
b
c
d
e

[千層酥皮]　水果酥皮蛋糕

［製作酥皮］

①　將放在冷藏鬆弛好的千層酥皮麵團（→P147）的一半，擀成厚1.8mm、寬24cm，相對於這個寬度再從垂直方向擀成四角形（長是25～26cm），戳洞。放入冷凍庫凝結備用。

※放入冷凍庫凝結備用，分切時切口才會平整。

②　剩餘的一半作為裝飾用，擀成厚2mm、寬22cm的四角形（長是24～25cm），相對於這個寬度再從垂直方向擀開。將這個暫時放入冷凍庫中凝結。

③　將①的酥皮擀成12×22cm共2片，和長邊擀開的方向呈平行切開（圖a。圖中是使用比分量還多的酥皮）。

④　將②的裝飾用酥皮呈垂直，切成2.5cm寬、22cm長的帶狀，共4片（圖b）。

※裝飾用酥皮烘烤後容易縮小。因擀開的方向會縮短，所以要配合③的酥皮烤好時的長度，垂直來分切。

⑤　將③縱長放置，在兩端塗上塗抹用蛋汁，上面再一片片貼上④的裝飾用酥皮，最上面也塗上塗抹用蛋汁。將邊端的酥皮部分用食指一面按壓，一面用小刀的刀背前端，朝酥皮中央等間距地連同下方酥皮一起按壓，製作出花樣（圖c）。

※加上花樣的同時，也讓酥皮密貼。這樣從側面來看，酥皮會變成凵字型的容器。

⑥　將⑤以180℃約烤將近20分鐘，待酥皮膨起後，放上磅蛋糕模型（圖d）烤25分鐘，拿掉模型再烘烤5分鐘（圖e），放涼。

f

g

h

i

j

［組裝］

⑦　製作義式蛋白霜（→P118）。糖漿加熱至比125℃稍高的溫度，加入蛋白中，製成質地細緻的蛋白霜。將烙鐵燒至全紅備用。

※為了具有保形性，要製作質地細緻、堅挺的義式蛋白霜。

⑧　鋼盆中放入卡士達醬混拌回軟，用直徑9㎜的圓形擠花嘴，在⑥的酥皮中擠入條狀填滿（圖f）。

⑨　重疊放上3種水果（圖g。除了放入香蕉、草莓之外，可在1個蛋糕裡放覆盆子，另1個放黑莓）。

⑩　在⑨上再擠上足量的⑦義式蛋白霜，小心避免弄破氣泡，均勻抹成梯形，（圖h），高度約5㎝。

⑪　在⑩的上面撒上糖粉，用充分加熱的烙鐵進行焦糖化（圖i），側面也直接燒烙。

⑫　在⑪的上面撒2次白砂糖，每次撒都要燒烙，和⑪一樣進行焦糖化（圖i）。

※充分焦糖化以呈現苦味。

conseil de chef

這是我以比利時金條這個甜點為基礎製作的甜點。它和薄塗上義式蛋白霜的達尼雪夫蛋糕（→P23）不同，特別強調蛋白霜的美味與酥皮的可口感。酥皮中放入大量風味濃淡適中、質地細緻的蛋白霜，並利用焦糖化添加苦味。此外，蛋白霜還具有阻隔空氣與熱氣，保有蛋糕美味的作用。另一方面，這是千層酥皮做成塔皮般容器的範例之一，具「美味盒」的功用。

Feuilleté fruité

水果千層酥

百香果的酸甜滋味
帶來令人甦醒般的清爽感
散發水果的新鮮美味

分量 4×7cm、高10cm36個份

● 百香果醬

Gelée de fruit de la passion
◎準備40×30cm的中空圈模。

百香果泥（冷凍）

pulpe de fruit de la passion ── 500 g

白砂糖 sucre semoule ── 200 g

吉利丁片 gélatine en feuilles ── 15 g

● 千層酥皮麵團 Pâte feuilletée 基本分量的⅔
※進行5次摺三折作業，鬆弛備用（→P147）。

糖粉 sucre glace ── 適量Q.S

● 裝飾用酥皮 Feuilletage pour décor

2號麵團 rognures de feuilletage ── 400〜500 g
※將擀平用剩的零碎麵團聚集後，再鬆弛。

● 慕斯林奶油醬 Crème mousseline
◎（ ）內是1條份＝12個份的分量

卡士達醬 crème pâtissière

鮮奶 lait ── 750（250）g

香草棒 gousse de vanille ── 3（1）根

肉桂棒 bâton cannelle ── 45（15）g

小荳蔻 cardamome cassée ── 9（3）g

大茴香 anis étoilé cassé ── 15（5）g
※也就是八角。使用破碎的。
和小荳蔻一起用擀麵棍敲碎備用。

蛋黃 jaunes d'œufs ── 9（3）個份

白砂糖 sucre semoule ── 300（100）g

高筋麵粉 farine forte ── 75（25）g

吉利丁片 gélatine en feuilles ── 18（6）g

無鹽奶油（卡士達醬用）beurre ── 300（100）g

無鹽奶油 beurre ── 300（100）g

● 裝飾用 Décor
◎（ ）內是1個份＝12個份的分量

草莓（切半）fraises ── 24（8）顆份

奇異果（切半月形）kiwis ── 21（7）片

覆盆子 framboises ── 48（16）顆

藍莓 myrtilles ── 48（16）顆

黑莓 mûres ── 39（13）顆

透明果凍膠 nappage neutre（→P130）
── 適量Q.S

糖粉 sucre glace ── 適量Q.S

a

b

［製作百香果醬］

① 在鍋裡放入百香果泥，以大火加熱煮融。加砂糖煮融、煮沸。

② 在①加入泡水回軟充分擦乾水分的吉利丁片（圖a），混合融解。倒入鋼盆中底下放冰水，讓它稍微變涼。

③ 在鋪了塑膠布的淺鋼盤中，放上中空圈模，倒入②（圖b）放入冷凍庫冷凍凝固。

［製作酥皮］

④ 將放在冷藏鬆弛好的千層酥皮麵團（→P147），參照千層酥的步驟①〜②（→P149）擀開、戳洞後，分成2等分烘烤。

⑤ 將在④烤好的酥皮，以與步驟③相同的要領切3等分，撒上糖粉的所有酥皮要以200℃約烤7〜8分鐘呈焦糖色。放涼備用。

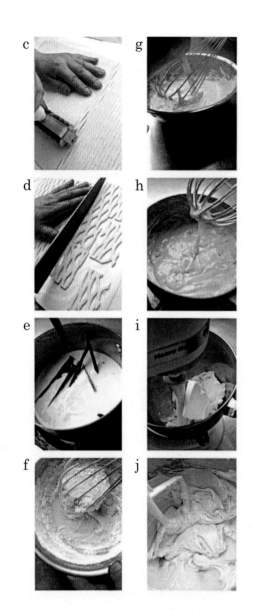

c

d

e

f

g

h

i

j

［製作裝飾用酥皮］

⑥　將2號麵團擀成8cm倍數的寬度（例如24cm），與此相對呈垂直方向擀成2mm厚。和擀開方向呈垂直用網目滾刀切出網目狀切口（圖c）。

⑦　將麵皮縱切後靜置。拉開兩端讓網目張開，在縱向8cm寬、橫向5cm寬處做記號，切成數個長方形（圖d）。

⑧　將⑦放在烤盤上，以180～190℃約烤28分鐘（中途不用再放上烤盤），取出放涼備用。

［製作慕斯林奶油醬］

⑨　在鮮奶中放入切開的香草、肉桂、小荳蔻和大茴香，以大火加熱（圖e）煮沸，熄火。蓋上濕毛巾靜置約5分鐘，讓香味釋入鮮奶後過濾。再用此煮卡士達醬。

⑩　在鋼盆中放入蛋黃和砂糖，用打蛋器攪拌混合，待攪拌變得泛白後，加高筋麵粉，再攪拌混合直到看不見粉末（圖f）。

⑪　將⑨再煮沸，在⑩中加入⅓量充分混合（圖g），倒回⑨的鍋裡攪拌。以大火加熱，用打蛋器持續攪拌。待麵糊泛出光澤後，舀取若能迅速滑落（圖h）即熄火。

⑫　在⑪中放入泡水回軟充分擦乾水分的吉利丁片，和切好的卡士達醬用奶油混合融解。

※加吉利丁的目的是具有保形性。

⑬　在攪拌缸中放入⑫的卡士達醬和切好的奶油（圖i），攪拌機裝上攪拌器以高速攪拌。待攪拌到有氣泡進入變得泛白，呈現出光澤後即完成（圖j）。

※製作有氣泡的慕斯林奶油醬（輕爽奶油醬）。

k

l

m

［組裝］

⑭　在⑤的1片酥皮上，用抹刀塗上⅑量的⑬奶油醬（厚度約1㎝），放上切成7㎝寬的③凝固果醬。不夠的部分，再切取果醬補足。

⑮　在⑭的果醬上面，再放上等量的奶油醬（圖k）抹平。放上酥皮，同樣再抹上奶油醬（圖l）。剩餘的酥皮也以相同的要領重疊果醬和奶油醬。

⑯　在⑮上分別放上各色水果，用毛刷在水果上塗上加熱過的透明果凍膠，使其泛出光澤（圖m）。放入冷凍庫冰凍，較容易分切。

⑰　將⑯切成4㎝寬，在⑧的裝飾酥皮上撒上糖粉後放上。

conseil de chef

以卡士達醬為基材的奶油醬，除了使用大量蛋黃的濃厚風味外，還散發香料風味。相對於此，我在酥皮中夾入具衝擊性的百香果醬作為提味重點。焦糖化酥皮也頗具存在感，使甜點整體的味道更濃厚鮮明。這個甜點製作完成後，其絕頂美味大約能持續1天，因此也必須儘快食用。

Pâte pour fonçage
塔皮

8

口感鬆脆的甜塔皮和
紮實的酥塔皮

Pâte sucrée aux amandes　Pâte à foncer

塔類甜點的塔皮大致區分成加砂糖的甜塔皮，

以及不加砂糖或加少量砂糖的酥塔皮。

順帶一提塔不用口感鬆脆的沙布蕾，沙布蕾的作法是混入麵粉和油脂

製成砂（sable）狀。因為呈現鬆散的砂狀（sablage）而得此名，

不過，最近也有甜點師傅會將甜塔皮製成鬆散的顆粒狀，

所以現在的塔皮種類比較難以明確區分。

甜塔皮是將奶油和砂糖充分混合至泛白後再加入蛋等的水分，

最後混合麵粉加以連結。加水分混合時因有氣泡進入所以口感略鬆脆。

與此相對，酥塔皮是將所有材料一起混合製作。

它是以麵粉為主體的配方，加入奶油較不易形成麵筋，

製作時著重引出麵粉的麵筋，所以能有一定程度的麵筋，

雖然有點脆可是卻很紮實的口感。

甜塔皮的砂糖很多，容易烤焦所以不適合使用要長時間烘烤的蛋奶餡。

另一方面，酥塔皮中幾乎沒加砂糖，組織也很緊密，需花時間烘烤，

所以大多使用能和烘烤時間相稱的蛋奶餡。

與甜塔皮相比，酥塔皮鹽分多，在味道也能有效呈現強弱層次。

它不只能用於甜點中，也能用來製作鹹味的前菜。

烘烤酥脆的甜塔皮

Pâte sucrée aux amandes
杏仁甜塔皮

紅莓塔用（→ P161）／四季水果船形塔（→ P164）
起司塔用（→ P166）／巧克力塔用（→ P169）

基本分量　成品約 960g

無鹽奶油　beurre ── 250 g
※ 取出至常溫中備用。

糖粉　sucre glace ── 38 g
全蛋　œuf ── 1個 ┐
蛋黃　jaune d'œuf ── 1個份 ┘混合備用
鹽　sel ── 2 g
杏仁糖粉　T.P.T.（→ P123）── 225 g
低筋麵粉　farine faible ── 375 g

1
用裝上攪拌器的攪拌機，以低中速將奶油攪拌成乳脂狀，加入糖粉，不時以高速充分攪拌至泛白為止。
※ 量少時用打蛋器，步驟3也可用木匙攪拌就好。

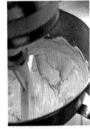

2
在1中加入混好的全蛋和蛋黃，以及鹽混合。
※ 加鹽是為了讓塔皮更紮實。不加的話，烘烤時會塌掉。

3
混合後，加全量的杏仁糖粉和⅓～¼量的低筋麵粉充分混合。
※ 加杏仁糖粉後再加低筋麵粉，但這樣麵團不易黏結，所以要分次放入低筋麵粉。這樣也能抑制麵團產生麵筋，口感也會酥脆。

4
將3混合均勻後，加入剩餘的低筋麵粉，以低速～中速粗略地混拌。
※ 攪拌生熱後杏仁會出油，所以要降低速度混拌，均勻即可。

5
手沾麵粉（分量外），取少量麵團揉成團後壓平，從表面確認已無奶油和粉塊。再全部倒至工作台上揉成團，蓋上保鮮膜，放入冷藏至少1小時以上讓它鬆弛。
※ 因麵團很軟，所以要充分冷藏變硬後再使用，請注意處理。

和蛋奶餡一起烘烤的脆硬塔皮

Pâte à foncer
酥塔皮

亞爾薩斯塔用（→ P172）
聖托諾雷泡芙塔用（→ P174）／洋梨塔用（→ P178）
蘋果塔用（→ P180）／香蕉塔用（→ P182）

基本分量　成品約 950g

無鹽奶油　beurre —— 300 g
※讓它回軟。

低筋麵粉　farine faible —— 500 g

蛋黃　jaunes d'œufs —— 2個份 ⎤
水　eau —— 80 g
鹽　sel —— 10 g ⎬ 混合備用
白砂糖　sucre semoule —— 20 g ⎦

[鋪塔皮]

Fonçage

1
在攪拌缸中放入奶油和低筋麵粉，用手一起揉搓混拌。在別的鋼盆混合蛋黃、水、鹽和砂糖，再加入其中。

※加砂糖是為了呈現光澤。

2
用安裝勾狀攪拌器的攪拌機混合1。一開始麵粉會飛揚，採低速混拌，隨即轉中速，長時間充分混拌。

※所有材料一起放入充分拌勻，與甜塔皮的作法不同。

3
混拌中途刮下側面的麵團混合。混拌到麵團泛出光澤，富彈性後即停止，將麵團取至大理石上。

4
麵團揉成團，用保鮮膜包好，放入冷藏3小時以上讓它鬆弛。擀開後或鋪入模型中後，也要放入冷藏1小時以上讓它鬆弛。

※長時間混拌，麵粉麵筋會增強，麵團容易縮小，所以重點是讓麵團充分鬆弛。

1
將撒上防沾粉的塔皮分別擀成所需的厚度，切割成比模型（這裡使用圓形模）還大一圈。必要的話要戳洞。將塔皮鬆鬆地放入模型中，一面沿著模型邊緣，一面用兩手的拇指按壓，讓塔皮和模型密貼。

2
在1的上面用擀麵棍滾壓，以去除多餘的塔皮。

※使用甜塔皮時，因為質地柔軟，所以要仔細處理。1擀好後，用抹刀插入塔皮下方，從工作台上挑起鋪入模型中。

3
一面沿著模型邊緣，一面用拇指用力將側面和底面交接處的塔皮壓到邊角。

※這項作業很重要。塔皮若沒有充分密貼模型底部的邊角，烘烤時塔皮會隆起。

4
在3中按壓好塔皮時，塔皮會突出模型，用抹刀切掉突出的部分。鋪酥塔皮時，它富彈性，易收縮，所以3之後要放入冷藏鬆弛1小時以上，再切掉多餘的塔皮。

◎乾烤時，鋪入切上切口的烘焙紙，放入重石來烘烤，不過在模型的側面也要充分塞入重石，否則底部邊角會隆起。

Les fruits rouges
紅莓塔

和庫利餡一起烘烤的水果
風味清爽，吃起來清新爽口

分量　上寬 5.8 cm（底寬 3.5 cm）的小塔模 30 個份
● 杏仁甜塔皮

Pâte sucrée aux amandes ── 420 g
※事先做好，鬆弛備用（→P159）。
◎除準備小塔模外，另準備直徑7cm的切模。

● 庫利餡　Coulis

全蛋　œuf ── 1個
蛋黃　jauned'œuf ── 1個份
白砂糖　sucre semoule ── 80 g
杏仁糖粉　T.P.T.（→P123）── 50 g
白葡萄酒　vin blanc ── 100 g
鮮奶　lait ── 150 g

● 餡料　Garniture
◎（）內是1個塔的分量

草莓（切半）fraises ── 30（1）片
覆盆子　framboises ── 30（1）顆
藍莓　myrtilles ── 60（2）顆
黑莓　mûres ── 30（1）顆

● 裝飾用　Décor

醋栗醬　gelée de groseille（→P129）── 適量Q.S
◎（）內是1個塔的分量

草莓（切半）fraises ── 90（3）片
覆盆子　framboises ── 90（3）顆
藍莓　myrtilles ── 120（4）顆
黑莓　mûres ── 60（2）顆
醋栗　groseilles ── 60（2）枝

［製作庫利餡］

①　庫利餡要前一天做好備用。在鋼盆中放入全蛋和蛋黃，用打蛋器打散，加砂糖攪拌混合。混合後加杏仁糖粉混合（圖a）。

②　加白葡萄酒充分攪拌，最後加鮮奶混合（圖b），放入冷藏1天讓它鬆弛。

※透過鬆弛讓材料融合，烤好後能呈現更漂亮的光澤。

［製作塔皮］

③　將鬆弛好的杏仁甜塔皮（→P159）擀成 2 mm 厚。因加入庫利餡，所以不戳洞。以直徑7 cm的切模切取（或將塔皮切割成比使用模型還大一圈）。

④　從工作台和塔皮之間插入抹刀，一片片仔細挑起塔皮鋪入模型中，讓塔皮與底部邊角和四角密貼，切掉多餘的塔皮（圖c。→P160）。

※塔皮柔軟容易破損，請小心處理。若有必要，在③擀開後，先放入冷凍庫凝結。

d

e

⑤　在④的模型中，分別放入1個份分量的水果餡料，再倒入滿滿的②庫利餡（圖d）。

⑥　將⑤以180℃約烤50分鐘（圖e），脫模後放涼備用。

［完成］

⑦　將加熱後放在大理石上用抹刀混拌變涼的醋栗醬，裝入紙製擠花袋中，擠在⑥的塔皮邊緣，放上各色水果做裝飾。上面再淋上醋栗醬。

conseil de chef

這個甜點是以水果烤布丁的概念來製作。配合它輕盈的風味，塔皮要比四季水果船形塔（→次頁）等擀得更薄，以突顯庫利餡和水果的風味。

Barquette aux saisons
四季水果船形塔

能感受塔皮的濃郁風味
這份濃郁感能夠讓人
充分品嚐水果的美味

分量　長10cm、寬4.5cm小船形模型20個份
● 杏仁甜塔皮

Pâte sucrée aux amandes —— 320 g
※事先做好，鬆弛備用（→P159）。
◎準備比模型還大一圈的切模。

塗抹用蛋（全蛋）dorure（œufs entiers）
—— 適量Q.S
● 法蘭奇帕內奶油餡　Crème frangipane
※以下要分別準備，做好備用（→P116～117）。

卡士達醬　crème pâtissière —— 125 g
杏仁奶油醬　crème d'amandes —— 120 g
● 裝飾用　Décor
醋栗醬　gelée de groseille（→P129）—— 適量Q.S
卡士達醬　crème pâtissière —— 160 g
※和上述的法蘭奇帕內奶油餡一起事先做好備用。

水果 fruits
◎（）內是1個份的分量

⎡ 草莓（縱切¼）fraises —— 20（1）片
│ 覆盆子　framboises —— 40（2）顆
│ 藍莓　myrtilles —— 40（2）顆
│ 黑莓　mûres —— 20（1）顆
│ 奇異果（切半月片）kiwi —— 20（1）片
│ 醋栗　groseilles —— 20（1）枝
│ 蘋果（切扇形片）pommes —— 20（1）片
⎣ 無花果（縱切⅛）figues —— 20（1）片
細葉芹　cerfeuils —— 適量Q.S
透明果凍膠　nappage neutre（→P130）
—— 適量Q.S

a
d
b
e
c
f

conseil de chef

塔皮的風味是這道甜點美味與否的關鍵。法蘭奇帕內奶油餡的水分和油分釋入甜塔皮中，會變得更加美味。塔皮與餡料成功融合烘烤時，甜塔皮上會泛出光澤，因此甜塔皮要擀成3mm厚。

［製作塔皮］

① 將鬆弛好的杏仁甜塔皮（→P159），擀成3mm厚，戳洞。

② 用切模切取要製作的份數，大小比模型還大一圈。

③ 從工作台和塔皮之間插入抹刀，一片片仔細挑起塔皮，密貼鋪入模型中，讓塔皮與底部邊角密貼（圖a～b），切掉多餘的塔皮（→P160）。

④ 以直徑10mm的圓形擠花嘴，在③中擠入法蘭奇帕內奶油餡（圖c，1個約擠12g）。

⑤ 將④放入180℃的烤箱中，約烤20分鐘後取出，在整個表面塗上塗抹用蛋（圖d），再烤12～13分鐘使烤色加深。烤到中央有點凹陷（圖e），脫模放涼備用。

※中途塗上塗抹用蛋再烘烤，烤色能呈現整體感，形成的皮膜還具有防水效果。

［完成］

⑥ 將加熱後放在大理石上用抹刀混拌稍微變涼的醋栗醬，裝入紙製擠花袋中，擠在⑤的甜塔皮邊緣。

※醋栗醬能使塔緣看起來更美觀可口。這項作業稱為緣飾（bordure）。

⑦ 將攪拌混合回軟的卡士達醬，以直徑10mm的圓形擠花嘴，在⑥的中央呈U字形擠入（圖f，1個約擠8g），再裝飾上水果。

⑧ 上面用毛刷刷上果凍膠，再裝飾上細葉芹。

Fromage cru
起司塔

起司的牛奶風味
突顯塔皮香味使甜點更美味

分量　直徑6cm的小塔模21個份

● 杏仁甜塔皮

Pâte sucrée aux amandes —— 220 g

※事先做好，鬆弛備用（→P159）。
◎準備直徑7cm的切模。

塗抹用蛋（全蛋）dorure（œufs entiers）
　—— 適量Q.S

● 起司奶油醬　Crème au fromage
◎準備直徑5cm、高4.5cm的布丁杯6個。

鮮奶油（乳脂肪48%）crème fraîche　48%　MG
　—— 266 g

吉利丁片　gélatine en feuilles —— 13 g

白葡萄酒　vin blanc —— 33 g

奶油起司　fromage blanc ramolli —— 333 g
※使用法國產吉利（kiri）產品。回至常溫。

鮮奶　lait —— 96 g

白砂糖　sucre semoule —— 120 g

● 裝飾用　Décor

杏桃果醬覆面　glaçage à l'abricot
（→P130）—— 適量Q.S

香堤鮮奶油　crème chantilly
[鮮奶油（乳脂肪48%）crème fraîche　48%　MG
　—— 300 g
[白砂糖　sucre semoule —— 40 g

開心果片　pistaches effilées —— 適量Q.S

a

b

c

d

e

f

g

［製作塔皮］

① 將鬆弛好的杏仁甜塔皮（→P159），用手粗略地的壓扁後，擀成3mm厚，戳洞，以直徑7cm的切模切取。

② 從工作台和塔皮之間插入抹刀，一片片仔細挑起塔皮，密貼鋪入模型中，用抹刀切掉多餘的塔皮（圖a。→P160）。

③ 將②放入180℃的烤箱中烤12分鐘後，只在塔皮邊緣塗上塗抹用蛋，再烤5分鐘（圖b～c）。脫模，放涼備用。

※ 這項作業也是能使塔緣看起來更美觀的緣飾（→P165，步驟⑥）手法之一。

［製作起司奶油醬］

④ 用攪拌機以高速攪拌鮮奶油，攪拌至3分發泡能隱約殘留條紋的狀態（圖d）。

⑤ 在鋼盆中放入泡水回軟、充分擦乾水分的吉利丁片，加白葡萄酒浸泡備用。

⑥ 在鋼盆中放入回到常溫備用的起司，如用手抓捏般攪拌成乳脂狀（圖e）。

⑦ 待呈乳脂狀，換用打蛋器，放入一半的鮮奶繞圈混合（圖f），混拌變細滑後加入剩餘的鮮奶，再拌勻至變細滑。

⑧ 在⑦中加砂糖，稍微加熱一下混合融化砂糖。再加入已加熱混合融解的⑤（圖g）繞圈攪拌。

⑨ 再加入④的鮮奶油（圖h），一面轉動鋼盆，一面充分攪拌。為了使盆底和側面沒有殘留未混勻的部分，最後再次攪拌。

⑩ 在淺鋼盤中排入布丁杯，用大擠花嘴將⑨擠入模型中至8分滿（圖i）。拿起淺鋼盤連同模型向下輕敲，去除模型裡的空氣，用急速冷凍機冷凍凝固，使其具有冷藏般的硬度。

※起司奶油醬要有點柔軟，用叉子能刺入的狀態，否則之後鮮奶油無法好好地附著。

［完成］

⑪ 杏桃果醬覆面加熱煮沸，用毛刷只塗在③的塔皮邊緣（圖j。→P130），晾乾。

⑫ 在呈冷藏狀態凝固的⑩模型底部浸泡熱水，稍微按壓上面後，手拿模型倒扣，模型口朝下讓起司奶油醬脫模（圖k）。

⑬ 製作香堤鮮奶油。用攪拌機以高速攪拌鮮奶油和砂糖，稍微混合後，倒入別的鋼盆中用打蛋器打發，打發到舀取時，鮮奶油如緞帶般流下的痕跡會立刻消失的柔軟度（圖l）。

※起初使用攪拌機是作業性的問題。比起一般製作量稍微多加一點砂糖，鮮奶油較容易裹覆，也會泛出漂亮光澤。

⑭ 在⑫的底部插入叉子，從前端開始放入香堤鮮奶油中，除了底部，讓整體都裹上香堤鮮奶油。

⑮ 將叉子柄輕擊鋼盆邊緣，以抖落多餘的鮮奶油（圖m）。用抹刀將上面輕輕抹勻後，將側面下部的鮮奶油刮成6～7mm厚（圖n），放在⑪的塔皮上。

※放在塔皮上後，因為香堤鮮奶油會流下，所以先刮除下部的鮮奶油。

⑯ 剩餘的香堤鮮奶油打發變硬，用3號、6齒的星形擠花嘴，在⑮的上面擠上小菊形（圖o），以開心果片裝飾。

conseil de chef

甜塔皮沒有特殊味道，可作為容器使用，在這道甜點中，它也是擔任美味容器的功用。為了製作牢固的容器，我將它擀成3mm厚。在法國並沒有日本常見的冷藏式起司蛋糕（rare cheesecake），不過，我卻想製作出風味濃郁，口感紮實的蛋糕。因此在起司中加入鮮奶油來增加濃郁度，而且打發得較稀軟，讓起司奶油醬吃起來口感較實在，不會太膨鬆。並使用白葡萄酒來補足酸味，而不用檸檬，以免味道顯得太單薄。

Tarte au chocolat et aux framboises
巧克力塔

清爽不膩口的味道
是因具酸味的甘那許淋醬
突顯出覆盆子的水果味

分量　直徑18cm的圓形模型2個份

● 杏仁甜塔皮

Pâte sucrée aux amandes —— 340 g

※ 事先做好，鬆弛備用（→P159）。
◎ 準備乾烤用的重石。在本店是使用陶瓷製的。

塗抹用蛋（全蛋）dorure（œufs entiers）

—— 適量 Q.S

● 甘那許淋醬　ganache

鮮奶油（乳脂肪33%）crème fraîche 33% MG

—— 120 g

鮮奶 lait —— 120 g

轉化糖 trimoline —— 24 g

水飴 glucose —— 30 g

黑巧克力（可可成分64%）

couverture noir 64% de cacao —— 300 g

※ 切碎備用。搭配水果使用有酸味的巧克力。

無鹽奶油 beurre —— 60 g

※ 切丁。

● 餡料 Garniture
覆盆子 framboises —— 180 g
● 裝飾用　Décor
覆盆子 framboises —— 20顆
金箔 feuille d'or —— 適量 Q.S

a

b

c

[製作塔皮]

① 將鬆弛好的杏仁甜塔皮（→P159），用手粗略地壓扁後，擀成3mm厚，戳洞，切取2片大小比模型還大一圈的。

② 從工作台和塔皮之間插入抹刀，一片片仔細挑起塔皮，鋪入模型中，用抹刀切掉多餘的塔皮（→P160）。

③ 在②中鋪入裁切好、周圍剪切口的烘焙紙，放入重石，以180℃的烤箱烤25分鐘，去除重石和烘焙紙（圖a）。

④ 趁熱用毛刷在③上塗上塗抹用蛋，再烤10分鐘（圖b～c），脫模、放涼備用。

※ 塗抹蛋汁能增進塔皮的強韌度，使其泛出光澤。涼了之後再塗，蛋汁會滲入塔皮中，使塔皮口感變厚重。

［製作甘那許淋醬］

⑤ 在銅鍋裡放入鮮奶油、鮮奶、轉化糖和水飴，用大火加熱煮沸。離火後，加入切碎的巧克力，再加切丁的奶油，繞圈混拌一下靜置2～3分鐘備用（圖d）。

⑥ 在⑤的中央如切碎般混拌。待混拌到能殘留攪拌器的條狀痕跡，整體泛出光澤時，表示已經乳化（圖e）。

⑦ 將④的塔皮放入淺鋼盤中，裡面放滿覆盆子（圖f）。

⑧ 在塔皮中倒滿⑥的甘那許淋醬（圖g），拿起淺鋼盤輕輕搖晃，讓表面均勻，放入冷藏讓它凝結。

［完成］

⑨ 在⑧的上面邊緣，用加熱過的小刀尖端在10個地方輕輕地畫出條紋，在那裡放上覆盆子。中央裝飾金箔（圖h）。

※用刀切條紋，覆盆子較易沾附在甘那許淋醬上。

conseil de chef

法芙娜公司有推出具水果酸味的孟加里巧克力（Manjari），因此我將這個甜點取代法式巧克力蛋糕加以商品化。孟加里巧克力是能搭配水果的巧克力。為搭配爽口的巧克力，甘那許淋醬中使用的鮮奶油，也選用了33%乳脂肪成分較少的產品。

Tarte alsacienne
亞爾薩斯塔

成人風味的白葡萄酒
突顯蘋果的香味
這是偏法國風的亞爾薩斯塔

分量　　直徑18cm的圓形模型2個份

● 酥塔皮　Pâte à foncer ── 380 g

※事先做好，充分鬆弛備用（→P160）

● 蛋奶餡　Appareil

蛋黃　jaune d'œuf ── 1個份

全蛋　œuf 1個

白砂糖　sucre semoule ── 80 g

鮮奶　lait ── 150 g

白葡萄酒　vin blanc ── 100 g

杏仁糖粉　T.P.T.（→P123）── 50 g

● 餡料　Garniture

蘋果　pommes ── 3個～3個半

※使用有酸味的‧瑞內特（傑拉納瓦）品種最適合，若沒有的話，也可用紅玉。

● 裝飾用　Décor

鮮奶　lait ── 50 g

白砂糖　sucre semoule ── 10 g

※將以上混合備用。

a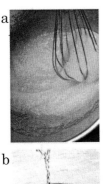

b

c

d

e

f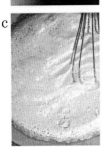

g

［製作塔皮］

①　將鬆弛好的酥塔皮（→P160），用擀麵棍粗略敲扁，再擀成3mm厚。因要加入蛋奶餡，所以不戳洞。切割成比使用模型還大一圈的大小共2片，放入冷藏1小時以上鬆弛備用。

②　將①的塔皮密貼鋪入圓形模型中，放入冷藏鬆弛1小時以上，再按壓讓塔皮密貼模型側面，用抹刀切掉上面突出的多餘塔皮（→P160）。

［製作蛋奶餡］

③　在鋼盆中放入蛋黃和全蛋，加砂糖用打蛋器充分打散拌勻（圖a）。

④　加鮮奶同樣地混合，再加白葡萄酒、杏仁糖粉拌勻（圖b～c）。

⑤　蘋果去皮、芯和種子，縱切6等分。

⑥　將大約10片的⑤平均排放在②中，倒滿④，放入180℃的烤箱中烤1小時20分鐘（轉d～e）。

⑦　趁⑥還熱時，用毛刷塗上混合備用的鮮奶和砂糖（圖f），放入200℃的烤箱烤2～3分鐘，讓它泛出光澤（圖g）。

※這是亞爾薩斯增加光澤的作法。

conseil de chef

這是亞爾薩斯地區具代表性的水果塔之一。組合酸味重、香味濃的蘋果，使塔吃起來更美味。它的特色是蛋奶餡中使用白葡萄酒，烤好後立即塗上鮮奶和砂糖混成的蛋汁。白葡萄酒能夠突顯蘋果的香味。

Saint-honoré
聖托諾雷泡芙塔

細綿的吉布斯特醬是這個塔的特色
酥脆的鹹塔皮，焦糖的甜味和苦味
味道與口感的對比突顯出甜點的美味

分量　直徑18cm2個份

● 酥塔皮　Pâte à foncer —— 340g
※事先做好，充分鬆弛備用（→P160）。

塗抹用蛋（全蛋）dorure（œufs entiers）
—— 適量Q.S

● 泡芙　Pâte à choux
◎下列為最少分量，可製作3個份，使用其中的⅔量。

鮮奶　lait —— 100g

水　eau —— 100g

無鹽奶油　beurre —— 90g

白砂糖　sucre semoule —— 4g

鹽　sel —— 4g

低筋麵粉　farine faible —— 120g

全蛋　œufs —— 160g
※蛋是基本的量，若太硬可再增加。

卡士達醬　crème pâtissière —— 180g
※做好備用（→P116）。

● 焦糖　Caramel

白砂糖　sucre semoule —— 200g

水飴　glucose —— 4g

水　eau —— 24g

● 吉布斯特醬　Crème Chiboust

義式蛋白霜　meringue italienne —— 450g
※使用前才製作（→P118）。

濃郁口感的卡士達醬　crème pâtissière riche

[　鮮奶　lait —— 262g

　香草棒　gousse de vanille —— ½根
　※使用大溪地產香草。散發大茴香系風味。

　蛋黃　jaunes d'œufs —— 5個份

　白砂糖　sucre semoule —— 60g

　高筋麵粉　farine forte —— 23g

吉利丁片　gélatine en feuilles —— 6g

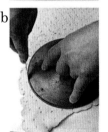
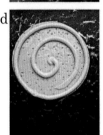

a　c　b　d

［製作酥塔皮］

①　將充分鬆弛的酥塔皮（→P160），用擀麵棍粗略敲扁，再擀成2.5mm厚，戳洞（圖a）。為了容易成形放入冷凍庫冰凍20～30分鐘，變硬即可。

②　在①的塔皮放上直徑18cm的千層酥盒模型，切割2片圓形塔皮（圖b）。放入冷藏鬆弛1天備用。

※剛擀開的塔皮若立刻烘烤會縮小變形，所以要充分讓它鬆弛。

［製作泡芙］

③　製作泡芙麵糊（→p135）。

④　取出②的酥塔皮放在烤盤上，用毛刷塗上塗抹用蛋，以直徑9mm的圓形擠花嘴將③的泡芙麵糊，擠在酥塔皮的外圍，在中央再呈「旋轉狀」擠1條（圖c～d）。在泡芙麵糊上再塗上塗抹用蛋。

※在酥塔皮上塗上塗抹用蛋，泡芙麵糊較易附著在塔皮上。

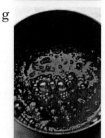

⑤　將④放入200℃的烤箱中烤15分鐘，再以180℃約烤20～25分鐘（圖e）。放涼備用。

※以200℃約烤15分鐘時，酥塔皮因為已經烤過，所以降溫再繼續烘烤泡芙麵團。烤好後放涼備用。

⑥　將④放入烤箱後，在別的烤盤上擠上小泡芙麵團。用相同的擠花嘴，將剩餘的泡芙麵糊擠成直徑3cm的圓形，1個泡芙塔約需18個泡芙，所以共擠36個。

※雖然1個塔使用12個小泡芙，但要挑選形狀好的，所以多擠一些烘烤備用。

⑦　用毛刷在⑥的上面塗上塗抹用蛋。用叉子在麵團上按壓出格狀條紋（圖f），放入200℃的烤箱中烘烤25分鐘。烤好後放涼備用。

※用叉子按壓，是為了泡芙烤好後外形均勻。

⑧　在鋼盆放入卡士達醬，用打蛋器充分攪拌回軟。

⑨　在⑦的小泡芙底部鑽孔，用直徑6㎜的圓形擠花嘴慢慢少量地擠入⑧。

※擠太多的話，之後焦糖的熱力會使卡士達醬流出，所以擠入少量即可。

［組裝］

⑩　製作焦糖。在銅鍋中放入砂糖、水飴和水，以大火加熱，用打蛋器持續攪拌煮成深褐色的焦糖後，熄火（圖g）。

※因為餘溫會繼續加熱，所以顏色稍微淡一點就可熄火。通常，溫度約180～185℃。

⑪　若⑩的顏色變深，在⑨的小泡芙上方沾取少量焦糖，倒放在烤盤上（圖h）。

※倒放是為了使焦糖部分變平，讓焦糖立刻凝固。

⑫　在⑪的小泡芙的底部，沾極少量焦糖，排列黏貼在擠在⑤外圍的泡芙麵糊上（圖i）。

j

k

l

m

n

o

［製作吉布斯特醬］

⑬　先製作義式蛋白霜（→P118）。

⑭　請參照卡士達醬的步驟1～6（→P116），製作濃郁口感的卡士達醬（圖j）。但是不加奶油即離火。

※這是蛋量稍多的濃郁口感。做好冷藏備用的卡士達醬，氣泡濃縮口感會變得厚重，所以聖托諾雷泡芙是使用剛做好的。

⑮　在⑭中放入泡水回軟、充分擦乾水分的吉利丁片（圖k），用打蛋器攪拌充分融解。將它倒入大鋼盆中粗略地混合，稍微放涼。

⑯　在⑮中加入做好的一半義式蛋白霜，用打蛋器充分繞圈攪拌。再加入剩餘的，改用刮板如切割般大幅度拌勻（圖l～m）。

⑰　將⑯的吉布斯特醬立刻放在⑫的中央，用抹刀抹成山形（圖n）。

⑱　將剩餘的吉布斯特醬，裝入加上聖托諾雷擠花嘴的擠花袋中，擠在⑰上面做裝飾（圖o）。

conseil de chef

這是使用酥塔皮作為底座的甜點。剛完成時口感膨軟的吉布斯特醬是它的特色，是一道希望顧客購買後立刻食用的甜點。使用剛完成的卡士達醬，攪拌時需注意保留義式蛋白霜的氣泡。

Tarte aux poires Bourdaloue

波爾達魯洋梨塔

加入濃郁的糖漬洋梨塔儘管味道厚重
不過杏桃果醬的酸味與塔的香味才是重點特色

分量　直徑18cm的圓形模型2個份
● 酥塔皮　Pâte à foncer —— 380 g
※事先做好，充分鬆弛備用（→P160）。

● 杏仁奶油醬　Crème d'amandes —— 400 g
※做好備用（→P117）。

● 餡料　Garniture
糖漬洋梨（切半）compote de poire —— 12個
※做好備用（→P128）。

● 裝飾用　Décor
杏桃醬覆面　glaçage à l'abricot（→P130）
—— 適量Q.S
開心果（切碎）pistaches hachées —— 適量Q.S

a

b

c

［製作塔皮］

① 將充分鬆弛的酥塔皮（→P160），用擀麵棍粗略敲扁，再擀成3mm厚，戳洞。切割成比使用模型還大一圈的大小共2片，放入冷藏1小時以上鬆弛備用。

② 將①的塔皮密貼鋪入圓形模型中，放入冷藏鬆弛1小時以上，再按壓讓塔皮密貼模型側面，用抹刀切掉上面突出的多餘塔皮（→P160）。

③ 將②的模型放入烤盤中，倒入杏仁奶油醬至模型⅔的高度，用抹刀抹平（圖a）。

④ 糖漬洋梨下部保留連接的狀態，橫向每隔5～6mm寬切切口，按壓切口讓果肉稍微斜倒。用刀直接挑起洋梨排放到③上（圖b）。

⑤ 將④放入180℃的烤箱中約烤1小時，放涼備用（圖c）。

［完成］

⑥ 將杏桃果醬覆面煮沸，用毛刷將足量的杏桃果醬塗覆在⑤上進行覆面（→P130），晾乾。中央放上開心果做裝飾。

conseil de chef
這是法國的傳統甜點。巴黎波爾達魯（Bourdaloue）店裡的「洋梨塔」味道非常濃郁。糖漬洋梨的汁滲入杏仁奶油醬中，使塔裡變濕潤，吃起來更美味。

Tarte aux pommes
蘋果塔

酥塔皮最多只讓人留下「容器」的印象
新鮮與糖漬蘋果泥的酸味與香氣才是美味的關鍵

分量　直徑18cm的圓形模型2個份
● 酥塔皮　Pâte à foncer —— 380 g
※事先做好，充分鬆弛備用（→P160）。

糖粉　sucre glace —— 適量Q.S
● 餡料　Garniture
蘋果　pommes —— 5～6個
※選擇紅玉或富士等酸味重的品種。

糖漬蘋果泥　Compote de pomme râpée
（→P128）—— 660 g

● 裝飾用　Décor
杏桃果醬覆面 glaçage à l'abricot
（→P130）—— 適量Q.S

a

d

b

e

c

［製作塔皮］

① 將充分鬆弛的酥塔皮（→P160），用擀麵棍粗略敲扁，再擀成3mm厚，戳洞。切割成比使用模型還大一圈的大小共2片。

② 將塔皮密貼鋪入圓形模型中，放入冷藏鬆弛1小時以上，再次讓塔皮密貼模型，再鬆弛2小時後，用抹刀切掉多餘塔皮（→P160）。

③ 蘋果去皮，剔除果核和種子，縱向切半後橫向切成5mm厚的片狀。

④ 將糖漬蘋果泥放入②的模型至⅔的高度，用抹刀抹平（圖a）。

⑤ 在④中，排入切片的③蘋果片，每片錯開7～8mm，排成風車狀。零碎的蘋果片放在中央或填滿其他空隙間（圖b～c）。

⑥ 在⑤上輕輕撒上糖粉，放入180℃的烤箱中烤1小時15分鐘左右，讓它上色（圖d～e）。放涼備用。

［完成］

⑦ 煮沸杏桃果醬覆面，用毛刷在⑥的上面以杏桃果醬進行覆面（→P130），晾乾。

conseil de chef

糖粉量只是勉強蓋住蘋果，甜味幾乎都來自填入酥塔皮中的糖漬蘋果泥的糖分。因加入泥狀的糖漬蘋果泥，所以烤到透要花多一點時間。烤好後蘋果汁會滲入塔皮中非常美味。

Tarte banane
香蕉塔

酥脆塔皮的鹹味和
蛋奶餡的蘭姆酒風味與厚味
更加提引出香蕉的香味

分量　直徑18cm的圓形模型2個份
● 酥塔皮　Pâte à foncer —— 380 g
※事先做好，充分鬆弛備用（→P160）。
◎準備乾烤用的重石。在本店是使用陶瓷製的。

塗抹用蛋（全蛋）dorure（œufs entiers）
—— 適量Q.S
● 蛋奶餡　Appareil
全蛋　œufs —— 4個
白砂糖　sucre semoule —— 50 g
杏仁糖粉　T.P.T.（→P123）—— 120 g
檸檬汁　jus de citron —— 15 g
蘭姆酒　rhum —— 10 g
煮融奶油　beurre fondu —— 50 g

● 餡料 Garniture
香蕉（切寬約1.3cm的圓片）rondelles de bananes
—— 約2條份
※寬度配合模型的高度來切。

● 裝飾用　Décor
蘭姆酒　rhum —— 30 g
杏桃果醬覆面　glaçage à l'abricot（→P130）
—— 適量Q.S

a

b

c

[製作塔皮]

①　將充分鬆弛好的酥塔皮（→P160），用擀麵棍粗略敲扁，再擀成3mm厚。因要加入蛋奶餡，所以不戳洞。切割成比使用模型還大一圈的大小共2片，放入冷藏1小時以上鬆弛備用。

②　將①的塔皮密貼鋪入圓形模型中，放入冷藏鬆弛1小時以上，再按壓讓塔皮密貼模型側面，用抹刀切掉上面突出的多餘塔皮（→P160）。

③　在②中鋪入剪了切口的烘焙紙，放入重石（圖a），以180℃的烤箱烤30分鐘，去除重石和烘焙紙，以200℃再烤5分鐘，使其上色（圖b）。

④　趁熱用毛刷在塔皮的內側和邊緣塗上塗抹用蛋（圖c），放入200℃的烤箱中2～3分鐘讓它變乾。脫模，放涼備用。

[製作蛋奶餡]

⑤ 在鋼盆中放入蛋，打散後加砂糖，用打蛋器繞圈攪拌。加杏仁糖粉同樣地拌勻。

⑥ 在⑤中加入檸檬汁和蘭姆酒混合，再加入融化奶油同樣地混拌（圖d～e）。

※ 這是黏稠厚重的蛋奶餡。若殘留氣泡烘烤時會有焦色，所以混合時別讓它起泡。

⑦ 將④放在烤盤上，一個塔中放入12～13片香蕉片，如覆蓋香蕉般倒入⑥的蛋奶餡（圖f）。

⑧ 將⑦放入180℃的烤箱中約烤1小時，烤好後用毛刷塗上蘭姆酒（圖g）。

※ 酒精遇熱會揮發。為了只留下香味，從烤箱取出後立刻塗抹蘭姆酒。

⑨ 將杏桃果醬覆面煮沸，用毛刷在⑧的上面進行覆面（圖h。→P130），晾乾。

conseil de chef

雖然塔中放入較少的香蕉，不過在濃郁的蛋奶餡材料中，加入許多杏仁糖粉、蛋及蘭姆酒等，能突顯香蕉的香味。烤好後趁熱塗上蘭姆酒，只會保留香味。

Crème renversée
布丁

9

以不加粉的蛋奶餡製作,是方便外帶的甜點

在法國焦糖布丁,也就是法式烤布丁,大致算是餐廳的甜點。
像法式布蕾、奶油布丁(pots de crème;裝在罐狀容器中的奶油甜點)、
及提拉米蘇等,首重柔嫩奶油般口感與新鮮度的甜點,
甜點店除了必須考慮外帶回家的時間外,還要考慮衛生的問題,
基本上我認為它們是無法外賣的商品。
例如奶油布丁,隔水烘烤開始凝固時,就要從烤箱中取出,
蓋上淺鋼盤利用餘溫燜蒸,未完全烤透才美味。
在本店雖然布丁也被當作一種甜點種類陳列出來,但在外帶的前提下,
我們只販售充分烤透,加入油炸麵包丁的外交官布丁(Diplomat)。
而里維耶拉布丁(→ P186)則是我想活用覆盆子醬,從前製作推出的商品。

Crème Riviera
里維耶拉布丁

清爽的覆盆子醬汁是提味重點
以蛋和鮮奶製作的樸素布丁

分量　直徑5cm、深4.5cm的布丁模型22個份

● 蛋奶餡 Appareil

鮮奶　lait —— 1kg

全蛋　œufs —— 7個

蛋黃　jaunes d'œufs —— 2個份

白砂糖　sucre semoule —— 200g

模型用無鹽奶油　beurre pour moules —— 適量Q.S

● 覆盆子醬汁 Sauce framboise

覆盆子泥（冷凍）pulpe de framboise —— 100g

※破碎狀冷凍覆盆子，在一部分還凍結的狀態下直接過濾，之後冷凍備用，只取所需量使用。
過濾後較易融解，加熱時間短，所以顏色也不會變差。

白砂糖　sucre semoule —— 100g

a

b

c

d

［製作蛋奶餡］

① 請參照瑞典外交官布丁的步驟④～⑦（→ P189～190），製作蛋奶餡，在模型中塗上奶油，排入長方鋼盤中。

② 將①的蛋奶餡倒入模型中至9分滿（圖a）。

③ 在長方鋼盤中注入30～35℃的熱水約至模型高度的⅓，放入160℃的烤箱中烤45分鐘（圖b）。用沾水的手指觸摸，若蛋奶餡不沾手即可。稍微弄涼後，放入冷藏中冰涼。

［製作覆盆子醬汁］

④ 在鍋裡放入覆盆子冷凍泥和砂糖，用小火加熱粗略地混合（圖c），砂糖融化後撈除浮沫，火開大煮沸。用抹刀等沾取若呈霜飾狀（圖d。→P18步驟⑥）即熄火。放涼備用。

⑤ 模型底部浸泡熱水，稍微按壓上面後，手持模型倒扣，模型口朝下脫模，放入盤子或銀杯中。

※ 充分冰涼，提供時才脫模。

⑥ 在⑤上淋上冰冷的覆盆子醬汁。

conseil de chef

這是極為簡單的組合。是本店過去曾推出的商品。

Diplomate suédois

瑞典外交官布丁

杏桃的酸甜味和柳橙的芳香是重點
讓人口中瀰漫糖漬水果風味的布丁

分量　直徑6cm、深3cm外交官布丁模型23個份
※若沒有外交官模型，可使用布丁模型。準備鋁杯。

● 油炸麵包丁　Croûton
凸頂布里歐麵包　brioches à tête
—— 6～7個
※前一天製作烤好備用（→P297），製作最少的分量。

● 蛋奶餡　Appareil
鮮奶　lait —— 1kg
全蛋　œufs —— 7個
蛋黃　jaunes d'œufs —— 2個份
白砂糖　sucre semoule —— 200g
模型用無鹽奶油　beurre pour moules —— 適量Q.S

● 餡料　Garniture
無籽葡萄乾　raisins secs de Sultana
—— 1個使用3顆
糖漬綜合水果（市售）
fruits confits concassés
—— 1個使用1小匙　1cuillerée à café pour 1 gâteau
※在糖漬（砂糖醃漬）葡萄乾、切成5mm丁狀的柳橙、檸檬、鳳梨、櫻桃等綜合水果中加入蘭姆酒。

● 裝飾用　Décor
杏桃果醬覆面　glaçage à l'abricot（→PI30）
—— 適量Q.S
糖漬橙皮片
écorce d'orange contite en julienne
—— 1個使用5～6片
※製作（→P325）切片。
糖漬櫻桃（市售）bigarreaux confits —— 23顆

a　b　c　d　e

[製作油炸麵包丁]
①　前一天烤好凸頂布里歐麵包備用。
※前一天的麵包變硬後較易處理。通常是使用剩餘的麵包。
②　將①的凸頂布里歐麵包去皮。切成底座用的5mm厚共23片（圖a），剩餘的切成1cm的丁狀。
③　將②分別放在烤盤上，以180～200℃的烤箱烤6～7分鐘，烤成適度的黃褐色（圖b～c），放涼備用。
※若沒有凸頂布里歐麵包，將吐司切塊沾裹融化奶油後，同樣地烘烤後使用。

[製作蛋奶餡]
④　在鍋裡放入鮮奶，以中火加熱，若達人體體溫程度即離火。
⑤　在鋼盆中放入全蛋和蛋黃，用打蛋器打散，加砂糖（圖d）攪拌混合。
※不需要氣泡，所以只要輕輕地打散蛋即可。
⑥　在⑤中慢慢加入④的鮮奶（圖e）輕輕混合。

⑦　用放在網架上的過濾器過濾⑥（圖f）。將紙揉皺覆蓋在表面，以去除氣泡（圖g）。

⑧　在模型中薄塗奶油，排放在長方鋼盤中。

※奶油讓布丁容易脫模，但如果塗得太厚該部分會凹陷。

⑨　在⑧的模型中，每個分別放入3個1cm的油炸麵包丁，3顆無籽葡萄乾，倒入⑦的蛋奶餡至模型一半的高度（圖h）。

⑩　在⑧的長方鋼盤中，倒入30〜35℃的熱水至模型高度的⅓（圖i），以160℃約烤25分鐘。用沾水的手指觸摸蛋奶餡，若不沾手即可。

※蛋奶餡上能感受到彈性。

⑪　取出⑩，1個模型中放上1小匙的糖漬綜合水果，在模型中倒入剩餘的蛋奶餡至9分滿，放入作為底座用的凸頂布里歐麵包（圖j〜k）。

※糖漬水果很重，所以少量放入。

⑫　和⑩同樣地以160℃約烤25〜28分鐘（圖l），稍微放涼後放入冷藏冰涼。

[完成]

⑬　將⑫的模型底部略浸泡熱水，稍微按壓上面，手持模型倒扣，模型口朝下搖晃讓布丁脫模，底座麵包丁朝下，放在鋁杯上。

※充分冰涼後再脫模。

⑭　將杏桃果醬覆面煮沸，用毛刷在⑬的上面塗2次，做出厚的覆面（→P130）。

※若只塗一次覆面，蛋奶餡的水分會釋出，所以要確實塗二次。

⑮　將數條糖漬橙皮片排成風車狀，在中央放上切好的糖漬櫻桃做裝飾。將杏桃果醬覆塗在水果上，以呈現光澤（圖m）。

conseil de chef

這道甜點可以說是瑞典（suédois）風格的麵包布丁（bread pudding）。我為了不讓裡面的糖漬水果餡料沉入底部，分兩次來烘烤。糖漬水果的作用是讓人在口感留下印象，但因為它的味道重，所以製作的要點是加入極少量。凸頂布里歐麵包的油炸麵包丁具保形性，加入是為了增加奶油風味。我也會在焦糖布丁中加入糖漬水果來變化風味。

甜點的風貌

提起法國人，他們對於甜點的外形，可以說什麼樣子都好，烘焙類甜點也是這也好、那也好。只要是美味，他們都能接受。比起重視外表是否美觀或有無裝飾，他們更在意味道的好壞。那是非常法國人的感覺，我並不反對。

雖說如此，但我認為甜點這是必須具備可口的外表。因為烤得酥脆的深烤色，還是比較吸引人。

例如布列塔尼酥餅（→P230）是加入大量奶油的濃郁口感，因為是以160℃的低溫烘烤，所以怎樣也烤不出漂亮的深烤色。因此我使用混入蛋黃和咖啡香精的塗抹用蛋汁，加工出漂亮的烤色。這樣便能呈現符合濃郁風味令人垂涎的可口烤色。我會根據不同的材料和烘烤溫度，改變塗抹用蛋，以高溫烘烤時用全蛋，有時只用蛋黃，這是讓甜點看起來更加可口的技巧。

此外，還有像皮蒂維耶酥餅、蘋果派（→P286，292）等，烤好後塗上波美度30°的糖漿，來呈現誘人光澤的技巧。使用這些技巧的千層酥皮類甜點，最後還可用高溫烤出光澤（→P146）。而塔甜點等可運用緣飾（→P165）技巧，美化邊緣使其看起來更可口。或是只在塔皮邊緣撒糖粉、擠上果醬，如化妝般進行加工點綴。

味道最重要。不過稍加裝飾，甜點能夠呈現更豐富多樣的美味風貌。辛苦製作的甜點，我希望能讓它們看起來更可口。

Pâte levée
發酵麵團

10

適合製作能吸收糖漿的帶餡甜點

Pâte à babas   Pâte à brioches

使用酵母的麵團統稱為發酵麵團（pâte levée）。

以這種麵團製作的帶餡甜點中，在此要介紹本店推出的阿里巴巴和波蘭舞曲

同樣以發酵麵團製作的還有巴巴蛋糕，

麵粉經長時間混拌產生麵筋後，會形成細密的網目狀組織，

組織中衍生的綿密氣泡能夠充分吸收糖漿。

另外，凸頂布里歐麵包（→ P296）是使用大量奶油會膨脹的麵團，

不過用它製作帶餡甜點時，我大多會在前一天烤好，使用變乾的麵包，

利用麵包變乾讓它吸收糖漿，使甜點完成後溶口性更佳。

因此，不論是阿里巴巴或波蘭舞曲，雖然蛋糕裡的糖漿含量不同，

不過，讓它們飽含糖漿是美味的要訣。

為了讓糖漿融入
所以要充分打發

Pâte à babas
巴巴蛋糕

分量　直徑5cm、高3cm的中空圈模24個份
乾酵母　levure sèche de boulanger —— 7 g
「 溫水　eau tiède —— 適量Q.S
└ 白砂糖　sucre semoule —— 1小撮　1 pincée
高筋麵粉　farine forte —— 250 g
白砂糖　sucre semoule —— 6 g
鹽　sel —— 6 g
全蛋　œufs —— 3個
鮮奶（回到常溫）lait tempéré —— 100 g
無鹽奶油　beurre —— 75 g

1
在酵母中加溫水和1小撮砂糖，放在近烤箱的溫暖處準備發酵。待冒出氣泡覆蓋在表面時即可。

2
用安裝勾狀攪拌器的攪拌機，以低速攪拌高筋麵粉、砂糖、鹽和1，慢慢加蛋。接著同樣地加入鮮奶，全加入後以高速攪拌。
※要花相當的時間攪拌。像這樣的量約要20分鐘。

3
剛開始攪拌缸中的麵糊會黏附在缸內。
※不刮下側面的麵團也行。

4
攪拌到麵團產生黏性，發出叭噠叭噠的聲音時，麵團本身會開始黏除沾在攪拌缸側面的麵團。

5
待麵團不沾黏且攪拌缸變得光滑後，暫時轉為低速，加入弄碎的奶油，再以高速攪拌，混拌均勻即可。

6
將5的麵團拿起拉扯，若能強韌地延展開來，表示麵粉蛋白質和水已充分結合，形成均勻的網目狀麵筋。
※這樣的網目烘烤好後也會保留下來，能充分吸收糖漿。

7
在鋪了矽膠烤盤墊的烤盤上排放上模型，以大的圓形擠花嘴擠入6至模型一半，用沾水的手指切斷。

8
在7上噴水，放在溫暖處，讓它發酵成2倍大。圖中是發酵完成的狀態。
※為避免表面變乾龜裂，要噴些水。

9
以200℃約烤20分鐘，上色後，底下再疊1片烤盤，將換氣口全開，讓它再乾烤30分鐘。脫模，放涼備用。讓它充分乾燥到敲擊時會發出堅硬的卡卡聲。

Ali baba
阿里巴巴

隨著巴巴蛋糕獨特的粗糙口感
糖漿的甜味迅速在口中瀰漫開來
同時能聞到濃郁、個性的蘭姆酒香味

分量　24個份
◎準備鋁杯。

● 巴巴麵包　Pâte à babas ── 24個份
※事先製作烘烤備用（→P193）。

蘭姆酒　rhum ── 240 g
● 糖漿（波美度20°）Sirop à 20°B
白砂糖　sucre semoule ── 750 g
水　eau ── 1.5kg
肉桂棒　bâton cannelle ── 20 g
柳橙表皮　zeste d'orange ── 1個份
● 奶油醬　Crème
卡士達醬　crème pâtissière ── 440 g
※事先做好備用（→P116）。

蘭姆酒　rhum ── 48 g

● 裝飾用　Décor
杏桃果醬覆面　glaçage à l'abricot（→P130）
── 適量Q.S
蘭姆葡萄乾
raisins de Sultana marinés au rhum ── 96顆
※將無籽葡萄乾泡水1天，瀝除水分。
葡萄乾放在已酒燒（加熱酒精已揮發）的蘭姆酒中浸漬3天以上。

橙皮絲
julienne de zeste d'orange confite（→P129）
── 適量Q.S

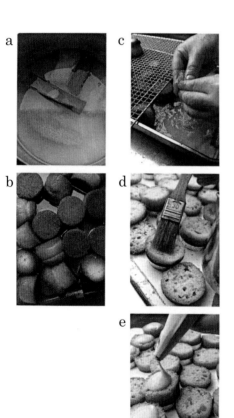

[組裝]
① 製作糖漿。在鍋裡放入糖漿的材料（圖a），以大火加熱煮沸，煮融砂糖後熄火。
② 將①放入淺鋼盤中，放涼至30℃備用。
※為了在③中讓蛋糕慢慢地吸收糖漿，所以蛋糕要完全變涼，且糖漿也要放涼至30℃。糖漿的溫度太高，突然吸收糖漿的蛋糕會過度膨脹，失去韌性；溫度太低則需花較長的時間才能吸收。
③ 將烤好放涼備用的巴巴蛋糕，薄薄地切除烤色部分，浸泡在②的糖漿中（圖b）。為了讓糖漿充分滲入，不時變換方向浸泡。
④ 待蛋糕膨脹一倍左右後，擠除糖漿放在網架上（圖c）。
⑤ 將③中切除的蛋糕片，切面朝下放入鋁杯中，蛋糕再橫向切半。在上下的切面上，用毛刷分別塗上10 g的蘭姆酒（圖d）。
※刷上足量的酒是這個甜點的特色。
⑥ 製作奶油醬。在鋼盆中放入卡士達醬，用打蛋器充分攪拌回軟，加蘭姆酒充分拌勻。
⑦ 將⑥的奶油醬以直徑9mm的圓形擠花嘴，擠在⑤下側蛋糕的切面上，各擠20g（圖e），再放入上側的蛋糕。

f

g

[完成]

⑧ 煮沸杏桃果醬覆面，在⑦的上面用毛刷塗上足量的杏桃果醬覆面（圖f→P130）。

⑨ 在每個⑧上放上4顆蘭姆葡萄乾（圖g），在中央用手放上1小撮橙皮絲做裝飾。

conseil de chef

這個堪稱是法國甜點中唯一一個吸收酒的甜點。蛋糕上刷上大量酒精度達44%的Negrita蘭姆酒。麵團經長時間攪拌形成均勻的網目狀麵筋，蛋糕烤乾後，網目狀的麵筋縫隙能夠充分吸收糖漿。

Polonaise
波蘭舞曲

裡面的柔軟度與杏仁片的香脆口感
布里歐麵包的鹹味和蛋白霜的甜味與糖漬水果的風味
所有的對比層次營造出美味的世界

分量　20個份

◎準備鋁杯。

● 凸頂布里歐麵包　Brioches à tête ── 20個

※前一天製作烘烤備用（→P297）。
最好使用前一天剩餘的。

◎準備直徑2.5cm的切模。

櫻桃白蘭地　kirsch ── 75 g

● 糖漿（波美度20°）Siropà 20° B

白砂糖　sucre semoule ── 375 g

水　eau ── 750 g

肉桂棒　bâton cannelle ── 10 g

柳橙表皮　zeste d'orange ── ½個份

● 卡士達醬　Crème pâtissière ── 300 g
※事先做好備用（→P116）。

● 餡料　Garniture

糖漬綜合水果（市售）fruits confits
── 2小匙／1個 2 cuillerées à café pour 1 gâteau

※在糖漬（砂糖醃漬）葡萄乾、切成5mm丁狀的柳橙、檸檬、鳳梨、櫻桃等綜合水果中加入蘭姆酒。

● 裝飾用　Décor

義式蛋白霜　meringue italienne ── 600 g
※使用前才製作（→P118）。

糖漬櫻桃（市售。切成1.5cm的丁狀）
bigarreaux confits coupés ── 20片

杏仁片　amandes effilées ── 40片

歐白芷（片）angéliques confites effilées
── 40片

糖粉　sucre glace ── 適量Q.S

a

b

c

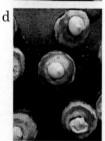
d

e

［組裝］

① 　先製作義式蛋白霜（→P118）。

② 　將前一天烤好的布里歐麵包，削除外皮部分，只保留底部的外皮，用直徑2.5cm的切模切除中央部分（圖a）。切下的麵包保留備用。

③ 　參照阿里巴巴的步驟①～②（→P195）製作糖漿，放涼至30℃。

④ 　將②浸泡到③的糖漿中，立刻輕輕擠出糖漿，放在網架上（圖b）。切割下的麵包也同樣浸泡糖漿。

※依糖漿擠出的狀況不同，味道也會改變。

⑤ 　將④放在鋁杯上，用毛刷如同輕沾般3～4次塗上櫻桃白蘭地（圖c）。切下的內芯麵包上也同樣地輕塗糖漿。

※櫻桃白蘭地只用來增加香氣，所以輕塗即可。

⑥ 　卡士達醬充分混合回軟，用細擠花嘴在⑤的蛋糕凹陷處擠入少量，分別放入1小匙的糖漬綜合水果。這項作業再重複一次，再擠上卡士達醬（圖d）。合計奶油醬擠3次、糖漬水果放2次。

⑦ 　將⑤的內芯麵包撕成一半，2個都放在⑥的上面（圖e）。

［完成］

⑧　將①的義式蛋白霜放在⑦的上面，用抹刀粗略地抹覆後，從上往下抹平表面（圖f）。

※蛋白霜的作用是為了在步驟⑪時不讓熱力進入，所以塗覆得越薄越好。

⑨　用3號、6齒的星形擠花嘴，在上部用剩餘的義式蛋白霜擠出4個環形（圖g），在中央擠出直徑約2cm的菊花形。

⑩　在擠好的菊花形上放上醃漬櫻桃，其周圍插上杏仁片和歐白芷各2片。

⑪　在⑩上撒上許多糖粉（圖h），以240℃的烤箱烤5～6分鐘迅速上色。

※利用糖粉添加烤色。

conseil de chef

Polonaise也指波蘭人。我以蛋白霜來表現白種人的白膚色。布里歐麵包是使用前一天烤好剩下的，不夠乾燥的麵包，會吸不進糖漿，所以不能使用剛烤好的。這個甜點的味道，取決於浸漬（tremper）和擠出糖漿的狀況，以及卡士達醬與糖漬水果間的平衡。最好是裡面有豐盈的糖漿，外表酥脆爽口。義式蛋白霜具有阻隔甜與熱的作用，關鍵是整體都要薄塗一層。

專題 7

傳統甜點的新意

　60年代後半期，在法國甜點店裡大多販售海綿蛋糕組合奶油醬的基本款蛋糕。我修業當初，相對於眼前甜點店中乏善可陳的內容，我更從文獻中看到各式傳統甜點閃耀的光輝。

　在我踏上法國土地快一年時，剛好遭逢5月革命，政情不安的巴黎變得空前的混亂。我也被捲入旋渦中，便離開了巴黎。在我旅法近10年的時間裡，惟有那段時間我沒在甜點店工作。我再重返甜點店工作的契機是因為波爾多可露麗（cannelés de bordeaux）。雖然這個甜點我曾在文獻中讀過，不過當我在位於波爾多林本鎮的「羅培（Lopez，音譯）」這家店看到時，被它的獨特造型和烤色深深吸引。我驚歎竟然也有這樣的甜點。而當時的印象至今我仍然鮮明記得，覺得非常有趣。

　當時，我曾和在法國認識的畫家一起參觀美術館與骨董。那位畫家讓我了解到設計能呈現時代的背景。那段時間讓我思考到，甜點也是了解文化與時代背景的重要元素。於是我開始博覽群書，並且也時常到法國各地遊歷。說起來已是往事，我造訪各地不一定是找人教授甜點的作法。大多只是吃、看、聽，運用當時累積的經驗和技術，一面不斷摸索嘗試，一面製作甜點。可露麗蛋糕（→P218）就是這樣做出的甜點之一。當我對鄉土與傳統甜點更多投入之後，反而有越來越多想嘗試製作的創意出現。

　擁有傳統也能創新，這是傳統甜點的優點。

　不只在食品雜貨店、巧克力工廠或手工糖果店等和法式甜點店不同類型的業界中（→P8），能找到新甜點的靈感，就連在文獻或各地方甜點店也都能找到。

　皮爾・艾梅（Pierre Hermé）雖向法國的甜點師們介紹傳統甜點，但我認為他對傳統甜點的熱愛，是他研發出創意甜點的背景之一。

Gâteau du thé
茶點

11

烘焙類茶點具豐富、多樣的種類與外形

本章節要來談談茶點類甜點。

最近也聽到有人稱它為旅行蛋糕（gâteau voyage）。

和帶餡甜點比起來，茶點或許是因為耐保存、便於攜帶，

所以才冠以 voyage（旅行）之名吧。

可是，畢竟它只是和帶餡甜點相比較耐保存，新鮮度仍然很重要。

賞味期雖有長短，但我覺得最好是在 3 ～ 4 天內食用完畢，最久也不要超 1 週的時間。

鮮度是很重要的觀念，我想不論顧客或業者都必須了解。

我自己依然覺得還是茶點（Gâteau du thé）的稱呼比較好。

帶餡甜點給人的印象是盛在盤裡放在桌上享用，

不過，茶點的特色是在任何情境下都能享用。

甚至也可以邊走邊吃，是能輕鬆享用的甜點。

法國以前較少見到烘烤類小糕點（fours secs；乾菓子），也不太受歡迎。

近 10 年來，有些店會裝在罐子等容器中販售，

不過也有很多店不包裝直接陳列販售，雖然說當地氣候較乾燥，

但我覺得這類點心仍然很容易受潮。因此在我店裡，

是以常溫類糕點（demi secs；半生菓子）作為茶點類商品來陳列。

Tourte Pyrénées
庇里牛斯塔

如紮實蛋糕中有稍乾的氣泡般
除了蛋的豐富風味外，還洋溢茴香的香味

分量　直徑18cm 2個份
◎直徑18cm、底面直徑8.5cm、高8cm的布里歐麵包模型

無鹽奶油　beurre —— 200 g

白砂糖　sucre semoule —— 200 g

全蛋　œufs —— 5個

杏仁糖粉　T.P.T.（→P123）—— 68 g
低筋麵粉　farine faible —— 333 g ｝一起過篩
泡打粉　levure chimique —— 8 g

大茴香酒　anisette —— 40 g
※使用酒精度數45%的Ricard。

糖粉　sucre glace —— 適量Q.S

● 模型用　Pour moules

澄清奶油　beurre clarifié —— 適量Q.S
高筋麵粉　farine forte —— 適量Q.S

conseil de chef

它是庇里牛斯地區的代表性烘烤類甜點。

麵粉的比例是所謂4等比的

奶油蛋糕的材料，

攪拌時要留意打得較硬一些。

特色是加入大茴香酒。

1
在鋼盆中放入奶油，加熱一下慢慢讓它融化，用打蛋器攪拌混合成乳脂狀，加砂糖同樣地攪拌變得泛白。

2
在1中分3次加入⅓量的蛋，同樣地攪拌混合，混勻後再加入下次的蛋。

3
在2中篩入已一起過篩的杏仁糖粉、低筋麵粉和泡打粉，慢慢地攪拌混合。

4
混拌至看不見粉末後，加大茴香酒混合。
※烤好後，大茴香酒能散發淡淡的香味。

5
在模型中塗上澄清奶油，撒上高筋麵粉備用，將3的麵糊放入模型至⅓的高度。

6
用橡皮刮刀將麵糊往側面刮抹，讓麵糊填滿模型的溝槽。
※因中央會膨脹，所以往側面刮抹。這項作業在法語中稱為chemiser。

7
將6放入170℃的烤箱中慢慢地約烤1小時。
※側面會烤焦，所以採低溫慢慢烘烤，著重在最後將蛋糕烤乾。

8
烤好後立刻脫模，稍微放涼後撒上糖粉。

Biscuit de Savoie
薩瓦蛋糕

整體散發濃厚的蛋香味
因沒加油脂,給人鬆軟乾燥的印象
建議搭配紅茶一起享用

分量　直徑12cm2個份
◎準備直徑12cm薩瓦蛋糕模型。

蛋黃　jaunes d'œufs ── 4個份
白砂糖　sucre semoule ── 150g
蛋白　blancs d'œufs ── 120g
低筋麵粉　farine faible ── 54g ⎤
玉米粉　fécule de maïs ── 54g ⎦ 混合過篩備用
糖粉　sucre glace ── 適量Q.S
● 模型用　Pour moules
澄清奶油　beurre clarifié ── 適量Q.S
高筋麵粉　farine forte ── 適量Q.S

conseil de chef

它是和瑞士、義大利國境交接的薩瓦地方的代表性甜點。不加油脂，以等比例的玉米粉和麵粉製作，口感非常鬆軟。屬於較無個性風味的甜點，適合搭配酸味果醬或英式蛋奶醬等食用。

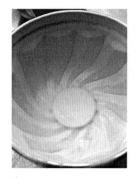

1
在模型中塗上澄清奶油，撒上麵粉來備用。
※原本薩瓦蛋糕的模具為銅製的。因薩瓦蛋糕不加油，特別難脫模，所以不只塗奶油，還要撒粉。

2
在鋼盆中加入蛋黃和砂糖，另一方面在銅盆中放入蛋白，同時打發。將蛋黃攪拌至泛白的乳脂狀，蛋白充分打發至尖角能豎起的狀態。
※不用銅盆，很難打發單一的蛋白。

3
在蛋黃盆中加入已混合過篩的低筋麵粉和玉米粉，用木匙如切割般大幅度混拌，直到看不見粉末，分3～4次加入蛋白霜混合。

4
一開始要充分混合均勻。加入最後的蛋白霜後，輕柔地混合以保留氣泡，成為富光澤、充分拌勻的狀態。

5
分次倒入1的模型中，麵糊能像緞帶般流下是最佳的狀態。

6
放入160℃的烤箱中烘烤比1小時久一些。烤好後立刻敲擊側面，脫模，放在網架上放涼。最後薄薄地撒上糖粉。

Gâteau Pyrénées
庇里牛斯蛋糕

雞蛋那逐漸滲入中心的樸素風味很討喜
吃起來酥脆、有時又有點濕潤
口感變化與柳橙風味百吃不厭

分量　高60cm的蛋糕1個份
◎事先準備充分的木炭。

蛋黃　jaunes d'œufs —— 580 g
白砂糖　sucre semoule —— 1162 g
糖漬橙皮
écorce d'orange confite hachée（→P325）
　　—— 176 g
※切末備用。

融化奶油　beurre fondu —— 1056 g
高筋麵粉　farine forte —— 528 g ⎫
低筋麵粉　farine faible —— 528 g ⎬ 混合過篩
泡打粉　levure chimique —— 11 g ⎭
蛋白　blancs d'œufs —— 757 g
[鹽　sel —— 28 g
● 裝飾用　Décor
覆面糖衣　glace à l'eau —— 適量 Q.S
※翻糖和波美度30°的糖漿使用前才混合，加熱至30℃，製成烘焙類
甜點用的濃度（→P120）。

conseil de chef
這個蛋糕又名串燒蛋糕（Gâteau à la broche）。
「à la broche」是串燒的意思。
它捲在木棒上烘烤的造型，
讓人聯想到岩山或聖誕樹。
最初是巴斯克庇里牛斯深山地區的人們所製作，
不過現在幾乎已無人會在家裡烘焙。
店裡販售的大多是工廠製作的。
許多地區都有留下這個蛋糕的材料，
這裡介紹的是我覺得最美味，刊載於1850年，
由爾斑・杜柏瓦（Urbain Dubois）甜點師所設計，
加了糖漬橙皮的材料。
芯木和機器是在德國以七葉木製造的。
可電動旋轉，能抽出木棒。
也能調整旋轉速度。
在廚房一隅雖然有炭火爐，
不過，本店通常以電力烘烤。

1
製作蛋糕。在鋼盆中放入蛋黃和砂糖，用打蛋器充分混合至泛白為止，加糖漬橙皮末混合。

2
在1中混入融化奶油，加入已過篩的粉類，立刻用手如從底部舀取般混拌。

3
配合2的完成時間，將蛋白和鹽打發至尖角能豎起的發泡程度備用，在2中分兩次加入蛋白霜攪拌一開始加入一半的蛋白霜先粗略混合，再加入剩餘的。

4
加入剩餘的蛋白霜後，如從底部舀取般混合，待麵糊泛出光澤即可。

suite à la page suivante→

5
拆掉螺絲從木棒中拿掉中軸。配合木棒的長度，剪2片鋁箔紙，邊端塗上蛋白（分量外）黏合起來。將鋁箔紙捲包在木棒上，邊端以蛋白黏合。

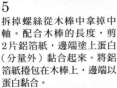

※空氣進入會膨脹，要緊密地包好。

6
在5的木棒中穿入中軸，邊端也蓋上鋁箔紙，鎖緊螺絲，裝在電動烘烤機上讓它旋轉，以炭火烤4～5分鐘，讓鋁箔紙密貼。

7
將淺鋼盤放在面前，放入4的麵糊，將已加熱的木棒朝前拉出，從旋轉的木棒的細端開始淋覆麵糊。

※盤裡的麵糊加熱，會比較容易裹到木棒上，但因為第一次是直接裹在木棒上，所以較難裹覆。

8
待7的麵糊稍微變乾不再滴落後，將木棒向後壓回，用火略烤。整體都烤到上色後，以7相同的要領裹上麵糊。反覆作業直到麵糊用盡。大約裹覆14層，烘烤約2小時以上。

9
烤好後往前拉出取下，放在專用的涼架上一晚備用。隔天用毛刷塗上覆面糖衣，晾乾備用。

10
待9完全變乾後，卸下邊端的螺絲，取下中軸。

※為避免損傷蛋糕，需謹慎取下。

11
將10上下顛倒，在拔出中軸的孔中，從頭部插入能夠穩定蛋糕的支柱，再慢慢地拔出木棒。

210 [茶點] 庇里牛斯蛋糕

Gâteau le vingt et unième
第 21 號蛋糕

口感黏稠的蛋糕中有大量堅果
焦糖奶油霜也十分芳香

分量　長20cm、高2cm的鐘形模型2個份

● 蛋糕　Pâte à gâteau le vingt et unième

◎使用4個長20cm、高2cm的鐘形模型（訂製品）。
也可用同大小的環形模型。

蛋白霜　meringue

- 蛋白　blancs d'œufs —— 166 g
- 乾燥蛋白　blancs d'œufs en poudre —— 6 g
- 白砂糖　sucre semoule —— 66 g
- 糖粉　sucre glace —— 66 g

核桃杏仁糖粉　T.P.T. noix（→P 123）
—— 133 g

杏仁糖粉　T.P.T.（→P 123）—— 66 g ⎤
低筋麵粉　farine faible —— 13 g ⎥混合備用
糖粉　sucre glace —— 66 g ⎦

鮮奶油（乳脂肪48%）crème fraîche 48% MG
—— 26 g

杏仁（連皮）amandes brutes —— 適量Q.S

開心果　pistaches —— 適量Q.S

※以上是切半備用。

榛果　noisettes concassées —— 適量Q.S

鮮奶　noix concassées —— 適量Q.S

※以上是大致切碎備用。

糖粉　sucre glace —— 適量Q.S

● 餡料　Garniture

蘭姆葡萄乾　raisins secs marinés au rhum
—— 30〜32顆

※使用只有少許酸味的義大利產傑拉納瓦（音譯）。
這種葡萄乾很柔軟，直接浸泡在蘭姆酒中1天即可。

● 焦糖奶油霜　Crème au beurre au caramel

焦糖醬　sauce caramel

- 白砂糖　sucre semoule —— 83 g
- 鮮奶　lait —— 44 g
- 香草棒　gousse de vanille —— ⅛根
- 無鹽奶油　beurre —— 22 g

無鹽奶油　beurre —— 83 g

● 裝飾用　Décor

巧克力裝飾　plaques de chocolat —— 適量Q.S

※以金箔文字的貼膜製成片狀備用（→P132）。

conseil de chef

這是我為了迎接21世紀所製作的鐘形蛋糕。蛋糕口感類似達克瓦茲蛋糕，不過砂糖量較多。靜置1天讓水分均勻分布，讓蛋糕的口感變得稍微濕潤，才是最佳的賞味時間。

1
在模型中塗上足量的奶油（分量外）備用。堅果依分量切好備用。
※它比達克瓦茲蛋糕加入更多的砂糖，因為容易沾黏，所以要多塗一點奶油。

2
製作蛋糕。用攪拌機以高速攪拌蛋白和乾燥蛋白，製作成蛋白霜。趁氣泡還粗時加入一部分白砂糖。
※加入乾燥蛋白，可製作富彈性的蛋白霜。

3
待氣泡攪拌變得厚重後，加入剩餘的白砂糖和糖粉，攪拌成硬挺的蛋白霜。
※加糖粉能打出細緻的氣泡。

4
混合2種杏仁糖粉、低筋麵粉和糖粉，加入3中，用木匙如切割般混合。混勻後加鮮奶油，同樣地混合。
※加入鮮奶油能烤出偏黃的色澤，而且味道更濃郁。

5

在2個1的模型中，放入滿滿的4的麵糊抹勻，製成底層的蛋糕。

6

在剩餘的2個模型中，用直徑10mm的圓形擠花嘴，將麵糊沿著模型邊緣擠一圈，接著呈螺旋狀擠入，平均撒上1的堅果類。這是上層用蛋糕。

7

在5、6的麵糊上，分別撒上足量的糖粉，放入170℃的烤箱中烤45分鐘，放涼備用。

8

製作焦糖奶油霜。先製作焦糖醬（→P119）。但是將鮮奶油換成鮮奶，鮮奶事先已加入剖開的香草棒煮沸，讓香草香氣釋入其中。

9

將剔除香草莢的8放入攪拌缸中，以低速攪拌，將奶油冰成不會融化的溫度。奶油（83g）冰涼後撕碎，放入攪拌缸中，以高速充分攪拌至泛白為止。

※大量製作時，盆底放冰水冷卻。

10

在底層蛋糕上，將9塗抹成4～5mm厚的較小形狀。一個放上15～16顆葡萄乾，再放上上層用蛋糕，裝飾上巧克力裝飾。

※蛋糕味道濃郁，所以薄塗奶油霜即可。

Colombier
科隆比耶蛋糕

口感鬆散令人印象深刻的宗教甜點
杏仁風味中可見到各式水果

分量　長18cm的橢圓模型2個份

生杏仁膏　pâte d'amandes crue（→P122）
── 300 g

全蛋　œufs ── 3個
蛋黃　jaunes d'œufs ── 2個份 ⎤混合備用

玉米粉　fécule de maïs ── 45 g

糖漬綜合水果（市售）fruits confits ── 120 g
※糖漬（砂糖醃漬）葡萄乾、切成5mm丁狀的柳橙、檸檬、鳳梨、櫻桃等綜合水果。

融化奶油　beurre fondu ── 50 g
● 模型用　Pour moules
澄清奶油　beurre clarifié ── 適量Q.S
12切杏仁　amandes concassées ── 適量Q.S
● 裝飾用　Décor
杏桃果醬覆面
glaçage à l'abricot（→P130）── 適量Q.S

覆面糖衣　glace à l'eau ── 適量Q.S
※翻糖和波美度30°的糖漿使用前才混合，加熱至30℃，製成烘焙類甜點用的濃度（→P120）。

裝飾用粉紅色杏仁　amandes concassées rosées
※請參照覆盆子蒂莉絲（→P71）製作備用。

⎡ 12切杏仁　amandes concassees ── 適量Q.S
　水　eau ── 少量Q.S
⎣ 紅色色粉　colorant rouge ── 適量Q.S
※視顏色深淺，用少量的水融解備用。

conseil de chef

這是基督教慶賀聖靈降臨的甜點，大部分都製作成橢圓形。源自法國西南部及普羅旺斯等地，一大特色是加入糖漬水果。蛋糕中使用了玉米粉，靜置1天後再食用較美味。

1
在置於矽膠烤盤墊上的模型內側和底部，用毛刷塗上澄清奶油，撒入12切杏仁讓它黏貼備用。
※若使用融化奶油，蛋糕會沾黏模型，所以要使用澄清奶油。

2
在安裝攪拌器的攪拌缸中放入生杏仁膏，以低速攪拌，分3次加入混合好的全蛋和蛋黃。
※生杏仁膏容易結塊，所以分3次加入蛋液。

3
待攪拌變得泛白細滑後，再加入蛋混合。混合到沒有粉粒，改為低中速攪拌，途中刮取一次側面的麵糊。攪拌成黏稠的緞帶狀後，從攪拌機上取下攪拌缸。

4
在3中加入玉米粉，用手如從底部舀取般混拌，立刻加入糖漬綜合水果，同樣地攪拌。

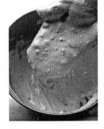

5
大致攪拌後，加融化奶油同樣地混合，待泛出光澤表示已拌勻。

6
將5的麵糊倒入1的模型中至8～9分滿，以160℃的烤箱約烤1小時。

7
烤好後（上圖）敲擊模型的側面，倒扣脫膜、放涼，涼了之後用小刀削除邊緣突出處，修整漂亮。
※倒入模型時的底側變成上面。

8
煮沸杏桃果醬覆面，用毛刷薄塗在7的表面進行覆面（→P130）。
※以果醬覆面是為了方便進行接下來的塗抹覆面糖衣的作業。

9
製作覆面糖衣，用毛刷薄塗在8的表面，將裝飾用粉紅色杏仁縱向排成一列，放在常溫中晾乾。

Pavé de Venise
威尼斯方塊蛋糕

散發杏仁與奶油的樸素風味
和科隆比耶蛋糕不同的濕潤口感

分量　2個份

◎準備一邊17㎝的梯形模型（底是一邊15㎝）2個。

生杏仁膏

pâte d'amandes crue（→P122）── 400 g

全蛋　œufs ── 225 g

玉米粉　fécule de maïs ── 55 g

融化奶油　beurre fondu ── 105 g

● 模型用　Pour moules

澄清奶油　beurre clarifié ── 適量Q.S

杏仁片　amandes effilées ── 適量Q.S

● 裝飾用　Décor

杏桃果醬覆面

glaçage à l'abricot（→P130）── 適量Q.S

覆面糖衣　glace à l'eau ── 適量Q.S

※ 翻糖和波美度30°的糖漿使用前才混合，加熱至30℃，製成烘焙類甜點用的濃度（→P120）。

conseil de chef

它雖然是一般所說的熱那亞麵包（Pain de Gênes），但因為不具特有的外觀，因此我改變它的名稱。在法國，有的店家是在模型中黏貼堅果，以印有店名的紙鋪在模型底部，烤好後倒扣連紙一起販售。它的外觀和科隆比耶蛋糕類似，不過它使用較多的杏仁（生杏仁膏）和融化奶油，完成後口感濕潤。靜置1天讓油分吸收後食用更美味。

1

用毛刷在模型中厚塗上澄清奶油，放入足量的杏仁片，讓其隨便黏貼在模型中，放入烤箱乾烤一次。黏貼不穩處用手按壓黏貼。

2

和科隆比耶蛋糕的步驟2～3（→P215）一樣，在生杏仁膏中分3次加入全蛋，並以低中速攪拌成緞帶狀。

※ 充分攪拌至含有氣泡、泛白為止。

3

在2中一面加入玉米粉，一面用手如從底部舀取般攪拌。

※ 和科隆比耶蛋糕一樣，加入的玉米粉具有黏結麵團中小氣泡的作用，讓麵粉變黏稠，吃起來變成不同的口感。

4

看不見粉末後，加入融化奶油同樣地攪拌，攪拌到麵糊泛出光澤的均勻狀態。

5

在1的模型中倒入4至8分滿，放入160℃的烤箱中約烤1小時10分鐘。

6

烤好後（圖）敲擊模型的側面，倒扣脫模，放涼。

※ 倒入模型時的底側層變成上層。

7

參照科隆比耶蛋糕的步驟8～9（→P215），塗上杏桃果醬覆面和覆面糖衣，以180℃的烤箱烤20～30秒讓它變乾。

※ 加熱能呈現光澤。但要注意太熱的話會糖化。

Cannelé de Gironde

吉倫特可露麗

表面酥脆，裡面黏 Q
造型獨樹一格
溫潤的蘭姆酒香也很獨特

分量　12個份

◎準備直徑5.5cm、高5cm的可露麗蛋糕模型。

鮮奶 lait pasteurisé —— 500 g
※使用低溫殺菌的鮮乳。

香草棒 gousse de vanille —— ½根

低筋麵粉 farine faible —— 70 g ｜
高筋麵粉 farine forte —— 55 g ｜ 混合過篩備用

白砂糖 sucre semoule —— 250 g

蛋黃 jaunes d'œufs —— 45 g ｜
全蛋 œuf —— 25 g ｜ 混合打散

蘭姆酒 rhum —— 43 g

焦化奶油 beurre noisette —— 25 g

● 模型用 Pour moules

無鹽奶油 beurre —— 適量Q.S
※放入鋼盆中加熱一下，攪拌成乳脂狀後使用。

蜂蜜 miel —— 適量Q.S

conseil de chef

這是波爾多（現在的吉倫特）的傳統甜點。修業時期，我在位於波爾多的林本（音譯）鎮的「維培（Lopez，音譯）」甜點屋，第一次看到這個造型和烤色皆有趣的甜點。它讓我嘗到前所未有的味道與口感，令我印象深刻，時至今日我仍鮮明地記得。在不像現在有食譜可查的那個年代，我經過不斷摸索嘗試才完成這個蛋糕的食譜。低溫殺菌鮮奶煮沸後要放入冷藏靜置，冷藏溫度也不能太低。此外，製作蛋奶餡後立刻烘焙會膨脹溢出，使甜點中央裂開形成凹洞。雖然是我的印象，但我想靜置12小時以上麵筋才能夠均勻。因此，這個甜點裡能烤出特有的蜂巢狀組織。烘烤過程中，在我眼前總浮現蛋奶餡在高保溫性的銅製模型中滾沸的樣子。

1
鮮奶和剖開的香草一起煮沸，稍微變涼後，蓋上保鮮膜放入5～6℃的冷藏一晚備用。將砂糖和麵粉充分混合備用。

※鮮奶煮沸後不靜置一晚，烘焙時會膨脹溢出。一般認為是鮮奶的蛋白質特性所致。

2
將1的砂糖和麵粉的中央弄凹，在其中倒入靜置一晚的鮮奶，用打蛋器繞圈充分攪拌。

※若過度攪拌混合，會產生麵筋影響口感，所以輕輕地繞圈混拌即可。

3
在2中加入充分打散的蛋黃和全蛋，同樣地攪拌。

4
加入蘭姆酒攪拌，最後加焦化奶油充分拌勻。

5
將4過濾到別的鋼盆中，再放回之前取出的香草種子和莢，密貼蓋上保鮮膜，放入5～6℃的冷藏12小時以上備用。

※不到12小時的話，麵糊烘烤時會膨脹溢出。所以要使材料充分融合。

6
在模型中用手指塗上極薄已混成乳脂狀的奶油，之後同樣地薄塗蜂蜜。

※若厚塗蜂蜜，烤好時會變成硬糖狀，無法脫模。原本是塗蜜蠟，但蜜蠟會殘留在口中，因此改用蜂蜜。

7
在6的模型中，倒入剔除香草莢的5蛋奶餡至8～9分滿，以上火250℃、下火270℃約烤50分鐘～1小時。模型中應該呈滾沸的狀態。

8
烤好後讓它稍微變涼，模型口側朝下敲擊，脫模放涼。

Far breton
布列塔尼蜜李蛋糕

使用奶油烤成外表酥脆、裡面 Q 彈
是布列塔尼地區特有的的甜點

分量　9個份
◎準備直徑6.5cm的寬口圓烤模。

全蛋　œufs —— 65 g

白砂糖　sucre semoule —— 50 g

鹽　sel —— 3 g

低筋麵粉　farine faible —— 70 g

鮮奶　lait —— 155 g

鮮奶油（乳脂肪48％）crème fraîche　48％ MG
—— 155 g

蘭姆酒醃漬李子乾　pruneaux marinés au rhum
—— 9個
※蘭姆酒中放入李子乾浸漬1天以上備用。

無鹽奶油　beurre —— 20 g

● 模型用 Pour moules

無鹽奶油　beurre —— 適量Q.S

白砂糖　sucre semoule —— 適量Q.S

conseil de chef

有許多人以蒸布丁糊來製作布列塔尼蜜李蛋糕，不過那是錯誤的作法。希望你們注意兩者材料不同。差別在於蒸布丁的材料使用較多蛋，以及加熱過的鮮奶，整體而言它的口感像外郎糕（譯註：外郎糕為傳統的日式蒸製甜點）。相對地，布列塔尼蜜李蛋糕是粥狀的甜點，水分多。它的材料中加入布列塔尼地區特產的奶油，外表口感如油炸般酥脆，裡面水分很多。也許因為沒有厚度，因此特色是幾乎沒有彈性與黏稠感。

1
在鋼盆中放入全蛋用打蛋器打散，加砂糖和鹽用打蛋器輕輕地攪拌混合。加低筋麵粉大致攪拌混合，加入一半的鮮奶和鮮奶油混合物大致攪拌。

2
加入剩餘的鮮奶和鮮奶油大致繞圈攪拌。
※這是水分多的蛋糕。產生麵筋的話口感會變差，大致地攪拌以避免發泡。

3
最後攪拌成稀軟的狀態。將它過濾到別的鋼盆中，剔除粉粒硬塊。放入7～8℃的冷藏一晚備用。
※靜置一晚，讓麵粉和水分融合。

4
隔天在模型中厚塗奶油，放入砂糖讓砂糖均勻地沾滿模型。
※這是奶油產地布列塔尼的甜點，而且因蛋糕容易沾黏模型，所以要塗上足量的奶油。

5
在模型中各放入1個蘭姆酒醃漬的李子乾，倒入3的蛋奶餡至模型的9分滿。
※注意蛋奶餡倒太多會溢出。

6
在5中放入撕成1cm丁狀的奶油。

7
放入180℃的烤箱中烘烤將近1小時。過程中查看狀況，蛋糕若溢到外面，將它壓入模型中。
※不是烤到變硬，而是要使裡面呈膨軟狀態。

Pastis
帕蒂斯蘋果派

香酥、輕脆的口感
豐潤蘋果的酸味和
杏仁奶油醬的風味形成平衡的美味

分量　直徑16.5cm1個和直徑6.5cm8個份
◎準備直徑16.5cm的寬口圓烤模1個和6.5cm的8個。

水 eau —— 125g

鹽 sel —— 2g弱

低筋麵粉 farine faible —— 150g ｜混合過篩
高筋麵粉 farine forte —— 100g ｜

全蛋 œuf —— 1個

橄欖油 huile d'olive —— 18g

● 餡料　Garniture

無鹽奶油 beurre —— 適量Q.S

蘋果 pommes —— 4個

※最好使用有酸味的紅玉種蘋果。若無紅玉，使用富士也行。去皮、果
核和種子，切成12等分（橫向切半再切6等分）。

白砂糖 sucre semoule —— 適量Q.S

雅馬邑白蘭地酒 armagnac —— 適量Q.S

● 杏仁奶油醬　Crème d'amandes —— 300g
※事先做好備用（→P117）。

● 裝飾用　Décor

焦化奶油 beurre noisette —— 適量Q.S

糖粉 sucre glace —— 適量Q.S

conseil de chef

這是法國西南部加斯科尼（Gascogne）地區的
甜點。根據不同地區，它也被稱為蘋果千層餅
（Croustade aux Pommes）。特色是在雅馬邑白

蘭地酒的產地，會使用這種酒製
作。雖然有的地區會使用薄餅麵團
（Pâte filo），不過我覺得延展得像
紙一樣薄的這個麵皮較美味，因此
我從麵團開始做起。使用薄餅麵團
時，在麵團上塗奶油後，若不經烘
烤做不出類似的口感。

1
在鋼盆中放入水和
鹽，加熱至比人體體
溫稍高的溫度，融化
鹽備用。在別的鋼盆
中放入粉類、蛋和橄
欖油，從邊端倒入融
化備用的鹽水，用手
指繞圈混拌。
※用熱水麵粉會發黏，
容易產生麵筋。

2
混拌到看不見粉末
後，取出放在撒了防
沾粉的工作台上，一
面不時撒上防沾粉，
一面在工作台上擊打
麵團繞圈混拌，讓它
確實產生麵筋。

3
拉扯麵團時，若擊打
過的麵團能成團離開
工作台，表示已混拌
完成。
※變成柔軟富彈性的麵團。

4
將麵團朝下揉圓，讓
表面緊繃，蓋上攪拌
缸放在近烤箱的溫暖
處，靜置1小時讓它
鬆弛。
※接下來要擀開，先靜
置讓它鬆弛，使緊繃的
麵筋放鬆。

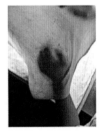

5
在鋪好大桌布的上面
撒上防沾粉，用手
將4拉扯變大至某程
度後，放在手背上，
儘量繃扯讓它延展變
薄，薄到能透見下
面，再放在桌布上。
※因為加了油，所以麵團能
延展得很薄。

6
剪掉薄麵皮邊端有厚
度處。讓它乾至某程
度後較容易成形。
※若邊端有厚度，下垂的重
量會使薄皮延展，所以要剪
掉。光是邊端就具有相當的
重量，因為麵團太軟，要晾
乾。

7
在鍋裡放入奶油，開
火加熱，放入餡料蘋
果，撒上砂糖稍微香
煎。蘋果略裹上砂
糖，邊端變得稍圓潤
後，撒入雅馬邑白蘭
地酒，進行酒燒烹調
（flambé），放涼備
用。

8
依照模型，將6的麵
皮剪成能突出模型的
適當大小，不同模型
各2片，重疊放入模
型中。

9
用大擠花嘴擠入杏仁
奶油醬，分量約能填
滿底部的程度，在小
模型中放入3片7的蘋
果，大模型中約放入9
片。將剩餘的麵皮適
當剪裁，堆放在蘋果
上。

10
放入180℃的烤箱
中，小模型烤38分
鐘，大模型烤43〜44
分鐘。烤好後用毛刷
塗上焦化奶油增加光
澤與風味。放涼後脫
膜，再撒上糖粉。
※麵皮上沒味道，所以要塗
上焦化奶油。

Visitandine
修女小蛋糕

底側如油炸般酥脆
和裡面濕潤的口感落差令人印象深刻
焦化奶油的風味芳香撲鼻。

分量　60個份
◎準備長9cm、寬4cm的小船形模型。

杏仁糖粉　T.P.T.（→P123）—— 500g
低筋麵粉　farine faible —— 75g
蛋白　blancs d'œufs —— 260g
蜂蜜　miel —— 150g
焦化奶油　beurre noisette —— 375g
● 模型用　Pour moules
澄清奶油　beurre clarifié —— 適量Q.S

conseil de chef

這個蛋糕的材料和費南雪蛋糕類似，不過蛋白的處理法不同。相對於在杏仁糖粉和麵粉中混入所有蛋白的費南雪蛋糕，修女小蛋糕是將2成蛋白以分蛋方式打發後才加入。此外，它和下頁中介紹為了有效運用麵糊，著重以打蛋器攪拌讓麵糊膨脹來製作的瑪德蓮蛋糕相比，修女小蛋糕是使用木匙如切割麵糊般來攪拌，重點是為了讓它烘烤時不膨脹。

1
在鋼盆中放入杏仁糖粉和低筋麵粉，放入8成分量（200g）的蛋白，用木匙混拌成細滑的糊狀為止。
※為避免混入空氣，用木匙如攪拌般混合。杏仁糖粉粗磨的較美味。

2
在別的鋼盆中放入剩餘的蛋白，攪拌到氣泡大致泛白，變得厚重的5分發泡狀態，加入1中混拌。

3
在2中加入蜂蜜混合

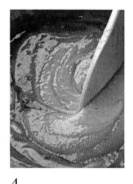

4
加熱焦化奶油備用，加入3中如切割般混合。
※加熱焦化奶油，能製作出削減麵糊（氣泡）的特有口感。

5
在模型中塗上澄清奶油，排放在烤盤上備用，用大的圓形擠花嘴擠入4。

6
以190℃約烤20分鐘，脫模，放涼備用。

Madeleine
瑪德蓮蛋糕

焦化奶油的風味與
膨軟的蛋糕口感美味絕倫

分量　50個份
◎準備長7.5cm、寬5cm的瑪德蓮蛋糕模型。

全蛋　œufs —— 7個
※使用新鮮的蛋。將蛋黃和蛋白分開備用。

白砂糖　sucre semoule —— 220 g
低筋麵粉　farine faible —— 220 g ｜
泡打粉　levure chimique —— 3 g ｜混合過篩
蜂蜜　miel —— 176 g
焦化奶油　beurre noisette —— 200 g
● 模型用 Pour moules
澄清奶油　beurre clarifié —— 適量Q.S

conseil de chef

我不喜歡檸檬風味的瑪德蓮蛋糕，因此用焦化奶油
來製作。若用融化奶油來做，剛烤好時蛋糕固然美
味，不過經過一段時間奶油氧化後，那股氣味我頗在
意。關於這點若改用焦化奶油的話，奶油的香味就能
不走味，即使不是當天出爐的蛋糕，風味依舊很好。
此外，瑪德蓮蛋糕另一項特色是中間會膨脹隆起，我
以善用麵糊的攪拌方法，及靜置1天以形成皮膜等技
巧，來提升蛋糕的品質。

1
在鋼盆中放入蛋白，加砂糖
用打蛋器攪拌到3分發泡。
從有黏性的狀態，變成泛白
稀軟的狀態即可。
※感覺到蛋白均勻的粒子。

2
打散蛋黃加入1中，繞圈混
合，混勻即可。

3
在2中加入已混合過篩的粉
類，以攪拌般的感覺繞圈混
合。
※若先加入蜂蜜、焦化奶油後，最
後才加入粉類，這樣麵糊無法充分
產生麵筋，蛋糕烤好後中間會膨不
起來。

4
待麵糊中看不見粉末後加蜂
蜜，同樣地攪拌成泥狀即
可。
※蜂蜜的轉化糖具有保濕作用。

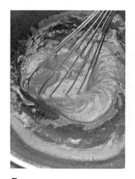

5
在4中加入回到常溫的焦化
奶油，同樣地繞圈攪拌會變
得更有光澤。
※熱的焦化奶油會破壞麵糊（讓氣
泡消失），使其無法膨脹，所以要放
涼後再加入。

6
在模型中塗上澄清奶油備
用，用大的圓形擠花嘴擠入
5，放在常溫中一天備用。
確認表面是否形成皮膜。
※放入烤箱中，這層皮膜會一口氣
地膨脹隆起。

7
將6放入180℃的烤箱中約
烤15分鐘，脫模，放涼備
用。

Croquants aux amandes
杏仁脆餅

爽脆、香酥的口感中
美妙地融合杏仁的芳香風味

分量　34片份

蛋白　blancs d'œufs —— 50 g

※使用置於常溫3天以上的蛋。

糖粉　sucre glace —— 245 g

香草糖　sucre vanillé —— 10 g

※用過的香草洗淨、乾燥後，再磨碎混入糖粉中。

低筋麵粉　farine faible —— 75 g

杏仁（連皮）amandes brutes —— 150 g

● 裝飾用　Décor

塗抹用蛋（全蛋）dorure（œufs entiers）

—— 適量Q.S

糖粉　sucre glace —— 適量Q.S

conseil de chef

這是從前在庇里牛斯山的鄉間常見的甜點。croquant原本是「酥脆」之意，它的特色是具有乾硬爽脆的口感。凹凸不平的外觀頗富趣味，不過水分太多的柔軟麵糊，無法呈現這樣的風貌。注意杏仁不要被攪拌機攪拌得太碎。

1
在攪拌缸放入蛋白、糖粉和香草糖，再安裝攪拌器的攪拌機，開始以中低速混拌，待粉末不再飛散立即轉高速混拌。

2
麵糊混拌變得細滑能留下攪拌器的痕跡，有許多豎起的尖角時，加入低筋麵粉大致地攪拌。

3
加完低筋麵粉後立刻加入杏仁，以中速攪拌。大致攪拌讓麵糊和杏仁拌勻即可。

※因杏仁會打碎，所以降低攪拌速度。

4
取出3放在撒了防沾粉的大理石上，用刀迅速剁碎。

5
將4充分揉成棒狀，分割成各15 g。

※因為不易成團，所以要揉捏。雖然質地硬的麵團不易成團，但是完成後很美味。

6
在矽膠烤盤墊（或鋪了烘焙紙的烤盤）上一個個放上5，用沾了防沾粉的手壓扁，壓薄一點較美味。

※雖然麵團的作業性差，但是較乾硬的麵團，烤好後的樣式較有趣。

7
在6上用毛刷薄塗上塗抹用蛋，撒上糖粉。

※塗上塗抹用蛋是為了讓糖粉到處受潮斑駁。受潮和沒受潮的糖粉會呈現出變化萬千的風情。

8
將7放在烤盤上，放入150℃的烤箱烤30分鐘。涼了之後變得酥脆。

229 ［茶點］杏仁脆餅

Galette bretonne
布列塔尼酥餅

布列塔尼地區烤色誘人的甜點
口感鬆軟的酥餅
充分散發豐富的奶油風味

分量　33個份

◎準備直徑5cm的切模1個和直徑5.5cm的中空圈模33個。

無鹽奶油　beurre —— 500 g
※置於常溫中回軟備用。

鹽　sel —— 5 g

糖粉　sucre glace —— 300 g

蛋黃　jaunes d'œufs —— 5個份

蘭姆酒　rhum —— 50 g

低筋麵粉　farine faible —— 500 g

塗抹用蛋（蛋黃＋咖啡香精）

dorure（jaunes d'œufs + trablit）—— 適量Q.S

● 模型用　Pour moules

澄清奶油　beurre clarifié —— 適量Q.S

conseil de chef

這是使用有鹽奶油的布列塔尼地區的甜點，但我沒有美味的有鹽奶油，只能在無鹽奶油中加鹽調味。具有一般所謂的鬆散口感的沙布蕾麵團，基本上，一開始要先將硬奶油和糖粉混合成鬆散的顆粒狀。攪拌機產生的摩擦熱會使奶油融化，使酥餅失去沙布蕾的口感，所以要先以刮板稍微弄軟奶油，再以攪拌機攪拌。

1

在工作台上用刮板將奶油切碎搓軟，放入裝了攪拌器的攪拌機中，以低速大致攪拌變軟，加鹽和糖粉混合。

※鹽具有收縮作用。不加鹽的話無法成形。

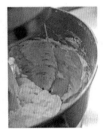

2

融合後，分3～4次慢慢加入蛋黃，融合後加蘭姆酒混合。

※蘭姆酒用來增加香氣。

3

在2中加入低筋麵粉攪拌，看不見粉末後停止攪拌。

※等比例的麵粉和奶油較不易融合，所以要稍微攪拌久一點。

4

取出放在撒了防沾粉的大理石上，用手壓平，蓋上保鮮膜放入冷藏1小時讓它鬆弛。

※因麵團中奶油較多，冰涼後較易成形。

5

將4放在撒了防沾粉的大理石上，用沾粉的手按壓，立刻拿起麵團，放到塑膠布上，用擀麵棍粗略地擀開。在兩側放上12mm寬的基準桿，蓋上塑膠布擀成12mm厚。

6

用塑膠布蓋好5，放入冷凍庫中冰硬，以直徑5cm的切模切取。

※擀開後不放入冷凍庫中冰硬，切不出漂亮的形狀。

7

取出6放在常溫中一下退冰回軟。排放在矽膠烤盤墊上，用毛刷在表面塗上塗抹用蛋，稍微晾乾再塗一次。

※因為以低溫烘烤，所以用加了咖啡香精的蛋黃作為塗抹用蛋來增加烤色。

8

用日式甜點等所用的2齒牙籤，在上面畫出格子花樣，為避免蛋液沾黏，放入塗上澄清奶油的直徑5.5cm中空圈模中。

※這是多奶油的甜點，若周圍不框住，烘烤時麵團會擴散開來。

9

將8放在烤盤上，放入160℃的烤箱中烤35分鐘，拿掉中空圈模再烤20分鐘。

※烘烤前讓麵團回到常溫，觸碰麵團時會沾手。烘烤時若麵團沒有回到常溫，就烤不出現沙布蕾一樣的鬆散口感。

Carré sablé chocolat
巧克力沙布蕾

具有酥鬆的口感
濃郁的堅果風味
能留下甘那許淋醬略酸的喉韻

分量　4.5cm方形24個份

◎準備30×40cm的烤盤和直徑2.5cm的切模。

無鹽奶油　beurre —— 216g

※置於常溫中回軟備用。

杏仁糖粉　T.P.T.（→P123）—— 200g

低筋麵粉　farine faible —— 216g

全蛋　œuf —— 33g
鹽　sel —— 1小撮　1 pincée ｝混合備用

● 甘那許淋醬ganache

—— 以下（最少分量）約100g

鮮奶油（乳脂肪48%）crème fraîche　48%　MG
—— 50g

透明果凍膠　nappage neutre（→P130）—— 162g

黑巧克力（可可成分53%）
chocolat noir　53% de cacao —— 100g

※在40℃下慢慢融化備用。

● 裝飾用　Décor

塗抹用蛋（全蛋）dorure（œufs entiers）
—— 適量Q.S

松子　pignons —— 24顆

杏仁（連皮）amandes brutes —— 24顆

核桃（切成¼的大小）noix concassées —— 24粒

開心果　pistaches —— 24顆

conseil de chef

這是要表現酥鬆口感的沙布蕾甜點，為了避免形成麵筋，混合時不要搓揉。甘那許淋醬中加入透明果凍膠，添加水果的酸味。

1
在攪拌缸中放入奶油、杏仁糖粉和低筋麵粉，用手粗略握捏，讓麵粉和奶油融合。

2
將1放入裝了攪拌器的攪拌機中，以低速攪拌。待整體混成鬆散的小塊後，加入蛋和鹽混成的蛋汁混勻即可。

※鹽可以防止麵團烘烤時軟塌。若攪拌過度會產生麵筋，使口感變硬。

3
取出2放到大理石上，用沾了麵粉的手按壓，確認沒有奶油和麵粉粉塊後，裝入塑膠袋中，放入冷藏1小時讓它鬆弛。

※因為麵團中有很多奶油，若立刻烘烤無法成形。為了充分融合要讓它鬆弛。

4
製作甘那許淋醬。在鍋裡放入鮮奶油和透明果凍膠，以大火加熱煮沸後熄火。

5
在4中加入融化備用的巧克力，用打蛋器從中央如切碎般混合讓它乳化。

※透明果凍膠和轉化糖一樣，除了具有穩定甘那許淋醬的作用外，還有增加酸味的用處。

6
取出鬆弛好的3麵團，放在撒了防沾粉的大理石上揉成團。擀成4mm厚後，用擀麵棍捲起緊密鋪在烤盤上，避免滲入空氣，切齊邊端，在麵皮上劃出1片4.5cm的片狀。

7
在其中的一半麵皮上，用2.5cm的切模在每片中央切出圓孔。在切圓孔的麵皮上用毛刷塗上塗抹用蛋，稍微晾乾後再塗1次。在四角分別貼上1顆堅果。

※為了加深烤色，塗抹2次塗抹用蛋。

8
和在7沒切孔的麵皮一起放入160℃的烤箱中約烤38分鐘。烤好後用刀依據切痕切開。

※這是奶油含量多的麵團，要用低溫烘烤。

9
在沒切孔的沙布蕾中央用直徑7～8mm的圓形擠花嘴擠上5的甘那許淋醬（1片約4g），再放上有堅果的沙布蕾夾住。

Carré alsacien

阿爾薩斯杏仁酥餅

上層焦糖化的酥餅散發苦味
中間夾入酸味與甜味濃郁的果醬
無可挑剔的美味組合

分量　4.5㎝方形35個份

● 千層酥皮麵團　Pâte feuilletée　使用基本分量的⅔

※與基本的酥皮同樣製作，摺8次三折後放入冷藏鬆弛備用（→P147）。

◎準備40×60㎝的烤盤1片。

● 焦糖杏仁脆餅的奶油餡　Appareil à florentin
　　—— 從以下取220 g

白砂糖　sucre semoule —— 75 g

鮮奶油（乳脂肪48%）crème fraîche　48% MG
　　—— 50 g

蜂蜜　miel —— 25 g

水飴　glucose —— 25 g

無鹽奶油　beurre —— 50 g

杏仁片　amandes effilées —— 90 g

● 覆盆子醬　Framboise pépins（→P129）
　　—— 200 g

conseil de chef

酥餅即使放置2～3天也不會變形，味道依舊美味，那是因為麵團進行了8次摺三折作業，而且覆盆子醬製成67～70%brix的果醬基本的糖度。糖度低的話酥餅會濕軟。擀開的麵皮儘管突出於烤盤中，不過烘烤後會縮小。雖然它也可以用鬆弛過的2號麵團（rognure）製作，不過，我是以摺疊4～5次的大麵皮包入碎麵團，直接擀開後使用。揉成團再摺疊，烘烤時會縮小很多。

1

製作焦糖杏仁脆餅。在鍋裡放入砂糖、鮮奶油、蜂蜜和水飴，以大火加熱煮沸。熄火，加入撕碎的奶油，攪拌融解至變細滑為止。

※若一起加入奶油加熱，麵糊會變硬。

2

在1中放入杏仁片攪拌，放涼備用。

※放涼讓它變硬，成為容易塗抹的濃度。

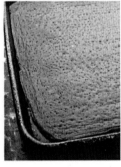

3

將進行8次摺三折作業鬆弛好的麵團（→P147），擀成3㎜厚放在烤盤上，戳洞。以180℃約烤50分鐘，放涼備用。

※摺三折作業進行8次後，塗上果醬和奶油餡，烘烤成層次緊密的酥餅。

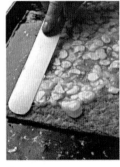

4

切掉3的酥餅邊緣，橫長放置縱切一半。在一半的酥片上用抹刀均勻地抹上2的奶油餡，以180℃約烤25分鐘，放涼。

※烘烤時會擴散，所以奶油餡最好不要剛好抹到邊端。

5

在大理石等容易塗抹的堅硬處，放上剩餘的一半酥餅，用抹刀在上面薄塗上覆盆子醬。

6

將4的酥餅切成4.5㎝的方塊，用抹刀一列列拿起放在5的酥餅上，修整後，從上面輕輕按壓讓它密貼。用刀沿著切痕將下面的酥片一起切開。

Dauphinois

多菲內核桃派

泛苦味的焦糖和風味濃郁的核桃
即使和厚甜塔皮組合
依然可呈現不厚重的平衡美味

分量　直徑18㎝的環形模型2個份

● 杏仁甜塔皮
Pâte sucrée aux amandes —— 960 g
※ 做好後鬆弛備用（→P159）。

● 核桃餡 Appareil
焦糖醬汁 sauce caramel

> 白砂糖 sucre semoule —— 155 g
> 水飴 glucose —— 45 g
> 鮮奶 lait —— 58 g
> 鮮奶油（乳脂肪48%）crème fraîche 48% MG —— 37 g
> 蜂蜜 miel —— 33 g
> 無鹽奶油 beurre —— 66 g

核桃 noix torréfiées concassées —— 216 g
※ 放入180℃的烤箱中，約烤10～15分鐘成為淺褐色，過篩剔除溼皮後大致切碎。

● 裝飾用 Décor
塗抹用蛋（蛋黃＋咖啡香精）
dorure（jaunes d'œufs + trablit）—— 適量Q.S

conseil de chef

這是用塔皮包餡的甜點。核桃餡味道濃厚，塔皮擀厚一點才能取得平衡。這個法國甜點類似源自瑞士核桃產地恩加丁地區的核桃派（Engadiner Nusstorte）。而法國多菲內核桃派，也是源自靠近格勒諾布爾（Grenoble）的核桃產地多菲內（Dauphine），故得此名。

1
製作核桃餡的焦糖醬汁（→P119、1～3）。但是將水飴和砂糖一起加熱，鮮奶和鮮奶油一起煮沸。
※ 只用鮮奶油味道太濃。

2
在1中加蜂蜜，利用餘溫混拌融合，接著放入撕碎的奶油混拌融解。

3
在2中加入烤過切碎的核桃混拌，倒入烤盤或淺鋼盤中放涼備用。

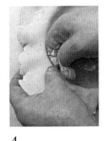

4
將鬆弛好的杏仁甜塔皮擀成4.5㎜厚。切割4片比模型還大一圈，用抹刀仔細挑起，2片放入鋪有矽膠烤盤墊的模型中（→P160）。切除多餘的邊端。

5
將3放涼備用的核桃分次放入4中，用手指抹平。

6
在5的塔皮邊緣塗上塗抹用蛋，分別蓋上1片剩餘的塔皮，上面用擀麵棍滾過讓邊端密貼，切除多餘的塔皮。

7
在6的上面用毛刷塗上塗抹用蛋，稍微晾乾後再塗一次。
※ 塗2次加入咖啡香精的塗抹用蛋，以便烤出可口的烤色。

8
用日式甜點等所用的2齒牙籤，在表面畫出格子花樣，用刀在數個地方刺出透氣孔，邊緣用手指擦拭一圈。
※ 如同只刮除表層的塗抹用蛋般輕輕描畫格子花樣。邊緣擦拭一圈為的是呈現漂亮的邊角。

9
將8放入180℃的烤箱中約烤50分鐘，靜置半天讓焦糖凝固，切成12等分。

Gâteau au chocolat de Nancy
南錫巧克力蛋糕

混合榛果風味的
芳香巧克力味和
裡面濕潤的口感堪稱絕配

分量 45個份
◎準備內徑 4.5 cm、深 5.5 cm的球狀模型 45個。

無鹽奶油　beurre —— 300 g
黑巧克力（可可成分 53%）
chocolat noir　53% de cacao —— 300 g
※加熱至 35℃融化備用。

榛果杏仁糖粉
T.P.T. noisettes（→P 123）—— 300 g
蛋白霜　meringue
[蛋白　blancs d'œufs —— 150 g
[白砂糖　sucre semoule —— 24 g
全蛋　œufs —— 75 g
蛋黃　jaunes d'œufs —— 7個份
低筋麵粉　farine faible —— 80 g

● 模型用　Pour moules
無鹽奶油　beurre —— 適量 Q.S
※放入銅盆中加熱一下，攪拌成乳脂狀後使用。

conseil de chef
應使用銅製攪拌盆和打蛋器來打發蛋白霜。若蛋糕要有濕潤的口感，質地細緻的蛋白霜不可或缺。此外，芳香的味道源自加入烘烤榛果的杏仁糖粉。球狀模型是我在 20年前從吉田甜點用具店購得，一直使用至今。烤盤架則是特別訂做的。

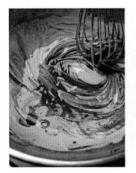

1
在鋼盆中放入奶油加熱一下，用打蛋器攪拌混合成柔軟的乳脂狀，加入以 35℃融化的巧克力混合。
※35℃是奶油不會融化的混合溫度。

2
在 1中加入杏仁糖粉混合。配合步驟 3，在銅盆中放入蛋白，用打蛋器打發，立刻加入一部分砂糖，待打發到已覆蓋粗氣泡後，加入剩餘的砂糖製成蛋白霜。
※使用銅盆時能攪拌出質地細緻的蛋白霜。

3
在已加入杏仁糖粉的 2攪拌盆中，分 3次加入全蛋和蛋黃，每次加入都要避免攪入空氣般迅速混拌。
※蛋黃會使麵糊濃縮，所以要迅速攪拌，拌勻即可。

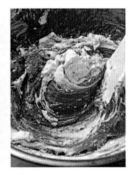

4
換用木匙。在 3中加入全部的低筋麵粉，再立刻分次加入蛋白霜 ⅓ 的量，並且攪拌混合。

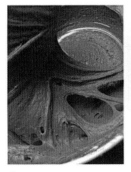

5
持續轉動攪拌盆，用木匙面如壓碎氣泡般充分攪拌。待麵糊變細滑，體積變成原來的一半後即可。
※若氣泡破減得不夠多，蛋糕烤好後會過度膨脹，之後又會立刻扁塌。

6
在模型中用毛刷薄塗上乳脂狀奶油，用沒裝擠花嘴的擠花袋在模型中擠入 5約至 7分滿。

7
在 6上蓋上裁好的烘焙紙等，放入 150℃的烤箱中烤 50分鐘。
※放上紙可使火力變柔和。

8
烤好後如圖示般蛋糕會膨起，待蛋糕下沉後立刻脫模，倒放在網架上放涼。

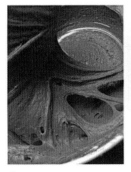

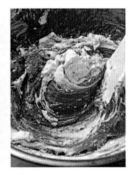

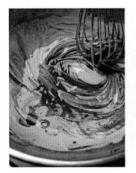

Nègre
黑色蛋糕

一咬下表面瞬間碎裂
蛋糕散發濕潤、柔和的巧克力風味
是道美味口感有落差的嶄新甜點

分量　4.5 cm方形48個份
◎準備40×60 cm的烤盤。

蛋黃　jaunes d'œufs —— 4個份

全蛋　œufs —— 2個

白砂糖　sucre semoule —— 80 g

低筋麵粉　farine faible —— 10 g

蛋白霜　meringue

[蛋白　blancs d'œufs —— 240 g
  白砂糖　sucre semoule —— 180 g

無鹽奶油　beurre —— 250 g

黑巧克力（可可成分61%）

couverture noir 61% de cacao —— 250 g
※加熱至35℃融化備用。35℃是奶油不會融化的混合溫度。

conseil de chef

這是最近才商品化的甜點。創作的靈感來自我最近在法國購買的書上所出現的鄉土甜點。書中的描述讓我驚嘆竟然有這種口感的甜點，並且激發我的興趣。麵糊放入180℃的烤箱後，溫度隨即降至150℃來烘烤，讓砂糖浮到蛋糕的表面糖化。製作的重點是蛋糕要烘烤得稍微濕潤些。

1
用攪拌機以高速將蛋黃、全蛋和砂糖攪拌發泡。同時用別的攪拌機以高速攪拌蛋白，發泡後立刻加入一部分砂糖，若打發到已覆蓋粗氣泡後，加入剩餘的砂糖製成蛋白霜。兩者都要充分打發。

2
在打發1的期間，在鋼盆中放入奶油加熱一下，用打蛋器攪拌成乳脂狀，再加入融化的巧克力混合。

3
待蛋黃和全蛋混拌成緞帶狀後，從攪拌機上取下，加低筋麵粉用手輕輕地攪拌。

4
在3中加入全部的2，如從底部舀取般大幅度地攪拌。

5
在4中分次加入打發到尖角能豎立的蛋白霜，充分攪拌。

※這是多砂糖的蛋白霜材料，質地很細緻。即使充分攪拌，氣泡也不容易破滅。

6
待泛出光澤即完成。

7
在鋪了矽膠烤盤墊的烤盤上倒入6，用抹刀抹成厚1 cm。抹平後，連同烤盤向下輕敲工作台以去除空氣。

8
以180℃約烤10分鐘，以150℃約烤20分鐘，放涼。用刀沿烤盤邊緣切一圈讓邊緣脫模。放在工作台上倒扣，拿掉矽膠烤盤墊，切成4.5 cm的方形，烤色面朝上、下分別重疊2片。

Succès praliné
堅果夾心蛋白餅

［茶點］堅果夾心蛋白餅

乾脆的口感猶如杏仁蛋白餅
堅果奶油霜吃起來也很輕盈
適合搭配蛋白餅鬆脆的口感

分量　40個份

◎準備直徑5cm、高5cm的圓形片狀模型80個。

蛋白霜　meringue

[
蛋白　blancs d'œufs ── 150 g
※使用置於常溫3天以上的蛋。

乾燥蛋白　blancs d'œufs en poudre ── 6 g

白砂糖　sucre semoule ── 66 g
]

杏仁糖粉　T.P.T.（→P123）── 100 g]
榛果杏仁糖粉　　　　　　　　　　　　　 混合備用
T.P.T. noisettes（→P123）── 100 g
低筋麵粉　farine faible ── 33 g]

● 裝飾用　Décor

杏仁片　amandes effilées ── 適量Q.S

糖粉　sucre glace ── 適量Q.S

● 堅果風味奶油霜

Crème au beurre au praliné

義式蛋白霜　meringue italienne ── 60 g
※使用前才製作（→P118）。

無鹽奶油　beurre ── 60 g

堅果醬　praliné（→P124）── 50 g

蘭姆酒 rhum ── 2 g

conseil de chef

需要氣泡安定蛋白霜的這個蛋白餅和達克瓦茲蛋糕等，都是使用放置約3天的舊蛋白。希望蛋白霜有韌性時，我大約會加入4%的乾燥蛋白。製作重點是烘烤時要注意讓蛋白餅烤乾，以呈現蛋白餅特有的口感。

1

用攪拌機以高速攪拌蛋白和乾燥蛋白，立刻加入少量的砂糖，若打發到已覆蓋粗氣泡後，加入剩餘的砂糖，製成質地細緻的蛋白霜。

※要使氣泡安定，所以使用舊蛋白和乾燥蛋白。

2

在1中慢慢加入2種杏仁糖粉和低筋麵粉，用木匙仔細攪拌。

※這是多砂糖的蛋白霜材料，質地很細緻。即使充分攪拌，氣泡也不容易破滅。

3

將直徑5cm的片狀模型排放在矽膠烤盤墊上，用前端剪粗的擠花袋擠入2，用抹刀抹平，拿掉模型。

※為避免木匙把蛋白霜攪拌得太均勻，用擠花袋擠入。

4

在3上每片散放上2～3片杏仁片，撒上足量的糖粉，以160℃的烤箱烤40分鐘。

※重點要充分烤乾。

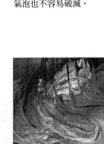

5

製作奶油霜。製作義式蛋白霜（→P118），溫度達到比人體體溫稍熱的程度後，將攪拌速度轉為中速，投入等量的撕碎奶油攪拌即可。

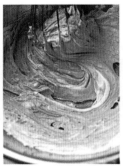

6

將5的攪拌缸從攪拌機上取下，放入堅果醬（→P124），用打蛋器攪拌混合，加入蘭姆酒同樣地攪拌。

7

將4的一半蛋白餅上下翻面，用直徑7～8mm的圓形擠花嘴，在每個蛋白餅上擠上4g的6奶油霜，蓋上剩餘的蛋白餅夾住。

Bâton à la cerise
櫻桃酥捲

如炸春捲般的口感
杏仁奶油醬的濃厚風味和
櫻桃的酸味在口中瀰漫開來

分量　15條份

杏仁奶油醬　crème d'amandes —— 400 g
※做好備用（→P117）。

半醃漬櫻桃　griotte mi-confite —— 200 g
※將冷凍的整顆野櫻桃，依照糖漬橙皮的步驟3～7（→P325）同樣製作，成品糖度55%brix。

春捲皮　pâte à rouleau de printemps —— 15片
融化奶油　beurre fondu —— 適量Q.S
塗抹用蛋（全蛋）dorure（œufs entiers）
—— 適量Q.S
波美度30°的糖漿　sirop à 30°B —— 適量Q.S

conseil de chef

藉著製作美味的半醃漬野櫻桃的機會，我製作了這道甜點。外皮也可以用薄餅麵團等做各種嘗試，不過用薄餅麵團雖然能做出漂亮的外觀，但味道會略顯不足。比起來春捲皮較美味，所以我用它來製作。

1
將攪拌回軟的杏仁奶油醬和瀝除湯汁的半醃漬野櫻桃，以2比1的比例放入鋼盆中，用木匙充分混合，但勿壓碎櫻桃。

2
用直徑17㎜的圓形擠花嘴，將1擠成長45㎝的香腸狀共5條，蓋上保鮮膜，放入冷凍庫冰凍，硬了之後切成15㎝長。

3
在春捲皮的四邊塗上水，放上1條2，鬆鬆地包起來，邊端徹底封口（徹底密合很重要）。剩餘的同樣地包好。
※若不鬆鬆地包裹，烘烤時會破裂。

4
在3的外表塗上融化奶油，排放在烤盤上，以220℃的烤箱約烤14～15分鐘。

5
趁4尚熱用毛刷塗上塗抹用蛋，放回烤箱，再烤3～4分鐘讓它變乾，以增加烤色。

6
烤好趁熱，塗上波美度30°的糖漿，晾乾以呈現光澤。

Barquette caramel aux fruits
焦糖水果船形塔

散發濃郁迷人的堅果香，
風味鮮明的極品甜點
焦糖的苦甜味為堅果增加風味

分量　18個份

◎準備長9cm、寬4cm的小船形模型18個和大一圈的切模。

● 杏仁甜塔皮

Pâte sucrée aux amandes —— 240 g

※做好鬆弛備用（→P159）。

塗抹用蛋（全蛋）dorure（œufs entiers）

—— 適量Q.S

● 焦糖醬汁　Sauce caramel

白砂糖　sucre semoule —— 85 g

水飴　glucose —— 20 g

鮮奶油（乳脂肪48%）crème fraîche 48% MG

—— 15 g

蜂蜜　miel —— 45 g

無鹽奶油　beurre —— 20 g

● 餡料　Garniture

核桃　noix torréfiées —— 35 g

杏仁（連皮）amandes brutes torréfiées —— 35 g

榛果　noisettes torréfiées —— 35 g

松子　pignons torréfiés —— 12 g

開心果　pistaches —— 25 g

沙拉油　huile végétale —— 適量Q.S

conseil de chef

我將甜塔皮擀得極薄，當作容器使用。焦糖醬中加入
蜂蜜來突顯風味，再和烤香的堅果混合。

1

將製作鬆弛好的杏仁甜塔皮
（→P159）擀成1.8mm厚，
戳洞。用比使用模型還大一
圈的切模切出18個。

※只是作為容器，所以擀薄一
些。

2

將1密貼鋪入模型中，讓塔
皮與底部邊角密貼，切掉多
餘的塔皮（→P160）。用毛
刷塗上塗抹用蛋，以180℃
約烤17～18分鐘後脫模，
放涼備用。

※利用塗抹用蛋形成皮膜。

3

將開心果以外的堅果，分別
平均放在烤盤上，以180℃
的烤箱約烤15分鐘。榛果
以粗目網篩篩過，去皮備
用。核桃也稍微篩過，只粗
略地去皮。

4

製作焦糖醬（→P119）。將
水飴和砂糖一起放入鍋裡加
熱，煮成濃焦糖醬。加奶油
之前才加蜂蜜混合。

5

在4中加入在3烤過的堅果
和開心果，用木匙攪拌。以
焦糖醬裹覆堅果即可。

6

趁5尚熱舀上一大匙放在2
上，用沾了沙拉油的指頭將
餡料堆高。剩餘的焦糖醬也
稍微加熱用完，修整外形。

※沙拉油能避免沾黏焦糖。

Gaufre
巧克力鬆餅

剛出爐的鬆脆口感新鮮誘人
焦化奶油的芳香風味也很棒
放久變軟後依然別有風味

分量　長11cm、寬7cm橢圓形30個份
◎準備長11cm、寬7cm的橢圓形切模。

低筋麵粉　farine faible —— 250 g

紅砂糖　vergeoise ou sucre canne —— 250 g
※使用法國產的蔗糖。

鹽　sel —— 3 g

鮮奶　lait tempéré —— 150 g
※回到常溫備用。

全蛋　œufs —— 3個

焦化奶油　beurre noisette —— 250 g
※加熱至25℃使用。

● 巧克力奶油霜
Crème au beurre au chocolat

義式蛋白霜　meringue italienne —— 86 g
※使用前才製作（→P118）。

無鹽奶油　beurre —— 86 g

黑巧克力（可可成分53%）
chocolat noir 53% de cacao —— 63 g
※加熱至35℃融化備用。

可可膏　pâte de cacao —— 42 g
※加熱至35℃融化備用。
◎製作堅果醬（→P124）風味、→覆盆子（→P129）風味時，各準備
105g，以取代巧克力和可可膏，在步驟9時混合。

● 模型用　Pour moules
澄清奶油　beurre clarifié —— 適量Q.S

北法里耳（Lille）以鬆餅而聞名。這是我使用在里耳購買，能夠旋轉、拉出的鬆餅機，所製作的鬆餅。為了烤出均勻、美味的鬆餅，重點是要有節奏地進行烘焙和脫模作業。原本它是使用以甜菜製作的紅砂糖（vergeoise）和奶油混成的奶油霜，或是像這裡介紹的奶油霜。我雖然想使用前者，不過鬆餅易受潮。在當地，鬆餅即使被奶油霜弄濕變軟仍會販售，但是在日本，如果鬆餅變軟了還在賣，顧客應該無法理解，所以我使用後者。

我使用在里耳購買的鬆餅機製作，將機器放在特別訂製的旋轉台上烘焙。

conseil de chef

1
製作鬆餅。在鋼盆中放入低筋麵粉、紅砂糖和鹽，用手混合均勻。
※在法國，砂糖是使用由甜菜製成的褐色初階糖（vergeoise）（譯註：vergeoise為初階糖，是以甘蔗汁或甜菜根初步加工成粗糖，將它重新溶入糖漿再次結晶製成的糖。）。

2
在1中加入回到常溫備用的鮮奶，用木匙大略混合。

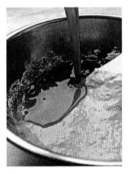

3
在2中加入打散的蛋汁，用木匙繞圈攪拌，加入調整成25℃的焦化奶油，同樣地攪拌。
※以不產生麵筋的方式攪拌。使用加熱的焦化奶油也是相同的目的。

4
用細目濾網過濾3。
※這個鬆餅的材料，和加入幾乎等比例的麵粉、砂糖、焦化奶油、水分（鮮奶和蛋）的奶油蛋糕材料類似。

suite à la page suivante→

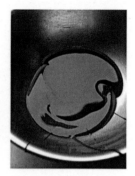

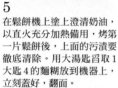

5

在鬆餅機上塗上澄清奶油，以直火充分加熱備用，烤第一片鬆餅後，上面的污漬要徹底清除。用大湯匙舀取 1 大匙 4 的麵糊放到機器上，立刻蓋好，翻面。

6

烤好後立刻用抹刀挑起，放在附近的工作台上。再舀取下次的麵糊放上，和 5 同樣地翻面烘烤。

※以顏色來判別烘烤的情況。

7

在烤好的鬆餅上，立刻放上長 11 cm、寬 7 cm 的橢圓形切模，從上面用力敲擊切取。以同樣的節奏烘烤所有麵糊並切割好，放涼備用。

※鬆餅會馬上變硬，要儘速切取。

8

製作奶油霜。將以 35℃ 融化備用的巧克力和可可膏混合。

※利用可可膏呈現顏色。

和 9 的奶油霜混合時，若溫度太低會結塊，溫度太高的話奶油霜又會融化，所以大約保持在 35℃。

9

參照堅果夾心蛋白餅的 5（→ P243），製作以義式蛋白霜為底的奶油霜，加入 8 後用打蛋器攪拌。

◎奶油霜之外還可替換成堅果醬和覆盆子醬等風味。

10

在 7 放涼的一半鬆餅上，用小的圓形擠花嘴在中央擠上 9，用抹刀抹平，蓋上剩餘的鬆餅夾住。1 個約使用 9 g 奶油霜。

Moule à pomponnette
杯型烤模製作的甜點

12

因為鮮為人知更要特別介紹的甜點

現今這個時代，很少看見用杯型烤模製作的甜點。
我希望讓顧客或店裡的員工都知道有這樣的甜點，
於是推出各式這類商品。和小型水果塔模型等比較起來，
這種深 2.5cm 的小模型，能使倒入塔皮中的蛋奶餡或奶油醬呈現厚度，
優點是能突顯奶油醬更加美味。
它的另一個特色是加入水果，讓人能品嚐到水果、奶油醬及
塔皮三者合體的美味，這是杯型烤模才有的味道。

Fonçage
鋪塔皮

分量
◎準備直徑6.5cm、深2.5cm的杯形烤模數個和
直徑9.5cm大小的切模。

杏仁甜塔皮
pâte sucrée aux amandes

或是ou

千層酥皮麵團 pâte feuilletée
※每一種都是事先做好，鬆弛備用（→P159、147）。新橋塔（→P254）雖然
使用千層酥皮麵團，但使用1號麵團烘烤時容易膨起，所以要使用2號或3號麵
團。（譯註：日文的1號麵團是指第一次使用的麵團，2號麵團是1號麵團用剩
的零碎麵團，而3號麵團則是2號麵團用剩的。）
◎1個模型中使用的麵團分量約16g。
準備烤模數量的1.3～1.5倍的麵團即可。

1
在指定的麵團上撒上防沾粉，擀
成3mm厚，用直徑9.5cm的切模
切取。不戳洞。
※甜塔皮很柔軟，請用抹刀一片片
仔細挑起。

3
讓塔皮像緊密黏貼在模型底部一
般，變薄的部分烘烤時會還原。
※使用千層酥皮麵團的2號或3號
麵團製作的新橋塔，若立刻烘烤會
縮小，所以要先放入冷藏2～3小時
讓它鬆弛。

2
將1的塔皮鬆鬆地放入模型中，
一面轉動模型，一面用兩隻拇指
按壓塔皮的邊角，讓它和模型密
貼。

4
用抹刀等切除模型邊緣突出的多
餘塔皮。
※新橋塔是先鬆弛後再切除。

Gâteaux à la pomponnette
精緻小甜點

自左起：新橋塔、杏桃塔、洛林塔、檸檬塔、杏仁塔。

Pont neuf
新橋塔

酥鬆的千層酥皮和
濃稠的蛋奶餡
糖粉的甜味與果醬的酸味皆美味

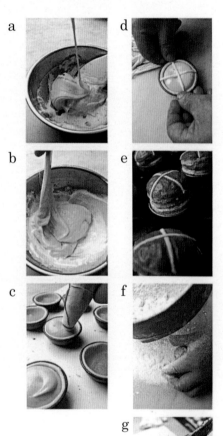

分量　10個份

● 千層酥皮麵團 Pâte feuilletée 240 g
※事先做好，鬆弛備用（→P147）。酥皮最好不要膨起，所以使用2號或3號麵團。

● 蛋奶餡 Appareil

泡芙麵糊 Pâte à choux　自以下分量中取150 g

[
鮮奶 lait —— 100 g
水 eau —— 100 g
無鹽奶油 beurre —— 90 g
白砂糖 sucre semoule —— 4 g
鹽 sel —— 4 g
低筋麵粉 farine faible —— 120 g
全蛋 œufs —— 160 g
※蛋是大概的量，麵糊若變硬可再加。
]

卡士達醬 crème pâtissière —— 150 g
※事先做好備用（→P116）。

鮮奶油（乳脂肪48%）crème fraîche　48%　MG —— 23 g
蘭姆酒 rhum —— 23 g

● 餡料 Garniture
糖漬蘋果泥 compote de pomme râpée（→P128）—— 150 g

● 裝飾用 Décor
千層酥皮麵團 pâte feuilletée —— 適量 Q.S
※使用上述剩餘的。

糖粉 sucre glace —— 適量 Q.S
醋栗醬 gelée de groseille（→P129）—— 適量 Q.S

① 將千層酥皮麵團擀成3mm厚，鋪入直徑6.5cm的杯形烤模中備用（→P252）。

② 製作蛋奶餡。製作泡芙麵糊（→P135），加入放在鋼盆中攪拌回軟的等量卡士達醬中，用木匙大略攪拌（圖a）。

※卡士達醬先攪拌回軟。

③ 在②中加入鮮奶油和蘭姆酒混合（圖b）。

④ 在①中各放入1大匙的糖漬蘋果泥。

⑤ 用直徑約12mm的粗擠花嘴，將③擠滿④的模型中（圖c）。

※蛋奶餡若沒完全覆蓋糖漬蘋果，烤好時會浮到外面來。

⑥ 將①剩餘的千層酥皮麵團擀成1.5～2mm厚，切成細條狀。將它呈十字放到⑤上（圖d）。

⑦ 將⑥放入160℃的烤箱中烤29分鐘，脫模，放涼備用（圖e）。

⑧ 拿起⑦，以拇指和食指對齊塔上的十字，在手指的虎口處撒上糖粉（圖f）。另一邊也同樣地撒上糖粉。

⑨ 用木匙將在鍋裡加熱的醋栗醬拌軟，用毛刷塗在⑧沒撒糖粉的部分（圖g）。

Mirliton d'Amiens
杏桃塔

整體感覺偏乾
可和甜味一起感受到
杏仁的濃厚風味

分量　7個份
● 杏仁甜塔皮

Pâte sucrée aux amandes —— 168 g
※事先做好，鬆弛備用（→P159）。

● 蛋奶餡　Appareil
全蛋　œuf —— 1個
杏仁糖粉　T.P.T.（→P123）—— 85 g
融化奶油　beurre fondu —— 25 g
● 餡料　Garniture
糖漬杏桃　compote d'abricot
—— 自以下分量中取7片

| 杏桃（切半的冷凍品）abricots —— 1 kg
| 白砂糖　sucre semoule —— 350 g
| 水　eau —— 700 g

※杏桃是摩洛哥產的冷凍品。將上述的砂糖和水混合、煮沸後，直接放入冷凍杏桃，蓋上紙蓋（→P128），改以小火熬煮，在常溫下放涼1天後使用。冷藏約可保存1週左右。

● 裝飾用　Décor
糖粉　sucre glace —— 適量Q.S

① 杏仁甜塔皮擀成3mm厚，鋪入直徑6.5cm的杯形烤模中備用（→P252）。

② 製作蛋奶餡。在鋼盆中放入蛋，用打蛋器輕輕打散，加杏仁糖粉充分攪拌至泛白為止。待蛋奶餡呈緞帶狀流下即可（圖a～b）。

③ 在②中加融化奶油混合，讓它泛出光澤。

④ 在①中倒入③至模型的⅓的高度，每個模型放入1片糖漬杏桃（圖c）。

⑤ 在④中倒滿③剩餘的蛋奶餡，撒上糖粉（圖d）。

⑥ 若⑤的糖粉受潮（圖e），再撒一次糖粉。模型邊緣的糖粉用手指擦除後（圖f），放入160℃的烤箱中烤50分鐘。

※邊緣的糖粉不擦除，塔皮會黏在模型上，在烤箱中無法膨脹隆起。

Lorraine
洛林塔

表面是蛋的風味，裡面是布丁般的口感
杏仁高雅平衡的輕淡風味與
櫻桃的滋味都很可口

分量　9個份

● 杏仁甜塔皮

Pâte sucrée aux amandes ── 192 g
※事先做好，鬆弛備用（→P159）。

● 糖漬野櫻桃　Compote de griotte　自以下分量中取
36顆

> 野櫻桃　griottes（冷凍）── 1kg
> 白砂糖　sucre semoule ── 350g
> 水　eau ── 700g

※將上述的砂糖和水混合、煮沸後，直接放入冷凍杏桃，蓋上紙蓋
（→P128），改以小火熬煮，在常溫下放涼1天後使用。冷藏約可保存1
週左右。

● 蛋奶餡　Appareil

卡士達醬　crème pâtissière ── 300 g
※事先做好備用（→P116）。

全蛋　œuf ── 1個

鮮奶油（乳脂肪48%）crème fraîche　48%　MG
── 30 g

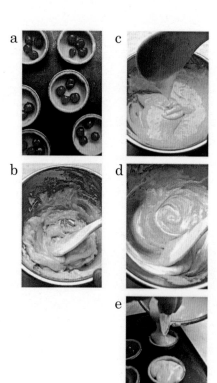

① 杏仁甜塔皮擀成3mm厚，鋪入直徑6.5cm的杯形
烤模中備用（→P252）。

② 在①的模型中各放入糖漬野櫻桃4顆（圖a）。

③ 製作蛋奶餡。在鋼盆中放入卡士達醬，用木匙攪
拌回軟。加蛋繞圈攪拌，攪拌到用木匙舀取蛋奶餡能
立刻流下、富光澤，且木匙上會黏著三角形的麵糊片
即可（圖→b～c）。

※只用卡士達醬，烤好時會溢出。加入全蛋較易烤
透，而且容易變硬。

④ 在③中加鮮奶油同樣地攪拌，以增添濃度（圖
d）。待呈緞帶狀流下即可。

※以鮮奶油的量來調整硬度，直到舀取會迅速流下
即可。

⑤ 在②中倒滿④（圖e），以180℃的烤箱烤50分
鐘。

Tarte citron
檸檬塔

讓人清醒般濃郁酸味的蛋奶餡和
蛋白霜甜味的完美融合

分量　8個份
● 杏仁甜塔皮
Pâte sucrée aux amandes —— 192 g
※事先做好，鬆弛備用（→P159）。

塗抹用蛋（全蛋）dorure（œufs entiers）
—— 適量Q.S
● 蛋奶餡 Appareil
全蛋 œufs —— 2個
檸檬汁 jus de citron —— 2個份
※榨汁、過濾備用。

檸檬表皮磨碎 zestes de citrons râpés
—— 2個份
白砂糖 sucre semoule —— 50 g
融化奶油 beurre fondu —— 33 g
● 裝飾用 Décor
義式蛋白霜 meringue italienne —— 適量Q.S
※使用前才製作（→P118）。

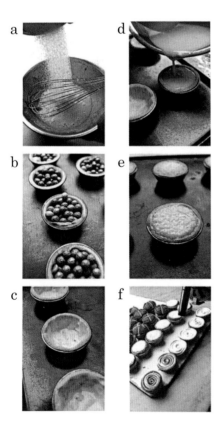

① 製作蛋奶餡。在鋼盆中放入蛋，用打蛋器打散，加入檸檬汁和磨碎的檸檬表皮攪拌混合，再加砂糖攪拌（圖a）。

② 在①中加入溫熱的融化奶油攪拌，放入冷藏一晚備用。

※靜置一晚讓材料融合，能完成布丁般口感。

③ 杏仁甜塔皮擀成3mm厚，鋪入直徑6.5cm的杯形烤模中備用（→P252）。

④ 在③中鋪入切好切口的烘焙紙，再放上重石（圖b），以180℃的烤箱烤15分鐘。

⑤ 拿掉④的重石和烘焙紙，在內側和邊緣用毛刷薄塗上塗抹用蛋，再烤2～3分鐘讓它變乾，放涼備用（圖c）。

※表面塗蛋汁是為了讓塔皮更堅固。

⑥ 靜置一晚後在⑤的模型中倒滿②的蛋奶餡（圖d），以180℃的烤箱烤15～16分鐘，烤到膨起即可（圖e）。

※烘烤過度口感會變硬，變得不美味。

⑦ 將⑥放涼至比人體體溫稍低的溫度後，用小刀插入模型和塔皮之間，讓塔脫模。

※若放涼到溫度太低，塔皮中的油分會凝聚在底下，所以在此之前就要脫模。

⑧ 製作義式蛋白霜（→P118），用直徑6mm的圓形擠花嘴呈螺旋狀擠在⑦的上面，再用瓦斯槍烤出焦色（圖f）。

Amandine
杏仁塔

分量　8個份
● 杏仁甜塔皮
Pâte sucrée aux amandes —— 192 g
※事先做好，鬆弛備用（→P159）。

● 糖漬野櫻桃 Compote de griotte —— 24顆
※事先做好備用（→P256）。

● 法蘭奇帕內奶油餡　Crème frangipane
※以下分別準備，做好備用（→P116～117）。

卡士達醬　crème pâtissière —— 200 g
杏仁奶油醬　crème d'amandes —— 200 g
● 裝飾用　Décor
醋栗醬　gelée de groseille（→P129）—— 適量Q.S
開心果（切碎）pistaches hachées —— 適量Q.S

外側香酥、裡面濕潤，
上面的果醬成為重點美味
更加突顯杏仁風味

a

c
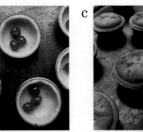

b

d

e

① 將杏仁甜塔皮擀成3mm厚，鋪入直徑6.5cm的杯形烤模中備用（→P252）。

② 在①的模型中各放入3顆糖漬野櫻桃（圖a）。用粗的圓形擠花嘴在裡面擠滿法蘭奇帕內奶油餡（圖b）。

③ 將②放入180℃的烤箱中烤36分鐘（圖c）。

④ ③烤好後，立刻連模型倒扣在工作台上，讓表面變平（圖d）。放涼後脫模。
※ 濕氣也會使表面泛出光澤。

⑤ 在鍋裡加熱醋栗醬用木匙拌軟，大量塗抹在④的上面（圖e）。用手指擦除黏在塔邊緣的醋栗醬，裝飾上切碎的開心果。
※ 邊緣清理乾淨是使塔呈現可口外觀的訣竅。

Tarte
塔

13

使烤好的塔與填入的
蛋奶餡相互融合的美味是重點

帶餡甜點的塔皮讓人感覺比較像是容器。

烤好後再裝飾上水果或奶油醬等，

比起塔皮和填入其中烘烤的蛋奶餡，

塔的主角可以是水果，也可以是烤好才擠入的奶油醬。

本書中雖然沒有介紹，不過典型的塔是

在塔皮上疊放香煎蘋果、蛋奶餡及吉布斯特等奶油醬。

塔皮確實是扮演美味容器的角色。

然而烘焙類甜點的塔都會放入足量的蛋奶餡和奶油醬，

主要就是要讓人享用蛋奶餡、奶油醬以及填入的各種餡料。

更進一步地說，塔皮、奶油醬和餡料一起烘烤時

所相互融合出的美味才是重點。

Tarte abricot madeleine

瑪德蓮杏桃塔

略微滲入杏桃汁的塔皮
和酥脆的表面形成對比口感

分量　直徑18cm的圓形模型2個份

杏仁甜塔皮

Pâte sucrée aux amandes —— 340 g

※事先做好，鬆弛備用（→P159）。

● 蛋奶餡 Appareil

蛋白 blancs d'œufs —— 120 g

糖粉 sucre glace —— 70 g

杏仁糖粉 T.P.T.（→P123）—— 120 g ⎤
　　　　　　　　　　　　　　　　⎬混合備用
低筋麵粉 farine faible —— 36 g ⎦

焦化奶油 beurre noisette —— 120 g

● 餡料 Garniture

糖漬杏桃 compote d'abricot

—— 自右記分量中取400 g

⎡ 杏桃（切半的冷凍品）abricots —— 1 kg

⎢ 白砂糖 sucre semoule —— 350 g

⎣ 水 eau —— 700 g

※杏桃是摩洛哥產的冷凍品。將上述的砂糖和水混合、煮沸後，直接放入冷凍杏桃，蓋上紙蓋（→P128），改以小火熬煮，在常溫下放涼1天後使用。冷藏約可保存1週左右。將切半杏桃再縱向切半成¼的大小再使用。

conseil de chef

在法國切半的杏桃稱為「abricot」。雖然這個塔使用切成4等分大小的杏桃，但是我善用其外形將它插在杏桃塔上。糖漬杏桃汁滲入塔皮中會更美味，所以要留意不要烤得太乾。

1
將杏仁甜塔皮擀成3mm厚，切割成比使用模型還大一圈的大小共2片。小心拿起塔皮密貼鋪入模型中，用抹刀切掉多餘的塔皮（→P160）。

2
製作蛋奶餡。在鋼盆中放入蛋白和糖粉，用打蛋器充分打發到能黏稠流下為止。

3
將杏仁糖粉和低筋麵粉混合過篩後，加入2中，改用木匙繞圈攪拌，待看不見粉末後，加焦化奶油大幅度地攪拌。

4
將1排放在烤盤上，倒入3的蛋奶餡，以180℃的烤箱烤25～26分鐘。

5
趁4的塔還熱時，1個模型上大約插入24個糖漬杏桃。以180℃再烤40分鐘。中途若是下火太強，底下再加疊1片烤盤。

6
烤到表面的塔皮酥脆，裡面富彈性後從烤箱中取出，放涼後用瓦斯槍在杏桃上烤出焦色。
※勿烤到變乾。

Tarte Alsace Lorraine
洛林亞爾薩斯塔

蜜李的濃郁，黃李的甜味
布里歐麵包滲入果汁的溫暖感
散發亞爾薩斯在地水果的風味

分量　直徑18cm圓形模型2個份
● 布里歐麵團　Pâte à brioches —— 300 g
※事先做好備用（→P296）。

● 奶油醬　Crème
卡士達醬　crème pâtissière —— 140 g
※事先做好備用（→Pl16）。

酸奶油　crème aigre —— 70 g
● 餡料　Garniture
糖漬蜜李　compote de quetsche —— 自以下分量中
取22顆
糖漬黃李　compote de mirabelle —— 自以下分量中
取22顆
┌ 糖漬蜜李（罐頭）quetsches mises en boîte
│ —— 1罐（內容量1620 g、固體量930 g）
│ 糖漬黃李（罐頭）mirabelles mises en boîte
└ —— 1罐（內容量1620 g、固體量930 g）

※使用阿爾薩斯產。上述的糖度原是波美度14～15°。分別加入250 g的
白砂糖到罐頭糖漿中，參照糖漬洋梨（→P128）方法來製作。但是不加
香草。放涼後瀝除湯汁冷凍備用。

● 裝飾用　Décor
醋栗醬　gelée de groseille（→129）—— 適量Q.S
糖粉　sucre glace —— 適量Q.S

conseil de chef

這個塔是我為顧客設計製作的新甜點之一。在店裡的
熟食（traiteur）區推出披薩風格的亞爾薩斯特產火
焰薄餅（tarte flambée）中使用了酸奶油，我心想
或許也能利用到這個塔上，因此同樣集合亞爾薩斯各
地區的食材來製作。

1
將完成第一次發酵的布里歐麵團分成每團150 g，撒上防沾粉揉圓後壓平，用擀麵棍大致擀成比模型稍小。

2
將1放入排放在烤盤上的環形模中，讓它填滿模型底部，噴點水，放在近烤箱等溫暖處，進行第二次發酵，直到麵團變成2倍厚。

3
在鋼盆中放入卡士達醬，用木匙攪拌回軟，加酸奶油拌勻。

4
在膨脹成2倍的2中，用抹刀塗上3的奶油醬，模型中分別平均放入蜜李和黃李各11顆。

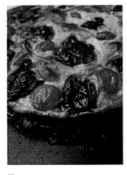
5
將4以200℃約烤10分鐘，降至180℃再烤10分鐘。

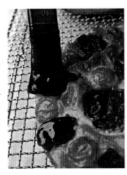
6
醋栗醬加熱成容易塗抹的硬度，用毛刷只塗在蜜李（偏黑的）上，整體輕輕撒上糖粉。

Tarte d'automne
秋葉塔

裡面層疊栗子奶油醬
上面是口感酥脆的達克瓦茲蛋糕和堅果
淋漓展現秋之美味

分量　直徑18cm的圓形模型2個份

● 杏仁甜塔皮

Pâte sucrée aux amandes —— 340 g
※事先做好，鬆弛備用（→P159）。

塗抹用蛋（全蛋）dorure（œufs entiers）—— 適量Q.S

● 達克瓦茲蛋糕　Pâte à dacquoises
※事先做好備用（→P80）。

蛋白霜　meringue

[蛋白　blancs d'œufs —— 100 g
　※使用置於常溫3天以上的蛋。

[白砂糖　sucre semoule —— 50 g

杏仁糖粉　T.P.T.（→P123）—— 300 g

糖粉　sucre glace —— 適量Q.S

● 栗子奶油醬　Crème au marron

栗子醬　pâte de marrons —— 400 g

鮮奶油（乳脂肪48%）crème fraîche 48% MG —— 64 g

全蛋　œufs —— 130 g

● 餡料　Garniture

杏仁（連皮）amandes brutes torréfiées　　25 g

榛果　noisettes torrériées —— 25 g
※以上分別放入180℃的烤箱中烤10～15分鐘至中芯部變成淺褐色。

開心果　pistaches —— 25 g

焦糖　caramel

[白砂糖　sucre semoule —— 75 g

碎栗子　débris de marron —— 20～24個
※以糖漬栗子的碎料製作的商品。

conseil de chef

這個塔雖然是專為秋季製作的甜點，不過現在全年都
有推出。裡面大量使用秋季風情的食材。在塔的邊緣
用鑷夾pince（一種鑷子般的用具）夾出花樣，這也
是塔的一種表現方法。

1
將杏仁甜塔皮擀成3mm厚，切割成比使用模型還大一圈的大小共2片。將塔皮密貼鋪入模型中（→P160），用鑷夾在塔皮邊緣斜向夾出花樣。

2
在1中鋪入已切好切口的烘焙紙，放上重石，放入180～200℃的烤箱中約烤20分鐘，拿掉重石和紙。

3
在2的內側和邊緣用毛刷塗上塗抹用蛋，放入200℃的烤箱烤2～3分鐘，烤乾以形成皮膜。
※為製作結實的「容器」，要確實塗抹蛋液。

4
參照焦糖醬的步驟1～2（→P119）煮製焦糖，加入開心果、烤過尚熱的杏仁及榛果混合，讓堅果裹上焦糖。倒入烤盤中放涼備用。

5
在鋼盆中放入栗子醬用手弄散，慢慢加入鮮奶油，充分攪拌勿殘留硬塊。再慢慢加入一半的蛋同樣地攪拌成乳脂狀。

6
在3的塔皮上，分別放入5的奶油醬，用抹刀抹平，再各散放上瀝除水分的碎栗子10～12個。
※碎栗子放太多會太甜。

7
製作達克瓦茲蛋糕麵糊（→P80），用直徑12mm的圓形擠花嘴呈螺旋狀擠在6上，撒上大量糖粉。

8
在7上散放4的焦糖化堅果類，以180℃的烤箱烤35分鐘。
※以能烤透奶油醬的蛋的程度，來衡量烘烤的溫度和時間。

Tarte aux pommes et aux abricots caramélisés
焦糖杏桃蘋果塔

表面如餅乾，裡面是水潤的口感
充分地濃縮鎖住
蘋果與杏桃的酸味

分量　直徑15cm、高4cm的中空圈模2個份

●杏仁甜塔皮

Pâte sucrée aux amandes —— 400g

※事先做好，鬆弛備用（→P159）。

塗抹用蛋（全蛋）dorure（œufs entiers）

—— 適量Q.S

●焦糖水果 Fruits caramélisés

無鹽奶油 beurre —— 10g

蘋果 pommes —— 360g

※最好使用有酸味的紅玉種蘋果。若無紅玉，使用富士也行。去皮、果核和種子，縱切12等分的月牙形，再切半。

杏桃（冷凍）abricots —— 200g

※剔除種子切半冷凍。再切半成為¼的大小。

白砂糖 sucre semoule —— 40g

●奶油醬 Crème

法蘭奇帕內奶油餡 crème frangipane

※以下分別準備，做好備用（→P116～117）。

> 卡士達醬 crème pâtissière —— 60g
> 杏仁奶油醬 crèmed'amandes —— 180g

蛋白 blancs d'œufs —— 180g

●裝飾用 Décor

杏仁片 amandes effilées —— 適量Q.S

糖粉 sucre glace —— 適量Q.S

conseil de chef

這個塔裡的奶油醬，我希望呈現舒芙蕾般的口感。雖說如此，但也不能像是餐廳的甜點般。因此我將不加麵粉的杏仁奶油醬和蛋白霜混合，讓塔呈現舒芙蕾般的風格。

1
將杏仁甜塔皮擀成3.5mm厚，切割成比使用模型還大一圈的大小，鋪入模型中（→P160），再放入已切好切口的烘焙紙和重石。
※側面要放入多一點重石。

2
將1以180～200℃約烤20分鐘，拿掉重石和紙，在整個內側塗上塗抹用蛋，以200℃約烤2～3分鐘讓蛋液變乾形成皮膜。

3
將水果焦糖化。在平底鍋裡放入奶油，以大火加熱煮融，放入蘋果香煎一下後加砂糖，接著加杏桃約香煎10分鐘。
※充分加熱讓水分蒸發。

4
將卡士達醬和杏仁奶油醬混合製成法蘭奇帕內奶油餡（→P117），在銅盆中放入蛋白，不加砂糖充分打發，分2～3次加入奶油餡中，用木匙攪拌。

5
一面轉動鋼盆，一面充分攪拌，加入最後的蛋白後，如從底部向上舀取般輕柔地混合。

6
在2中放入一半5奶油醬，分次放入3的焦糖化水果，再放入剩餘的奶油醬抹平。

7
在6上散放杏仁片，再撒上足量的糖粉，以180℃約烤45分鐘。如完成圖般，烤好後中央會凹陷。

Tarte pain complet
全麥麵包塔

表面具有糖果般酥脆口感
裡面散發濃郁的杏仁與奶油味

分量　直徑18cm2個份

千層酥皮麵團　Pâte feuilletée —— 472 g
※進行7次摺三折作業，鬆弛備用（→P147）。

杏仁奶油醬　crème d'amandes
※事先做好備用（→P117）。

●裝飾用　Décor

蛋白　blanc d'œuf —— 10 g

杏仁糖粉　T.P.T.（→P123）—— 45 g

糖粉　sucre glace —— 適量Q.S

conseil de chef

這是我模仿全麥麵粉所製作的全麥麵包塔。它不是傳統的甜點，過去我曾在巴黎幾家甜點店中看過，不過，現在已鮮少有人製作，甚至連許多法國人都不知道它的存在。

我在布列塔尼的南特看到的全麥麵包塔，不是用千層酥皮麵團製作，而是用手指餅乾麵糊製作。裡面包入的杏仁奶油醬具有某程度的氣泡，因此會膨脹隆起。

但是如果裡面包入的氣泡太多，也烤不出漂亮的外形。

1
將摺三折作業進行7次，鬆弛好的千層酥皮麵團擀成1.8mm厚，暫時放入冷凍庫凝結以利分切。放上直徑18cm的千層酥盒模型，沿模型切出4片圓塔皮。
※為了不讓塔皮隆起，摺三折作業需進行7次。

2
將1切好的塔皮邊緣用手指捏扁，以免烤好時周圍向上翹。

3
在2的2片塔皮中央，各放一半的杏仁奶油醬，用抹刀抹成均勻的小丘狀。

4
在3的塔皮邊緣用毛刷塗水，蓋上剩餘的塔皮，用手用力按壓周圍讓它貼合。
※若沒確實封口，塔烤好時會流出杏仁奶油醬。

5
將4上下翻面，用兩手修整成漂亮的圓頂形，放入冷藏讓它緊縮。
※圖中製作3個。

6
取出5，在封口周圍3個地方插入小刀以形成透氣孔，在奶油醬前方刀即停住。
※若沒有透氣孔，塔烤好時大幅膨脹的表面會嚴重龜裂。因為是很淺的透氣孔，所以不必擔心奶油醬會從中流出。

7
在鋼盆中放入蛋白，再加杏仁糖粉，用木匙攪拌到手感覺有點沉重的程度。用抹刀將這個蛋白抹在6的表面，薄塗一層到能透見下面的塔皮。薄塗的話，在8撒上的糖粉也能穩定附著。

8
在7上撒上足量的糖粉，用刀如刮除糖粉般在塔皮上畫十字（不要切開塔皮）。放入180℃的烤箱後方烤1小時50分鐘。
※放在烤箱後方溫度較無變化，烘烤途中勿移動。

Tarte à l'orange
橙香塔

充滿柳橙芳香的塔

分量　直徑18cm2個份

千層酥皮麵團　Pâte feuilletée —— 400 g

※進行5次摺三折作業，鬆弛備用（→P147）。

● 法蘭奇帕內奶油餡　Crème frangipane

※以下分別準備，做好備用（→P116～117）。

杏仁奶油醬　crème demandes —— 200 g

卡士達醬　crème pâtissière —— 130 g

● 餡料　Garniture

糖漬橙皮

écorce d'orange confite hachée（→P325）—— 50 g

※切末備用。

● 裝飾用　Décor

糖漬柳橙片　orange confite —— 42片

※使用西班牙瓦倫西瓦（Valencia）產的罐頭糖煮柳橙圓片。用熱水氽燙（blanchir）後，在罐頭糖漿中加白砂糖，調整成波美度20°的糖度，和糖漬橙皮（→P325、3～7）的作法一樣地製作。

conseil de chef

我雖然使用柳橙罐頭，不過它是西班牙瓦倫西瓦產、香味迷人的糖漬柳橙。我製作糖漬橙皮時，會用來製作裹覆巧克力的砂糖甜點運用在各式甜點中。這個甜點也是其中一項。

1
將鬆弛好的千層酥皮麵團擀成2.5mm厚，暫時放入冷凍庫凝結以利分切。放上直徑20cm的千層酥盒模型，沿模型切出2片圓塔皮，用毛刷在邊緣1.5～2cm寬處塗上水。

2
在1的塔皮邊緣約1cm寬處，朝圓心翻摺做出花樣。用右手將塔皮邊緣往內側翻摺，並用左手食指按壓，完成後成為直徑約18cm的圓形。

※烘烤後邊緣呈堤防狀，能作為容器。

3
將2放在烤盤上，放入180℃的烤箱中烤30分鐘，暫時取出，稍微放涼後，用手把中央壓扁放涼備用。

※這是還未烤好的狀態。塔皮若沒先烤一下，奶油醬會烤過頭。

4
將卡士達醬和杏仁奶油醬混合攪拌製成法蘭奇帕內奶油餡（→P117），加入切末的糖漬橙皮混合。

5
將4分次放入3中用抹刀抹勻。

6
將5以180℃約烤50分鐘，放涼備用。用網篩瀝除糖漬柳橙圓片的水分，用布擦掉表面的湯汁備用。

7
用瓦斯槍在柳橙邊緣和塔皮折紋上烤出焦色。在6上1個排入約20片做裝飾。

Tarte Tatin
反烤蘋果塔

焦糖的苦味、紅玉的甜味和酸味
與千層酥皮的香味融為一體
運用將餡料和塔皮分別製作的合理技法

分量　直徑18cm的寬口圓烤模2個份

千層酥皮麵團　Pâte feuilletée —— 350 g

※進行8次摺三折作業，鬆弛備用（→P147）。

● 餡料　Garniture

焦糖　caramel

[白砂糖　sucre semoule —— 150 g

無鹽奶油　beurre —— 適量 Q.S

蘋果　pommes —— 11～12個

※最好使用酸味重的紅玉蘋果。若無紅玉，使用富士也行。

白砂糖　sucre semoule —— 350 g

conseil de chef

這是在巴黎南方索羅林（Sologne）地區經營旅館的Tatin姐妹，錯將蘋果塔顛倒製作所完成的一道甜點。原來的作法很花時間。蘋果要先烘烤，接著製作塔皮放上再烘烤……我思索更迅速的作業方法，決定把蘋果和塔皮分別烤好，再利用蘋果果膠的作用讓兩者合體。在本店會先烤好數個蘋果予以冷凍，需要使用時，再烤塔皮讓它們一體化後陳列。

1
參照焦糖醬的步驟 1～2（→P119）加熱焦糖用的砂糖，煮製焦糖，薄薄地倒入寬口圓烤模中，充分放涼備用。

2
在1中放入撕碎的少量奶油。蘋果去皮、芯和種子，小的縱切4等分，大的切成6等分的月牙形。

3
將2的模型排放在烤盤上，放入切好的蘋果，撒上足量的砂糖。

4
再繼續堆放上蘋果，若有縫隙，將蘋果切小填滿。再撒上足量的白砂糖。

5
將4以180℃的烤箱約烤1小時，打開換氣口，以利烘烤時水分蒸發。
※烤到傾斜模型邊緣僅殘留少許湯汁的程度。湯汁此時變得很濃稠。通常作業時，此狀態下會連模型放入冷凍備用。

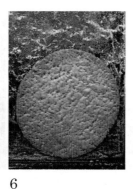

6
將充分鬆弛（圖中是使用沒鬆弛的）的千層酥皮麵團擀成2.5mm厚，放入冷凍庫讓它凝結後，放上直徑18cm的千層酥盒模型，沿模型切出2片圓塔皮。將塔皮放入180℃的烤箱中烤30分鐘，放涼備用。

7
在5上放上6的塔皮，以200℃約烤5分鐘，放入急速冷凍機中急速冷卻。
※ 在5已冷凍的情況是烘烤15～20分鐘。暫時融化的蘋果果膠會使餡料與塔皮融為一體，再讓它急凍凝固。

8
餡料和塔皮融為一體的狀態。模型底部用直火加熱後輕敲底部，倒扣脫模。再次放入冷凍庫中，使以直火加熱時融化的蘋果果膠凝固，讓餡料和塔皮緊密貼合。

Cake
蛋糕

14

以磅蛋糕模型烘烤的茶點之一

在我的觀念中,我把蛋糕視為
茶點(→ 202)的一種。
基本上,它的特色是以等比例的奶油(油脂)、砂糖、麵粉和蛋
混成的蛋糕麵糊(pâte à cake)作為基材,以磅蛋糕模型來烘烤。
雖說如此,用攪拌成乳脂狀的奶油,還是用焦化奶油,
或融化奶油來製作,風味上則會大異其趣,
奶油在麵粉前加還是後加,口感也會有變化。
若加入糖漬水果,味道和口感也迥異,
而且若用半糖漬(糖度 50 ～ 55% brix)水果,水分滲入蛋糕中還能形成別的風味。
基本上雖然是單純的材料,加入變化使蛋糕變得更有趣。
最後介紹的香料麵包雖然不是使用蛋糕麵糊,
但仍屬於以磅蛋糕模型烘烤的範疇。
不論哪種蛋糕切薄片享用都很美味。

Cake anglais
天使蛋糕

能品嚐各式水果風味的磅蛋糕
口感鬆軟嚼感絕佳
切薄片搭配紅茶一起食用更美味

分量　3個份

◎準備20×70cm、深6cm的磅蛋糕模型3個。

無鹽奶油 beurre —— 252 g

白砂糖 sucre semoule —— 201 g

全蛋 œufs —— 210 g

低筋麵粉 farine faible —— 216 g

泡打粉 levurechimique —— 6 g

● 餡料 Garniture

糖漬綜合水果（市售）fruits confits

—— 252 g

※在糖漬（砂糖醃漬）葡萄乾、切成5mm丁狀的柳橙、檸檬、鳳梨、櫻桃等綜合水果中加入蘭姆酒。

蘭姆葡萄乾 raisins de Sultana marinés au rhum

—— 252 g

※無籽葡萄乾泡水1天，瀝除水分。
葡萄乾放在已酒燒（加熱酒精已揮發）的蘭姆酒中浸漬3天以上。

糖漬櫻桃（市售）bigarreaux confits —— 72 g

杏桃 abricots secs marinés au rhum —— 102 g

※乾杏桃（切半）浸泡在蘭姆酒中1週左右備用。

● 裝飾用 Décor

糖漬櫻桃（市售）bigarreaux confits —— 9顆

糖漬乾李 pruneaux confits —— 9顆

※乾李浸泡在水中約3小時回軟，參照糖漬橙皮的步驟3～7（→P325）製作備用。

蘭姆酒 rhum —— 60 g

conseil de chef

製作的重點是不讓水果下沉，因此麵糊中需含有適度的空氣，靜置一晚備用。若不靜置一晚直接烘烤，放入麵糊中¼量的奶油會立刻融化，使蛋糕整體扁塌。此外，一開始放上裝飾用水果烘烤會沉沒，所以中途再放。

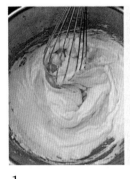

1
在鋼盆中放入奶油，以直火加熱一下讓它約融化一半，用打蛋器攪碎，並攪拌成乳脂狀。再加砂糖混合，待看不到糖粒後，分4次加入蛋，每次加入都要攪拌混合。

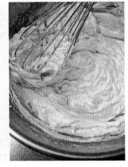

2
加蛋攪拌會暫時變得黏稠。待變細滑後，再加下一次的蛋攪拌。

※攪拌得過度發泡的話，蛋糕烘烤後會扁塌，所以不使用攪拌機，而用手工打發。

3
確認攪拌的情形。若表面分離時（黏結力較弱的狀態），從已混合過篩的低筋麵粉和泡打粉分量中取少量加入混合。若呈分離狀態，水果會下沉。

4
在3中放入餡料的材料，改用木匙如從底部舀取般充分攪拌。攪拌後加入剩餘的粉類同樣地拌勻。

5
將4倒入淺鋼盤中，蓋上保鮮膜，放入冷藏一晚備用。

※放置一晚黏結力變好，蛋糕烘烤時會向上隆起，也能呈現漂亮的裂痕。

6
在烤盤上放上鋪了裝飾紙的模型，模型中各放5的麵糊500 g，用抹刀從中央往側面按壓，塗抹到模型邊緣為止。如此能烤出中央隆起的蛋糕。若不這麼做，蛋糕膨脹後會從模型中溢出。

7
將6以175℃約烤1小時（經過30分鐘，中央若沒龜裂，用刀切出切痕。迅速放上裝飾用的糖漬櫻桃和糖漬乾李，放回烤箱約再烤10分鐘，共計烤70分鐘。

8
將7趁熱用毛刷塗上蘭姆酒。

※用蘭姆酒增加光澤與風味。

Week end
週末蛋糕

芳香四溢的奶油風味非常豐富
除能殘留芳香餘韻，溶口性亦佳
增加檸檬是為了品嚐蛋糕的特色風味

分量　3個份
◎準備20×7cm、深6cm的磅蛋糕模型3個。

全蛋　œufs —— 7個
白砂糖　sucre semoule —— 250g
檸檬汁　jus de citron —— 1個份
※榨汁、過濾備用。表皮作為下列磨碎用。

檸檬表皮磨碎　zestes de citrons râpés —— 1個份
低筋麵粉　farine faible —— 250g
焦化奶油　beurre noisette —— 280g
● 裝飾用 Décor
杏桃果醬覆面　glaçage à l'abricot（→P130）
　　　　—— 適量Q.S

覆面糖衣　glace à l'eau —— 適量Q.S
※翻糖和波美度30°的糖漿使用前才混合，加熱至30℃，製成烘焙類甜點用的濃度（→P120）。

開心果（切碎）pistaches hachées —— 適量Q.S
● 模型用 Pour moules
澄清奶油　beurre clarifié —— 適量Q.S
高筋麵粉　farine forte —— 適量Q.S

conseil de chef

蛋糕是製作全蛋式海綿蛋糕，口感膨軟、味道柔和。麵糊中打入許多氣泡，使香味更鮮明，並利用焦化奶油突顯開心果的香味。若用溶化奶油液，時間一久容易氧化，但用焦化奶油，芳香則能持久不變。

1
蛋和砂糖用攪拌機以高速打發。待攪拌變得厚重，能殘留攪拌器的條狀痕跡，改用低速攪拌以調整細緻度，從攪拌機上取下攪拌缸。蛋糊能呈緞帶狀流下即可。

2
在1中加入檸檬汁和磨碎檸檬皮的混合物，用手如從底部舀取般攪拌。

3
在2中加低筋麵粉如切割般攪拌，加焦化奶油，如從底部舀取般攪拌。待麵糊顏色均勻富光澤後即可。

4
在模型中塗奶油，撒高筋麵粉，放在烤盤上。在模型中倒入3的麵糊，放入160℃的烤箱烤50〜55分鐘。

5
待4烤好後（上圖），戴上手套拿起模型向下輕敲，以去除空氣，倒扣在網架上脫模，放涼備用。
※模型底部的平坦面變在上面，所以倒扣放置使下面變平。

6
待5變涼後，切除表面的4個邊角。

7
用毛刷在6上薄塗上煮沸備用的杏桃果醬覆面，晾乾備用。
※進行杏桃果醬覆面（→P130），8的覆面糖衣才不會滲入蛋糕中，能塗覆出漂亮的外觀。

8
待果醬覆面不黏手後，用毛刷在7上塗上加熱至30℃製成烘烤用濃度的覆面糖衣（→P120）。在中央放上一列開心果做裝飾。

Cake gingembre
糖薑蛋糕

鬆軟的獨特口感
遍布各處的濃味糖漬薑
讓人感受強烈深刻的美味

分量 2個份

◎準備20×7㎝、深6㎝的磅蛋糕模型2個。

糖漬薑 gingembre confit —— 75 g
※薑去皮，放入能蓋住薑的水，以大火煮到用牙籤能刺穿為止，參照糖漬橙皮（→P325）的步驟3～7以砂糖醃漬。

[白砂糖 sucre semoule —— 適量Q.S

蛋黃 jaunes d'œufs —— 3個

蛋白 blancs d'œufs —— 90 g

白砂糖 sucre semoule —— 75 g

融化奶油 beurre fondu —— 165 g

杏仁糖粉 T.P.T.（→P123） —— 188 g

低筋麵粉 farine faible —— 135 g

泡打粉 levure chimique —— 8 g

薑粉 gingembre en poudre —— 4 g

● 模型用 Pour moules

澄清奶油 beurre clarifié —— 適量Q.S.

白砂糖 sucre semoule —— 適量Q.S

● 裝飾用 Décor

糖漬薑 gingembre confit —— 適量Q.S
※和左記的薑相同。切片備用。

歐白芷（市售）angélique confite —— 適量Q.S
※使用法國產的。縱切細長條備用。

conseil de chef

在製作糖漬薑之初，我便計畫要將它用於這個蛋糕中。麵糊採分蛋法製作，在蛋裡混合麵粉之前，先加入融化奶油，使蛋糕呈現鬆散口感，另外為了殘留砂糖的口感，模型中塗上澄清奶油後，還撒上白砂糖。

1
糖漬薑瀝除水分，大致切成5㎜的丁狀，撒上砂糖。切片裝飾用的糖漬薑，也以同樣方法製作備用。

2
製作蛋糕。在蛋黃和蛋白中各加入一半的砂糖，以高速攪拌機攪拌，充分打發到蛋黃能呈緞帶狀流下，蛋白霜的尖角能豎起的程度。在模型中塗上澄清奶油，撒上砂糖備用。

3
在呈緞帶狀蛋黃的鋼盆中加入1的糖漬薑，再依序加入融化奶油、杏仁糖粉、粉類和薑粉，每次加入都要用手大致混合。
※先加入奶油以抑制麵筋的形成。

4
混合到看不見粉末後，分3次加入打發的蛋白，如從底部舀取般攪拌。加入最後的蛋白輕柔地攪拌。

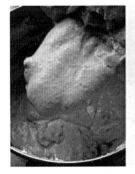 

5
圖中麵糊是有光澤的拌勻狀態。將麵糊分次倒入2的模型中，放入160℃的烤箱中烤50分鐘。

6
蛋糕烘烤完成。戴上手套拿起模型向下輕敲，脫膜，放在網架上放涼備用。放涼後，放上撒了砂糖的歐白芷和切片糖漬薑。

Pain d'épices
香料麵包

黏稠帶有黑麥和全麥麵粉顆粒的口感令人耳目一新
香料的香味和水果的風味也恰到好處
切薄片搭配咖啡堪稱無上美味的品嚐方法

分量　3個份

◎準備20×7cm、深6cm的磅蛋糕模型3個。

蜂蜜　miel —— 263 g

※使用洋槐蜂蜜。

鮮奶　lait —— 8 g

白砂糖　sucre semoule —— 113 g

沙拉油　huile végétale —— 30 g

全蛋　œufs 3個

鹽　sel 3 g

肉桂粉　cannelle en poudre —— 18 g

肉荳蔻粉　muscade râpée —— 6 g

八角粉　anisétoiléenpoudre —— 1.5 g

丁香粉　girofle en poudre —— 0.75 g

小荳蔻粉　cardamome en poudre —— 0.75 g

全麥麵粉　farine complète —— 188 g

黑麥粉　farine de seigle —— 188 g

泡打粉　levure chimique —— 11 g

小蘇打粉　bicarbonate de soude —— 18 g

覆盆子醬　framboise pépins（→P129）
—— 適量Q.S

● 模型用　Pour moules

澄清奶油　beurre clarifié —— 適量Q.S

●餡料　Garniture

糖漬橙皮　écorce d'orange confite（→P325）
—— 225 g

半糖漬無花果　figue mi-confite —— 225 g

半糖漬杏桃　abricot mi-confit —— 225 g

半糖漬洋梨　poire mi-confite —— 75 g

※半糖漬是指糖度控制在55%brix的糖漬品，上述的無花果、洋梨和杏桃為市售品。裝飾用也使用相同的商品。
上述水果分別切成約1cm厚的片狀備用。

● 裝飾用　Décor

杏桃果醬覆面　glaçage à l'abricot（→P130）
—— 適量Q.S

翻糖　fondant（→P120）—— 適量Q.S

波美度30°的糖漿　sirop à 30°B 30 g —— 少量Q.S

糖漬橙皮　écorce d'orange confite（→P325）
—— 適量Q.S

※壓平後切割成月牙片，一部分切成細長條。

半糖漬無花果　figue mi-confit —— 3片

半糖漬杏桃　abricot mi-confit —— 3片

※無花果和杏桃都切成適當的大小。

醃漬櫻桃（市售）bigarreaux confits —— 3顆

八角　anis étoilés —— 3顆

conseil de chef

大部分的法國香料麵包口感都較乾。但我覺得含有水分的比較可口。因此我在麵糊中加入糖度減至55%brix的糖漬水果。利用水果中的水分滲入以及蜂蜜的保濕性，讓蛋糕呈現黏稠濕潤的口感。在裝飾部分，放入蛋糕中的水果並沒有全放上做裝飾，我只使用少量，像是讓顧客預感餡料般給予提示。

1
在鍋裡放入蜂蜜、鮮奶、砂糖和沙拉油，以大火加熱煮沸，放涼。
※變成蜂蜜般的濃稠度。放涼是為了和麵粉混合時不產生黏性。

2
在鋼盆中放入蛋和鹽，用打蛋器充分打發。待攪拌變得泛白、發泡，加入已混合備用的香料和粉類，用手如捏握般大致地混合。

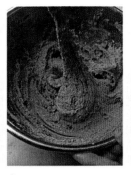

3
趁2尚未拌勻時，加入1充分攪拌。混合到產生黏性，從手中落下會延展富彈性即可。

4
將餡料的糖漬水果分別切成一口大小，加入3中攪拌混合。

5
將塗了澄清奶油的磅蛋糕模型放在烤盤上，每次500g分次放入4，用抹刀抹平。

6
將5以150℃約烤1小時20分鐘，戴上手套拿起模型向下輕敲讓蛋糕脫模，倒扣放在網架上。放涼後橫切3等分成為片狀。
※底部變在上面。

7
用抹刀將覆盆子醬抹開，成為容易塗在大理石上的硬度，薄塗在蛋糕的剖面（1片使用1大匙多），再次修整。煮沸杏桃果醬覆面，用毛刷薄塗在上面和側面。

8
加熱翻糖，加少量波美度30°的糖漿，用木匙持續攪拌加熱至60℃，呈線狀撒在7上。用糖漬橙皮排出花形，也放上其他的水果和八角。在裝飾水果上塗上杏桃果醬覆面。

Feuilletage
千層派皮

15

作為輕鬆食用的茶點之一

這類甜點也可說是茶點（→ P202）之一。

雖然是使用千層酥皮麵團（→ P147）的甜點，但烤好後可存放，

所以隨時可用手拿著吃，比帶餡甜點更能輕鬆享用。

這類甜點和帶餡甜點一樣，製作重點是要烤得酥脆，及呈現可口的烤色，

不過它比帶餡甜點更注重讓人品嚐酥皮的風味。

像義大利派（→ P290）那樣表面會活用酥皮層，

或像蘋果派（→ P292）那樣在酥皮封口上做出特有層次來表現分量感，

能夠以酥皮增加附加價值也是這類甜點的優點！

Pithiviers
皮蒂維耶酥餅

口感酥鬆的芳香酥餅和
濃郁的杏仁奶油醬巧妙平衡
雖樸素卻散發難以言喻的美味

分量　直徑15cm3個份
千層酥皮麵團　Pâte feuilletée　基本分量
※進行5次摺三折作業，鬆弛備用（→P147）。

杏仁奶油醬　crème d'amandes —— 540g
※事先做好，放在冷藏冰硬備用（→P117）。

塗抹用蛋（全蛋）dorure（œufs entiers）—— 適量Q.S
● 裝飾用 Décor
波美度30°的糖漿 sirop à 30B —— 適量Q.S

conseil de chef
酥餅表面的光澤是藉助糖漿之力。這是只有千層酥皮才有的表現技法之一。麵皮邊緣斜切組合成V字形，讓它完成時變得緊繃垂直也是重點。關於味道，終究還是用杏仁奶油醬的杏仁風味最佳。我選用西班牙馬爾可那品種、氣味芳香的杏仁，製作後更加美味。

1
將鬆弛好的千層酥皮麵團擀成4mm厚，暫放入冷凍庫中冰硬較易分切。放上直徑15cm的千層酥盒模型，用刀沿著邊緣斜向切取6片圓形。
※傾斜的切口是重點。

2
將1的3片酥皮，表面積較大側朝下放置（切口形狀向下擴展），每片放上180g的杏仁奶油醬，在距離蛋糕邊緣約2cm的內側，用抹刀抹成2cm厚的小圓柱。

3
在2的酥皮邊緣用毛刷塗上塗抹用蛋，表面積大的朝上蓋上剩餘的酥皮。用手指按壓上面和邊緣後，用小一圈的千層酥盒模型，按壓奶油醬的周圍一圈。
※讓麵皮密貼，奶油醬才不會滲出。

4
使上、下麵皮邊緣呈V字形重疊的狀態。邊緣用手指一面按壓，一面用刀背加上條狀花樣，放入冷凍庫凝結。
※讓麵皮呈V字形重疊，烤好後，側面才會變得垂直。

5
待4冰硬後，取出放在烤盤上，用毛刷塗上塗抹用蛋，用刀背在中央隆起的部分畫上條紋花樣，以刷上塗抹用蛋的感覺來加上條紋。放入180℃的烤箱中烤1小時15分鐘。

6
約烤40分鐘時，上面呈漂亮烤色，側面還有點泛白。接著再繼續烤透。當麵皮過度膨脹時，取出放在網架上。烤好後以240℃再烤1～2分鐘使其泛出光澤（→P146），立刻用毛刷塗上波美度30°用的糖漿，利用餘溫烤乾。

Conversation

糖霜杏仁奶油派

它是與皮蒂維耶酥餅並列的美味二重奏
表面的糖衣口感酥脆
裡面的杏仁奶油醬和洋梨入味濕潤

分量　40個份

◎準備直徑6.5cm、深2.5cm的杯形烤模40個。

千層酥皮麵團　Pâte feuilletée —— 基本分量

※進行5次摺三折作業，鬆弛備用（→P147）。

杏仁奶油醬　crème d'amandes —— 800 g

※事先做好備用（→P117）。

● 餡料　Garniture

糖漬洋梨（切半）compote de poire —— 20個

※事先製作（→P128），切成2cm丁狀備用。

● 模型用　Pour moules

澄清奶油　beurre clarifié —— 適量Q.S

高筋麵粉　farine faible —— 適量Q.S

● 裝飾用　Décor

蛋白糖霜　glace royale —— 適量Q.S

※「覆面用」，事先做好備用（→P121）。

千層酥皮麵團　pâte feuilletée —— 適量Q.S

※使用左記剩餘的。

conseil de chef

它屬於可在家製作的甜點之一，也可加入糖漬水果等，以杯形烤模來製作（→P251），這裡是單獨放入糖漬洋梨，作為重點風味。為了保留口感，糖漬洋梨切大塊一點。

1
將鬆弛好的麵團（→P147）擀成1.8mm厚。塗上澄清奶油、將撒上高筋麵粉備用的模型配合麵皮的寬度並排，用擀麵棍捲起麵皮鬆鬆地覆蓋在整個模型上展開。多餘的麵皮先不切除。

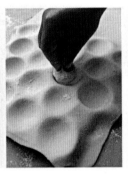

2
將2號麵團等多餘的麵團揉圓，沾上麵粉（分量外），逐一按壓1的模型，讓麵皮凹陷其中。

3
用粗的圓形擠花嘴在2中擠入少量杏仁奶油醬，每個放入3個切丁的糖漬洋梨。

4
在3中再擠入杏仁奶油醬（一個約擠入20g奶油醬）。直接挑起另一半剩餘的麵皮，蓋在模型上。

5
用2根粗擀麵棍在4的上面滾動以切斷麵皮，放入冷藏1小時讓它鬆弛。之後，放入冷凍庫稍微凝結。

6
製作蛋白糖霜（→P121），在5的上面用抹刀塗1～2mm厚。

7
剩餘的麵皮擀成0.5mm厚，切成5mm寬的帶狀，在6上貼成格子狀，放入170℃（若不用稍低溫度會破裂）的烤箱中烤55分鐘。稍微放涼後後，插入小刀脫模。

Chausson italien
義大利派

外皮口感香酥
裡面包入黏稠濃郁的奶油醬
還不時能嚐到葡萄乾的酸味

分量　45個份

千層酥皮麵團　pâte feuilletée —— 基本分量
※進行4次摺三折作業，鬆弛備用（→P147）。

無鹽奶油　beurre —— 適量Q.S
●奶油醬　Crème
泡芙麵糊　pâte à choux —— 300 g
※使用前才製作（→P135）。

卡士達醬　crème pâtissière —— 300 g
※事先做好備用（→P116）。

奶油醬（乳脂肪48%）crème fraîche 48% MG —— 45 g

蘭姆酒　rhum —— 45 g

蘭姆酒醃漬科林斯葡萄乾　raisins de Corinthe au rhum
—— 30 g

※科林斯葡萄乾放入經酒燒（加熱煮到酒精揮發）後的蘭姆酒中浸漬3天以上。
這種葡萄乾很小，所以沒必要像其他葡萄乾先泡水回軟。

●裝飾用　Décor
糖粉　sucre glace —— 適量Q.S

conseil de chef

縱向製作千層酥皮的層次，烘烤後表面呈現多層
次風貌。拿坡里派是使用糖漬水果，不過這是使
用蘭姆葡萄乾，因而以「義大利」為名。它的特
色是以泡芙用的奶油醬來呈現黏稠的口感。泡芙
麵糊至少要使用當天製作的，否則無法呈現美味。

1
將鬆弛好的酥皮麵團
（→P147）擀成約35 cm
寬、長67 cm、厚3.5 mm，
放入冷凍庫冰凍後較易處
理。在捲筒紙上放上麵團，
將稍微加熱成乳脂狀的奶
油，薄塗在麵團上。去除多
餘的奶油。

2
將1橫長放置，從前面開始
捲包，捲好後將邊端壓扁黏
貼封口。用捲筒紙緊密捲
包，放入冷凍庫中凝結。將
捲包好的麵團切每小截將近
1.5 cm的寬度，共切45等
分，放入冷藏鬆弛備用。

3
製作泡芙麵糊（→P135），
放涼備用。在鋼盆中放入卡
士達醬，大致攪拌回軟，以
1比1的比例加入稍微變涼
的泡芙麵糊中，用木匙充分
攪拌。

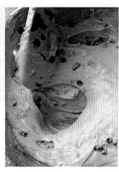

4
在3中加鮮奶油和蘭姆酒，
充分攪拌。再加蘭姆酒醃漬
科林斯葡萄乾攪拌，放入冷
藏備用。
※以鮮奶油增添厚味，以蘭姆
酒增加香味。

5
取出2的麵團，用手壓扁
後，用擀麵棍擀成長14～
15 cm的橢圓形，前方和後
端保留厚度。
※邊緣保有厚度，烤好時才能
呈現漂亮的邊緣。

6
將4的奶油醬擠在麵皮中央
稍後方，以直徑13 mm的圓
形擠花嘴擠成直徑4～5 cm
的大小。

7
將6的麵皮摺半，用手指按
壓奶油醬的周圍封口，放在
冷藏讓它稍微鬆弛。

8
在烤盤上將7上下翻面放
置，以170～180℃的烤箱
烤50分鐘。放涼後輕輕地
撒上糖粉。
※翻面是為了上下均勻地漂亮
膨脹。

Chausson aux pommes
蘋果派

散發的光澤和烤色美味誘人
蘋果的甜味與酸味
和酥皮的香味完美平衡

分量　28個份

◎準備直徑8.5cm的可露麗（邊緣呈波浪狀的圓形模型）切模。

千層酥皮麵團　pâte feuilletée　基本分量
※進行5次摺三折作業，鬆弛備用（→P147）。

糖漬蘋果泥　compote de pomme râpée（→P128）
—— 560 g

塗抹用蛋（全蛋）dorure（œufs entiers）
—— 適量Q.S

● 裝飾用　Décor
波美度30°的糖漿　sirop à 30°B —— 適量Q.S

conseil de chef

這個派的重點特色是樹葉花樣與光澤。烘烤千層酥皮必須掌握「烤乾」的要點。如果殘留水分的話口感會變得厚重。不是只有上面烤出焦褐色就行，慢慢烘烤到麵皮邊緣剖面也有烤色時，才能適度除去裡面的水分。以200℃充分烘烤後，再以230℃讓它烤出光澤（→P146）。

1
將鬆弛好的麵團（→147）擀成4mm厚，以可露麗模型切出28片，分別用擀麵棍擀成2mm厚、長13～14cm的橢圓形，前方和後端保留厚度。
※重複摺疊時讓邊端變厚。

2
在1的酥皮中央，用粗的擠花嘴各擠入約20g的糖漬蘋果。在麵皮的前半部分用毛刷塗上塗抹用蛋。從後往前翻摺麵皮，麵皮部分用手指按壓讓它確實緊貼。上下翻面排放在烤盤上，放入冷藏讓它鬆弛。

3
在2的上面用毛刷塗上塗抹用蛋，用刀背如同只刮除塗抹用蛋部分般的感覺，畫出樹葉葉脈的花樣。

4
在200℃的烤箱中烤30分鐘後，上火提高至230℃約烤5分鐘，在麵皮邊緣的剖面部分也充分增加烤色。烤好後立刻用毛刷塗上波美度30°的糖漿，讓它泛出光澤。

Tarte campagne
鄉村風味塔

一部分蘋果烤成焦脆的柴狀
樸素的滋味中明顯殘留
焦糖與蘋果的酸味

分量　38個份
◎準備直徑8㎝的切模。

千層酥皮麵團 pâte feuilletée 基本分量
※進行5次摺三折作業，鬆弛備用（→P147）。

塗抹用蛋（全蛋）dorure（œufs entiers）── 適量
Q.S

蘋果 pommes ── 14～15個
※使用酸味重的紅玉種蘋果。若無紅玉，使用富士也行。

三溫糖 sucre roux ── 適量 Q.S

conseil de chef

全麥麵包塔（→P268）要用手指壓扁切割麵皮的邊
緣，但這個塔烤好時要讓邊緣翹起，所以不壓扁。並
以個性的三溫糖來表現樸素的味道。

1
將鬆弛好的麵團（→147）
擀成3㎜厚，以直徑8㎝的
切模切成38片，放入冷凍
庫暫時凝結。取出放在烤盤
上，上面用毛刷塗上塗抹用
蛋，在數個地方以小刀尖端
切出切口作為透氣孔。

2
蘋果去皮、芯和種子，切
成7～8㎜厚、1×3㎝大小
的長方丁，堆放在1的酥皮
上。

3
在2上撒上大量三溫糖，放
入200℃的烤箱中烘烤長於
1小時。
※烤到切丁的蘋果邊端變酥脆。

Viennoiserie
維也納麵包

16

將甜點屋的甜麵包麵糊
製作得略甜

甜點店將甜麵包歸類在維也納麵包下。

屬於發酵麵團（pâte levée；→ P192）的烘焙作業。

作為甜點店，我認為理想的發酵麵團，

例如基本的凸頂布里歐麵包或可頌（→ P297、302），

都應該是多砂糖和奶油的濃郁風味。

若是可頌我會強調麵粉和奶油的風味。若是布里歐麵包則不會烤成膨軟口感，

而是突顯奶油味，讓它略甜厚重些，我希望做得像是甜點店的商品。

這是因為我想清楚突顯甜點店與麵包店（boulangerie）的不同之處。

我認為那才是甜點店風格的維也納麵包。

不過如果太甜，大多是因為組裝甜點時刷了太多的糖漿，

完成時糖漿的甜味變得很明顯，

所以甜點店的麵包配方起碼的前提是將它們當成甜點。

花時間充分搓揉的濃厚麵團

Pâte à brioches
布里歐麵團

基本分量　成品約 560g

乾酵母　levure sèche de boulanger ── 10 g

[溫水　eau tiède ── 適量Q.S

白砂糖　sucre semoule ── 30 g

鹽　sel ── 7 g

高筋麵粉　farine forte ── 125 g ┐
低筋麵粉　farine faible ── 125 g ┘ 混合過篩

全蛋　œufs ── 2 個

水　eau ── 20 g

無鹽奶油　beurre ── 150 g

1
在小鋼盆中放入乾酵母和少量砂糖（自30 g中取用），加入能蓋過材料的溫水，放在溫暖的地方讓它冒泡準備發酵使用。

2
在攪拌缸中放入剩餘的砂糖、鹽、混合過篩的麵粉、蛋、少量水（從20 g中取用）和1，裝上勾狀攪拌器以低速攪拌。攪拌到無粉粒飛揚，改用高速攪拌。
※ 為了融解砂糖、鹽的結晶，加入少量水。

3
待麵團已揉成小塊，會黏在側面的狀態。攪拌機能平順轉動後，加入剩餘的水。
※ 阻力大產生熱度會影響味道，所以水要少加一點。

4
持續不時停下攪拌機刮下麵團，並且花時間攪拌。直到攪拌時會發出啪答啪答聲，黏在側面的麵團能乾淨分離，表示麵團已慢慢地黏結。

5
扯開麵團確認黏結的情況。

6
將奶油敲打回軟，放入5中再攪拌。

7
待看不見奶油顆粒後停止攪拌。拉開麵團確認黏結的狀態。
※ 奶油充分混入麵團的狀態。

8
在撒入高筋麵粉（分量外）的鋼盆中放入7，用刮板等如讓表面緊繃般整平麵團，用塑膠布蓋好，放入冷藏一晚進行第一次發酵至2倍大。
※ 因為是多奶油的麵團，所以讓它冷藏發酵。很容易成形，但是，讓它發酵一晚以上麵團會死掉。

Brioche à tête
凸頂布里歐麵包

分量　20個份
◎準備直徑6.5cm、高2.3cm的布里歐麵包模型數個。

布里歐麵團　pâte à brioches ── 基本分量
※事先做好備用（→P296）。

塗抹用蛋（全蛋）dorure（œufs entiers）
── 適量Q.S

● 模型用　Pour moules
澄清奶油　beurre clarifié ── 適量Q.S

温馨、懷念的口感
富奶油香的濃郁麵包
隔夜的麵包可活用於甜點製作中

1
在第一次發酵麵團上
敲擊以擠出空氣，
撒上防沾粉，揉成
棒狀，分割成每塊
28g。

2
雙手分別轉動1，讓
表面緊繃揉圓。

3
用手刀按壓麵團的⅓
處，滾動麵團揉出頸
部。

4
在模型中塗上澄清奶
油備用。拿著3的頸
部處，在模型中從上
向下壓。用手指按壓
頸部周圍以固定根部。
※不這樣按壓，烤好時
頭部會突出，變大傾斜。

5
在4上噴水，放在近
烤箱等溫暖處，進行
第2次發酵成為2倍
大小。

6
膨脹成2倍大後，上
面用毛刷塗2次塗抹
用蛋（第一次粗略
地塗，變乾後再塗
一次），放入220～
230℃的烤箱中，在
烤箱內和麵團上噴水
後烤15分鐘。烤好
後將模型向下倒扣脫
膜，放涼。

Bostock
波斯托克麵包

內濕潤，外酥脆
茶點感覺的麵包甜點

分量　10個份

◎準備直徑12cm的慕斯林布里歐麵包模型或同尺寸的空罐1個。

布里歐麵團　pâte à brioches ── 250 g

※事先做好備用（→P296）

杏仁糖粉　T.P.T.（→P123）── 90 g

全蛋 œuf ── 30 g

● 糖漿（波美度20°）Sirop à 20°B

白砂糖　sucre semoule ── 375 g

水　eau ── 750 g

肉桂棒　bâton cannelle ── 10 g

柳橙表皮　zeste d'orange ── ½個份

● 裝飾用 Décor

杏仁片　amandes effilées ── 40片

糖粉　sucre glace ── 適量Q.S

conseil de chef

製作美味的波斯托克麵包的祕訣是，一定要讓糖漿完
全滲透到麵包裡。讓麵包裡的口感濕潤不乾澀，完成
後才美味。在店裡我是利用空罐來當作模型。烤好後
靜置1天讓它乾燥，讓麵包成為容易滲入糖漿的狀態
也相當重要。

1

敲擊麵團擠出空氣後揉圓，
放入鋪上烘焙紙的模型中，
放在溫暖的地方進行第2次
發酵，以200℃約烤40分
鐘。脫模，放涼，不蓋保
鮮膜，放入冷藏1天冰硬備
用。

2

取出1的麵包，切成2cm
寬，再切半。

※靜置1天稍微變乾後讓它充
分吸收糖漿。

3

在鍋裡放入糖漿的材料，以
大火加熱，煮沸融化砂糖後
熄火。放涼至30℃放入2的
麵包，浸泡一會兒後取出放
在網架上瀝除水分。

※重點是讓糖漿滲入中心。

4

在鋼盆中放入杏仁糖粉，慢
慢放入融化的蛋汁用木匙攪
拌。

※視情況分次加入，成為容易
塗抹的硬度。

5

在3的麵包上，用抹刀薄塗
上4約1mm厚，排放在烤盤
上。

※為避免味道太濃要薄塗。

6

在5上每個各黏貼4片的杏
仁片，撒上足量的糖粉，以
180℃的烤箱烤30分鐘，使
剖面充分烤到呈黃褐色。

Brioche aux fruits
水果布里歐麵包

水果的酸味與甜味

熱呼呼麵包散發溫暖的滋味

分量　6個份

布里歐麵團　pâte à brioches —— 110 g
※事先做好備用（→P296）。

卡士達醬　crème pâtissière —— 40 g
※事先做好備用（→P116）。

糖漬綜合水果（市售）

fruits confits concassés —— 60 g
※在糖漬（砂糖醃漬）葡萄乾、切成5mm丁狀的柳橙、檸檬、鳳梨、櫻桃等綜合水果中加入蘭姆酒。

塗抹用蛋（全蛋）dorure（œufs entiers）—— 適量Q.S

● 裝飾用　Décor

糖漿（波美度20°）Sirop à 20°B —— 自下列分量中取適量Q.S

> 白砂糖　sucre semoule —— 150 g
> 水　eau —— 300 g
> 肉桂香草棒　bâton cannelle —— 4 g
> 柳橙表皮　zeste d'orange —— ⅕個份

※和阿里巴巴、波蘭舞曲使用相同的糖漿（→P195、299）。以相同的要領製作備用。

波美度30°的糖漿　sirop à 30°B —— 適量Q.S

1
敲擊麵團擠出空氣後擀成18×20 cm大小，放入冷凍庫中凝結。在變硬的麵團中，塗上攪拌回軟的卡士達醬，散放上糖漬綜合水果，從短邊開始捲包。

2
從1的邊端分切6等分，剖面朝上放在烤盤上，放在溫暖的地方進行第2次發酵。膨脹成2倍大後，用毛刷塗2次塗抹用蛋，放入220～230℃的烤箱中，在烤箱中和麵團上噴水後烤15分鐘。

3
待2烤好後，用毛刷塗上波美度20°的糖漿，讓糖漿滲入麵包中，全部塗好後，同樣再塗上30°的糖漿以呈現光澤。趁熱從烤盤中刮下。
※麵包呈現飽含20°的糖漿（imbiber）的味道和口感，並以30°的糖漿來增加光澤。

摺疊奶油製作發酵麵團

Pâte a croissants
可頌麵團

基本分量　成品約 1140g
乾酵母 levure sèche de boulanger —— 11 g
[溫水 eau tiède —— 適量 Q.S
※ 和布里歐麵團的步驟 1（→P296）同樣地預備發酵。

鮮奶（回到常溫）lait tempéré —— 275 g
鹽 sel —— 10 g
白砂糖 sucre semoule —— 50 g
高筋麵粉 farine forte —— 500 g
無鹽奶油 beurre —— 50 g
摺疊用無鹽奶油 beurre de tourage —— 250 g

1
在倒入鮮奶的鋼盆中，放入鹽和砂糖（乾酵母發酵用剩的）攪拌備用，在攪拌缸中放入高筋麵粉、預備發酵的乾酵母和切好的 50 g 奶油。

2
用裝上勾狀攪拌器的攪拌機以低速攪拌 1 約 2 分鐘，混成一團後從攪拌機上取下。
※ 以低速攪拌一下以免變黏稠，且避免產生麵筋。

3
取出 2 放在工作台上，向下壓入麵團，讓表面緊繃變成團，稍微撒上防沾粉，包入塑膠袋中冷藏一晚讓它發酵。圖中是發酵後的麵團。
※ 若發酵一晚以上麵團會死掉。

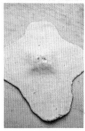

4
在 3 上撒上防沾粉，在中央呈十字切開，用擀麵棍從十字切口中間往外滾壓，讓麵團朝四方擀開。

5
將摺疊用奶油敲打回軟，擀成約 4 cm 厚的正方形，放在麵團中央，擀開邊端的麵團後，從四邊緊密地包裹奶油。

6
撒上防沾粉，將 5 縱向擀成 5 mm 厚，摺三折後，用擀麵棍按壓兩端，以免麵團參差不齊。

7
將 6 旋轉 90 度，以 6 相同的要領擀開後再摺三折，用擀麵棍按壓兩端。將它放入冷凍庫中凝結，讓折痕變清楚。

8
將 7 旋轉 90 度，用相同的要領擀開後再摺三折，擀麵棍按壓兩端，做上摺三折的記號，放入冷凍庫中備用。
※ 不是放入冷藏，而是放入冷凍庫中凝結，讓奶油徹底冰硬，烤好時才能明顯呈現薄的層次。

Croissant

可頌

特色是具有多層次的香酥口感及
遍布裡面的濃濃奶油風味

分量　14個份

可頌麵團　pâte à croissants ── 760 g（基本分量的⅔）

※事先做好，鬆弛備用（→P301）。

塗抹用蛋（全蛋）dorure（œufs entiers）── 適量Q.S

1

在鬆弛好的可頌麵團上撒上防沾粉，擀成15 cm倍數的寬度和3 mm厚。將這個切成15 cm寬的帶狀，在兩側長邊隔10 cm做上記號，切割出底邊10 cm、高15 cm的等邊三角形，共14片。

2

在1的三角形麵皮底邊中央，用刀切出約1 cm的切口，只拉扯頂點部分讓麵皮延展。

3

從2的三角形底邊側開始捲包。

※在2中將麵皮拉長延展，才能充分捲緊。

4

將3的兩端往內側摺彎，噴上水放在靠近烤箱等溫暖處，進行第2次發酵成為2倍大。

※因為在2中的麵皮底邊已經切出切口，所以容易彎摺。

5

待4的麵團膨脹成2倍，用毛刷塗2次塗抹用蛋（第一次略乾後再塗1次），放入220～230℃的烤箱中，在烤箱內和麵團上噴水後，烘烤15～16分鐘。

Pain auchocolat
巧克力麵包

除了高雅的奶油風味
還加入巧克力的濃郁帶餡麵包

分量　10個份

可頌麵團　pâte à croissants
—— 380 g（基本分量的⅓）
※事先做好，鬆弛備用（→P301）。

棒狀巧克力（可可成分49%）
bâton chocolat 49% de cacao —— 3.3 g 20根

塗抹用蛋（全蛋）dorure（œufs entiers）—— 適量Q.S

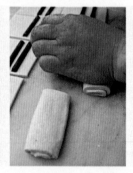

1
將麵團（→P301）切成10
cm倍數的寬度、擀成2.5
mm厚後，切成10cm寬的
帶狀，再切成9cm寬後，
取10×9cm的長方形共10
片。將2根棒狀巧克力分別
放在麵皮的前方，用毛刷在
裡側塗水。

2
將1從前方開始捲包，捲好
後按壓兩端封住。放在烤盤
上噴上水，放在溫暖的地方
進行第2次發酵。

3
在2的上面用毛刷塗2次塗
抹用蛋，放入220～230℃
的烤箱中，在烤箱內和麵團
上噴水，約烘烤15分鐘。

Plateau du chocolat

巧克力拼盤
（巧克力甜點）

17

只集合濕潤口感的
巧克力甜點盤

在餐廳等中，時常把盤裡盛裝各式小甜點（petit four）的

拼盤稱為「plateau……」。這沒什麼特別的。

巧克力拼盤也是根據那樣的概念所設計出來的。

它是我在法國各地旅遊時偶然迸現的靈感。將巧克力甜點組合在一起。

在優質巧克力上市後，我更能享受製作各式風貌巧克力甜點的樂趣。

其中，我只蒐集口感濕潤的巧克力甜點組成拼盤。

雖然從前就已推出馬卡龍，不過和現在不同，當時顧客對它很陌生，

所以賣不了幾個。因此我將它整合在巧克力拼盤中，

坦白說這麼做的目的，多少是希望能夠吸引顧客的目光。

Macaron chocolat
巧克力馬卡龍

［巧克力拼盤（巧克力甜點）］巧克力馬卡龍

外酥內軟的口感
柔和的甘那許甜味和
巧克力香逐漸在口中蔓延開來

分量　20個份

杏仁（去皮）amandes émondées —— 125 g
※西班牙產馬爾可那種。

糖粉　sucre glace —— 200 g

可可粉　cacao en poudre —— 15 g

蛋白　blanc d'œuf —— 10 g
※使用新鮮的蛋。

紅色食用色素　colorant rouge —— 少量 Q.S
※用少量水融解備用。

蛋白霜　meringue
[蛋白　blancs d'œufs —— 90 g
　※使用新鮮的蛋。

A

乾燥蛋白　blancs d'œufs en poudre
—— 1小撮　1 pincée

白砂糖　sucre semoule —— 30 g

安定劑　stabilisateur —— 1小撮　1 pincée
※作為冰淇淋等的安定劑，此外也具有保形性的目的。

甘那許淋醬　ganache —— 150 g
※事先做好備用（→P119）。

conseil de chef

在麵團中加入安定劑，第2天會變得更可口。我為了呈現馬卡龍表面和裡面的口感落差，裡面烘烤成稍微濕潤的狀態。

1
將A放入食物調理機中攪拌30秒～1分鐘，大致攪碎，用1mm的方眼網篩過濾。篩過剩餘的也一起放入鋼盆中，混合蛋白10 g和水調勻的色素後加入其中。
※杏仁大致碾碎以突顯香味。加入蛋白和色粉充分混勻。

2
配合1製作蛋白霜。在攪拌盆中放入蛋白、乾燥蛋白和安定劑，以高速攪拌發泡，立刻加入少量白砂糖。待打發到已覆蓋粗氣泡後，加入剩餘的白砂糖，打發到尖角能豎起的發泡程度。

3
在1中加入2的蛋白霜，用木匙面如按壓般大幅度攪拌，讓粉融合。

4
大略拌勻後改用刮板，利用刮板面如壓碎氣泡般朝攪拌缸的側面碾壓使麵糊延展。

5
麵糊延展後，用刮板如刮取般再將麵糊集中在中央，再次用刮板面朝側面碾壓延展。

6
待泛出光澤表示攪拌完成。再次用刮板集中麵糊。舀取滴落麵糊，麵糊若呈向外擴展的狀態就表示完成。

7
在矽膠烤盤墊上，用直徑12mm的圓形擠花嘴將6擠成直徑5cm大的圓形，保持間距共擠40個。麵糊擠好擴展後變成直徑6cm，輕輕敲擊烤盤底部，以去除氣泡。

8
將7以150℃約烤15～16分鐘。約10分鐘後在麵糊周圍會形成蕾絲裙，麵糊膨脹完成後，下面再疊1片烤盤，手握蕾絲裙部分左右搖晃稍微消除沾黏，繼續烘烤完成，直接放涼。

9
待8放涼後放在網架上，將一半的馬卡龍上下翻面，用直徑12mm的圓形擠花嘴，在中央擠上甘那許淋醬，蓋上剩餘的馬卡龍夾住。

Nélusko
雷努斯可蛋糕

口感略黏稠，儘管如此卻很膨軟
具香濃杏仁味的巧克力甜點

分量　14個份

蛋白霜　meringue

[蛋白　blancs d'œufs —— 160 g
杏仁糖粉　T.P.T.（→P123）—— 320 g
可可粉　cacao en poudre —— 16 g + α
甘那許淋醬　ganache —— 80 g
※事先做好備用（→P119）。

●裝飾用　Décor
糖粉　sucre glace —— 適量Q.S

conseil de chef

這是1900年時出版的書中所介紹的甜點。

杏仁的香味是味道的關鍵。

作法重點是烘烤時撒上可可粉，且採用柔和的火力，

一般我不會用烤盤烘烤，而是以木板烘烤。

這也是為了讓蛋糕能以柔和的火力烘焙，

以烤出外酥內軟的蛋糕。

1

以高速的攪拌機攪拌蛋白，打發至鬆散狀，不加砂糖。

2

將杏仁糖粉和可可粉16 g混合過篩備用，加入1中用木匙如切割般攪拌。

3

換用刮板，以從麵糊外側舀取翻入中央的要領攪拌，避免壓碎氣泡。混合到殘留少許白色的蛋白霜即可。

※因為是無砂糖的蛋白霜，所以容易破碎。

4

在鋪了捲筒紙的烤盤上，用直徑12 mm的圓形擠花嘴保持間距地擠上直徑4～4.5 cm的圓形，拿起烤盤輕敲盤底以去除空氣。

5

撒上可可粉，放入160℃的烤箱中烤30分鐘。烤好後立刻在捲筒紙下倒少量水放數秒，拿下蛋糕放在網架上放涼。

※以柔和的火力烘烤，讓可可粉形成皮膜。

6

將5的一半翻面，用直徑7～8 mm的擠花嘴，在上面擠上比蛋糕還小一圈的甘那許淋醬。蓋上剩餘的蛋糕夾住，輕輕撒上糖粉。

Chocolat lourd
濃味巧克力蛋糕

［巧克力拼盤（巧克力甜點）］濃味巧克力蛋糕

如同直接將甘那許淋醬烘焙一般
帶點半生熟感覺的甜點

分量　14個份
◎準備直徑6.5cm的小塔模數個。

全蛋　œufs —— 4個

白砂糖　sucre semoule —— 134 g

黑巧克力（可可成分70％）

couverture noir 70% de cacao —— 114 g
※煮融備用。

低筋麵粉　farine faible —— 66 g ⎫
可可粉 cacao en poudre —— 94 g ⎬ 混合備用
融化奶油　beurre fondu —— 114 g ⎭

● 模型用　Pour moules

無鹽奶油　beurre —— 適量Q.S

● 裝飾用　Décor

可可粉　cacao en poudre —— 適量Q.S

conseil de chef

這個蛋糕的口感介於半生感覺的巧克力和烘焙類甜點之間。以隔水加熱方式一口氣烘烤完成，注意火候不要太大以保有這樣的口感。隔水加熱時熱水量少一點也很重要，以直火將上面部分烤至某種硬度後，倒扣時才能穩固地作為底座。但是，裡面仍是烤到半生熟的狀態。

1
在模型中塗上厚奶油備用。蛋和砂糖用攪拌機以高速攪拌發泡呈緞帶狀。
※之後加入濃巧克力，所以先充分攪拌發泡。

2
在1中加入融化巧克力，用木匙如從底部舀取般混拌。

3
大致混合後，立刻放入已混合備用的低筋麵粉和可可粉，加入融化奶油同樣地攪拌。

4
並排模型，用大擠花嘴將3擠入模型中至8分滿，放入冷藏直到完全冰涼。
※這是油分多的蛋糕，為避免融化，暫時冷藏，再以高溫一口氣烘烤。

5
將4排放在淺鋼盤中，在模型中倒入溫水至¼的高度，以240℃的烤箱隔水烘烤6～7分鐘，從熱水中取出，放涼備用。
※因麵糊油分多，若加入太多熱水，整體會變黏稠，倒扣時形狀無法保持完整。

6
放涼後加熱模型底部，向下倒扣脫模，底面朝上並排，撒上大量可可粉。

Chocolat moelleux
熔岩巧克力

[巧克力拼盤（巧克力甜點）] 熔岩巧克力

裡面濕潤濃稠的口感
正是此巧克力甜點的美味之處

分量　12個份
◎準備直徑5cm和5.5cm的中空圈模數個。

無鹽奶油 beurre —— 100 g
白砂糖 sucre semoule —— 70 g
黑巧克力（可可成分53%）
chocolat noir 53% de cacao —— 100 g
※加熱至35℃融化備用。

全蛋 œufs —— 2個
低筋麵粉 farine faible —— 80 g ⎤
泡打粉 levure chimique —— 3 g ⎦ 混合過篩
● 模型用 Pour moules
無鹽奶油 beurre —— 適量Q.S

conseil de chef

製作重點是以高溫短時間烘烤，使裡面不會烤乾。
烤好時雖會膨起，但放涼之後會扁塌下沉。

1
在鋼盆中放入奶油略加熱，用打蛋器攪拌成乳脂狀，加砂糖攪拌混合。再加入融化備用的巧克力，同樣地攪拌。

2
在1中一顆顆放入蛋攪拌混合，每次加蛋都要充分攪拌至消失後再加下一顆蛋。

3
在2中加入粉類同樣地攪拌，待泛出光澤表示攪拌完成。

4
在矽膠烤盤墊上排放直徑5cm的中空圈模，用大擠花嘴擠入3至⅔的高度（中空圈模的高度約4cm）。放入冷凍庫約1小時待凝固。

5
將4脫模，再放入塗了奶油直徑5.5cm的中空圈模中。
※這是多奶油的蛋糕，為了避免它烘烤攤軟，換用大一圈的中空圈模。

6
將5放入240℃的烤箱中烤7～8分鐘。烤好後趁熱用刀插入側面脫模，放涼備用。
※為避免受模型餘熱的影響，蛋糕要立刻脫模。

Beignet
油炸甜點

18

油炸甜點營造
節慶日的熱鬧氛圍

油炸甜點原本是節慶點心。

各地區都有五花八門的油炸甜點。在法國即使非特別的節慶日，

人們週日望彌撒結束後都會到甜點店買些油炸甜點。

為了讓大家在彌撒結束時，能吃到剛炸好的甜點，

甜點店通常在上午 10 點左右會備妥各式油炸甜點。

油炸甜點畢竟還是剛起鍋時最美味。

過去本店將它們當作節慶甜點只在週六、週日販售，但因反映熱烈，

現在連平日都有賣。過去本店和法國一樣以秤重方式來銷售，

但因有點麻煩，現在除了亞爾薩斯甜甜圈之外（→ P316），

都裝入盒中以盒為單位來販售。

剛好日本也引進一種烘烤蛋糕的模型，

以樹皮做的藤籃，當時我便覺得

「太好了，用這個取代容器吧」，於是我都用它來盛裝。

大概連巴黎也沒有這樣推出油炸甜點的甜點店吧。

源自人們生活的油炸甜點雖樸素，卻是屬於熱鬧節慶的甜點。

所以我毫不猶豫地將它加入商品中陳列。

Beignet alsacien
亞爾薩斯甜甜圈

運用乾酵母口感膨軟的甜甜圈
裡餡是富酸甜味果醬的懷念滋味

分量　15個份

高筋麵粉　farine forte —— 300 g

全蛋　œufs —— 2個

乾酵母　levure sèche de boulanger —— 10 g

[溫水 eau tiède —— 適量 Q.S

※乾酵母和下列的少量砂糖一起放入鋼盆中，
加少量溫水，放在溫暖的地方讓它冒泡泡準備發酵使用。

白砂糖　sucre semoule —— 20 g

鹽　sel —— 6 g

鮮奶（回到常溫）lait tempéré —— 150 g

無鹽奶油　beurre —— 30 g

沙拉油（油炸用）huile végétale pour friture
—— 適量 Q.S

〕A

● 覆盆子醬　Framboise pépins（→P129）
—— 225～300 g

● 裝飾用　Décor

肉桂糖　sucre cannelle —— 適量 Q.S

糖粉　sucre glace —— 適量 Q.S

conseil de chef

這是亞爾薩斯、南法，以及德國等地的節慶甜點。人
們習慣在嘉年華或除夕時製作食用。在那些時期人們
會用大鍋大量油炸製作。麵團中加入鮮奶能呈現柔和
的口感。

1
在攪拌缸中放入奶油以外的
所有材料（A），先以低速攪
拌，待粉類不再飛散改用高
速攪拌。
※加入鮮奶能使油炸的色澤更漂
亮，口感也比較柔和。

2
不時停下攪拌機，刮下側面
的麵團再攪拌。最初黏在鋼
盆上的麵團也會沾黏麵團本
身，待攪拌到側面和底部都
沒沾黏麵團後（→P296、
4），加入撕碎的奶油。待麵
團泛出光澤就停止攪拌。

3
將2放入鋼盆中，在表面撒
上防沾粉，如讓表面緊繃般
用刮板將麵團往下壓入整
圓，放在溫暖處發酵。
※ 麵團表面呈光滑狀態
（lisse），更有利發酵。

4
待3膨脹成2倍大後敲打以
去除空氣，撒上防沾粉揉成
棒狀，分割成每份20 g。分
別在工作台上揉圓讓表面緊
繃，撒水放在溫暖處進行第
2次發酵。

5
沙拉油加熱至160～
170℃，將4分次放入鍋裡
油炸。待呈漂亮的色澤後翻
面，全部炸到恰到好處後放
在濾網上瀝除油分。

6
趁熱在5上撒上肉桂糖，稍
微放涼備用。

7
待6稍微變涼後，在側邊挖
個深孔，以直徑8㎜的圓形
擠花嘴擠入覆盆子醬，稍微
撒上糖粉即完成。
※擠入覆盆子醬等較多的果醬
量，會變得比較甜。

Merveille
美爾威油炸餅

特色是具有沙布蕾風格的酥脆口感
大茴香的香氣讓人感受到南法風味

分量　約50個份

低筋麵粉　farine faible —— 250 g

泡打粉　levure chimique —— 5 g

檸檬表皮磨碎　zeste de citron râpé —— ½個份

無鹽奶油　beurre —— 50 g

白砂糖　sucre semoule —— 50 g

鹽　sel —— 3 g

全蛋　œufs —— 70 g

大茴香酒　anisette —— 25 g

※使用酒精度數40%的保樂茴香酒（Pernod）使用。

沙拉油（油炸用）huile végétale pour friture
—— 適量Q.S

● 裝飾用　Décor

糖粉　sucre glace —— 適量Q.S

attention

我在靠近西班牙國境的佩皮尼昂（Perpignan）首次見到這個油炸餅。這個甜點主要產於法國西南部。特色是具有沙布蕾般酥脆的口感，製作重點是混合時不搓揉，以免產生麵筋。用花生油來炸味道更香、更美味。

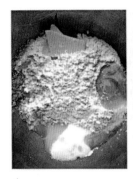

1
在鋼盆中放入已混合過篩的低筋麵粉和泡打粉，除炸油和裝飾用糖粉以外，加入所有剩餘的材料。

2
用手如抓握般混合1，大幅度攪拌即可。
※大量製作時，蛋和酒以外的材料先混合成鬆散狀，再加入蛋和酒較容易拌勻。

3
揉成小塊後，取出放在工作台上，撒上防沾粉揉圓。
※若能黏結成塊即可。搓揉的話口感會變硬，所以勿搓揉。

4
在3上撒上防沾粉，用擀麵棍擀成2 mm厚，用切派刀切成適當大小的長方形，在中央切切口。

5
將麵皮邊端穿過中央的切口，如製作蒟蒻條般扭轉。

6
在加熱至170～180℃的沙拉油中油炸5。上色後翻面，整體炸出漂亮炸色後，撈起放在網架上瀝除油分。趁熱輕輕撒上糖粉。

Oreillette
歐雷特酥片

越吃越覺得香脆爽口
散發淡淡檸檬風味的西洋仙貝

分量　約45片份

低筋麵粉　farine faible —— 250 g

泡打粉　levure chimique —— 3 g

白砂糖　sucre semoule —— 40 g

無鹽奶油　beurre —— 50 g

全蛋　œufs —— 2個

檸檬表皮磨碎　zestes de citrons râpés —— 1.5個份

沙拉油（油炸用）huile végétale pour friture —— 適量Q.S

●裝飾用　Décor

糖粉　sucre glace —— 適量Q.S

conseil de chef

這是南法嘉年華等節慶時食用的傳統甜點。

根據不同地區，有的加入蘭姆酒，有的加入檸檬皮。

特色是麵團擀得非常薄，油炸得很爽脆。

1
除了炸油和裝飾用糖粉外，在鋼盆中放入所有材料，如用手捏握般混合，至材料能黏結即可。

2
整體若黏結成團後，取出放在撒了防沾粉的工作台上揉圓。

3
將2分割成各50g，揉成等長的棒狀，再切成5等分。將切好的麵團揉圓。

4
將數個3一起保持間距用塑膠布夾住，輕輕地壓扁後，用擀麵棍擀成長13～14cm、寬6cm、厚1mm的大小。

5
將沙拉油加熱至170～180℃，陸續將數片4放入鍋中油炸。若表面炸出可口的顏色後翻面，待背面也同樣地炸出顏色後，撈出放到網架上，趁熱輕輕撒上糖粉。

專題8

甜點職人是工匠
（ouvrier）

　　結束法國近10年的修業生活後，我回到日本，當時手邊沒有能立即開店的資金，我先在故鄉埼玉縣浦和，從事批發乾甜點類及巧克力甜點等的工作。那些甜點建立了名聲，1981年時，我在現在的尾山台開設了店面。開業當初和現在不同之處，是那時放眼望去街上幾乎沒有店家，而且當時大家或許對法國甜點還不太了解，常聽人嫌不是太甜就是酒味太重等。儘管如此，我依然沒改變自己甜點的風貌，大概也因此當時真的都賣不出去。直到我在日本橋的高島屋開店後，生意才開始慢慢有了起色，這已經是開業後好幾年的事了。現在本店顧客已絡繹不絕。

　　最近，我聽到甜點職人被稱為「artisan（工藝家）」。日本的法語辭典中，將artisan解釋為「職人」之意。但對我來說，若說到artisan，會連想到製作桌、椅的職人等。artisan這個稱呼會先讓人產生「藝術家」、「工藝家」的印象。也許是甜點職人被有些人形容成略微時尚的職業吧，但我覺得這樣稱呼甜點職人有點格格不入。我希望甜點職人被稱為「ouvrier（工匠）」，這個字具有勞動者的意思。

　　甜點職人每天的工作，是將材料加工變美味。那是一種工作，因此需要一定的技術，也擁有製作的樂趣。所以，甜點職人只是勞動者，不是明星，也不該被冠上artisan這種漂亮的名稱。甜點業本來就是一種服務業。我若能讓大家享受美味甜點就很開心了，本店自開業以來，我一直秉持這樣的精神來製作甜點。

Confiserie
手工糖果

19

對甜點師來說是富廣度又
有趣的甜點項目

許多手工糖果類的甜點都極度地甜，像是糖漬水果、
水果軟糖，以及堅果裹覆糖衣製成的果仁糖等。
而如何在這類手工糖果中表現出酸味、
焦糖的苦味等，是個非常有趣的工作。
糖漿糖度要熬煮成幾度，放涼後才變得有黏性，
或是要製作成幾度才會變成酥脆的糖果狀，或焦糖狀等，
充分掌握砂糖的性質，成為手工糖果工作的前提。
雖說如此，還不行用一般方法製作。根據熬煮砂糖不同的條件，
像糖漬水果等，所呈現的光澤就會有不同的變化。
此外在酒漬水果上裹糖衣時，例如到了梅雨季等時期，
要想辦法使其在濕氣重的情況下也不會糖化。氣候與環境會造成砂糖新的變化，
外裹的糖衣或糖漬甜點的外觀也會因此產生微妙的改變。
不過，當自然條件、環境與砂糖完美配合時，
甜點就能展現嶄新的風貌。這種需刻意操控的技術是困難的。
然而，正因為它的困難，完成時讓人感到格外快樂。
這是製作帶餡甜點無法體會的喜悅。

Fruits confits
糖漬水果

以高糖度突顯水果本身風味的糖漬水果
除了可當作砂糖甜點外，也可作為配料

Ecorce d'orange confite
糖漬橙皮

橙皮以外的糖漬水果材料請見→ P326

分量

● 糖漬橙皮用　Pour confit

柳橙　oranges —— 適量Q.S

水　eau —— 適量Q.S

波美度20°的糖漿　sirop à 20°B —— 適量Q.S

※白砂糖和水以1：2的比例煮融。

● 裝飾用（少量份）Pour finition

波美度20°的糖漿　sirop à 20°B

[白砂糖　sucre semoule —— 250g

  水　eau —— 500g]

波美度36°的糖漿　sirop à 36°B

[白砂糖　sucre semoule —— 850g

  水eau —— 300g]

［製作糖漬橙皮］

1

柳橙切半放入鍋中，倒入能蓋過材料的水，以大火加熱，煮沸30～40分鐘，壓壓看確認是否已煮軟後，瀝除水分備用。

※煮到纖維變軟，是讓糖漿容易滲透的重要作業。

2

趁熱用湯匙挖除1的內側薄皮和果肉，稍微用水洗沖掉果肉等，充分瀝除水分。

※趁熱作業能清除得比較乾淨。

3

在別的鍋裡以1：2的比例，放入足夠浸泡橙皮的砂糖和水（成為波美度20°），以大火加熱，煮沸後加入2。

4

將2全加入後熄火。配合鍋子直徑尺寸剪裁烘焙紙等，在數個地方剪切口蓋在水面，在常溫下放置一晚備用。

5

暫時取出橙皮，充分瀝除沾附的糖漿。只煮沸糖漿後再放回橙皮（圖），再次蓋上烘焙紙，置於常溫下備用。

6

將5的作業以每1～2天1次的頻率反覆進行。圖中是浸泡1週的狀態。橙皮的光澤和透明度增加。

※一開始以高糖度熬煮讓糖分結晶化，這樣糖漿的糖度會逐漸升高，慢慢地滲入水果中。

7

若變成67～70％brix的糖度即完成。橙皮的情況是即使已完成，但大約還要再浸泡2週左右。

◎糖度55％brix為半糖漬（Semi-confit），法語稱為mi-confit。

a　　　　　　b

[裝飾糖漬橙皮]

8．7的糖漬橙皮只取出作為砂糖甜點需要裝飾的分量，放在網篩上瀝除糖漿備用。

※若作為配料，可使用這個階段的糖漬橙皮。

9．煮沸所需分量的砂糖和水，煮融砂糖製成波美度20°的糖漿，將8裹上糖漿即取出，洗掉表面黏附的砂糖結晶或果肉等（圖a）。

10．製作波美度36°的糖漿。煮沸所需分量的砂糖和水，煮融砂糖，離火。用湯匙持續攪拌讓它稍微不透明直到變涼。

※急速弄涼會形成大顆結晶。這個糖漿是為了呈現光澤用，若有大顆結晶會失去效用，所以要慢慢放涼。

11．將9裹上10的糖漿後取出（圖b），排放在烤盤上，放入近160℃的烤箱中烤20～30秒後取出。透過烤乾濃糖漿的糖衣，來呈現光澤的作業，稱為糖衣上光（glacer，→P287）。

※烤箱的溫度在160℃以下即可，觀察橙皮若泛出光澤後立即取出。若烤太久會產生糖化作用使橙皮變白。

conseil de chef

糖漬水果與果醬一樣，在67～70％brix的糖度時，才能感受到濃縮的水果精華，讓人覺得美味。一定要挑選糖度高、風味濃郁的水果，否則無法呈現美味。重要的是為了讓糖漿好好地滲透進去，水果要確實進行汆燙（blanchir）作業。這點即使是使用罐頭也不例外。因為罐頭水果的纖維超乎想像地硬。此外，以糖衣上光後能呈現光澤4～5天，這是最佳賞味期。比起氣候偏冷、乾燥的北法，南方的普羅旺斯等地，因濕氣與溫度的關係，糖漬水果能長期保有光澤，是糖漬水果的主產地。

[其他的糖漬水果]

無花果和P324圖中的小洋梨（在日本無新鮮水果）是西班牙產的罐頭，鳳梨是菲律賓產的罐頭，金橘則使用新鮮水果。蜜棗雖然是使用乾燥的，不過要放入水中浸泡約3小時回軟（不汆燙），新鮮水果和罐頭經汆燙後以相同方法製作。

專題 7

糖漬水果與果醬的
糖度功用

法文中的confiture，也就是果醬是指什麼？

果醬可說是水果最極限的濃縮精華。我以比例10：5的水果和砂糖熬煮製作。我覺得糖度為67〜70％brix時，最能突顯水果的香味，所以以此糖度製作果醬。這也是我參考文獻等，經過多年反覆嘗試得出的結果，我認為這樣的糖度仍然比較恰當，也有其功用。而且，此糖度也能讓人感受到溫潤的口感。

糖漬水果（confits）我也採用相同的糖度，是因為我認為這個糖度最適合濃縮水果精華。但是，一定得挑選酸味、風味都出色的種類，不然成品只會變得死甜，所以並不是所有水果都適合製作。

67〜70％brix這樣的糖度還有另外一個功用，那就是砂糖所具有的保濕作用。

即使使用市售的糖漬水果，我也不會直接放在甜點或麵包上，或是直接混合烘烤，我認為應該將水果的糖度調整成67〜70％brix後再使用。在考慮保濕功用時，即使用糖度50〜55％brix的半糖漬水果也無所謂。

例如，在麵包上放上糖度低的糖漬柳橙片一起烘烤。這樣一來完成後的柳橙水分會被烤乾。可是，糖度若調整成67〜70％brix，因砂糖保濕作用，水果就算烘烤過也依然保有水分。只要在糖度上稍微加工，甜點的口感與美味度都會變得更好。

Pâte de fruit
水果軟糖

濃縮的水果精華超美味
表面的粗砂糖能增添口感的變化
使味道更豐富有層次

Pâte de fruit à l'abricot
杏桃水果軟糖

分量　3cm方形、1.5cm厚54個份

杏桃泥　pulpe d'abricot —— 375g

果膠　pectine —— 13g

白砂糖　sucre semoule —— 38g
※果膠是和上述的砂糖混合一起過篩備用。

水飴　glucose —— 125g

白砂糖　sucre semoule —— 450g

酒石酸　acide tartrique —— 4g強

水　eau —— 4g強
※酒石酸是用上述等比例的水融解成8.5g。

粗砂糖（白雙糖）sucre cristallisé —— 適量Q.S

conseil de chef

我在法國修業的60～70年代，會在水果中加入1倍砂糖的量，做出的水果軟糖很甜。我想那是提引出水果本身凝固力所需的量。在已經開發出具凝固作用優質果膠的現在，砂糖的分量雖然已減少，但仍使用了相當的分量。使用酸味重的水果才是美味的重點。我雖然喜歡硬一點的水果軟糖，不過柔軟一點的、吃起來比較多汁也很美味，熬煮的溫度約設定在103℃（不過根據不同的水果，可調整至98～106℃）。此外，外表使用粗粒的裝飾用砂糖，吃起來較富口感。

［其他的水果軟糖］

其他的水果軟糖，有覆盆子、黑醋栗、草莓、奇異果、葡萄柚、青蘋果，血橙（苦橙；blood orange）、檸檬等口味。分量和作法與杏桃相同，以各種口味的水果泥取代杏桃泥製作。

但是，黑醋栗和檸檬的酸味太強。

為了緩和酸味，黑醋栗是將⅓量的水果泥改用杏桃泥，檸檬則是⅓量改以水取代。

1
將水果泥加熱煮融，溫度達30～50℃後，加入混合過篩的果膠和砂糖攪拌。
※在這個溫度融化，果膠作用較強。若煮沸再加入果膠，會容易結塊。

2
待1煮至冒泡後，加水飴和砂糖。持續攪拌加熱至103℃。
※水飴具有保濕性，能防止砂糖結晶化。

3
溫度達103℃後，離火，立刻將酒石酸一滴不剩地倒入2中拌勻。
※103℃是呈現柔軟口感的溫度。藉由酒石酸的作用，拉長凝固時間更好作業。

4
在板子或淺盤上放入矽膠烤盤墊，用4根15mm厚的基準桿，在內側圍出18×27cm的四方形，在裡面倒入3。

5
稍微放涼後，蓋上矽膠烤盤墊以免變乾，靜置數小時以上待凝固。

6
凝固後翻面，拿掉烤盤和基準桿，在表面撒上粗砂糖。沾附粗砂糖的面朝下，連同矽膠烤盤墊放在切割器（切割工具）上，拿掉矽膠烤盤墊。

7
將軟糖切成3cm寬，旋轉90度後同樣再切割。放入盛粗砂糖的容器中，讓其他面也都沾上砂糖。

Nougat provençal
普羅旺斯牛軋糖

雖名為牛軋糖但卻像硬糖果
加入普羅旺斯風味的堅果和水果

分量　4cm方形、厚1.5cm40個份
櫻桃白蘭地醃漬糖漬櫻桃

bigarreaux confits marinés au kirsch ── 187 g
※用能蓋過糖漬櫻桃的櫻桃白蘭地醃漬1〜2天備用

白砂糖　sucre semoule ── 225 g

蜂蜜　miel ── 150 g

水 eau ── 60 g

轉化糖　trimoline ── 8 g

杏仁（連皮）amandes brutes torréfiées ── 375 g
※以180℃約烤到中央上色，趁中心還略有溫度時使用。

開心果　pistaches ── 25 g

威化餅　gaufrette ── 20×20cm共2片

conseil de cnef

牛軋糖包括這裡介紹的如硬糖果般的種類，以及蒙特利馬牛軋糖（→P332）般，以蛋白製作的種類。

1
用濾網撈出以櫻桃白蘭地醃漬過的櫻桃，瀝除湯汁備用。

2
在鍋裡放入砂糖、蜂蜜和水，以大火加熱至148℃。
※加熱至148℃變涼時會呈硬糖果狀態。若加熱至150℃，凝固時會變得太硬。

3
在2中放入1的醃漬櫻桃和轉化糖，用木匙輕輕地混合。
※轉化糖具防止糖化的作用。放涼變硬時，多少會有黏牙感。

4
加入杏仁和開心果，大致攪拌讓堅果裹上糖漿。
※注意混合太久會糖化。

5
在工作台上鋪上1片威化餅，在周圍各重疊2根20mm厚的基準桿，成為高4cm、內側為16×16cm的四方形，用木匙儘速放入4。按壓基準桿整形。

6
蓋上矽膠烤盤墊，一面按壓基準桿，一面從上面按壓均勻後，再放上1片威化餅，再放上淺鋼盤壓住後上下翻面。
※上下翻面是為了讓上面的威化餅密貼。

7
將6放涼2〜3小時，拿掉基準桿，用鋸齒刀切掉邊端。切成4cm寬後旋轉90度，兩端抵住基準桿以免滑動，再切成1.5cm寬。
※若變得太涼會太硬，變得難分切。

Nougat de Montélimar
蒙特利馬牛軋糖

加入大量堅果風味濃郁
使用蛋白口感輕盈的牛軋糖

分量　4cm正方、厚1.5cm80個份

蜂蜜　miel ── 200g

白砂糖　sucre semoule ── 400g

水飴　glucose ── 67g

蛋白　blancs d'œufs ── 60g

杏仁（連皮）amandes brutes torréfiées ── 200g

堅果　noisettes torréfiées ── 133g

※上述的堅果類以180℃烤到裡面有焦色為止，趁中央還稍有溫度時使用。榛果去皮（→P124、2）。

開心果　pistaches ── 100g

玉米粉　fécule de maïs ── 適量Q.S

糖漬櫻桃　bigarreaux confits ⎤
歐白芷　angélique confite ⎦ 混合共116g

※歐白芷使用香味濃的法國產產品，均為市售品。

威化餅　gaufrette ── 20×30cm2片

1
在鍋裡放入蜂蜜開火加熱（上圖）。在別的鍋裡放入砂糖和水飴加熱。製作蜂蜜義式蛋白霜。蜂蜜煮沸後，用攪拌機開始以高速攪拌蛋白。

2
蜂蜜若達124℃，攪拌機先轉低速，倒入蜂蜜後立刻改為高速攪拌。因蛋白量較少，所以要不時舉起攪拌缸，並攪拌到人體體溫程度。

3
義式蛋白霜發泡變硬後轉低速，倒入加熱成148℃的砂糖和水飴，全部倒入後改用中高速攪拌。
※因蛋白霜會變得厚重，需調整速度以免變慢。

4
在工作台上撒上玉米粉，放上櫻桃和縱切薄片的歐白芷。待3的蛋白霜變細緻，觸摸鋼盆若覺得變熱後停止攪拌。

5
用沾了玉米粉的手觸摸蛋白霜，確認不會沾黏後，換用抹刀，加入堅果類。斷續地啟動開關將堅果攪拌至還不太破碎的程度。

6
將5拌勻後，取到4的工作台上，用沾了玉米粉的手搓揉混合櫻桃和歐白芷，揉成長方形。
※揉成團時，呈黏土般的硬度。

7
在威化餅的上面，分別重疊2根厚20mm的基準桿，成為高4cm、內側16×30cm大小，將6放在基準桿裡整形。拿掉基準桿，再放1片威化餅後上下翻面。

8
重新框住基準桿，直接放置1天後，以普羅旺斯牛軋糖（→P331）相同的要領切塊。
※不靜置1天，裡面不會變硬。

Nougat au café et aux noix
核桃咖啡牛軋糖

分量　4cm方形、厚1.5cm約80個份

蜂蜜　miel —— 200 g

白砂糖　sucre semoule —— 400 g

水飴　glucose —— 85 g

蛋白　blancs d'œufs —— 60 g

摩卡咖啡液　pâte à moka —— 約130 g

※即溶咖啡和濃縮咖啡液，以1（33g）：3（100g）的比例混合，
加熱一下煮融。視顏色調整分量。

核桃　noix torréfiées —— 500 g

※核桃以180℃烤到中心呈焦色，趁中心還有少許溫度時使用。

玉米粉　fécule de maïs —— 適量Q.S

威化餅　gaufrette —— 20×30cm 2片

以蒙特利馬牛軋糖（左頁）相同的要領製作。
但是，摩卡咖啡液是在3之後，加入蛋白霜中攪
拌，步驟4時在工作台上只撒玉米粉，核桃用攪
拌機攪拌容易粉碎，所以到6時在工作台上和蛋
白霜搓揉混合即可。

Nougat au chocolat
巧克力牛軋糖

分量　4cm方形、厚1.5cm約80個份

蜂蜜　miel —— 200 g

白砂糖　sucre semoule —— 400 g

水飴　glucose —— 67 g

蛋白　blancs d'œufs —— 60 g

黑巧克力（可可成分55％）

couverture noir 55% de cacao —— 100 g

※煮融備用。

杏仁　amandes torréfiées —— 233 g

榛果　noisettes torréfiées —— 133 g

※上述的堅果類以180℃烤到裡面有焦色為止，趁中央還稍有溫
度時使用。
榛果去皮（→P124、2）。

開心果　pistaches —— 50 g

玉米粉　fécule de maïs —— 適量Q.S

威化餅　gaufrette —— 20×30cm 2片

以蒙特利馬牛軋糖（左頁）相同的要領製作。
但是，融化的巧克力是在3之後加入蛋白霜中攪
拌，在4時，工作台上只撒玉米粉備用。

Praline
果仁糖

裹上 6 層巧克力風味糖衣
鎖住烤杏仁的香味
口感脆硬的砂糖甜點

分量

杏仁　amandes torréfiées —— 1.4kg
※使用前才烘烤。

● 糖衣用糖漿　Sirop

白砂糖　sucre semoule —— 1.8kg

水　eau —— 800 g

水飴　glucose —— 400 g

可可膏　pâte de cacao　350 g
※切碎備用。

● 裝飾用糖漿　Sirop pour finition
※阿拉伯膠要花時間才能完全融化，所以先準備這個裝飾用糖漿。

水　eau —— 40 g

水飴　glucose —— 180 g

阿拉伯膠（粉末）gomme arabique —— 100 g
※選擇少雜質的優良製品。

波美度30°的糖漿　sirop à 30°B —— 100 g
※根據不同季節，斟酌調整使用量。

conseil de chef

為了讓果仁糖有較厚的糖衣層，我不斷反覆試作，最後決定分6次裹上糖漿。掉落的糖衣，最後和阿拉伯膠的糖漿一起放入，讓果仁糖外表呈現凹凸的風貌，阿拉伯膠也能增添光澤。此外，它還有防潮的功用。

1
從裝飾用糖漿開始製作。在鋼盆中放入水和水飴，以直火稍微加熱，水飴融化後，加入阿拉伯膠攪拌。再加波美度30°的糖漿攪拌，繼續隔水加熱，直到阿拉伯膠完全融化。
※阿拉伯膠能增加光澤和具保濕性。

2
製作糖衣用糖漿備用。在鍋裡放入可可膏以外的材料，煮沸讓糖分融解，在6個鍋裡大致以1：1：1：1：2：2的比例分別盛入糖漿。可可膏也以相同的比例加入。
※因為要裹上6層糖衣。

3
將2的糖漿鍋依序每2個以大火加熱。糖衣會變厚，所以最後使用的2個需要較多糖漿量。杏仁在使用前以180℃烤到裡面也上色。銅盆加熱備用。

4
在3的銅盆中放入杏仁，加入加熱至120℃的第1個鍋裡的糖漿，用木匙如刮鍋底般攪拌，讓杏仁裹上糖漿。這是第一次。
※因糖漿量少，杏仁或銅盆冷了之後，糖漿也會變冷，並且會立刻糖化變得較難附著。

5
待糖漿變白、糖化後裹在堅果上，混合時發出卡拉卡拉聲，杏仁變得鬆散後，用大網目網篩大致過濾，掉落的糖保留備用。
※篩過度糖衣會脫落，這點請注意。

6
將5的杏仁放回鋼盆中，重複4、5的作業。放入糖漿後，杏仁表面會立刻如牽絲般豎起糖絲。
※這是花力氣的作業。糖漿在118℃以下會殘留水分，易有濕氣，這點需注意。

7
過篩掉落的糖衣，最後放回銅盆的杏仁中，加入隔水加熱煮融備用的1裝飾用糖漿，同樣地攪拌。

8
表面明顯變得凹凸不平。

9
在6片烤盤上分別放入8，用沾油（分量外）的手指將杏仁一粒粒分開，放入40℃的發酵機（保溫、乾燥庫）中一晚，晾乾。
※阿拉伯膠晾乾後會泛出光澤。

Caramel
焦糖

伴隨著奶油的濃郁香氣

榛果、柳橙、咖啡……

各種風味在口中柔和地融化

Caramel au chocolat
巧克力焦糖

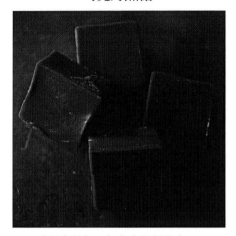

將所有材料一起熬煮的製作方法
是基本的牛奶糖作法
和鹹焦糖（→ P339）同樣
特色是有柔和的口感與融口性

分量　3cm方形、厚1.3cm66個份

鮮奶油（乳脂肪48％）crème fraîche　48％ MG —— 375 g

白砂糖 sucre semoule —— 281 g

水飴 glucose —— 262 g

轉化糖 trimoline —— 22 g

無鹽奶油 beurre —— 18 g

黑巧克力（可可成分55％）

couverture noir 55％ de cacao —— 150 g
※一半融化，一半切碎備用。

可可膏 pâte de cacao —— 75 g
※融化備用。

沙拉油 huile végétale —— 適量Q.S

conseil de chef

巧克力焦糖除了柔軟的軟焦糖（caramel mou）外，還有非常硬的硬焦糖（caramel dur）。我身邊的法國人常吃硬焦糖，不過我倒覺得軟焦糖較美味。與其他風味的焦糖相比，加入巧克力的焦糖較易分離，所以這是個做法加入較多的轉化糖以增加穩定性。此外，其它加入固體材料的焦糖，為了要避免糖化，也會在其中加入較多轉化糖。

1
在鍋裡放入鮮奶油、砂糖和水飴，從中火轉大火加熱，用打蛋器持續攪拌熬煮。
※水飴、轉化糖具有保濕作用，也有防止製品糖化，使品質穩定的作用。

2
隨著熬煮會看到氣泡逐漸變大。
※鍋緣會附著焦色，繼續攪拌。混合也是促進乳化的作業。

3
不時用冰水冰涼的手指撈取，放入冰水凝結成塊，觀察狀態。焦糖若能變成漂亮大塊的硬球（gros boulé）狀（上圖。製作焦糖時的糖漿熬煮狀態）後離火。

4
在3中放入轉化糖和奶油混合煮融，加熱至50℃後，加入切碎的巧克力、融化巧克力和可可膏攪拌融解。
※只用融化巧克力的話會造成分離，所以也要使用切碎的。以可可膏補強巧克力的味道和顏色。

5
在矽膠烤盤墊上放上4根13mm厚的基準桿，圍成內側18×33cm大小，在裡面倒入4。直接放置一晚讓它凝固。

6
用刀插入5的周圍，拿掉基準桿，放在薄塗油的淺盤或大理石上，用刀事先做記號，切成3cm方塊。

Caramel au thé
紅茶焦糖

分量　3㎝方形、厚1.3㎝66個份
鮮奶油（乳脂肪48%）crème fraîche　48%　MG
—— 500 g
紅茶葉　thé —— 40 g
白砂糖　sucre semoule —— 425 g
水飴　glucose —— 250 g
轉化糖　trimoline —— 15 g
沙拉油　huile végétale —— 適量Q.S

以和巧克力焦糖（→P337）同樣方法製作。
但是，在步驟4只加轉化糖混合，紅茶葉事先和鮮奶
油一起煮沸，讓香味釋入鮮奶油中，過濾去除茶葉
後，在1中使用。

Caramelmoka
摩卡焦糖

分量　3㎝方形、厚1.3㎝66個份
鮮奶油（乳脂肪48%）crème fraîche　48%　MG
—— 375 g
白砂糖　sucre semoule —— 375 g
水飴　glucose —— 168 g
轉化糖　trimoline —— 15 g
無鹽奶油　beurre —— 18 g
即溶咖啡　café soluble —— 7 g
沙拉油　huile végétale —— 適量Q.S

以和巧克力焦糖（→P337）同樣方法製作。
但是，在步驟4只加轉化糖和奶油混合，即溶咖啡在
1時和其他材料一起放入鍋裡。

Caramel aux noisettes
榛果焦糖

分量　3㎝方形、厚1.3㎝66個份
鮮奶油（乳脂肪48%）crème fraîche　48%　MG
—— 375 g
白砂糖　sucre semoule —— 375 g
水飴　glucose —— 187 g
轉化糖　trimoline —— 38 g
香草棒　gousse de vanille —— ½根
無鹽奶油　beurre —— 25 g
榛果　noisettes torréfiées hachées —— 75 g
※使用前用180℃烤過後大致切碎。
沙拉油　huile végétale —— 適量Q.S

以和巧克力焦糖（→P337）同樣方法製作。但是，
在步驟4只加轉化糖和奶油混合，在步驟1將剖開的
香草和其他材料一起放入鍋裡，在步驟4之前剔除。
在步驟4混合奶油後再加入烤過的榛果攪拌。

Caramel à l'orange
柳橙焦糖

分量　3㎝方形、厚1.3㎝66個份
鮮奶油（乳脂肪48%）crème fraîche　48%　MG
—— 375 g
白砂糖　sucre semoule —— 280 g
水飴　glucose —— 225 g
蜂蜜　miel —— 38 g
轉化糖　trimoline —— 15 g
無鹽奶油　beurre —— 30 g
柳橙表皮磨碎　zeste d'orange râpé —— ½個份
杏仁片 amandes effilées torréfiées —— 150 g
※使用前用180℃烤過。
沙拉油　huile végétale —— 適量Q.S

以和巧克力焦糖（→P337）同樣方法製作。但是，
在步驟1將蜂蜜和其他材料一起放入鍋裡。在步驟4
只加轉化糖和奶油混合，接著加入磨碎的柳橙表皮和
杏仁片攪拌。

Caramel au beurre salé
鹹焦糖

分量　3㎝方形、厚1.3㎝66個份

焦糖　caramel

[白砂糖　sucre semoule —— 500g
  水飴　glucose —— 50g]

有鹽奶油　beurre salé —— 200g

鮮奶油（乳脂肪48%）crème fraîche　48%　MG —— 225g

轉化糖　trimoline —— 20g

香草棒　gousse de vanille —— ½根

可可粉　beurre de cacao —— 25g

沙拉油　huile végétale —— 適量Q.S

有鹽奶油的鹽分使味道更富層次
特色是焦糖和鮮奶油分開熬煮
再混合製作

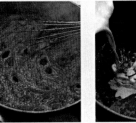

1
在鍋裡放入砂糖和水飴，以大火加熱煮成焦糖狀（→P119、1～2）。上圖中是運用餘溫使焦糖色澤呈現恰當的狀態。同時在別的鍋裡放入鮮奶油、轉化糖和剖開的香草煮沸。

2
在1的焦糖中放入有鹽奶油，用打蛋器充分攪拌直到融合。
※ 這是讓油脂（奶油）乳化的作業，要充分攪拌。大量製作時，可用手持式攪拌機攪拌。

3
在2中放入1的鮮奶油充分攪拌，去除香草。

4
以大火加熱3持續攪拌熬煮。和巧克力焦糖（→P337、3）同樣地取出浸入冰水，若焦糖呈硬球狀態（圖），轉用中火。

5
加入可可奶油攪拌。
※ 以可可奶油凝固，以1加入的轉化糖，穩定材料的結合狀態。之後，如果溫度下降還繼續攪拌的話會讓空氣進入，凝固時糖化的表面會泛白，這點須注意。

6
以和巧克力焦糖的5～6相同要領，讓焦糖凝固後，分切。

Guimauves
法式棉花糖

圖中是薄荷風味、草莓風味，其他還有檸檬風味、咖啡風味。

法式棉花糖和棉花糖（marshmallow）類似
原本只有口感上的差異
相較之下法式棉花糖似乎較有彈性 ……

薄荷風味 Guimauves à la menthe

分量　28×36cm、厚1cm1片份

水 eau —— 120g

白砂糖 sucre semoule —— 300g

水飴 glucose —— 60g

吉利丁片 gélatine en feuilles —— 14g

蛋白 blancs d'œufs —— 105g

薄荷精 extrait de menthe —— 15g

※薄荷精是以酒精蒸餾而成。
包含其他風味等，增加香味的材料使用市售品。

手粉 fleurage —— 適量Q.S

※將玉米粉（fécule de maïs）和糖粉（sucre glace）以1：1的比例混合。

conseil de chef

法式棉花糖雖屬於傳統點心類，不過卻是有趣的甜點，它的口味齊全，能廣泛運用於甜點中。法式棉花糖原是以guimauves這種植物的根（黏液質）為原料製作，因而以此命名。在我的感覺中，它和棉花糖的口感稍有不同。法式棉花糖吃起來感覺比較黏。棉花糖以120℃的糖漿製作，通常使用義式蛋白霜，

糖漿溫度的差異也會產生不同的口感。

[檸檬風味 Guimauves au citron]

將薄荷精換用檸檬精（extrait de citron）20g以同樣方法製作。

[咖啡風味 Guimauves au café]

將薄荷精換用摩卡咖啡糊（pâte de moka）20g以同樣方法製作。

※摩卡咖啡糊是用烤過的咖啡豆和糖分等混合製成糊狀。

[草莓風味 Guimauves à la fraise]

將薄荷精換用草莓糊（pâte de fraises）20g以同樣方法製作。

※草莓糊是用新鮮草莓和糖分等混合製成糊狀。
◎其他，還有以榛果糊製作的榛果口味，以柳橙精製作的柳橙口味，除了薄荷口味外，其他口味在倒入框之前，會加入適量已融化的食用色素來增加色彩。

1
在大鍋裡加水、砂糖和水飴，以145℃加熱後離火，加入泡水回軟、充分擦乾水分的吉利丁片充分攪拌。

※糖漿以145℃煮成糖漿狀（cassé），以產生黏性。若加熱至145℃以上，吉利丁片會呈現焦色，凝固力也變弱。

2
待1加熱的糖漿稍微超過140℃時，用攪拌機開始以高速攪拌蛋白，再倒入已混入吉利丁片的1，攪拌至人體體溫的程度。待變成人體體溫程度時，加入薄荷精混合，再停止攪拌。

※薄荷精為酒精成分，加熱香味會揮發。

3
在矽膠烤盤墊上撒上手粉充分擦塗，再薄撒一次。

※為了填平矽膠烤盤墊的紋路，一開始先擦塗手粉。手粉若只用玉米粉，會吸收水分使法式棉花糖變乾；若只用糖粉又易受潮，所以兩種各採用一半。

4
在3的上面放上4根10mm厚的基準桿，內側圍成28×36cm的大小，倒入2用抹刀刮平。

5
和3同樣地在矽膠烤盤墊上撒上手粉，蓋在4上，放在常溫下讓它凝固。放置4小時以上中心會凝固。

※蓋上矽膠烤盤墊是為了防止乾燥。

6
待5變硬後，撒上手粉，用切刀切成2.2cm寬，再用沾了手粉的刀切成9cm長。

Bonbon au chocolat
巧克力糖

20

以完善的設備、環境和制度推出新鮮商品

小型甜點店通常也較缺乏專業設備，所以巧克力糖類的商品
大多只能製作松露巧克力而已。但是若要販售巧克力方面的商品的話，
一定要有和烘焙類甜點商品一樣，要提供同等新鮮商品的觀念。
在巧克力歷史悠久，店家和顧客對其有所認識的歐洲，這一點不成問題。
不過在日本，烘焙類甜點要新鮮才會美味的觀念，好不容易才逐漸養成，
但基本上普遍還是認為所有的巧克力商品，都是可以長時間保存的，這點無法否認。
如果小型店家也想推出各式各樣新鮮的優質巧克力糖，
首先必須了解設備、環境和制度都是必備的條件。
美味巧克力糖的要素之一是如何披覆上薄薄的巧克力，
因此披覆用機器絕不可或缺。因為要趁調溫巧克力
在最佳狀態時儘速披覆。切割時還需用到吉他切刀（chitarra）。
善用這些機器和工具，同時擁有優異的技法才能做出美味的產品。
另外，打造理想的製作環境也很重要，有濕氣的話巧克力容易變質。
更進一步來說，陳列櫃的溫度、濕度的管理也會影響品質。
用仔細調溫過的巧克力進行披覆的巧克力糖，可保存美味多天。
但這也需要有完善的設備、環境和制度的配合。雖說如此，日本的濕氣很重。
所以本店在濕度特別高的6月中旬～9月下旬會停售巧克力糖。

Palais au thé
巴黎茶巧克力

散發以蘋果茶增味的甘那許淋醬和
牛奶巧克力的柔和風味

分量　2×2cm 198個份

● 甘那許淋醬 Ganache
◎準備周圍用寬10mm的基準桿。

鮮奶油（乳脂肪35%）crème fraîche　35%　MG
—— 700g＋α

紅茶葉　thé à la pomme —— 50g
※使用特別混製的蘋果伯爵紅茶。

轉化糖　trimoline　100g

黑巧克力（可可成分56%）
couverture noir 56% de cacao —— 600g

黑巧克力（可可成分61%）
couverture noir 61% de cacao —— 300g

無鹽奶油 beurre　85g
※稍微加熱成乳脂狀備用。

● 底座用巧克力 Chocolat pour fondation
黑巧克力（可可成分55%）
couverture noir 55% de cacao —— 適量Q.S
※加熱至40℃融化備用。

● 披覆用 Pour enrober
牛奶巧克力（可可成分35%）
Couverture au lait 35% de cacao —— 適量Q.S
※作業上必須有1kg以上的分量。以48～50℃融化備用。
◎準備金箔文字轉印貼膜。

conseil de chef
用手披覆巧克力時，為了均勻地披覆，最重要的是有
節奏地進行作業。

1
製作甘那許淋醬。在鍋裡放
入鮮奶油，以大火加熱煮沸
後，加紅茶，熄火。以濕毛
巾覆蓋燜4～5分鐘。

2
待紅茶葉煮出茶汁後過濾
1，測量分量取700g後加鮮
奶油。再加轉化糖，以大火
加熱煮沸。

3
將2種黑巧克力放入呈真空
狀態的超高速攪拌機中攪
碎，再加入2。加蓋成為真
空，攪拌10～20秒。

4
轉動蓋上的旋轉把手，讓黏
在側面等的材料掉落，並持
續攪拌。
※這是食物調理機型的攪拌
器，每分鐘3400轉，空氣不會
進入，能使材料乳化變細滑。

5
解除4的真空狀態，開蓋，加入乳脂狀的奶油，加蓋，再次讓它以真空狀態攪拌10～20秒。

※若加入硬奶油，完成後口感會不同。

6
在矽膠烤盤墊上放上厚10㎜的基準桿，讓內側寬度27.2㎝，倒入5，最後依基準桿的高度刮平。放置半天以上讓它凝固。

※寬度是配合巧克力吉他切刀的寬度。

7
凝固後拿掉基準桿，薄塗上以40℃融化的底座用黑巧克力，凝固備用。

※塗巧克力是為了放在吉他切刀上不會沾黏。

8
配合吉他切刀的長度切割7，將塗抹底座用巧克力側朝下放在切刀上，切成2×2㎝的大小。剩餘的也同樣地切割。

9
將牛奶巧克力進行調溫。將以48～50℃融化的巧克力放在大理石抹開，用三角形抹刀的兩面刮取、翻拌，放涼至26～27℃。

10
將9放入調整成26～27℃的保溫器中。將8的披覆巧克力面朝下用叉子挑起，放入牛奶巧克力中沾裹。立刻取出如輕敲般刮拭保溫器邊端，讓多餘的巧克力滴落。

11
將10倒放在轉印貼膜上，讓金箔文字能夠轉印在巧克力中央，靜置凝固。10和11的作業一氣呵成，一個個進行。

※保持節奏地進行10～11的作業，才能披覆出一定厚度的漂亮覆面。

［巧克力糖的甘那許淋醬］

帶餡甜點等使用的甘那許淋醬和巧克力糖的作法不同。

為品嚐巧克力的美味，首重細滑的口感，所以我使用超高速攪拌機。

此外，在材料上為了充分發揮巧克力的風味，我選用乳脂肪成分35％（帶餡甜點是用48％）的較低脂鮮奶油，巧克力本身我也是分別選用，與能夠廣泛運用、味道中庸適合帶餡甜點用的產品比起來，巧克力糖用的產品，須考慮與中心風味的協調性。

另外，為了讓商品要具有能保水的保濕性和保形性，而且耐保存，所以我加入轉化糖。

Framboise
覆盆子巧克力

甘那許淋醬使用大量的覆盆子泥
水果的酸味和巧克力形成完美平衡

分量　280個份

● 甘那許淋醬　Ganache
◎準備周圍用厚12㎜的基準桿。

覆盆子泥（冷凍）pulpe de framboise
—— 600 g
※使用無糖破碎的。

轉化糖　trimoline —— 60 g
翻糖　fondant（→P120）—— 225 g
黑巧克力（可可成分61%）
couverture noir 61% de cacao —— 575 g
黑巧克力（可可成分56%）
couverture noir 56% de cacao —— 500 g
無鹽奶油　beurre —— 225 g
※稍微加熱煮成乳脂狀備用。

覆盆子白蘭地
eau-de-vie de framboises —— 60 g

● 底座用巧克力　Chocolat pour fondation
黑巧克力（可可成分55%）
couverture noir 55% de cacao —— 適量Q.S
※加熱至40℃融化備用。

● 披覆用　Pour enrober
黑巧克力（可可成分55%）
couverture noir 55% de cacao —— 適量Q.S
※需要10kg以上。加熱至45～50℃融化備用。

conseil de chef

「La Maison du Chocolat」的Robert Linxe先生雖
說這樣加太多水果泥，不過我覺得和酸味維持平衡較美
味。甘那許淋醬中我加入相當分量的水果泥，若讓它充
分乳化，即使有濕氣也不會讓披覆巧克力產生糖霜。

1
在銅鍋裡放入冷凍果泥和轉化糖，以中火加熱，煮沸，加翻糖攪拌煮融，熄火。
※為呈現特有的溫暖與甜味，味道又不像砂糖那麼突出，因此我使用翻糖。

2
參照巴黎茶巧克力的3~5（→P344~345），以超高速攪拌機攪拌，讓1和巧克力乳化，加入奶油。和奶油一起也加入白蘭地酒攪拌。在矽膠烤盤墊上放置基準桿，讓內側寬26.2cm。

3
在基準桿中倒入2，最後依基準桿的高度用抹刀刮平。靜置半天以上讓它凝固。參照巴黎茶巧克力的7~8塗上底座用巧克力，凝固後，用相同的要領以1×4cm的吉他切刀分切。

4
加熱至45~50℃融化備用的披覆用巧克力，依照巴黎茶巧克力的9的要領調溫，放涼至28~29℃。將它放入糖衣機的水槽中，和附屬台組合，在台上纏捲上捲筒紙。

5
按下機器開關，先在抹刀端滴落巧克力，確認披覆的情形後，再將3一次3個底座用巧克力側朝下放在入口處，以機器進行披覆作業。

6
取出至附屬台捲筒紙上的5，每個都用叉子沿對角線按壓出條紋。
※巧克力經適當調溫後，具有延展性，也能壓出漂亮的線條。

7
巧克力集中後，用切刀切下捲筒紙，直接排放在矽膠烤盤墊上，讓它凝固。

[糖衣機]
我一直都使用丹麥製披覆用CHOCOMA組裝式舊糖衣機（enrober）。
先在儲料桶裡倒入調溫好的巧克力，將內層的巧克力置於輸送帶的入口，隨著移動內層巧克力就會被上面滴落巧克力披覆。輸送台一面晃動，一面作業，位於出口如吸塵器吸入口形的送風口會送風，吹落多餘的巧克力。披覆用巧克力是先纏裹儲料桶後從較高的齒輪狀輸送紐送出，所以光是纏裹就需要相當的量，若只是在儲料桶少量添加以適溫融化的巧克力，那也能自然成為調溫的狀態。它是均勻披覆大量巧克力球不可或缺的機器。但是，基本上巧克力需調溫至良好的狀態。

Muscadine
慕斯卡迪巧克力

柑曼怡橙酒可更加突顯
含堅果醬巧克力的濃郁風味

分量　110個份

● 餡料 Centre

鮮奶油（乳脂肪35％）crème fraîche 35% MG —— 125 g

水飴 glucose —— 75 g

可可奶油 beurre de cacao —— 100 g
※融化備用。

巧克力果仁糖 gianduja（→P125）—— 125 g

堅果醬 praliné（→P124）—— 200 g

牛奶巧克力（可可成分35％）

couverture au lait 35% de cacao —— 125 g
※融化備用。

柑曼怡橙酒 Grand-Marnier —— 30 g

● 底座用巧克力 Chocolat pour fondation
◎準備長2.5cm、寬1.8cm的橢圓形切模，厚約1mm。
使用的是橡膠製的既製品，自己挖孔製作。

黑巧克力（可可成分55％）

couverture noir 55% de cacao —— 適量Q.S
※加熱至40℃融化備用。

● 披覆用 Pour enrober

黑巧克力（可可成分55％）

couverture noir 55% de cacao —— 適量Q.S
※使用糖衣機的話需要10kg以上，加熱至48～50℃融化備用。

conseil de chef

慕斯卡迪巧克力的特色是加入酒。巧克力混入酒會緊
縮，所以最後才加。雖然也有產品使用甘那許淋醬，不
過我選擇加入較耐保存的巧克力果仁糖和堅果醬。表現
的手法是讓外觀呈現皺紋。

1
在鍋裡放入鮮奶油和水飴煮
沸。在鋼盆中放入可可奶油
加熱一下融化備用。在別的
鋼盆中混合巧克力果仁糖和
堅果醬備用。

2
在鋼盆中放入融化備用的牛
奶巧克力，加可可奶油用木
匙充分攪拌，攪拌後加鮮奶
油和煮沸的水飴，同樣地拌
勻。

3
將2倒入巧克力果仁糖和堅
果醬的鋼盆中，用木匙攪拌
混合，泛出光澤後暫放備
用。稍微凝固即可。

4
趁3凝固期間製作底座用巧克
力。將融化的巧克力塗抹
在已鋪上切模的大理石上，
用抹刀仔細抹除多餘的巧克
力，立刻脫模。
※不立即脫模的話會沾黏。

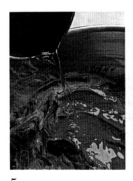

5

3凝固後，加柑曼怡橙酒用木匙攪拌。

※加酒會凝縮，所以最後才加入。

6

用直徑10mm的圓形擠花嘴，在4的上面將5擠成圓球狀。

7

參照覆盆子巧克力的4（→P347），將披覆用巧克力進行調溫，放入糖衣機的儲料桶中。將6一個個放在糖衣機入口，進行巧克力披覆作業。

8

將7披覆好的巧克力一個個用叉子舀取，小心放入盛有糖粉（分量外）的淺鋼盤中。

9

將8用叉子一個個輕輕傾斜般滾動，讓已披覆的柔軟巧克力表面和糖粉摩擦，以形成皺紋。凝固後取出。

※8～9要組成小組，方便進行連動作業。

Caramorange
橙香巧克力

在焦糖味的牛奶巧克力中
鎖住純粹的柳橙酒香

分量　120個份
◎準備塑膠模型，約4cm的心形。

● 餡料　Centre

焦糖醬　sauce caramel

> 白砂糖　sucre semoule —— 375 g
> 水飴　glucose —— 65 g
> 鮮奶油（乳脂肪35%）crème fraîche 35% MG —— 280 g

※焦糖醬使用乳脂肪48%也無妨。

牛奶巧克力（可可成分35%）

couverture au lait 35% de cacao —— 200 g

※加熱至40℃融化備用。

可可膏　pâte de cacao —— 100 g

※切碎備用。

柳橙濃縮汁　concentré d'orange —— 100 g

※使用酒精度數60%的Luxorange。
濃縮汁是未加糖分的蒸餾酒。

● 披覆用　Pour enrober

牛奶巧克力（可可成分35%）

couverture au lait 35% de cacao —— 適量Q.S

※必需準備10kg以上。加熱至45～50℃融化備用。

conseil de chef

利用模型是基本的手法，製作大的巧克力裝飾時，
也能運用相同的作法。

1
參照P119的1～3，步驟1
時在砂糖中加入水飴製作焦
糖醬（不加奶油）。再加煮融
的牛奶巧克力及切碎的可可
膏。

2
用打蛋器攪拌混合，注意避
免空氣進入，讓它乳化。

3
待無硬塊後，在2中加入
柳橙濃縮汁混合，靜置至
20℃。
※加酒使味道凝縮。

4
用棉布徹底擦淨模型內
側。參照巴黎茶巧克力的
9（→P345），將披覆用牛
奶巧克力進行調溫，調整成
26～27℃後放入保溫器中備
用。
※擦拭模型會生熱。模型和餡
料溫度若非大致相同，會從邊緣
開始凝固。

5
用毛刷在模型內側薄塗調溫
過的巧克力。

※尤其是形狀複雜的模型，為
了讓邊角也充分填滿，先薄塗一
層備用。但要在不會分離的程度
下塗得極薄。

6
在5中放入調溫過的巧克力
刮平。

7
用橡膠槌平均輕輕地敲擊側
面的四邊，讓巧克力均勻遍
布模型中。

※不可大力敲擊讓空氣進入。

8
在保溫器上將7上下顛倒，
讓多餘的巧克力滴落，再將
模型翻回正面。這樣的分量
全部滴完時，表面會凝固。

9
用刮板刮除表面多餘的巧克
力，放入冷凍庫2～3分鐘。

※用急速冷凍巧克力凝結後，
和模型之間會形成縫隙，變得容
易脫模。但是，深色和非深色的
部分會某程度地凝固。過度凝結
的話，在步驟11組合時會脫落。

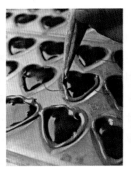

10
待3降至20℃成為能擠製的
硬度後，用直徑10㎜的圓
形擠花嘴擠入9中。擠至模
型的一半時，用紙製擠花袋
將在4調溫過的熱牛奶巧克
力，擠在邊緣當作黏著劑使
用。

11
將有擠邊緣的模型和沒擠的
模型黏貼，靜置直到凝固備
用。

※花1天時間讓整顆巧克力徹底
凝固。

12
敲擊模型底部，在軟墊或海
綿上讓巧克力脫模。

※這個階段巧克力糖最容易損
傷，所以請在柔軟的墊子上脫
模。

Crème glacée
鮮奶油冰淇淋

21

直接呈現
素材風味的作法

冰淇淋的技法大致區分為
以英式蛋奶醬為基材的含蛋冰淇淋（glace aux œufs），
以及以鮮奶和鮮奶油為基材的
鮮奶油冰淇淋（crème glacée）兩大類。
以前我也會提供英式蛋奶醬為基材的冰淇淋，
但加入蛋黃後往往會蓋掉香草或開心果等素材風味。
我想更直接表現出素材的風味，因此改變方法，
鮮奶油冰淇淋中不加鮮奶油，只加鮮奶製作。
加入奶粉能補充美味，
最後還會加入奶油或重乳脂鮮奶油
以呈現光澤和增加濃郁風味。

Crème glacée à la vanille
香草冰淇淋

大溪地產香草濃郁的香味瀰漫在口中
味道清爽又美味
是讓人留下新鮮感的冰淇淋

分量

鮮奶　lait —— 644 g

全脂奶粉　lait entier en poudre —— 39 g

※因含乳脂肪，開封後要冷凍保存。

水飴　glucose —— 50 g

香草棒　gousses de vanille —— 3根

蛋黃　jaunes d'œufs —— 40 g

白砂糖　sucre semoule —— 140 g

無鹽奶油　beurre —— 82 g

conseil de chef

基本上，這個冰淇淋雖然不是以英式蛋奶醬為基材，但除了巧克力以外的口味，可加入少量蛋黃增添風味。有時最後也會使用奶油和重乳脂鮮奶油。以奶油增加光澤，以重乳脂鮮奶油增添濃度。

1

在銅鍋裡放入鮮奶、奶粉、水飴和剖開的香草，以大火加熱，持續攪拌煮沸。

※為強調香味，使用較多的香草。使用鮮奶讓風味更清爽，且更能展現風味。

2

在鋼盆中放入蛋黃和砂糖，用打蛋器充分攪拌。

※冰淇淋原本不加蛋，但這裡為了增加風味使用少量。

3

在2中加入1的⅓～一半分量，用木匙攪拌，倒回1中。

4

再開火稍微加熱一下，持續攪拌將蛋煮熟，過濾。

※在此階段充分加熱，是製作鮮奶油冰淇淋的基本。

5

加入切碎的奶油，用打蛋器攪拌融解。

※這是為了呈現光澤的奶油裝飾法（monter是裝飾之意）。奶油要使用從冷藏剛取出的，否則氧化變味後，冰淇淋會失去美味。

6

盆底放冰水急速冷卻，涼了之後蓋上保鮮膜，放入冷藏一晚使其熟化（aging）。隔天用冰淇淋機攪拌。

※不熟化的話，吃起來感覺像是含有粉粒（farineux）的狀態。

Crème glacée au chocolat
巧克力冰淇淋

以重乳脂鮮奶油完成的種類
巧克力的濃厚口味與風味絕佳

分量

鮮奶 lait —— 500 g

全脂奶粉 lait entier en poudre —— 13 g

白砂糖 sucre semoule —— 100 g

可可粉 cacao en poudre —— 40 g

黑巧克力（可可成分56%）

couverture noir 56% de cacao —— 27 g
※切碎備用。

重乳脂鮮奶油 crème double —— 50 g

1
在鍋裡放入鮮奶、奶粉、砂糖、可可和切碎的巧克力，開大火加熱煮沸。

2
沸騰起泡隆起後熄火，過濾。

3
在2中放入切碎的重乳脂鮮奶油，用打蛋器攪拌融解。
※以重乳脂鮮奶油來裝飾，以增添濃厚風味。

4
盆底放冰水急速冷卻，涼了之後蓋上保鮮膜，放入冷藏一晚使其熟化（aging。→P354、6）。隔天用冰淇淋機攪拌。
※在1好好地加熱後，藉由急速冷卻能抑制雜菌繁殖。

Crème glacée à l'épice
香料冰淇淋

Crème glacée à la pistache
開心果冰淇淋

分量

鮮奶 lait —— 189 g

全脂奶粉 lait entier en poudre —— 12 g

水飴 glucose —— 10 g

八角 anis étoilé émietté —— 4 g

肉桂棒 bâton cannelle émietté —— 3 g

肉荳蔻 muscade émiettée —— 2 g

薑（乾的）gingembre sec émietté —— 2 g
※以上全部磨碎。

香草棒 gousse de vanille —— ¼ 根

蛋黃 jaune d'œuf —— 21 g

白砂糖 sucre semoule —— 42 g

無鹽奶油 beurre —— 21 g

請參照香草冰淇淋（→P354）製作。

在步驟1，煮沸鮮奶、奶粉、水飴，

加入大致切碎的香料類（香草剖開），

蓋上保鮮膜，靜置一晚讓香味釋出。

在步驟3，材料過濾後再次煮沸後使用。

分量

鮮奶 lait —— 625 g

全脂奶粉 lait entier en poudre —— 40 g

轉化糖 trimoline —— 40 g

開心果派皮 pâte de pistaches —— 80 g
※指開心果泥。

蛋黃 jaunes d'œufs —— 30 g

白砂糖 sucre semoule —— 120 g

無鹽奶油 beurre —— 70 g

蘭姆酒 rhum —— 5 g

請參照香草冰淇淋（→P354）製作。

在步驟1，煮沸鮮奶、奶粉、轉化糖和開心果
泥後使用。

在步驟5，混合奶油融化後加蘭姆酒攪拌。

[鮮奶油冰淇淋] 香料冰淇淋／開心果冰淇淋

Crème glacée au caramel
焦糖巧克力冰淇淋

分量

焦糖醬 sauce caramel

> 白砂糖 sucre semoule —— 150 g
> 鮮奶 lait —— 300 g

鮮奶 lait —— 300 g

蛋黃 jaune d'œuf —— 10 g

白砂糖 sucre semoule —— 300 g

重乳脂鮮奶油 crème double —— 400 g

① 製作焦糖醬（→P119、1～3）。

但使用鮮奶取代鮮奶油，不加奶油。

② 煮沸300 g的鮮奶，加砂糖，

充分攪拌至泛白為止，加蛋黃拌勻。

再將這個倒入①中，只稍微加熱，持續攪拌將
蛋煮熟，過濾。

③ 參照巧克力冰淇淋的3～4（→P355）作
業即完成。

持續製作表現自我的甜點

1967年起我在法國旅居近10年的年輕歲月裡，常以自己的方式追尋什麼是食物、什麼是甜點。當時我一面經歷政治經濟變化的磨難，一面學習烹調的科學。我非常喜愛在那樣洋溢著熱情又能自由表現的法國生活。不知是否因為是在法國，我深切感受到人的寬容性、包容力及和善態度，另一方面，我也不斷思索要如何確立自我、表現自我等。那些點點滴滴都成為我甜點人生的支柱，讓我可以和材料、工具、時間及員工奮鬥，讓我持續製作甜點至今。

甜點會隨著誕生的時代和文化一同發展。透過古代、近代和現代來看，我認為確實掌握基礎，仍是甜點工作的本質。製作甜點的基礎並非今天突然造就的，而是透過時代逐漸積累而成。若無過去，也沒有現在可言。我認為進行改變必須根據本質。我除了學習根植於過去與現在的甜點基礎外，對傳統、地方文化也具有興趣，和舊時代的甜點相遇時的興奮感，至今我仍未忘懷。

70年代迄今甜點界大概有若干變革吧！在那之前的50年間沒什麼大波瀾，也沒有變化。可是70年以後的情況瞬息萬變，產生了新的技術、工具與思維方法。但是也有許多好的部分被摒棄，這點是否必須徹底看清。所謂繼承傳統，因為橫亙著時空的差距，對於具有現在感覺與味覺的我們來說，是非常困難的事，然而，我們若喜愛法國、喜愛法國甜點的話，一定要致力了解它們的時代背景。我想甜點業界應該有那樣的規範。

了解時代背景後，會發現基本東西的美好。

1967年，我第一次踏上法國土地，當時受到強烈的文化衝擊。所見、所聽、所聞的東西全都很新鮮。曾經失敗、也很辛苦，有時也有悲慘的念頭，但是我對甜點依然興味盎然，不斷挑戰去發現什麼，也興奮自己掌握到了什麼。到了已熟年的今天，不可思議的是我這點依然沒變，發現新材料依舊狂喜，獲得新工具、看到新技巧仍難掩興奮。連自己都完全沒輒。

我在甜點店呈現的商品與技法多不勝數，為表現這些，若不運用各式各樣的知識與技術，秉持勇氣與魄力去完成，將會失去樂趣。不論是新或舊東西都好，我希望對照自己萃取的基本部分（基礎），製作出有自我風格的美味甜點。

豬俣幸子小姐向我提出本書的企畫時，因為是要用甜點來表現我自己本身，老實說我相當猶豫。然而，隨著不斷拍攝，我對日置武晴先生的美麗照片，以及高橋みどり小姐的優美編排著迷不已，感謝各位讓我參與如此快樂的工作。

2002年秋　河田勝彥

PROFILE

河田勝彥

生於1944年。自1967年在法國修業近10年的時間，最後在巴黎的「巴黎希爾頓飯店」擔任甜點主廚。回國後，在故鄉埼玉縣浦和，從事巧克力甜點和烘焙類小糕點等的批發。1981年，在世田谷區的尾山台開設「昔日的美好時光（AU BON VIEUX TEMPS）」迄今。他廣泛學習各類型甜點，希望今後能製作、販售展現自我精神的獨創甜點，常有新作品，積極開拓新類型甜點。

TITLE

甜點教父河田勝彥的完美配方

STAFF

出版	瑞昇文化事業股份有限公司
作者	河田勝彥
譯者	沙子芳
總編輯	郭湘齡
責任編輯	莊薇熙
文字編輯	黃美玉　黃思婷
美術編輯	謝彥如
排版	執筆者設計工作室
製版	明宏彩色照相製版股份有限公司
印刷	皇甫彩藝印刷股份有限公司
法律顧問	經兆國際法律事務所　黃沛聲律師
戶名	瑞昇文化事業股份有限公司
劃撥帳號	19598343
地址	新北市中和區景平路464巷2弄1-4號
電話	(02)2945-3191
傳真	(02)2945-3190
網址	www.rising-books.com.tw
Mail	resing@ms34.hinet.net
本版日期	2021年10月
定價	1200元

ORIGINAL JAPANESE EDITION STAFF

編集担当	猪俣幸子
撮影	日置武晴
スタイリング	高橋みどり
アートディレクション	有山達也（アリヤマデザインストア）
デザイン	飯塚文子（アリヤマデザインストア）

國家圖書館出版品預行編目資料

甜點教父河田勝彥的完美配方 / 河田勝彥作 ; 沙
子芳譯. -- 初版. -- 新北市 : 瑞昇文化, 2016.01
360　面 ; 25.7 X 18.2　公分
ISBN 978-986-401-067-7(精裝)

1.點心食譜

427.16　　　　　　　　　　　　104026886